HISTOIRE

DE LA

LITTÉRATURE

FRANÇAISE

SOUS LE GOUVERNEMENT DE JUILLET

1830-1848

—

TOME PREMIER

SCEAUX. — IMP. ET STÉR. M. ET P.-E. CHARAIRE.

HISTOIRE
DE LA
LITTÉRATURE
FRANÇAISE
SOUS LE GOUVERNEMENT DE JUILLET

PAR

ALFRED NETTEMENT

TROISIÈME ÉDITION, CORRIGÉE ET AUGMENTÉE

TOME PREMIER

LIBRAIRIE JACQUES LECOFFRE
LECOFFRE FILS ET Cⁱᵉ, SUCCESSEURS

PARIS	LYON
RUE BONAPARTE, 90	RUE BELLECOUR, 2

1876

HISTOIRE
DE
LA LITTÉRATURE
SOUS
LE GOUVERNEMENT DE JUILLET

LIVRE PREMIER

LE MONDE INTELLECTUEL APRÈS 1830

I

LES IDÉES ET LES FAITS.

Il y a des révolutions qui exercent peu d'influence dans les régions intellectuelles, ce sont celles qui, naissant uniquement des intérêts, se terminent par des satisfactions données aux intérêts triomphants, au détriment des intérêts vaincus ; mais les révolutions produites par les idées ont naturellement leur contre-coup dans la sphère de l'intelligence, et elles exercent leur action sur la littérature. La Révolution de 1830 appartenait à ce second type de révolutions. C'est ce qui explique pourquoi, au début de cette histoire littéraire, on sera amené nécessairement à toucher quelquefois à la politique. On rencontre des époques où le règne des faits et celui des idées demeurent dans une certaine mesure séparés ; alors l'étude de la littérature, qui n'a guère été qu'un délassement d'esprit, a moins besoin de s'étayer sur l'étude de l'histoire contemporaine. Mais, dans les époques où il y a des rapports étroits entre le mouvement des faits et celui des idées, où la tribune est ouverte, la presse libre, où tout homme puissant par la parole ou par la plume exerce une influence plus ou moins grande sur les événements de son temps, et où ces événements réagissent à leur tour sur les productions littéraires, il serait impossible de comprendre la littérature si l'on ne rappelait, au moins d'une manière sommaire, quel était le cadre dans lequel elle se développait, quels furent les principes et les circonstances qui dominèrent ce développement.

C'était le mouvement des idées qui avait renversé la monarchie traditionnelle. Elle leur était apparue comme un obstacle à leur libre expansion. De là une coalition formée contre elle dans toutes les régions intellectuelles ; coalition instinctive chez les uns, raisonnée chez les autres, qui avait peu à peu réuni dans ses rangs la plus grande partie des forces intelligentes du pays, marchant à leur but à l'aide de la tribune, du théâtre, de l'histoire, de la philosophie, de la poésie, et surtout de la presse périodique. Les motifs, les projets et les espérances de cette coalition avaient été dissemblables. La portion la plus impatiente de l'école du rationalisme monarchique en était venue à croire que la royauté traditionnelle était le seul empêchement, à cause de ses souvenirs et de ses préventions, à l'acclimatement du gouvernement parlementaire en France, et que, pour achever de naturaliser chez nous les formes anglaises, il suffisait de faire instituer une royauté nouvelle par le parlement. La portion la plus enthousiaste et la plus avancée de l'école philosophique pensait que la chute de la royauté traditionnelle et l'avénement d'un gouvernement nouveau l'aideraient à substituer une religion philosophique à une religion révélée. La partie la plus jeune et la plus vive de l'école catholique, tirant des conclusions extrêmes d'une idée vraie, la nécessité d'obtenir la liberté de l'Église, aspirait à devenir purement théocratique, après s'être éloignée, dans les derniers ouvrages de M. de La Mennais, de la monarchie légitime, qu'elle considérait comme nuisant à l'établissement de la liberté religieuse.

La royauté avait en même temps retrouvé son ennemi naturel dans l'école révolutionnaire, formée de nuances disparates, mais rapprochées par une pensée de renversement : républicains modérés qui aspiraient à fonder une république sans excès et fonctionnant par l'action régulière de lois libérales ; républicains montagnards qui voulaient précipiter la France dans une de ces situations critiques qui donnent la fièvre chaude à un peuple et assurent le pouvoir aux minorités énergiques ; révolutionnaires utopistes qui aspiraient à changer non-seulement l'État, mais la société ; bonapartistes qui combinaient, tant bien que mal, l'idée d'un empire rajeuni avec les intérêts et les passions de la Révolution ; sceptiques et indifférents de toutes nuances qui, sans avoir des idées bien arrêtées en matière de gouvernement, regardaient la défaite du principe de la tradition politique comme préparant la défaite du principe de la tradition catholique, contre lequel le mélange un peu trop marqué des choses religieuses et des affaires laïques avait excité une réaction. Il n'y avait pas jusqu'à la nouvelle école littéraire qui, oubliant ce que les lettres devaient à la Restauration, la considérait sur la fin, on en trouve la preuve dans le manifeste de M. Victor Hugo après la représentation d'*Hernani*, comme une entrave au développement de la littérature moderne, et surtout de la liberté absolue du théâtre, dangereuse chimère de ce temps.

Il était bien difficile qu'un gouvernement attaqué de tant de côtés à la fois, par tant d'idées différentes, mis en péril par les divisions de ses amis autant que par l'entente de ses adversaires, et qui, en outre, n'avait pas été à l'abri des fautes et des torts, ne finît pas par succomber. Mais il était indiqué que toutes les idées qui avaient contribué à sa chute aspireraient à se développer contradictoirement sur ses ruines, dans la sphère intellectuelle, comme dans celle des faits, et la littérature devait porter la trace de ces actions variées et contradictoires.

On voit en effet la littérature, cet écho du présent, ce prélude de l'avenir, produire, sur le seuil même de la Révolution de 1830, deux chants pour une seule victoire, deux chants qui ne sortaient point de la même inspiration et n'avaient ni le même accent ni la même signification : la *Parisienne* de Casimir Delavigne, les *Iambes* d'Auguste Barbier. Cette double manifestation littéraire, à la suite de la même révolution, est un fait important dont l'étude peut servir d'introduction à l'histoire de la littérature, car ces deux chants de victoire reflètent deux des principaux mouvements d'idées qui emportaient les esprits au moment de la lutte, et qui allaient se disputer l'avenir où l'on entrait.

La *Parisienne* est l'expression des sentiments et des idées d'une portion des classes moyennes arrivant jusqu'à une certaine exaltation révolutionnaire, le lendemain d'un jour de combat commencé au nom de la loi violée. La poésie de ce morceau, d'une chaleur un peu factice, est surtout animée d'un esprit de colère contre la prérogative royale et contre l'armée. C'est le *cedant arma togæ* d'une portion de la bourgeoisie parisienne engagée dans une lutte contre la royauté traditionnelle. On se vante d'avoir eu raison de ses canons. Il règne dans cette pièce un enthousiasme civil et parlementaire, mais, en même temps, l'auteur a eu soin d'y marquer le point auquel ce mouvement d'idées s'arrête. C'est le drapeau de 1792 qu'on reprend, celui que le duc d'Orléans a porté à l'armée de Dumouriez ; ce n'est ni le drapeau de 1793, ni celui de l'Empire. On voit poindre dans ce chant de guerre le désir de rétablir la paix le plus tôt possible, et l'idée d'un nouveau Guillaume fermant une nouvelle Révolution de 1688, apparaît dans la stance finale, comme le dénoûment désiré d'une crise qui commence à effrayer les intérêts. Il y a aussi loin de la *Parisienne* à la *Marseillaise* que de la Révolution de 1830 à celle de 1793.

L'hymne de Casimir Delavigne, chez lequel le sentiment poétique des *Messéniennes* s'est affaibli, est un chant officiel cherché par un poète habitué à s'inspirer de la circonstance, et mis sur un air banal par un auteur d'opéras-comiques. La *Marseillaise* de Rouget de l'Isle était le cri des passions d'une époque s'échappant, paroles et musique, des lèvres d'un homme dans le cœur et la voix duquel vibrent les sentiments, les préjugés passionnés, les émotions, les homicides colères d'une génération.

Tandis que Casimir Delavigne compose le chant de victoire des combattants qui, dans les journées de Juillet, appartenaient à la classe bourgeoise, Auguste Barbier donne ses *Iambes* pour écho aux passions d'une autre classe de combattants, pour expression à un autre mouvement d'idées. Ici ce sont les émotions des classes populaires qui retentissent dans une poésie plus accentuée et plus violente. Les limites que la *Parisienne* veut imposer à la Révolution de 1830 sont franchies. Les *Iambes* contiennent le pressentiment et le germe d'une nouvelle révolution. Dans ce chant d'une cynique énergie on entend retentir, non plus les rancunes rétrospectives des classes moyennes contre la noblesse, mais la querelle présente et actuelle des classes populaires contre la bourgeoisie : le poëte arrive jusqu'à la réhabilitation des noms injurieux par lesquels on flétrit la démagogie [1]. En croyant peindre la liberté, il fait le portrait hideux de la révolution [2]. Le mugissement du canon, la voix lointaine du tocsin, les clameurs de la multitude entrecoupées de silences sinistres, trouvent un écho passionné dans cette poésie sauvage, sur laquelle plane le génie révolutionnaire. On y sent percer, avec l'ivresse de la bataille, la colère qu'éprouvent une partie des vainqueurs en voyant leur action sur les événements s'arrêter aussitôt après la victoire, et l'espoir d'une revanche dans l'avenir. La *Parisienne* est l'expression des colères, des idées et des intérêts qui s'agitent autour du palais Bourbon ; les *Iambes* sont l'expression des passions plus profondes qui fermentent autour de l'Hôtel de Ville ; elles n'ont pas dit leur dernier mot.

1. La grande populace et la sainte canaille
   Se ruaient à l'immortalité.

2. C'est que la Liberté n'est pas une comtesse
   Du noble faubourg Saint-Germain ;
   Une femme qu'un cri fait tomber en faiblesse,
   Qui met du blanc et du carmin ;
   C'est une forte femme. . . . .
   A la voix rauque, aux durs appas,
   Qui, du brun sur la peau, du feu dans les prunelles,
   Agile et marchant à grands pas,
   Se plaît aux cris du peuple, aux sanglantes mêlées,
   Aux longs roulements des tambours,
   A l'odeur de la poudre, aux lointaines volées
   Des cloches et des canons sourds ;
   . . . .
   . . . .
   . . . : . . . et qui veut qu'on l'embrasse
   Avec des bras rouges de sang.

   La Curée, Iambes, par Auguste Barbier.

Ainsi à l'horizon de la Révolution de 1830 on voit poindre, dans une nouvelle poésie, une révolution nouvelle dont le jour n'est pas encore venu. Les vainqueurs chantés par Casimir Delavigne s'emparent du présent ; les vainqueurs chantés par Auguste Barbier se réservent l'avenir.

Entre ces vainqueurs, hier encore unis, aujourd'hui divisés, n'y a-t-il donc pas un principe commun, principe par lequel les premiers vont régner, par lequel les seconds espèrent régner un jour ? Oui, il y a entre eux un principe commun, c'est le rationalisme. La souveraineté de la raison est désormais admise, et, jusqu'à ce que l'expérience lui ait appris à se borner elle-même, la seule souveraineté à lui opposer est celle de la force. Le principe qui va donc tout dominer, dans la sphère des idées encore plus que dans celle des faits, c'est celui du rationalisme absolu. Il n'y a plus aucun de ces droits que la raison humaine reconnaît sans les avoir créés, et qui donnent une solidité incomparable aux édifices politiques, parce que la main de l'homme remue moins facilement les bases qu'elle n'a point posées. La révolution est faite : faite pour les rationalistes monarchiques qui ne l'ont pas désirée, qui au contraire auraient souhaité qu'elle ne s'accomplît pas, aussi bien que pour ceux qui ont appelé un changement de dynastie comme la condition nécessaire de la réalisation complète du gouvernement parlementaire, et pour ceux qui portaient leurs vues et leurs espérances plus loin. La lutte pour l'exercice du pouvoir ne sera donc plus entre le rationalisme modéré et la tradition, mais entre le rationalisme modéré et le rationalisme absolu. Ce sera, dans toutes les sphères, le caractère dominant de l'époque qui va s'ouvrir. C'est au fond l'indépendance absolue de l'esprit humain qui a prévalu par la Révolution de Juillet ; la conséquence la plus directe de cette révolution, dans l'ordre intellectuel, sera donc de donner à tous les esprits des allures plus vives et plus hardies, une tendance à tout scruter, à tout juger, à tout renouveler, à tout oser, défavorable aux idées d'autorité, favorable aux idées d'opposition. Il importe d'examiner, à la lumière de cette observation, les situations prises par les diverses forces qui doivent lutter dans les régions intellectuelles.

II

FORCE ET FAIBLESSE DU POUVOIR.

Certes, le gouvernement nouveau et l'école intellectuelle qui le soutenait étaient en apparence dans toutes les conditions de la force. Il arrivait avec les plus hautes renommées et les plus grandes capacités de l'opposition de quinze ans. Il pouvait avoir, pour ministres et pour hauts fonctionnaires, des hommes comme Casimir Périer, Laffitte, Humann, le comte Molé, le duc de Broglie, Benjamin Constant, le prince de Talleyrand, Pasquier, le baron Louis, le maréchal Soult, le maréchal Gérard ; et, parmi les hommes nouveaux, MM. Guizot, Thiers, Villemain, Cousin, Salvandy, Duchâtel, Odilon Barrot, Rémusat, Vitet, Mignet, Duvergier de Hauranne, Casimir Delavigne et Béranger, ces éclatantes popularités poétiques, lui étaient favorables dans la littérature. En outre, la sympathie d'une grande partie des classes moyennes, qui, en France, descendent si bas et montent si haut, accueillait son avénement. Enfin ce gouvernement se personnifiait dans un prince habile, expérimenté, d'un âge mûr, choisi sur les marches du trône, entouré d'une nombreuse et brillante lignée, et dont la fortune territoriale immense semblait une garantie pour la propriété en France, un gage pour les intérêts d'ordre dans l'Europe entière. Pour ceux qui cherchent les similitudes en histoire sans aller au fond des questions, les souvenirs de la Révolution de 1688 dessinaient à l'avance les destinées de la nouvelle révolution, et cette présomption favorable, développée par plusieurs écrivains du nouveau régime, était une force morale pour le gouvernement de Juillet, comme le souvenir de la chute des Stuarts avait été une cause d'affaiblissement pour la monarchie de Charles X. En politique, le prévu est une puissance.

Cependant les esprits moins prévenus apercevaient dès lors, dans l'ordre de choses nouveau, des éléments de perturbation et de ruine [1]. Si la force politique du gouvernement de Juillet était grande, son terrain logique était faible. Les ressemblances de la Révolution de 1830 avec celle de 1688 n'étaient qu'extérieures ; en allant au fond des choses, on trouvait des différences essentielles, signalées dès le début par des esprits pénétrants.

Charles II et Jacques II, princes écossais, nouveaux en Angleterre, avaient diminué la fortune extérieure de l'Angleterre, que Cromwell avait portée et soutenue si haut. Les forces irrégulières de la démocratie n'avaient eu aucune part à l'établissement du gouvernement de Guillaume d'Orange, stathouder de Hollande, général habile, chef d'un grand parti religieux en Europe, général désigné de la coalition européenne contre la France, débarqué en Angleterre à la tête d'une armée hollandaise de onze mille hommes et

---

1. Le comte Choiseul d'Aillecourt signala les différences des révolutions de 1688 et de 1830 dans un écrit remarquable intitulé : 1688-1830 : *Parallèle historique des révolutions d'Angleterre et de France.* M. Barchou de Penhoën traita le même sujet.

arborant cette devise : *Pro religione protestante et libero Parlemento*. La révolution avait été toute parlementaire. Les deux corps constitutionnels, la Chambre des lords et celle des communes, avaient librement délibéré pendant plus d'un mois, si librement, que la multitude, s'étant rassemblée aux portes de la Chambre des lords, fut à l'instant dissipée par la troupe. En outre, Guillaume trouvait deux grandes forces régulières pour l'appuyer, les intérêts religieux du protestantisme, les intérêts matériels de la propriété protestante, que les Stuarts avaient alarmés, et l'Angleterre de 1688, sur laquelle il allait régner, était protestante zélée, zélée jusqu'au fanatisme, pleine d'attachement en outre pour sa hiérarchie aristocratique. Enfin il apportait à l'Angleterre sa véritable politique nationale, la guerre contre Louis XIV, avec l'alliance de l'Europe tout entière favorable à la Révolution de 1688.

En France, Louis XVIII et Charles X, issus de la tige nationale des Capétiens, avaient relevé la fortune publique, que l'empereur Napoléon avait laissée ensevelie sous son désastre. La multitude avait joué le rôle décisif dans la révolution qui venait de renverser leur trône. Elle avait été la force active et la cause déterminante de cette révolution. L'insurrection des trois jours, les barricades de Paris, la lutte de la multitude contre l'armée, avaient tout précédé et tout dominé : la Révolution proclamée à l'Hôtel de Ville n'avait été que sanctionnée à la hâte par la Chambre des députés et subie par la Chambre des pairs, pour éviter de plus grands malheurs ; il avait même fallu que celle-ci se résignât à sa propre mutilation et à la perte de son hérédité [1]. Au lieu d'avoir pu intervenir dans

---

1. Tous les documents historiques du temps établissent cette violence faite par la nécessité impérieuse des circonstances à la volonté des hommes. M. Dupin disait à la Chambre des députés : « Il faut qu'au-

le combat avec une force qui lui fût propre, le nouveau Guillaume avait dû se faire accepter, après le combat, par la force populaire siégeant à l'Hôtel de Ville. La révolution qui l'appelait au trône, loin d'avoir un caractère religieux, avait au contraire pour alliées les passions irréligieuses. Enfin, au lieu de pouvoir apporter à l'Europe l'alliance du pays qu'il allait gouverner, et à ce pays l'alliance européenne, il apportait à l'Europe des révolutions inévitables, par le contre-coup naturel de celle qui venait d'éclater en France, et, en conséquence, il ne pouvait, même par la confiance qu'inspirait au dehors son expérience, préserver la France de la malveillance soupçonneuse des gouvernements européens, toujours prête, au premier signe de guerre, à se transformer en coalition.

Tout était donc différent : la position des deux rois et celle des deux dynasties détrônées ; la position des deux chefs des dynasties nouvelles ; la position des deux pays où les deux révolutions s'étaient accomplies ; la manière dont elles s'étaient accomplies ; la situation de l'Europe aux deux époques.

En outre, les deux influences rivales qui avaient paru en France dans la Révolution de 1830, et qui s'étaient cantonnées dans deux centres, l'Hôtel de Ville et le palais Bourbon, comme elles s'étaient reproduites dans deux chants de victoire, les *Iambes* et la *Parisienne*, avaient laissé leurs empreintes contradictoires dans les origines du nouveau gouvernement. L'influence parlementaire avait été obligée de compter avec l'influence révolutionnaire.

jourd'hui même quelque chose soit décidé sur l'état de la France. » Un autre membre de la Chambre des députés, qui joua un rôle important dans cette circonstance, M. Bérard, a écrit ces lignes dans l'ouvrage qu'il a publié sur cette époque : « La Chambre des députés était entourée de rassemblements menaçants, menacée des plus grands périls si tout n'était pas fini dans le jour. »

La nouvelle constitution contenait donc des principes ennemis qui, selon la belle image de Burke, « ressemblent à des animaux féroces d'espèces différentes, qui, enfermés dans la même cage, s'entre-dévorent. » Ces principes contradictoires devaient être contradictoirement invoqués par les éléments hétérogènes de l'ancienne coalition de quinze ans, par ceux qui avaient accepté le duc d'Orléans pour roi comme Bourbon, par ceux qui l'avaient accepté quoique Bourbon, par ceux aussi qui n'avaient subi qu'avec répugnance la royauté nouvelle, à laquelle ils eussent préféré la république. Le principe de la souveraineté du peuple, sans être formellement exprimé dans la nouvelle constitution, avait sa place marquée dans les origines du nouveau pouvoir. L'insurrection des trois jours avait été une vivante intervention de la souveraineté populaire ; la déchéance de l'ancienne royauté et l'établissement d'une constitution et d'une royauté nouvelles n'avaient pu être accomplis qu'en raison de la volonté du peuple, sinon exprimée, du moins présumée. Or c'est là un redoutable principe, suspendu comme une épée nue sur le gouvernement qu'il domine.

La grande et vieille polémique entre l'école de la souveraineté du peuple et l'école de la tradition, qui avaient mis aux prises un siècle auparavant Bossuet et Jurieu, allait se rouvrir et agiter de nouveau les idées, en remplissant les journaux, les brochures, les livres, et en montant à la tribune pour parler de plus haut.

La première maintient qu'il y a, dans la nation, une puissance préexistante à tous les pouvoirs, et qui, lorsqu'ils sont créés, les domine encore. Cette puissance, sans contrôle comme sans limites, fondée sur la force brutale du nombre, a des prérogatives inépuisables et absolues. Son droit consiste à pouvoir, quand il lui plaît, violer tous les droits et jeter au vent toutes les institutions élaborées par les siècles, pour reprendre l'édifice social par le pied. Sans cela, point de liberté. La volonté de nos pères ne saurait engager nos enfants. Dès lors toutes les révolutions sont légitimes. Les générations se suivent sans se succéder ; la patrie, ce n'est plus cette communauté d'institutions, de pensées, de sentiments, de sacrifices qui lient le passé, le présent et l'avenir par d'invisibles nœuds ; qui fait vaincre Duguesclin, mourir Jeanne d'Arc, triompher Turenne et Jean Bart, comme de nos jours combattre Desaix et Montebello, pour une patrie commune. La patrie matérielle remplace la patrie morale, elle n'est plus que la terre que l'on foule, et la terre dépourvue de tout ce qui la rend sainte : une terre où les tombes de nos aïeux sont sans éloquence, car nous ne voulons dater que de notre temps ; une terre où les berceaux de nos enfants sont sans promesses, car nos enfants aussi voudront dater de leur ère personnelle, et poseront le chiffre de leur civilisation au delà de la ligne de nos tombeaux. Ainsi l'homme est enfermé à double tour dans l'étroit cachot du présent. C'est pour lui seul qu'il travaille. Sans ancêtres comme sans postérité, accepte-t-il l'héritage des siècles écoulés, il est esclave ; étend-il ses vues au delà du terme de son existence, il usurpe. De sorte que, pour entrer en possession de cette étrange souveraineté, il faut que, commençant son règne par une abdication, ce déplorable souverain renonce à deux magnifiques consolations que la Providence semble avoir détachées des trésors de son éternité pour agrandir la carrière si resserrée de l'homme et pour prolonger sa courte existence : l'espérance de l'avenir et le souvenir du passé.

L'école de la souveraineté du peuple, en développant son principe, devait naturellement provoquer l'école de la monarchie traditionnelle à lui opposer le sien. Celle-ci allègue qu'en lisant l'histoire on voit les sociétés monarchiques produire, sous peine de périr, une famille gouvernementale en qui elles se résument, et qui, partageant leurs vicissitudes, porte le poids de leurs adversités comme elle s'illustre par leur grandeur. La légitimité de cette famille s'est établie, comme les autres institutions sociales, par le temps, la continuité des services et l'assentiment successif des générations. Que, dans l'origine, quelques-unes de ces légitimités politiques aient pu être entachées de violence, le fait n'est ni impossible ni même improbable ; mais, dans ce cas, quand les motifs qui rendaient leur établissement injuste eurent disparu, et qu'un grand nombre de générations eurent profité de leurs services, elles devinrent, dans l'ordre moral, des usurpations expiées, dans l'ordre politique, des usurpations prescrites. Or, sur la terre, l'expiation est la base de toute morale, et la prescription, le fondement de presque tous les droits. L'homme, ce sujet du temps et de l'erreur, ne saurait rien fonder qui n'en porte la marque ; il n'y a que l'éternité qui n'ait rien à prescrire, la justice suprême rien à expier. Sans donc fouiller dans les ombres du passé pour débattre les origines des légitimités royales, on les admet en vertu de la prescription, ce principe qu'on ne saurait repousser sans rendre impossible l'existence des sociétés. C'est dans ce sens que Benjamin Constant a parlé des familles incontestées dont l'existence d'ailleurs n'a rien d'incompatible avec des libertés politiques étendues ; car, tout au contraire, plus l'ordre est garanti, plus la liberté, ce second besoin des peuples, peut agrandir sa part dans la législation. Les institutions formées par l'action lente du temps sont la propriété des peuples ; la légitimité royale n'est donc au fond qu'une propriété publique ; mais, de toutes les propriétés d'une nation, c'est la plus précieuse. La vie sociale, qui paraît, au premier abord, si compliquée, se compose de trois idées bien simples ; il faut à une société, au-dessous de la religion qui est la première nécessité, trois choses, la terre, le pouvoir, la loi : la terre qui la nourrit et qui est la source de toutes les richesses, la loi qui lui permet de profiter des présents de la terre en en réglant la possession, le pouvoir qui tient au dedans le glaive de la loi, au dehors l'épée de la nation. Conquérir la terre par le travail ou par des combats ; conquérir la loi par un long apprentissage de malheurs ou de souffrances ; conquérir un pouvoir légitime après avoir enduré longtemps les maux de l'anarchie et les inconvénients de la division dans la guerre étrangère : voilà les laborieux préambules de toute existence sociale. Une société monarchique tend donc à la légitimité royale comme à son pôle. On a dit, avec une brièveté pleine de sens, pour indiquer qu'à côté d'elle la civilisation demande des garanties données aux libertés publiques : Elle ne suffit pas, mais elle est nécessaire.

L'école gouvernementale allait se trouver entre les deux école rivales, dévouées à ces deux principes contraires, et elle allait se trouver en face d'elles sur un terrain étroit et mouvant.

Dès le début, M. de Chateaubriand, signant sa démission avec un grand nombre de ses amis, au nom du principe monarchique, tandis que M. de Cormenin signait la sienne au nom du principe de la souveraineté du peuple, annonçaient la double voie où la polémique allait entrer. Or, même en l'absence d'un régime de libre discussion, et à plus forte raison sous un régime dominé par ce principe de liberté, c'est un grave péril que d'avoir contre soi la logique. Les intérêts peuvent enrayer sa marche, les circonstances peuvent ralentir l'action des idées, l'habileté des hommes peut profiter des événements favorables et conjurer, pendant un certain temps, l'influence des événements contraires ; mais au demeurant la logique est la reine du monde. L'histoire est un syllogisme plus ou moins lent; mais les causes finissent toujours par enfanter leurs conséquences. On admire la vigilance intelligente des Hollandais qui arrêtent par des digues la mer qui menace d'inonder leur sol, situé plus bas que ses eaux ; mais on comprend leur succès : la mer n'a point de parti pour elle en Hollande, et elle gronde contre ses digues comme un péril toujours visible et toujours présent, prévenu et conjuré par un effort constant et unanime. La révolution, au contraire, comme une mer à l'existence de laquelle plusieurs ne croyaient pas, parce qu'elle était invisible à leurs yeux, allait miner les digues du nouvel établissement politique qu'elle dominait, et il y avait, de l'autre côté, des gens tout prêts à faire la moitié du travail de démolition pour lui faciliter le chemin.

Dès la fin de l'année 1831, un publiciste qui devint, un peu plus tard, ministre du gouvernement de Juillet, M. de Salvandy, signalait avec une remarquable perspicacité les faits primitifs qui, affaiblissant la position logique de l'école gouvernementale, devaient armer contre elle ses adversaires dans la polémique. Les hommes les plus sages de l'école du rationalisme monarchique avaient cherché, il est vrai, à atténuer les conséquences de ces vices originels, décrits par M. de Salvandy. Ils s'efforcèrent, avec une sollicitude prévoyante, d'entourer de formes légales le changement de gouvernement, de présenter la Révolution de Juillet comme une résistance, de faire intervenir les corps constitués dans la création du gouvernement nouveau, et de prendre la royauté nouvelle aussi près que possible de l'ancienne royauté. Mais tous ces efforts ne pourront changer la nature des choses. Le peuple n'oubliera pas qu'il a été le maître et que, par un coup révolutionnaire énergiquement frappé à Paris, on peut conquérir la France en trois jours. Ce qui a donc péri dans la Révolution de 1830, ce n'est pas seulement un gouvernement, c'est le respect de tout gouvernement.

Le rationalisme qui avait devant lui, dans la période précédente, un droit traditionnel qu'il pouvait attaquer sans doute, mais qu'il n'était pas en position de mépriser, parce que ce droit reposait sur une base cimentée par les siècles, a qualité pour tout discuter, parce qu'il a tout créé. Aucune barrière morale ne saurait arrêter la licence des idées. On retrouvera ce symptôme dans toutes les sphères de l'activité intellectuelle, dans toutes les branches de la littérature.

Les difficultés nombreuses et contradictoires qui résulteront de la situation du nouveau gouvernement et les fautes inévitables que, malgré toutes les précautions de la prudence humaine, il sera conduit à commettre, augmenteront encore le désordre des intelligences. Par suite de la révolution qui s'est accomplie, un fait à la fois logique et funeste se produira : l'école de l'autorité, celle dont la mission est de défendre le principe du pouvoir en philosophie, en religion, en politique, sera dans l'opposition. Ses sentiments froissés, ses croyances violées, lui imposent ce rôle mauvais pour elle, car il est impossible de ne point contracter des habitudes d'exagération, d'indiscipline et de dénigrement dans ces luttes journalières; mauvais pour la société, car il jettera une grave perturbation dans les idées.

En effet, le gouvernement, se sentant violemment attaqué, obéira à l'instinct de conservation de tout gouvernement, qui est de défendre par la loi son existence ébranlée. De là les procès politiques qui ouvriront à l'éloquence une nouvelle carrière où brilleront MM. Berryer, Hennequin, et avec eux plusieurs jeunes hommes qui entreront, par le barreau, dans la vie politique, comme MM. de Laboulie, Janvier, du Fougerais, Béchard, du Teil, de Belleval et plusieurs autres. Il y avait là pour les populations un spectacle moral doublement fâcheux : des hommes d'ordre, des hommes d'honneur et de haute probité politique, engagés par leur conscience dans une lutte systématique contre le pouvoir et frappés par lui.

L'école de l'autorité traditionnelle, ainsi engagée contre le nouveau gouvernement, se servira de la forme monarchique demeurée debout, du nom de la royauté conservé, de ses maximes invoquées, pour travailler à en rétablir le principe. Sous le coup de cette polémique inexorable, le gouvernement sera obligé de mettre en saillie les différences profondes qui le séparent de la monarchie traditionnelle pour lui résister. Il insistera alors sur son origine révolutionnaire, il élèvera des monuments à la Révolution, il en célèbrera les anniversaires, il en pensionnera les combattants. Il remontera même dans le passé pour y chercher et y honorer les précédents révolutionnaires, et la colonne de Juillet, s'élevant vis-à-vis de l'emplacement de la Bastille, consacrera à la fois le souvenir de deux insurrections, et, semblable à un tribun de granit, appellera aux armes, dans les jours d'émotions publiques, les multitudes populaires, en leur rappelant que les révolutions trouvent leur légitimité dans la victoire.

En se défendant ainsi contre l'école de l'autorité, le gouvernement nouveau donnera des armes à l'école des idées révolutionnaires, qui cherchera sans cesse à le traîner en avant et à tirer des conséquences du principe posé en Juillet, et qu'il est obligé de rappeler et d'invoquer lui-même pour résister à l'école de la tradition. Tandis que celle-ci l'attaquera au nom du principe de la monarchie qu'il a maintenue, de l'hérédité qu'il veut fonder à nouveau, l'autre le battra en brèche avec le principe de la révolution qu'il honore ; le souvenir de l'insurrection qu'il invoque ; la doctrine de la souveraineté du peuple qui se trouve, sinon dans sa constitution, au moins dans ses origines, puisque c'est après une révolution populaire qu'il est arrivé au pouvoir. Ainsi le nouveau régime, en butte à la fois aux attaques du parti de la stabilité et du parti du progrès indéfini, ne pourra reculer devant l'un sans reculer vers l'autre, et consumera ses forces dans une gymnastique stérile, pour demeurer debout sur le terrain étroit qui sépare les deux pentes opposées, sur lesquelles il ne pourrait mettre le pied sans être entraîné vers un des deux aimants qui l'attirent.

Dans cette position difficile, l'école gouvernementale sera en outre obligée de faire face à toutes les idées, à toutes les espérances qui, pendant la période précédente, se sont groupées ensemble sous le nom générique de libéralisme, pour former la grande coalition qui a renversé la monarchie traditionnelle. Chaque nuance d'idées qui arrivera au pouvoir trouvera toutes les autres nuances d'idées avec leurs exigences et leurs prétentions ; en présence de la dissolution du parti libéral, elle sera sommée de gouverner avec les idées complexes et contradictoires du libéralisme, et l'on invoquera contre elle la solidarité de toutes les doctrines, de tous les vœux, de toutes les passions qui fermentaient dans la grande fournaise de l'opposition de quinze ans. Les républicains de cette opposition lui demanderont la république américaine sous la monarchie ; les partisans de la Révolution de 1688, une imitation du gouvernement anglais, avec une organisation aristocratique des classes moyennes pour remplacer l'aristocratie nobiliaire de l'Angleterre ; les adeptes des doctrines de 93, la guerre révolutionnaire déclarée à l'Europe pour renverser les gouvernements et les aristocraties et émanciper tous les peuples, et ils n'accepteront au dedans la Révolution de 1830 que comme un point de départ, tandis que d'autres nuances l'envisageront comme un but définitif ; les utopistes et les sectaires revendiqueront une révolution sociale qui donne à tous la satisfaction de leurs besoins et le libre essor de leurs passions, et feront retentir la redoutable clameur du prolétaire, ce Tantale des sociétés civilisées qui étend ses mains vides sur les fruits de la civilisation ; les philosophes réclameront la succession du catholicisme, qu'ils déclareront ouverte, et les sceptiques et les indifférents l'abaissement et le mépris de toute religion.

En même temps, ceux qui ont été nourris par les poètes et les historiens dans le culte de la gloire napoléonienne, et qui ont été habitués à dénigrer la politique extérieure de la Restauration, réclameront une politique plus hardie, plus expansive, et demanderont au gouvernement nouveau l'abolition des traités de 1815, le remaniement de la carte de l'Europe, les frontières du Rhin, la délivrance de la Pologne et de l'Italie, tandis qu'une autre nuance démocratique rappellera la promesse du gouvernement à bon marché, du budget réduit, et des perfectionnements intérieurs, dont la paix est la plus impérieuse condition.

C'est au milieu de ce conflit d'idées et d'exigences contradictoires qu'il faudra gouverner avec la liberté de la tribune et de la presse : toutes les branches de la littérature subiront le contre-coup de cette situation.

Le bonapartisme poétique qui, dans la période précédente, a déjà exercé une action puissante, prendra de nouveaux et de plus libres développements. Les aliments viendront de tout côté à cette flamme. Les dictées napoléoniennes de Sainte-Hélène qui, publiées sous la Restauration par les secrétaires de l'empereur, n'avaient produit qu'une médiocre sensation, parce que le courant des idées marchait dans le sens d'un constitutionalisme libéral peu conforme à l'esprit de ce livre, appartiennent à la période du gouvernement de Juillet, sinon par la date de leur publication, au moins par celle de l'impression littéraire qu'elles produisirent. Le succès du livre se releva alors comme un de ces boulets dormants, qui ricochent tout à coup et arrivent à leur but. Napoléon, couronnant une vie d'activité inouïe en dictant le *Mémorial* dans l'immobilité de Sainte-Hélène, apparut comme une belle image du siècle et même comme un symbole de cette loi qui régit les phases intermittentes de la vie de l'humanité, tantôt livrée à l'action, tantôt recueillie dans ses pensées. Cette manière hautaine de juger les hommes et les choses, ce coup d'œil profond jeté sur l'Europe, ces hardiesses de pensées devenues naturellement des hardiesses de style, tout contribua à l'effet produit par ces Mémoires d'un autre César, mais d'un César malheureux et mélancolique [1].

Cet effet servira naturellement l'idée bonapartiste. Comme elle a été un des éléments de la coalition libérale, il faudra lui donner quelque satisfaction. Le drapeau tricolore repris en 1830 est sans aucun doute celui de 1792, et ce n'est pas l'aigle napoléonien, c'est le coq gaulois qui le domine; mais il ne faut pas oublier que c'est surtout au point de vue des victoires impériales que ce drapeau a été célébré par les poètes, et qu'il est resté cher aux souvenirs des soldats de la

---

[1]. Nous empruntons ces expressions à M. Villemain.

grande armée qui, après les désastres de l'Empire, se sont répandus dans tous les villages, comme des missionnaires et des rapsodes de cette gloire militaire dont ils ont été les instruments. La statue de l'empereur reparaît sur sa colonne, dont les événements l'avaient précipitée, et cette restauration officielle des souvenirs de l'Empire devient le signal d'une restauration littéraire à laquelle contribuent à l'envi les hommes de lettres comme les hommes de gouvernement. Tous les genres de littérature apporteront leur tribut pour propager le culte des souvenirs napoléoniens, l'histoire, l'ode, la méditation, le drame, l'épopée, comme la chanson populaire; le pinceau du peintre d'histoire conspirera avec le crayon du faiseur d'images. Le théâtre reproduira, devant les ouvriers des villes, les scènes militaires de l'Empire, et les acteurs se feront une célébrité par l'exactitude avec laquelle ils parviendront à mimer les poses, le maintien, le costume, le geste et la parole saccadée de l'empereur. Les colporteurs remplaceront le théâtre auprès des populations rurales en répandant les récits des victoires et conquêtes, la chanson militaire, les portraits coloriés du grand homme.

Le gouvernement établi en Juillet, malgré deux entreprises très-hardies dans sa position, la première expédition en Belgique et la prise d'Anvers, et le débarquement d'Ancône, ne pourra pas réaliser l'idéal évoqué pendant l'opposition de quinze ans, et que son avénement avait présenté aux esprits comme un avenir prochain. Il devra éviter avec soin la guerre, parce que sa position est beaucoup moins forte au dehors, à cause de son origine, que celle de la Restauration, et par suite sa politique beaucoup moins libre dans ses allures. Il cherchera par compensation à donner une satisfaction rétroactive aux idées, aux passions, aux sentiments que la Révolution de 1830 a surexcités, et il négociera avec l'Angleterre le retour des cendres de l'empereur Napoléon. Un des fils du prince régnant, marin distingué et soldat intrépide, ira chercher lui-même à Sainte-Hélène ces reliques militaires, comme si l'on voulait faire rejaillir sur le gouvernement nouveau un reflet de la gloire impériale, et couronner tant d'odes, d'épopées, de drames, par une suprême apothéose. Le cercueil de César remontera la Seine, au murmure des flots de laquelle l'empereur avait espéré dormir son sommeil de mort. De tout côté, les populations, conviées à ces tardives funérailles, accourront avec les vieux débris des légions de l'Empire, revêtus de leurs uniformes usés, et portant leurs armes depuis si longtemps suspendues au-dessus de leur foyer. Le cercueil dominateur, porté sur un char funèbre devenu un char de triomphe, entrera par une froide journée de décembre, en passant sous l'Arc de l'Étoile, dans les longues avenues des Champs-Élysées, au milieu d'une multitude innombrable attirée par ce spectacle extraordinaire : les aigles impériaux sortiront de la poussière pour cette cérémonie d'un grandiose théâtral ; un des princes de la famille régnante marchera en avant comme le héraut de cette pompe triomphale, et l'on pourra croire que l'on assiste à la réalisation vivante de la légende allemande qui montre César sortant du sépulcre pour venir, à l'heure de minuit, passer la revue funèbre de ses légions.

Par ces témoignages publics, par ces respects, on pensera avoir satisfait les émotions populaires ; peut-être n'aura-t-on fait que les exalter. Le bonapartisme poétique puisera un nouvel aliment dans ces manifestations enthousiastes. Les proportions historiques de l'empereur tendront de plus en plus à s'effacer devant les proportions fabuleuses que les hommes d'État, comme les hommes d'imagination, auront contribué à lui donner. Il deviendra le héros fantastique d'une épopée populaire écrite dans toutes les imaginations, surtout dans celles des multitudes, et les fautes de son gouvernement, les taches de sa vie, les ombres de son caractère, les malheurs effroyables qu'il attira sur la France, tendront de plus en plus à disparaître dans les splendeurs de cette auréole à laquelle les poëtes, les historiens, les hommes de gouvernement, les artistes, tout ce qui pense, tout ce qui chante, tout ce qui agit, tout ce qui exerce une influence sur l'imagination publique, aura apporté son rayon.

III

SCISSION DANS L'ÉCOLE CATHOLIQUE ET MONARCHIQUE.

Tandis que les idées politiques prendront ainsi position dans la presse, la scission de l'ancienne école catholique et monarchique achèvera de se dessiner, et il en résultera une nouvelle difficulté pour les hommes du rationalisme monarchique. Sans doute, sur la fin de la Restauration, les liens qui unissaient ces deux écoles à l'époque où Joseph de Maistre, M. de Bonald, M. de Chateaubriand, et, après eux, M. de La Mennais, les conduisaient dans la même voie, s'étaient bien relâchés ; mais cependant elles coexistaient encore ensemble dans le *Mémorial catholique*. Au moment où la Révolution de Juillet éclate, le *Mémorial*, cédant à la loi commune qui pousse toutes les idées à prendre leur forme la plus tranchée, se dissout comme le *Globe* et le *National*. Le comte O'Mahony, qui représentait l'élément monarchique de cette feuille religieuse, se sépare de M. de La Mennais et va fonder l'*Invariable de Fri-*

bourg, tandis que celui-ci fonde l'*Avenir*, organe d'une école de démocratie chrétienne.

A partir de ce moment, la presse religieuse et la presse monarchique marcheront désormais séparées l'une de l'autre.

Celle-ci sera conduite par M. de Chateaubriand qui, voulant maintenir les grandes lignes politiques de sa vie, poursuivra de ses véhémentes brochures le nouveau gouvernement. Il se fera dans cette école un grand travail, à Paris et dans les provinces, pour retrouver, sur le terrain du principe de la liberté, une position qui remplace celle qu'elle vient de perdre par la chute du principe d'autorité. Un homme qui a déjà marqué sa place parmi les écrivains polémiques sous la Restauration, M. de Genoude, cherchera à donner à cette tendance générale la portée et la précision d'un système historique et politique, et consacrera un journal accrédité à réaliser cette pensée, qu'il poursuivra avec une infatigable persévérance.

L'école religieuse, de son côté, obéira, d'une manière séparée, à une tendance analogue; chacun comprendra, en effet, que, dans la situation nouvelle, c'est sur le terrain de la liberté qu'il faut se placer pour agir. De même que l'école monarchique aura, malgré quelques écarts et quelques exagérations, la notion d'une idée juste et vraie en cherchant à réconcilier le principe d'autorité avec celui des libertés publiques, dont elle s'était trop éloignée pendant les dernières luttes de la Restauration, l'école religieuse, qui aura aussi ses heures d'entraînement et d'exagération, surtout au début, partira cependant de deux idées vraies, celle de la nécessité de conquérir la liberté de l'Église, et celle de prendre son point d'appui, pour l'obtenir et l'assurer, sur les libertés publiques loyalement garanties. On pourra néanmoins reprocher personnellement à M. de La Mennais d'oublier ses précédents, non-seulement en affectant de se distinguer en toute occasion de l'école monarchique, pour laisser peser sur celle-ci le fardeau de l'impopularité que l'illustre auteur de l'*Essai sur l'indifférence* a contribué, par ses derniers ouvrages, à appesantir sur la tête du gouvernement royal, mais d'exagérer les idées de liberté, comme s'il voulait trouver place dans les rangs du libéralisme vainqueur, et laisser ses anciens alliés seuls sous le coup de l'anathème répété, de siècle en siècle et de défaite en défaite, par tous les adorateurs de la victoire : Malheur aux vaincus !

On ne comprendrait point, d'une manière complète, le mouvement des idées religieuses en France et dans un pays voisin, la Belgique, l'élan qu'elles prirent à cette époque, les voies où elles entrèrent, les grands rôles qu'elles créèrent à la tribune et dans la presse, si l'on ne reportait point ses regards vers un fait considérable, qui devint comme le type de l'action catholique dans toutes les contrées où la liberté de l'Église se trouvait comprimée par les lois politiques.

Depuis le commencement du siècle, un grand effort était tenté de l'autre côté du détroit qui nous sépare de la Grande-Bretagne, et le spectacle que présentait l'Irlande, d'abord inaperçu au milieu des luttes militaires de l'Empire, et observé par un petit nombre de personnes seulement au milieu des contestations politiques de la Restauration, avait fini par frapper les yeux et les esprits. Un de ces hommes rares, joignant à l'imagination puissante et pleine de ressources des natures méridionales la fermeté de volonté et le sang-froid des hommes du Nord, éloquent comme un tribun, subtil comme un juriste, inspiré et enthousiaste comme un poëte, résolu comme un homme de parti, fervent comme un catholique convaincu et comme un catholique persécuté, avait entrepris l'œuvre difficile déjà tentée, puis abandonnée, par Grattan, d'obtenir justice de l'Angleterre pour la religion et la nationalité de l'Irlande. Dès que Daniel O'Connell, élevé en France, dans les dernières années du dix-huitième siècle, et qui portait dans les armes de sa famille une devise où semblait se trouver l'horoscope de sa destinée [1], revint dans sa patrie, il songea à la relever de son abaissement. Il avait été frappé, pendant son séjour en France, des conséquences désastreuses du recours à la violence dans les revendications politiques, et l'histoire d'Irlande lui avait appris que toutes les insurrections à main armée, et récemment encore celle de 1798, avaient tourné à son détriment ; il résolut donc d'entreprendre l'affranchissement de l'Irlande et la conquête de la liberté religieuse, par une agitation pacifique et par les voies d'une coërcition légale. Son début dans cette carrière, qu'il devait parcourir avec tant d'éclat, frappa vivement l'opinion. On était dans une des premières années de notre siècle : O'Connell, qui voyageait, rencontra une troupe de pauvres catholiques accusés de connivence avec les insurgés de 1798 et que l'on conduisait devant un tribunal orangiste, c'est-à-dire à une condamnation certaine. Saisi de cette indignation éloquente qui fit sa force et sa gloire pendant près d'un demi-siècle, O'Connell les suivit, harangua avec tant de verve, d'inspiration et d'énergie les magistrats surpris d'être persuadés, qu'il leur arracha un arrêt d'acquittement, le premier qui eût été prononcé depuis l'insurrection de 1798. C'est ainsi que la puissance de sa parole lui fut révélée et se manifesta

---

[1]. Daniel O'Connell naquit dans le comté de Kerry en Irlande, en 1775, d'une des plus anciennes et des plus illustres familles de ce royaume. La devise des armoiries de sa famille était celle-ci : « *Salus Hiberniæ oculus O'Connell*. (L'œil d'O'Connell est le salut de l'Irlande.) » Il avait été élevé en France, parce qu'à cette époque il n'était pas possible, d'après la législation existante, de recevoir une éducation catholique en Angleterre.

devant son pays. A partir de cette époque, tout catholique opprimé, c'est-à-dire tout Irlandais, fut son client ; le pauvre laboureur chassé de sa ferme, le soldat catholique contraint d'aller au prêche, le suspect injustement détenu, trouvèrent en lui un protecteur, et, de plaidoyer en plaidoyer, il devint l'avocat de l'Irlande, la plus opprimée de tous ces opprimés, puisqu'elle renfermait dans son sein meurtri toutes ces misères et toutes ces désolations.

Pour organiser dans toute sa force la résistance passive qu'il voulait opposer à l'oppression, O'Connell fonda l'Association catholique, levier puissant avec lequel il mettait en mouvement l'Irlande entière, qu'il fût question d'une manifestation publique, d'une pétition générale, ou plus tard d'une élection. Cette puissante agence, en tête de laquelle étaient placés O'Connell et le clergé irlandais, devint un pouvoir public. Sans attributions légales, elle avait une omnipotence réelle, résultat de l'adhésion de tous ; elle initiait l'Irlande à la vie publique, en discutant, blâmant ou approuvant les bills présentés au parlement, en revisant les listes électorales, en provoquant les élections, en dirigeant les électeurs, en prenant devant les tribunaux la défense des opprimés. Alors commença entre O'Connell et l'Angleterre, qui voulait lui enlever cette arme, une lutte légale dont O'Connell, versé dans toutes les subtilités de la loi et aussi habile que résolu, devait sortir vainqueur, après avoir ressuscité, sous de nouveaux noms, l'Association catholique autant de fois qu'elle fut détruite.

Ce fut l'instrument avec lequel il remua et contint l'Irlande, à la fois émue et patiente, dans la souffrance et dans la faim. Il lui demandait l'obéissance aux lois, mais une obéissance tempérée par la revendication énergique et incessante de ses droits méconnus. « Souffrez, criait-il à ses compatriotes, mais réclamez. Obéissez, mais demandez. Soyez sujets fidèles, mais sans renoncer à être de généreux chrétiens. La subordination, toujours ; la dégradation, la lâcheté, jamais ! » D'autres fois, il s'écriait : « Irlandais, aimez-vous votre patrie ? — Oui ! oui ! répondait-on de toutes parts. — Eh bien, point de désordres, point de troubles ! Celui qui recourt à la force n'est pas digne de la liberté ! »

Au moment où O'Connell commença sa lutte patriotique, l'Irlande était dans la situation la plus malheureuse et la plus humiliée. L'Angleterre avait été, il est vrai, obligée de relâcher quelque chose de ses persécutions religieuses, à l'occasion de sa guerre avec ses colonies d'Amérique, mais la condition de l'Irlande n'en était guère meilleure. Son Parlement national avait été de nouveau supprimé depuis la prise d'armes de 1798 ; les catholiques ne pouvaient posséder le sol, il leur était même interdit de contracter de longs baux comme fermiers, et le fils d'un catholique, en se déclarant protestant, se faisait adjuger de droit la moitié de ce qu'on avait laissé à son père ; l'Église d'Irlande, dépouillée de ses biens, ne subsistait que par les aumônes volontaires d'un peuple indigent condamné à payer la dîme aux ministres du culte protestant ; les catholiques étaient en outre exclus de toutes les dignités, de tous les honneurs, de tous les emplois civils et militaires, frappés d'incapacité légale pour toutes les fonctions élues des conseils des comtés comme du Parlement, privés par conséquent de tout moyen constitutionnel d'obtenir le redressement de leurs griefs, et soumis, dans l'ordre judiciaire, à la juridiction de magistrats protestants.

Telle était la situation de l'Irlande, à l'époque où O'Connell prit en main sa cause, et c'était de cette situation désespérée qu'il avait fini, à force de fermeté, d'éloquence, de ténacité, d'audace calculée, de patience énergique, par faire sortir, peu de temps avant la chute de la Restauration, le bill d'émancipation catholique. Un jour était venu où O'Connell, au milieu des dérisions de ses adversaires, s'était présenté, avec son indomptable confiance, aux suffrages des électeurs du comté de Clark, et, après une lutte passionnée, qui, pendant cinq jours, avait mis en mouvement l'Irlande et tenu en suspens l'Angleterre, émue de cette nouveauté hardie, la candidature d'un catholique prétendant forcer, malgré le serment prescrit, l'entrée du Parlement protestant d'Angleterre, il l'avait emporté. C'est dans l'effervescence de cette victoire inespérée par les uns, inattendue pour les autres, qu'il avait jeté à l'Irlande, frémissante encore de sa lutte, ces paroles où respiraient la joie et l'exaltation éloquente du succès : « Hommes de Clark, vous savez que la seule base de la liberté est la religion ; vous avez triomphé, parce que votre voix, qui s'était élevée pour la patrie, s'était d'abord exhalée en prières vers le Seigneur. Maintenant les chants de liberté se font entendre dans nos campagnes ; ces sons parcourent nos vallées, remplissent nos collines, murmurent dans les eaux de nos fleuves, et nos plaines, d'une voix de tonnerre, crient aux échos de nos montagnes : L'Irlande est libre ! »

Restait à se faire admettre dans le Parlement. Les plus confiants hésitaient à croire qu'O'Connell y parvînt : il y parvint néanmoins. La curiosité d'entendre cette voix éloquente plaider cette cause difficile l'emporta sur les préventions, et quand Daniel O'Connell, interpellé par l'huissier qui lui demandait s'il jurait les trente-neuf articles de la religion anglicane, répondit : « Je jure fidélité à mon roi et à toutes les lois justes du Parlement, et je réclame de la Chambre l'autorisation de prouver devant elle mon droit, » un vote parlementaire accueillit sa demande. Il put donc prendre la parole et, après une de ces harangues à la fois véhémentes et habiles qui caractérisaient son éloquence, aidé par le mouvement général des esprits qui tendaient à des mesures de tolérance et de réparation envers le catholicisme et l'Irlande, il fit reconnaître par l'assemblée son droit de siéger sans prêter un serment contraire à la foi catholique. Il y avait trois cents ans que le catholicisme était banni du Parlement d'Angleterre lorsqu'il y rentra ainsi dans la personne d'O'Connell.

La suite avait répondu à ce début. Un an après l'entrée d'O'Connell au Parlement, le bill d'émancipation avait été voté. O'Connell, qui se servait de chaque succès comme d'un échelon pour monter plus haut, se présentait, à chaque session, soutenu par l'agitation du dehors, avec cette parole redoutée : « Justice pour l'Irlande ! » Il avait fallu rendre aux Irlandais la liberté civile après la liberté politique, diminuer le nombre des évêchés et des paroisses du protestantisme dans ce pays, lui accorder des franchises municipales égales à celles de l'Écosse et de l'Angleterre. En réclamant le rappel de l'union, que l'Angleterre ne pouvait consentir à donner, le grand agitateur lui arrachait toutes les concessions réalisables. Le Parlement résistait, différait, marchandait à l'Irlande les libertés réclamées; le roi s'écriait avec colère en jetant la plume au moment de sanctionner les bills : « *Goddam ! O'Connell* [1] ; » mais les meetings irlandais se multipliaient, les pétitions arrivaient avec des millions de signatures, l'agitation, croissant de minute en minute, parvenait à son comble ; alors le Parlement et le roi se résignaient à céder ; mais, comme s'il n'y avait rien de fait, O'Connell demandait encore, demandait toujours.

---

1. C'est quand il fallut signer le bill d'émancipation que le roi Georges IV jeta cette imprécation contre O'Connell. (*Oraison funèbre d'O'Connell*, prononcée à Rome par le père Ventura. Voir la traduction publiée par l'abbé Leray, p. 58-59.)

C'était ainsi que cet homme extraordinaire était arrivé à exercer en Irlande une puissance d'autant plus absolue que l'obéissance était volontaire et enthousiaste. Les despotes ne mènent les peuples que par la terreur qui terrasse les volontés, et par la force qui contraint les corps ; O'Connell menait l'Irlande par la tête et le cœur. Les Irlandais dirent d'abord, en parlant de lui : « Notre homme ! » Ce peuple indigent voulut donner à son défenseur une magnifique liste civile, les veuves et les orphelins apportèrent avec joie leur obole, et jamais impôt ne fut payé plus volontiers ; les Anglais appelèrent alors O'Connell « le Roi-mendiant ; » mais l'Irlande, couvrant cette injure de sa grande voix, lui donnait le nom de Libérateur. Il était à la fois son orgueil, son espérance, sa consolation dans ses misères, son aiguillon et son frein. Paraissait-il dans un comté, hommes, vieillards, femmes, enfants, tous accouraient pour le voir ; ces populations ardentes, suspendues à ses lèvres, vivaient de sa vie, luttaient dans ses luttes, triomphaient par ses victoires. L'Irlande entière parlait dans sa voix, gémissait dans son gémissement, menaçait dans sa menace, maudissait dans sa malédiction : cet homme était un peuple. Avec lui sa patrie était prisonnière, avec lui accusée, avec lui délivrée. Les femmes, sensibles à cette éloquence qui, variant ses accents [1], descendait du ton véhément de l'invective aux tons les plus doux de l'élégie, quand il peignait son Irlande bien-aimée, soutenaient au besoin le courage fléchissant de leurs maris et de leurs enfants, et l'Association catholique emprunta sa devise à cette parole vraiment romaine

---

1. Le père Ventura, en prononçant à Rome l'oraison funèbre d'O'Connell, définissait ainsi son éloquence : « Maître de ses émotions, possédant tous les artifices et toutes les ressources de la parole, il a tour à tour, et à son gré, le pathétique de l'élégie, l'onction du psaume, l'âpreté de la satire, la douceur de l'apologue, le feu et l'éclat du tonnerre, l'accent imposant du législateur, l'inspiration du prophète ! »

d'une pauvre Irlandaise qui, voyant son mari, fermier malheureux incarcéré pour dette, au moment de déposer un vote favorable au concurrent d'O'Connell, afin d'obtenir sa libération promise à ce prix par un propriétaire protestant, lui cria, d'une voix qui le fit rentrer en lui-même : « *Remember your soul and liberty.* (Souviens-toi de ton âme et de la liberté [1]). »

Cette image touchante et poétique d'O'Connell, champion de la liberté religieuse et de la nationalité de la malheureuse Irlande qui tentait, à sa voix, un dernier effort, avant d'aller chercher de meilleures destinées dans un autre monde, en se laissant emporter à ce mouvement d'émigration auquel elle cède de nos jours, devait exercer en France une action considérable sur les esprits, et par suite sur la tribune et sur la presse, dans la période littéraire où nous entrons. Le catholicisme, depuis plusieurs siècles, marchait d'accord avec l'autorité temporelle, et son alliance étroite avec la liberté politique, sans être complétement nouvelle, avait au moins la nouveauté des choses oubliées. Il est hors de doute que ce mouvement des idées en Irlande, la nouveauté séduisante de cette association du catholicisme avec le principe de la liberté politique, le spectacle du grand rôle que jouait O'Connell, en qui se personnifiait cette alliance, ont exercé une influence décisive sur M. de La Mennais, et plus tard sur l'école fondée par ce grand écrivain, et que ce mouvement, bientôt propagé en Belgique à la suite de la révolution qui la sépara de la Hollande, a doublement agi sur les esprits en France.

La grande figure d'O'Connell se lèvera devant plus d'un orateur et d'un écrivain comme un noble idéal. Ce rôle de tribun de la liberté religieuse contre le déni de jus-

---

1. Cette femme se nommait Brigitte Struenty.

tice des pouvoirs temporels tentera plus d'un beau talent, heureux de concilier les intérêts de la popularité avec le sentiment d'un devoir accompli, et de défendre les droits de la religion en parlant la langue de l'époque. Les scènes qu'offre l'Irlande auront donc leur reflet, et les bruits passionnés dont elle retentit, leur écho de ce côté-ci du détroit. On s'exagérera même quelquefois la similitude des situations dans deux pays si différents. Malgré l'importance des intérêts engagés, ceux de la liberté de l'enseignement et de la liberté de l'Église, et la légitimité des efforts des intérêts catholiques pour obtenir une juste satisfaction, il y aura souvent, et surtout au début, dans l'accent des orateurs et dans le style des écrivains, une teinte d'exagération qui viendra de ce mirage des grandes luttes de l'Irlande et de son O'Connell. L'attrait qui entraîne les intelligences vers ces luttes en sera augmenté, car il y a là, chose séduisante pour les meilleurs esprits, un rôle dans une mission.

IV

FERMENTATION GÉNÉRALE DES ESPRITS.

La tribune et la presse, déjà si puissantes sous le régime précédent, vont exercer désormais une action plus étendue et plus hardie, et les diverses écoles engagées dans l'opposition profiteront de cet accroissement de puissance. Comment la presse oublierait-elle que c'est du sein d'une atmosphère ensemencée de ses prédications passionnées que la Révolution est sortie ? Comment la tribune consentirait-elle à ne point se souvenir que la nouvelle royauté et la nouvelle charte sont les filles politiques de son initiative? Par quel moyen la presse, qui a discuté les questions de république et de royauté, la tribune qui les a résolues, pourront-elles désormais être ramenées au respect des principes établis?

Dans toutes les sphères intellectuelles, un mouvement en avant s'annonce sur toute la ligne.

Déjà sur la fin de la Restauration, l'éclectisme ne maintenant qu'avec peine, dans la philosophie, ses cadres remplis de tant d'opinions contraires et qui tendaient à se rompre, la discipline et les intérêts communs de l'opposition commençaient à être vainement invoqués. Qu'allait-il donc advenir maintenant que l'éclectisme, au lieu de tenir la tête de l'opposition philosophique, prenait la situation d'une philosophie officielle, d'une philosophie de l'État? Les théories philosophiques se développeront comme les théories politiques sous l'empire du principe rationaliste absolu. Au lieu d'assister aux débats d'un éclectisme encore respectueux avec la tradition religieuse, on assistera aux combats défensifs de l'éclectisme désorganisé contre les vives attaques des écoles les plus avancées. Or la philosophie a appris sous la Restauration à aller chercher ses systèmes en Allemagne; elle n'en a pas oublié le chemin, et le rationalisme allemand descendait, en ce moment même, la pente de la philosophie hégélienne qui, disputant la société et le clergé protestant au piétisme par lequel le gouvernement prussien cherchait à ramener le christianisme positif dans les Églises réformées, ne présentait à l'intelligence qu'un panthéisme athée, enveloppé prudemment d'une phraséologie obscure. Il y aura un flux et un reflux entre l'Allemagne et la France : tandis qu'elle nous enverra son panthéisme, nous lui renverrons par Heine le scepticisme railleur de Voltaire.

L'histoire cédera à une impulsion analogue. Ne faut-il pas que le principe du rationalisme absolu fasse partout son chemin, et que les écoles se succèdent en se dépassant ? L'école idéaliste et symbolique va paraître, et l'école utopiste, qui voudra créer l'histoire au lieu de la raconter, lui succédera bientôt.

En poésie, comme en philosophie, comme en histoire, comme dans la politique, toutes les digues s'abaissent. Les novateurs romantiques, conduits par M. Victor Hugo, vont suivre leur mouvement au théâtre et dans toutes les branches de la littérature, sans être arrêtés par aucun frein. Sous la Restauration, ils descendaient la pente avec une certaine mesure ; maintenant ils vont s'y précipiter.

En l'absence des lois brisées ou à la faveur des lois paralysées dans les premiers temps, la licence dramatique, en possession du théâtre, y fera monter les préventions d'une multitude ignorante ou celles que des esprits égarés ou pervers voudront lui donner.

Il y a, dans la situation, quelque chose d'excessif qui pousse les esprits à l'extrême. Il semble que nulle part on ne puisse reconnaître de règles depuis que la règle établie par les siècles est brisée. La concurrence effrénée des idées produira, dans la sphère intellectuelle, le même effet que produit la concurrence outrée des intérêts dans la sphère commerciale.

Tandis que le *National*, dont naguère encore l'idéal ne s'étendait pas au delà de la Révolution de 1688, va consacrer ses efforts à l'établissement de la république modérée, en groupant autour de lui ceux qui par leurs goûts, leurs tendances, leurs habitudes sociales reflétées dans leur style, formaient ce qu'on pouvait appeler l'aristocratie de la démocratie, la *Tribune* plantera plus loin le jalon. Représentant une école moins républicaine que révolutionnaire, elle reconnaîtra pour un de ses principaux chefs M. Godefroy Cavaignac, à côté duquel commencera à paraître M. Armand Marrast, esprit fin, élégant et caustique plutôt que passionné, qui devait plus tard adopter une ligne plus conforme à sa nature et à son talent. Le groupe des républicains de la *Tribune* se rattachait par les idées aux montagnards de 93, tandis que le groupe des écrivains du *National* se reliait plutôt aux girondins de 1792. Il y avait, entre ces deux nuances, des différences aussi profondes au point de vue philosophique qu'au point de vue politique. Ces différences devaient se retrouver dans le style des écrivains qui appartenaient à ces deux phalanges tout d'abord rivales, bientôt ennemies.

La nuance républicaine des écrivains ralliés autour de la *Tribune* n'était pas encore le dernier mot de l'école révolutionnaire. Sans doute ces écrivains arrivaient, dans leurs doctrines, jusqu'à l'idée générale d'une loi agraire, mais cette idée n'avait, dans leur esprit, rien de précis ni de déterminé. C'était une vague aspiration, un espoir théorique donné aux appétits démagogiques plutôt qu'un plan régulièrement formulé et contenant ses moyens d'exécution. Mais derrière cette avant-garde de théoriciens socialistes s'avançait une troisième école révolutionnaire, formée d'écrivains qui croyaient avoir étudié plus profondément le problème d'une révolution sociale, et qui se présentaient avec une solution, ou plutôt avec deux solutions : c'étaient les saint-simoniens et les fouriéristes, disciples et continuateurs de deux sectaires qui avaient laissé leur pensée formulée dans de nombreux écrits.

Ainsi un des premiers effets de la chute de la Restauration avait été de placer les idées d'opposition sur le terrain de la république, et le rationalisme monarchique allait se trouver attaqué dans la sphère intellectuelle d'abord, et bientôt dans la sphère des faits, par le rationalisme républicain personnifié dans trois écoles diverses, les girondins du *National*, les montagnards de la *Tribune*, les sectaires des écoles socialistes.

V

LES HOMMES NOUVEAUX COMME LES IDÉES.

Le renouvellement de la scène intellectuelle favorisera cette marche en avant de toutes les écoles et de toutes les idées. Sans doute ce renouvellement ne sera pas aussi complet qu'à l'époque où la Restauration remplaça l'Empire, mais on sent cependant le mouvement d'une génération qui descend, et l'on entend le bruit d'une génération qui monte.

Dans l'école traditionnelle, la plupart des hommes qui ont servi la Restauration dans les situations les plus éminentes se retirent pour conserver l'unité morale de leur vie, et, avec ce respect d'eux-mêmes, qui honore ceux qui donnent ces exemples de sacrifice et les temps où ils sont donnés, ils préfèrent fermer volontairement leur carrière que de s'engager dans d'autres voies. Les jeunes gens qui ont achevé de se faire hommes pendant les premières années de la Restauration les remplacent dans presque toutes les positions. Tandis que MM. de Villèle, Chateaubriand, Bonald, Corbière, se retirent, M. Berryer, dont l'éloquence est déjà célèbre au barreau, et qui a paru, pour la première fois, dans la dernière Chambre élue de la Restauration, va commencer, avec un vif éclat, une nouvelle carrière oratoire. Le duc de Fitz-James, ce descendant des Stuarts, déjà connu dans les assemblées de la Restauration, mais qui n'a point pris part aux affaires, remportera ses plus beaux triomphes de tribune en consacrant aux Bourbons les derniers accents de son éloquence. En même temps, l'école traditionnelle sera représentée par des voix justement célèbres dans le barreau, comme celle d'Hennequin, ou par de jeunes talents qui sortent de la situation, comme le marquis de Brezé et le duc de Noailles à la Chambre des pairs, et, à la Chambre des députés, MM. de Larcy, de Laboulie, Béchard, esprits à la fois monarchiques et libéraux qui, tout en respectant la tradition du passé, marchent avec les générations nouvelles.

Ce mouvement, qui va faire briller dans de nouvelles sphères des talents déjà connus, et produire sur la scène des talents nouveaux, s'étend à toutes les écoles.

Dans celle du rationalisme monarchique, la chaire professorale cède à la tribune les trois esprits éminents qui ont exercé une action si puissante sur la période précédente : MM. Guizot, Cousin et Villemain entrent dans le monde des faits. M. Thiers, jusque-là historien et journaliste, portera dans les discussions parlementaires les dons heureux d'un esprit pénétrant et facile qui s'applique à tout. M. Odilon Barrot, élevé dans les luttes judiciaires, consacrera aux débats politiques sa parole d'une solennité magistrale. M. Sauzet, atteignant d'un seul coup sa renommée oratoire, en défendant, devant la Cour des pairs, un des ministres du roi Charles X, entrera dans les assemblées en même temps que MM. Dupin, Barthe, Mérilhou, Berville, défenseurs habituels des journaux de la coalition libérale pendant l'opposition de quinze ans.

Les graves conséquences de ce mouvement trouvent leur expression dans ce qui se passa, au moment de la Révolution de 1830, au sein d'un journal qui avait exercé une haute influence sur le mouvement des idées. Le *Globe* se dissout ; sa rédaction émigre en masse dans les fonctions politiques ou administratives. Les affaires enlèvent MM. Duchâtel, Vitet, Rémusat, Duvergier de Hauranne, Cavé et d'autres écrivains avec eux à leurs travaux littéraires ; le journal finit faute de rédacteurs. Il fallut mettre le titre du *Globe* en vente, et M. Pierre Leroux, son premier fondateur, demeuré à peu près seul, le vendit aux saint-simoniens qui, pleins d'espérances depuis l'avénement de la nouvelle révolution, croyaient que leur heure était proche. Ainsi, tandis que les philosophes, les politiques et les littérateurs du *Globe* allaient prendre le gouvernement d'une révolution que plusieurs d'entre eux n'avaient point souhaitée, et lutter dans les régions du pouvoir contre les hommes avec lesquels ils ne s'étaient pas entendus dans l'opposition, l'instrument de publicité dont ils s'étaient servis passait aux mains d'une des sectes qui, sous cette révolution politique, allaient travailler à préparer dans la région des idées une révolution sociale.

Cependant l'école du rationalisme monarchique ne demeurera pas au dépourvu dans la presse. Le *Journal des Débats*, toujours guidé par les frères Bertin, expérimentés dans le journalisme, sera le centre de cette école. Quelques-uns de ses anciens chefs s'arracheront aux affaires pour soutenir le choc des idées contraires. D'autres, avant d'entrer aux affaires, livreront leurs derniers combats de publicistes ; c'est parmi ceux-ci qu'il faut placer M. de Salvandy. Esprit ardent, cœur généreux, imagination brillante, M. de Salvandy avait dans son style quelque chose de l'éclat et de la pompe de cette école espagnole qui donna à la littérature latine les deux Sénèque et Lucain. Il avait pris, on l'a dit, une large part, dans le *Journal des Débats*, aux polémiques de la Restauration, et quelquefois on avait attribué à M. de Chateaubriand ses articles écrits d'un style aux tons chauds et semé de traits peints en relief. Ce n'était point un ennemi de la Restauration ; l'idéal de sa jeunesse avait été l'accord du principe d'autorité et du principe de liberté, et la passion de la gloire. La Révolution de 1830 devait donc trouver M. de Salvandy dans les rangs de cette opposition qui avait prévu la chute de la Restauration sans la souhaiter, et il était indiqué qu'un si grand renversement alarmant tous les esprits sages, cet écrivain, qui n'avait jamais séparé les intérêts d'ordre des intérêts de liberté, se jetterait, avec l'ardeur de son caractère et de son talent, du côté menacé, dans la phase nouvelle qui allait s'ouvrir

La scène se renouvelle dans l'école du rationalisme absolu, comme dans l'école traditionnelle et dans l'école du rationalisme monarchique. Le *Globe* n'est pas le seul journal où le contre-coup des événements de 1830 se fasse sentir. Par suite de ces événements, MM. Thiers et Mignet quittaient le *National* ; les affaires les enlevaient à la presse. Le *National* se reconstituait sous la direction d'Armand Carrel, le plus jeune, le moins connu, le plus avancé dans ses idées des trois écrivains remarquables qui avaient concouru à sa fondation.

C'est ici le cas de rappeler d'une manière sommaire les précédents de l'écrivain qui va se placer au premier rang dans la polémique politique. Né à Rouen [1], d'une famille de commerçants, Armand Carrel, qui devait jeter un éclat si court mais si vif dans la presse, avait de bonne heure éprouvé un goût impérieux pour la carrière des armes, et la Restauration, à son avènement, l'avait trouvé à l'école de Saint-Cyr. Les exercices du corps et la littérature obtenaient dès lors la part

---

1. Le 8 mai 1800.

principale de son attention plus difficilement fixée sur les mathématiques : il excellait dans les narrations et les harangues militaires. Ses opinions révélaient dès lors une tendance républicaine par l'admiration passionnée qu'il manifestait pour Hoche, Marceau, Kléber et tous les généraux de la République; son imagination se repaissait de rêves de guerres entreprises pour la liberté ; il pressentait qu'il serait assez fort pour jouer un beau rôle dans de graves circonstances, comme celles qu'avait fait naître la Révolution française, et il se plaisait à se placer en esprit au milieu d'événements qui répondaient aux penchants de son âme et à la hardiesse indomptable de son caractère [1].

Sous-lieutenant au 29° de ligne, en 1821, au moment où tant de conspirations militaires s'ourdissaient contre la Restauration, il trempa dans le complot de Béfort. Plus tard, en garnison à Marseille, il fit insérer dans le journal de cette ville plusieurs lettres contre son colonel ; bientôt après, il écrivit une lettre aux Cortès espagnoles : cette lettre, ayant été saisie, fut portée au général baron de Damas, commandant de la 10° division militaire, qui fit venir le jeune officier, lui promit avec bonté que sa lettre serait regardée comme non avenue, et lui conseilla paternellement de renoncer à ses liaisons politiques.

Armand Carrel était sur une mauvaise pente : conspirant sous son drapeau contre son drapeau, mé-

[1]. Noté sous la Restauration comme un élève mal pensant, il eut avec le général qui commandait Saint-Cyr une altercation dans laquelle son caractère se révéla tout entier. Celui-ci ayant eu le tort de lui dire qu'avec des opinions comme les siennes il ferait mieux de tenir l'aune dans le magasin de son père : « Mon général, répondit d'une voix vibrante Carrel, prompt à passer de la défensive à l'offensive, si jamais je reprends l'aune de mon père, ce ne sera pas pour mesurer de la toile. » Il fut mis aux arrêts, et l'on parlait de l'exclure de l'école ; mais il écrivit directement au ministre de la guerre, lui exposa les faits, et gagna complètement sa cause.

connaissant les obligations du serment militaire ; officier insubordonné envers ses chefs, d'une humeur indisciplinable, impatient de se jeter dans les luttes politiques, il comprit que sa position n'était pas en harmonie avec la loyauté naturelle de son caractère, et, tout en conservant un souvenir reconnaissant du bon office personnel que lui avait rendu son général, le baron de Damas, il donna sa démission [1].

Il voulait acquérir ainsi la liberté de commettre plus librement une nouvelle faute. La guerre d'Espagne allait éclater : on organisait à Barcelone un bataillon français sous la désignation de régiment de Napoléon II, avec la cocarde tricolore et l'aigle ; Armand Carrel se jeta dans un bateau pêcheur qui le conduisit dans cette ville : il entra avec le titre de sous-lieutenant dans ce régiment. C'est ainsi qu'il fut amené à combattre dans les rangs de l'armée espagnole contre l'armée française, dans les rangs de laquelle il était la veille encore, et contre le drapeau et le gouvernement qu'il avait servis.

Un de ses biographes a dit qu'il combattit le drapeau blanc, la Restauration imposée par l'étranger, et non la France [2]. Avec des excuses aussi indulgentes pour elles-mêmes, il n'y a rien qu'on ne puisse légitimer. La preuve que la position de Carrel était fausse, c'est que devant les conseils de guerre de la Restauration, quoique son langage fût ferme, il fut obligé de laisser dans l'ombre une partie de la vérité ; il dit en propres termes : « Ce n'est point contre le roi ni contre la France que j'ai prétendu m'armer. » Cette réponse s'accorde mal avec le drapeau, la cocarde, le nom même du régiment dans lequel Armand Carrel servait, et l'ex-

---

1. Au mois de mars 1823. Voir la *Notice biographique sur Armand Carrel*, par M. Émile Littré.
2. *Notice biographique*, par M. Littré, page 16.

plication que donne de sa conduite son biographe et son ami. Plus tard, et dans un écrit remarquable sur les combats de la légion étrangère pendant la rapide campagne d'Espagne, Carrel a été plus exact, et il a dit ce qu'il y a de plus plausible à dire sur ces tristes extrémités auxquelles des hommes de cœur peuvent être conduits dans les temps de révolution : « Les choses, dans leurs continuelles et fatales transformations, n'entraînent pas avec elles toutes les intelligences et ne domptent pas tous les caractères avec la même facilité ; elles ne prennent pas soin de tous les intérêts : c'est ce qu'il faut comprendre, et il faut pardonner quelque chose aux protestations qui s'élèvent en faveur du passé. Quand une époque est finie, le moule est brisé, et il suffit à la Providence qu'il ne se puisse refaire ; mais des débris restés à terre, il en est quelquefois de beaux à contempler [1]. »

Armand Carrel, dans cette campagne fatigante et périlleuse, avait montré une rare intrépidité et une fermeté à toute épreuve, jointes à une humeur hautaine qui le portait à s'isoler de ses compagnons d'armes, sauf à proposer un coup de sabre à ceux qui trouvaient à redire à son isolement, et enfin ces saillies impétueuses d'un caractère indomptable qui ne s'arrêtent point devant la discipline et le respect dû au commandement. C'est ainsi qu'au milieu d'un combat le colonel Pachiarotti, commandant de la légion étrangère, ayant cru voir hésiter les Français de son corps, et s'étant élancé vers eux en criant : « Français, vous fuyez ! » Carrel sortit du rang et lui répondit : « Vous en avez menti, les Français ne fuient pas. » Le colonel et le sous-lieutenant furent au moment d'en venir aux mains sur le champ de bataille ; mais cet incident de-

---

[1]. *Revue française*, numéro du moi de mais 1828.

vint l'origine d'une étroite amitié qui ne finit qu'avec la vie du colonel Pachiarotti, blessé à mort à peu de jours de là.

Ce fut devant Figuières, investi par une division commandée par le général Damas, que la légion étrangère livra ses suprêmes combats; ses derniers survivants se trouvaient dans une situation à « être obligés de se rendre ou de se faire tuer jusqu'au dernier [1], » lorsque M. de Chièvre, aide de camp du général Damas, « s'entremit avec beaucoup de chaleur pour leur faire obtenir une capitulation, quoique de semblables conventions n'aient jamais lieu en rase campagne [2]. » Malheureusement les conventions n'avaient été que verbales, car la capitulation écrite ne portait que ces paroles : « Quant à ceux des étrangers qui sont Français, le lieutenant-général s'engage à solliciter vivement leur grâce. Le lieutenant-général espère l'obtenir [3]. » Les conventions verbales furent contestées, et Carrel, emprisonné, fut appelé à comparaître devant la justice militaire. Le procès fut long, parce que le premier conseil de guerre se déclara incompétent, et que l'arrêt du second, qui condamna Carrel à mort, fut cassé pour vice de formes. Le respect si précieux des juridictions et des formes protectrices de la liberté et de la vie des personnes, maintenues par la Restauration, permit à Armand Carrel de paraître, au mois de juillet 1824, devant un quatrième conseil de guerre, qui put être indulgent envers une faute politique expiée par la captivité, et diminuée, comme cela arrive toujours, par l'éloignement du temps où elle avait été com-

---

1. Paroles de Carrel, dans sa déposition pour de M. de Chièvre, devant les assises de 1833.
2. *Idem.*
3. Le texte de cette capitulation se trouve dans les *OEuvres littéraires et économiques* d'Armand Carrel, publiées par M. Romey, p. 12.

mise et par l'épuisement des passions au sein desquelles elle s'était produite.

Armand Carrel, qui avait déployé une fermeté stoïque dans les épreuves de sa prison, une dignité résolue et une mâle éloquence devant ses juges, se trouva, au sortir de l'audience, jeté dans les embarras de la vie, entre les regrets d'une carrière fermée derrière lui et les difficultés d'une nouvelle carrière à ouvrir. Il avait songé à entrer au barreau, le défaut de certificat d'études philosophiques l'en empêcha; il ne put, malgré la protection de Laffitte, être placé dans une maison de commerce. Un moment secrétaire de M. Augustin Thierry, qu'il se plaisait à appeler son premier maître, il le quitta bientôt, et améliora sa position gênée en écrivant le *Résumé de l'Histoire d'Écosse* et le *Résumé de l'Histoire de la Grèce moderne;* puis il dirigea la *Revue américaine* et commença à écrire dans le *Constitutionnel*, le *Globe*, la *Revue française*, le *Producteur*. Un peu plus tard, il publia l'*Histoire de la contre-révolution d'Angleterre*, où se révélaient déjà les qualités de son style, et dans lequel transpiraient ses idées sur le sort réservé aux Bourbons.

C'est ainsi qu'il arriva au *National*, dont il avait indiqué le titre et eu le premier l'idée. La Révolution de 1830 le trouve co-directeur de cette feuille, avec MM. Thiers et Mignet; chacun de ces trois écrivains doit en avoir successivement la direction suprême; seulement M. Thiers, étant l'aîné des trois, a commencé. Ainsi Armand Carrel a été préparé à son rôle par les situations difficiles qu'il a traversées. Sous-lieutenant, conspirateur, il a le goût des armes, il a connu les dangers de la guerre dans une campagne de partisans où il lui a fallu payer sans cesse de sa personne, les épreuves de la captivité, les luttes judiciaires dans une affaire capitale, puis il a fait le rude apprentissage de la vie de l'écrivain politique, et il arrive sur le seuil de la Révolution de 1830 avec des aspirations républicaines, un caractère trempé par la lutte, un talent exercé, le besoin d'agir sur les idées et les affaires de son temps. Tel est l'écrivain auquel la retraite de MM. Thiers et Mignet va livrer la direction du *National* devenu républicain.

Le premier rang de l'opposition arrivant au pouvoir, le second rang devient le premier et conduit à l'assaut les forces d'une nouvelle coalition qui se reforme. Les sous-officiers de l'armée intellectuelle de la lutte de quinze ans gagnent ainsi l'épaulette ; ils mettront naturellement dans leur opposition, ouverte sur un terrain plus avancé, des allures plus vives et moins de mesure contre un pouvoir sorti de leurs rangs.

Des talents déjà mûrs, mais nouveaux dans la lutte comme dans l'école républicaine, entrent sur la scène pour prendre les positions qui donnent l'influence et la renommée. Le pamphlet, dont Paul-Louis Courier avait fait une arme redoutable contre la Restauration, va être tourné contre l'école du rationalisme monarchique par un homme dans lequel elle n'aurait prévu ni un adversaire, ni même un écrivain. M. de Cormenin était né à Paris le 16 juin 1788 ; il avait donc, en 1830, déjà quarante-deux ans, et il appartenait à la génération arrivée à l'âge d'homme vers les premières années de l'Empire. Élève de l'École centrale, il y avait remporté un prix de logique ; déjà les tendances de cet esprit raisonneur s'annonçaient. Reçu avocat en 1808, il avait été, en 1810, admis comme auditeur au conseil d'État. Quoiqu'il n'eût que vingt-deux ans, on remarqua tout d'abord l'aptitude de son esprit pour les affaires administratives. Compris en 1813 dans le décret qui envoyait des conseillers d'État dans les départements pour presser les levées de conscrits, il suivit M. Cochon de Lapparent dans la vingtième division militaire, dont le chef-lieu était Périgueux. Quand la Restauration arriva, il fut nommé maître des requêtes. Le 20 mars 1813, au retour de l'île d'Elbe, il donna sa démission ; mais en même temps il équipa un homme à ses frais pour faire la campagne et s'enrôla lui-même pour servir à Lille comme volontaire. Il se trouvait ainsi en règle avec tout le monde. Après les Cent-Jours, lors de la deuxième Restauration, il fut rappelé par Louis XVIII à son poste, et bientôt nommé conseiller d'État. Il était alors dévoué au gouvernement royal ; il attachait même du prix aux distinctions nobiliaires, car il demanda et obtint le titre de vicomte. Il déploya au comité du contentieux cette sagacité d'esprit jointe à une connaissance profonde du droit administratif qui lui acquirent une réputation méritée. Pendant la plus grande partie de la Restauration, il demeura étranger à la politique. Ce ne fut que vers sa fin qu'il commença à marcher dans la carrière où il devait obtenir ses plus grands succès. Nommé, en 1828, député d'Orléans, il vota silencieusement avec la gauche, pendant ces deux années de luttes si vives qui précédèrent la chute de la Restauration.

Il n'y avait rien dans ce passé impérialiste et monarchique qui fît pressentir un pamphlétaire dévoué au principe de la souveraineté du peuple. Cependant la situation nouvelle devait faire éclore chez M. de Cormenin un talent qui s'ignorait lui-même. Esprit plus chagrin qu'austère, il allait, dans des pamphlets écrits d'un style moins littéraire que celui de Paul-Louis Courier, comme aussi avec bien moins de verve et de finesse, attaquer l'école gouvernementale et le gouvernement lui-même, au nom de la logique républicaine, sans préjudice des moyens d'attaque plus populaires que devaient lui fournir ses connaissances administratives employées à mettre l'arithmétique en épigrammes.

Dans l'école religieuse, si l'on en excepte M. de La

Mennais, déjà ancien dans les luttes intellectuelles, mais dont le talent va prendre une face nouvelle, ce sont aussi de nouveaux venus qui vont prendre la tête du mouvement des idées. M. de Montalembert, qui terminait son éducation au moment de la chute de la Restauration, et qui, profondément religieux, avait, en repoussant le scepticisme de son temps, accepté avec enthousiasme l'influence des idées libérales, facilement accueillies par la jeunesse aristocratique, disposée à entrer sincèrement dans la pratique du gouvernement représentatif, va prendre une large part aux luttes de l'*Avenir*, en attendant que son âge lui permette d'élever la voix dans la Chambre des pairs, où il siégera par droit d'héritage. Il s'annonce avec un esprit ardent comme son caractère, les dons heureux d'une intelligence s'ouvrant comme une voile au souffle des idées généreuses et une imagination de poëte. M. Lacordaire apparaît dans la même école avec plus de fougue et autant d'éclat; cette puissante nature, élevée à l'école des idées démocratiques qui prévalaient dans sa famille et dans son temps, n'est point encore maîtresse d'elle-même, et ce talent impétueux ne possédera que plus tard le frein à l'aide duquel il parviendra à se gouverner. M. de Cazalès, nom célèbre dans la tradition monarchique, et M. de Carné, son ami, ont déjà écrit, quoique bien jeunes encore, quelques pages dans le premier *Correspondant*[1], où les idées religieuses qu'ils vont développer se concilient encore avec les idées de l'école de la monarchie traditionnelle. Dans la seconde période du mouvement des idées religieuses, on verra paraître, au premier rang des orateurs et écrivains, MM. de Ravignan, Dupanloup, Parisis et Bautain. Frédéric Ozanam, qui conquerra, par

1. Revue périodique fondée en 1830, peu de temps avant la Révolution de Juillet.

son éloquence naturelle et son érudition précoce, le droit d'user sa santé et sa vie au service de la vérité catholique, est encore sur les bancs de l'école [1]. M. Louis Veuillot, autre conquête de l'Église, ne paraîtra que beaucoup plus tard dans ce camp.

Nul n'a mieux peint que M. Augustin Thierry l'effet que produisit, dans toutes les sphères de la littérature, l'avénement de la Révolution, et ce renouvellement de la scène intellectuelle, conséquence naturelle de l'attraction qu'exercèrent les affaires sur ceux qui l'occupaient. « La Révolution de Juillet, dit-il, cet événement si heureux dans l'ordre politique, a produit dans l'ordre moral et intellectuel la désunion des volontés et des efforts. Par cela même qu'elle a appelé à la vie politique tous les enfants du pays capables d'y entrer, à quelque titre que ce fût, la dernière révolution a été fatale au recueillement des études et à la perfection du sens littéraire. Elle a dispersé, dans toutes les carrières administratives, cette nouvelle école d'historiens que de mauvais jours avaient rassemblés. »

En histoire, en effet, comme dans les autres sphères intellectuelles, on est frappé du même symptôme : les positions sont peu à peu occupées par des esprits ardents qui se placent en avant des idées des écrivains de l'époque précédente, devenus hommes d'État ou administrateurs. M. Michelet, dans la chaire d'histoire ; M. Lerminier, dans la chaire de la philosophie du droit ; M. Edgar Quinet, dans la chaire des langues, hériteront, dans une certaine mesure, de la popularité obtenue par MM. Guizot, Cousin et Villemain sous le régime précédent. On ne saurait dire qu'ils sont leurs successeurs intellectuels, parce qu'il y a une trop

---

[1]. Frédéric Ozanam, fils d'un célèbre médecin d'origine juive, était né le 23 avril 1813, à Milan.

grande différence entre les doctrines, mais, au point de vue de l'influence, ils sont à coup sûr leurs héritiers.

M. Michelet vient de l'École normale et de l'Université ; au moment de la Révolution de 1830, il a à peine trente ans. Cet esprit ardent n'a pu étouffer la fougue de son imagination sous le fardeau d'une érudition précoce. M. Edgar Quinet, qui a débuté par la poésie, est une de ces intelligences impatientes des règles, qui aspirent à un idéal qu'elles n'atteindront jamais et qu'elles n'aperçoivent qu'à demi. M. Lerminier vient de la rédaction du *Globe*; c'était un homme de seconde ligne que la Révolution a fait passer sur le premier plan. Il continuera à revendiquer pour la philosophie l'héritage de la religion. Quand le sang coule vif et bouillant dans les veines, lorsque l'imagination, dans tout son éclat, domine encore le jugement, on s'exagère la puissance humaine et sa propre puissance et c'est alors que les chefs d'école croient pouvoir prendre la place du clergé et substituer la philosophie à la religion chrétienne, ce fond de toute chose, qu'ils prennent pour une forme transitoire de la vérité, tandis qu'elle est la vérité même. M. Pierre Leroux poursuivra la même pensée dans ses écrits remplis d'une érudition indigeste.

Presque partout on verra se reproduire le symptôme qui se manifeste dans les chaires professorales, du haut desquelles descend l'enseignement le plus accrédité. L'histoire sera tournée contre les doctrines de l'école du rationalisme monarchique par trois écrivains qui, à l'aide de qualités diverses, arriveront à exercer une influence considérable sur les idées de leur temps, M. de Lamartine, M. Michelet, M. Louis Blanc. Tous trois, issus d'origines bien différentes, et venus par des chemins opposés, se rencontreront à la fin dans l'école du rationalisme absolu. M. Louis Blanc est à peine dans l'adolescence quand la Révolution de 1830 éclate ;

dès son début comme écrivain, il se rattachera à l'école démocratique dont les *Iambes* de M. Barbier exprimaient les sentiments après les trois journées de 1830. Par ses doctrines et ses idées, il sera le lien entre l'école révolutionnaire proprement dite et les sectaires qui se rallient aux théories socialistes de Saint-Simon et de Fourier.

La critique, ce genre de littérature dans lequel M. Villemain avait ouvert des horizons si étendus et si nouveaux pendant la période précédente, verra se lever de nouveaux esprits qui, à la lumière des travaux de leur prédécesseur, étudieront le domaine si vaste de la littérature générale et celui des littératures particulières. MM. Sainte-Beuve, Nisard, Planche, Saint-Marc Girardin, Philarète Chasles, Ampère, Jules Janin, se distingueront dans ces études.

Derrière toutes ces variétés d'écrivains qui, dans les premières années du gouvernement de Juillet, occuperont le premier plan du tableau, se montre une tribu littéraire qui doit renouveler avec éclat un genre négligé sous la Restauration, parce que la génération de cette époque cherchait son idéal dans la réalité religieuse, philosophique et politique ; c'est la tribu des romanciers. Non-seulement MM. Mérimée, de Vigny, Henri Beyle, Latouche continuent à écrire, mais Balzac, Mmes George Sand, de Girardin, Reybaud, MM. Sue, Soulié, Alexandre Dumas, Jules Sandeau, Louis Reybaud, de Bernard, Armand de Pontmartin, Léon Gozlan, noms récents ou nouveaux dans la littérature, donneront à ce genre une importance qu'il n'avait jamais eue au même degré dans notre pays, soit par la multiplicité et le succès des œuvres, soit par le nombre et le talent des écrivains qui consacreront leurs veilles à ces productions brillantes, ou enfin par l'attention que leur accordera le public. Le roman qui, au début du gouvernement de Juillet, se contentera d'émouvoir, d'intéresser, de passionner par une analyse fine et profonde du cœur humain, des tableaux dangereux et excessifs tendant à réhabiliter le vice, ou par une description savante des mœurs, et aspirera tout au plus à exercer une influence philosophique, affichera, vers le milieu de cette période, une ambition plus haute : il voudra devenir l'idéal de cette société à qui l'idéal philosophique et politique qu'elle poursuivait semble manquer. Alors il passera sur le premier plan de la littérature, et les idées comme les passions extrêmes s'en empareront.

VI

RÉSUMÉ.

Les trois écoles qui, pendant la durée de la Restauration, se sont disputé l'empire des idées, et ont rempli toutes les sphères de la littérature du bruit de leurs luttes, subissent, on le voit, à la suite de la Révolution de Juillet, de graves modifications. Elles se scindent, se subdivisent et se renouvellent. Le mouvement intellectuel sera plus difficile à suivre au milieu de tant de complications particulières. Mais on voit se produire quelques faits généraux sous l'influence desquels les idées vont se développer.

Le principe du rationalisme absolu prévaut par la Révolution de 1830 ;

L'école gouvernementale, dominée par le triomphe de ce principe, se trouve engagée, dans une position politique très-forte et dans une position logique affaiblie, contre l'école de la souveraineté du peuple et contre l'école de la monarchie traditionnelle ;

L'école catholique, rompant avec l'école monarchique, se place exclusivement sur le terrain de la liberté religieuse et commence à exercer une action séparée ;

Toutes les branches de la littérature, l'éloquence parlementaire, la polémique, la philosophie, l'histoire, la poésie, le théâtre, le roman, se développent sous l'empire du principe du rationalisme absolu qui a prévalu en 1830 ;

Le renouvellement de la scène intellectuelle amène des hommes nouveaux qui partout donnent une plus vive impulsion aux idées nouvelles.

La génération de ce temps va assister à de grandes épreuves. Il faut qu'on sache si, dans notre pays, les classes éclairées de la société peuvent impunément se diviser, ou si leur concours unanime est nécessaire pour maintenir les institutions représentatives ; si, comme d'éloquents publicistes l'ont cru, le gouvernement représentatif peut exister en France sans avoir pour base la monarchie traditionnelle ; si le rationalisme philosophique peut, comme des philosophes accrédités l'ont pensé, remplacer la religion révélée ; si la religion peut, comme des esprits ardents l'ont imaginé, s'associer avec avantage aux idées de la Révolution ; si l'État peut prétendre sans danger, comme des politiques l'ont supposé, à gouverner l'Église ; si la littérature et la langue peuvent, comme des littérateurs renommés l'ont annoncé, être entièrement renouvelées dans une société qui compte un grand nombre de siècles d'existence, et deux grands siècles littéraires.

La confusion qui avait existé sous la Restauration, au bénéfice des idées et des hommes d'opposition, doit disparaître sous le gouvernement de Juillet. Le libéralisme, cette coalition d'éléments politiques hétérogènes, se dissout, et l'éclectisme, cette coalition d'idées philosophiques disparates, se trouve licencié par les événements. Chaque idée, chaque théorie, sera mise dans le creuset, parce qu'elle demandera à avoir son jour.

LIVRE DEUXIÈME

COUP D'ŒIL SUR LES IDÉES LITTÉRAIRES

I

THÉORIES DE L'ART.

Il y a un côté littéraire dans toutes les œuvres qui sont une manifestation de l'intelligence. C'est ainsi que la religion par la chaire et par l'exposition écrite des dogmes et de la morale comme par la polémique, la philosophie par l'enseignement oral ou écrit, la politique par la tribune et par la presse, à l'aide desquelles elle s'empare de la direction du présent, l'histoire par la narration du passé, rentrent dans la sphère de la littérature. Mais dans ce monde, où toutes les productions de l'esprit se rencontrent comme dans une commune patrie, il y a une république à part qu'on appelle plus spécialement la république des lettres : c'est celle où les œuvres de l'esprit sont plus détachées des faits, dont elles ne sont jamais cependant complétement séparées. Ainsi la poésie sous toutes ses formes, depuis l'épopée jusqu'à l'apologue; le théâtre avec ses nombreuses variétés intermédiaires, depuis la tragédie jusqu'à la comédie; le roman qui touche à tant de genres divers et retrace le spectacle de la vie humaine avec tous ses rapports sérieux et gais, touchants, comiques, passionnés, navrants, curieux, généraux, particuliers à chaque siècle et à chaque société, font partie de ce cercle plus restreint inscrit dans le grand cercle de la littérature. Avant d'étudier les diverses parties du monde intellectuel, il importe de rechercher, dans une étude préliminaire, s'il y avait des idées littéraires dominantes dans ce temps et quelles étaient ces idées.

Nous entendons par idées littéraires l'ensemble des notions et des théories sur l'art, sur les principes qui dominent les œuvres de l'esprit, les règles auxquelles elles sont soumises. Ces théories sont importantes à un double point de vue : elles exercent sur toutes les créations intellectuelles une influence plus ou moins grande ; elles sont une manifestation de l'esprit général du temps, car il y a une philosophie de la littérature, comme il y a une philosophie de l'histoire.

Au moment de la chute de la Restauration, deux écoles littéraires étaient en présence, et l'on assistait aux développements d'une réforme qui commençait à prendre les allures d'une révolution. L'école classique, héritière des préceptes de l'art grec et romain renouvelé par le dix-septième siècle dans les chefs-d'œuvre de la littérature de Louis XIV, auxquels une fraîche brise de l'inspiration chrétienne et un souffle de la civilisation contemporaine donnèrent une originalité qui leur est propre, appartenait par le sentiment littéraire bien plus au dix-huitième qu'au dix-septième. L'école romantique qui, malgré bien des définitions vagues et des impulsions contradictoires, avait pour aïeux intellectuels Jean-Jacques Rousseau, Bernardin de Saint-Pierre, Mme de Staël et M. de Chateaubriand, Schiller et lord Byron, présentait en commençant, pour caractère spécial, une tendance spiritualiste, religieuse et un peu rêveuse, l'amour et l'étude de la nature, et une disposition à ne plus se contenter de la lettre des préceptes littéraires, de cette lettre qui tue, mais à chercher l'esprit qui vivifie. Elle avait pris son premier élan dans la direction du passé et, franchissant d'un bond le dix-huitième siècle, dont les théories venaient d'être décréditées par les crimes de la Révolution française, sources de tant de malheurs, elle avait dépassé le dix-septième pour aller chercher plus loin dans le génie français deux éléments que l'élément helléno-latin dominait, et même annihilait, depuis le dix-huitième siècle, l'élément chrétien et l'élément celte et germanique. C'est ainsi que souvent, après les années orageuses de sa vie, l'homme se plaît à remonter par la pensée aux fraîches années de son enfance.

L'école romantique avait donc offert à son début quelque chose de traditionnel qui la rapprocha de la monarchie renaissante, qui, elle aussi, plongeait ses racines dans le passé. Elle continuait le mouvement imprimé aux esprits par Chateaubriand et par Mme de Staël, et dont l'essor public avait été suspendu par le despotisme napoléonien. Ce mouvement d'idées eut, à ce point de vue, quelques analogies avec celui qui se manifesta en Allemagne vers 1812 et 1813, lorsque les Arndt, les Kœrner, les Gœrres, travaillaient par leurs écrits à rendre, comme ils le disaient, l'Allemagne tout allemande, à rejeter hors de sa littérature tout alliage étranger, et à l'amener ainsi à des sentiments qui devaient l'armer comme un seul homme pour repousser la domination étrangère.

Cette première tendance du romantisme en France avait eu ses inconvénients et ses avantages, suivant la trempe des esprits. Elle avait empreint des œuvres vraiment remarquables d'un sentiment littéraire nouveau, puisé par des talents supérieurs dans une conception élevée et féconde des développements que pouvaient recevoir l'élément religieux et l'élément celte et germanique de notre littérature ; mais aussi, chez les esprits médiocres, elle n'avait abouti qu'à une espèce de placage maladroit des formes extérieures, des costumes, des décorations du moyen âge. Dans toutes les écoles, la médiocrité est ainsi faite : elle ne s'élève jamais de la cérémonie à l'idée. Le culte extérieur des armures, des écus, des tournois, des damoiselles, des paladins, des tourelles, des mâchicoulis, des bahuts, fut pour les esprits sans portée tout un système littéraire. Il y eut donc, à côté du romantisme puisé à des sources plus élevées et plus intellectuelles, une espèce de donquichottisme qui, dans la littérature, ne fut pas sans analogie avec le travers ridiculisé par Cervantès.

A l'époque de la chute de la Restauration, l'école romantique sortait de sa première phase ; elle renonçait à sa tendance traditionnelle et, atteinte par le mouvement général des idées, elle devenait purement rationaliste, comme le prouve le manifeste publié par M. Hugo après la représentation d'*Hernani*. Ne disait-on pas en effet dans ce manifeste que « la nouvelle école représentait le libéralisme en littérature ? » Ce principe du rationalisme, qui, depuis 1830, dominait d'une manière absolue la politique, la philosophie, l'histoire, allait désormais exercer une action décisive sur le développement ultérieur de l'école romantique. Traditionnelle à son début, elle devenait purement rationaliste avec la Révolution de 1830. Sa dissolution était en germe au fond de cette métamorphose. Le rationalisme absolu ressemble, en littérature comme en politique, à la flamme ardente qui, après avoir dévoré tous les éléments qu'on lui livre, finit par s'éteindre faute d'aliment. On comprend très-bien une théorie de l'art conçue au point de vue de la théodicée chrétienne, avec un reflet de notre civilisation nationale, et différant par cela même de la théorie de l'art antique, dominé par une théodicée toute contraire et une civilisation qui n'est pas la même. Dieu, et par conséquent la nature, le monde, avec ses mille aspects, les idées, les sentiments, les caractères, les événements, apparaissent à des points de vue divers, quand les poétiques sont soumises à des influences si dissemblables, quoiqu'elles aient d'ailleurs des points de contact par l'identité de l'esprit humain. Le mot de Térence, en effet : « Je suis homme, et rien de ce qui est humain ne saurait m'être indifférent, » restera éternellement vrai, et c'est par ce côté que les littératures comme les poétiques particulières auront toujours quelque chose d'universel. Mais le rationalisme pur, qui n'est au fond que le besoin de raisonner toujours et sur toute chose, sans jamais conclure, semble condamné à chercher éternellement une théorie de l'art qu'il n'enfantera jamais. Ce qu'il y a de certain, c'est qu'à partir de 1830 il devient impossible de trouver, dans l'école romantique, une théorie de l'art qui ait quelque chose de précis, et surtout de généralement accepté.

II

ÉCOLE ROMANTIQUE : M. SAINTE-BEUVE PROSATEUR, POETE, CRITIQUE. — SES IDÉES. — DERNIÈRE PHASE DE SON TALENT; SCEPTICISME LITTÉRAIRE.

L'impuissance de l'école romantique à formuler une théorie générale de l'art vint s'exprimer dans les travaux d'un écrivain que plusieurs causes semblaient appeler à remplir cette mission : nous voulons parler de M. Sainte-Beuve. Dans le *Tableau de la poésie française*, publié vers les dernières années de la Restauration, il avait écrit, avec un grand retentissement, le manifeste de la nouvelle école, en traçant le magnifique horoscope de ses destinées, et, depuis ce moment, il fut accepté par elle comme son porte-drapeau, presque son Quintilien. Son influence fut alors considérable et, à ce point de vue, il importe doublement de l'étudier, car on doit tenir compte de son mérite réel, du rôle qu'il joua, de l'action qu'exercèrent ses idées sur les esprits, action si marquée, qu'on peut suivre le mouvement des destinées et des espérances du romantisme dans les phases successives du talent de M. Sainte-Beuve.

Ces phases furent nombreuses, et ce talent s'essaya dans plus d'une route. Après avoir promulgué, dans le *Tableau de la poésie au seizième siècle*, le code de la littérature nouvelle, il voulut, comme dans la pléiade de Ronsard, joindre l'exemple au précepte, et, tour à tour prosateur et poëte, historien et romancier, il passa de la critique à la littérature active, et frappa ainsi à toutes les portes de la renommée, jusqu'à ce qu'enfin, revenu de ses jeunes enthousiasmes, toujours un peu surfaits dans l'expression, il trouva son véritable genre, qui est la biographie littéraire, moins élevée que la critique proprement dite et l'esthétique, mais d'une lecture plus facile, plus agréable et plus générale, surtout lorsqu'à une analyse subtile du cœur humain, à une érudition étendue et à une narration piquante, on joint une aptitude naturelle à découvrir le mauvais côté de tout homme et de toute chose, et le secret de ces louanges équivoques qui ont l'air de n'être jamais dupes d'elles-mêmes.

M. Sainte-Beuve a expliqué à sa manière la progression de ses poésies. Les premières, publiées sous le pseudonyme de Joseph Delorme, qui n'est qu'une épreuve après la lettre du *Werther* de Gœthe et du *René* de Chateaubriand, avec un reflet du *Saint-Preux* de Jean-Jacques et des réminiscences de la mélancolie de

Millevoye et du désespoir de Gilbert et de Chatterton, exprimaient suivant lui cette fièvre de la première jeunesse, pendant laquelle l'âme, dominée par les passions, se précipite dans des plaisirs qu'elle croit sans fin pour tomber dans des désespoirs qu'elle croira sans fond. Les poésies qui parurent en 1830, sous le titre de *Consolations*, et qui sont dédiées à M. Victor Hugo, expriment l'état d'une âme qui, revenue de ces plaisirs et sortie de ces désespoirs, éprouve un sentiment de repos et de bien-être, en s'élevant peu à peu à des pensées religieuses qui peuvent seules remplir le vide de nos âmes immortelles, créées par Dieu et pour lui. A travers les voiles transparents d'une demi-confession, on devine le nom de l'ami chrétien, alors encore plein de foi, qui l'aidait à monter vers la source de toute consolation. C'était, hélas! M. Victor Hugo. C'était lui, car il avait appris lui-même, dès sa jeunesse, que les autres eaux tarissent, et que « ce n'est qu'aux bords de la Siloé céleste qu'on peut s'asseoir toujours et s'abreuver [1] ». Le rationalisme ne suffisait point à cette époque à l'âme

---

1. Dans la préface des *Consolations*, M. Sainte-Beuve marque clairement l'état de son âme à cette époque de sa vie. Elle ne se contente pas de la philosophie et elle aspire à la religion, comme le prouve le passage suivant : « En ce temps-ci, où par bonheur on est las de l'impiété systématique, et où le génie d'un maître célèbre a réconcilié la philosophie avec les plus nobles facultés de la nature humaine, il se rencontre, dans les rangs distingués de la société, une certaine classe d'esprits sérieux, moraux, rationnels, vaquant aux études, aux idées, aux discussions, dignes de tout comprendre, peu passionnés et capables seulement d'un enthousiasme d'intelligence qui témoigne de leur amour ardent de la vérité. A ces esprits de choix, au milieu de leur vie commode, de leur loisir occupé, de leur développement intellectuel, la religion philosophique suffit. Ce qui leur importe surtout, c'est de se rendre raison des choses ; quand ils ont expliqué, ils sont satisfaits. Aussi le côté inexplicable leur échappe-t-il souvent. J'honore ces esprits, je les estime heureux, mais je ne les envie pas. Je les crois dans la vérité, mais dans une vérité un peu froide et un peu nue. On ne gagne pas toujours à s'élever, quand on ne s'élève pas assez haut. « (Sainte-Beuve, préface des *Consolations*.)

malade de M. Sainte-Beuve; elle aspirait à la religion.

Dans les *Pensées d'août*, publiées en 1837, et dont le titre semble indiquer que la vie et l'intelligence de l'auteur sont entrées dans leur été, le vol ne s'élève plus, il fléchit. L'élan religieux, qui avait un moment emporté cette intelligence dans la région de l'idéal, s'est alangui ; elle retombe peu à peu vers des régions intermédiaires. On dirait qu'après avoir cherché l'infini, d'abord dans les passions humaines, puis dans des idées d'un ordre supérieur, elle se contente à moins. L'auteur lui-même a le sentiment de cette défaillance. « Ce recueil, dit-il, n'exprime pas la partie que j'oserai appeler la plus directe et la plus sentante de l'âme en ces années. Mais on ne peut toujours se distribuer soi-même au public dans sa chair et dans son sang ; et, après l'indiscrétion naïve des premiers aveux, après l'effusion encore permise des seconds, il vient un âge où la pudeur redouble pour ce qu'on a une troisième et dernière fois exprimé ; soit qu'on ait exprimé des sentiments qui eux-mêmes expirent, mais que rien ne remplacera désormais, soit qu'on ait préparé en silence le monument de ce qui durera en nous, autant que nous, de ce qui ne changera plus. Ce recueil actuel, tout autre, n'est donc, si l'on veut bien, que le superflu des heures, leur agrément, leur ennui, la réflexion parfois monotone et bien sérieuse, parfois le retour presque riant et qu'on dirait volage, mais on y retombe toujours bien vite au mélancolique et au grave ; on n'y perd jamais trop de vue le lointain religieux [1]. »

A travers l'obscurité peut-être ici préméditée du style, on entrevoit les aveux d'une âme qui sent que le foyer des inspirations religieuses se refroidit en elle. Sans doute la religion n'est pas absente de cette poésie ;

---

[1]. Préface des *Pensées d'août*.

mais, suivant l'expression du poëte, elle y paraît comme dans un lointain. On trouve dans un des derniers sonnets de M. Sainte-Beuve quelques vers qui peignent assez bien cet état d'une âme qui a traversé les sentiments « que rien ne remplacera plus », et qui prend la religion plutôt pour le sujet de tableaux intéressants que pour l'objet de son culte. Le poëte définit ainsi la dernière des vanités :

> Regarder dans la foi, comme au plus vain mirage,
> Se prendre à la ruine, et toujours repasser,
> Comme aux bords d'une Athène à l'éternel rivage,
> Toucher toujours l'autel, sans jamais l'embrasser.

C'est l'impression générale qui reste après la lecture de ce dernier volume de poésies.

Il appartient par l'inspiration à la même phase que le roman psychologique publié en 1834, sous le titre de *Volupté*. C'eût bien été le cas de dire qu'il ne faut pas toujours « se distribuer au public en sa chair et en son sang », pour emprunter les expressions de M. Sainte-Beuve. *Volupté* est une de ces confessions qui, au lieu de justifier, rendent coupable, tant ce roman d'analyse descend à des détails offensants pour l'innocence et l'honnêteté ! M. Sainte-Beuve avait écrit, dans un premier ouvrage, que, « sauf l'obscénité, l'art réhabilitait tout : » paradoxe imprudent et malheureusement appliqué. Qu'un pénitent ouvre à un prêtre les abîmes d'iniquités cachés dans son âme, et laisse monter vers lui la fumée infecte qui sort de ce foyer de corruption, l'huis clos du tribunal, la sainteté du juge, la divinité du sacrement, le regard de Dieu ouvert sur le criminel repentant et sur le juge prêt à absoudre le coupable qui s'accuse rendent possible cette scène surhumaine. Mais comment concevoir qu'un confesseur, sous prétexte d'instruire et d'édifier, scandalise, par la peinture des égarements et même des ordures [1] de sa vie, le pénitent qu'il veut remettre dans le droit chemin, qu'il repasse devant lui dans tous les sentiers où le pied lui a glissé, qu'il se confesse avec un sentiment de délectation de ses voluptés ? C'est pourtant toute la donnée du roman de M. Sainte-Beuve. Il y a dans ce livre un mélange du sacré et du profane, du sensualisme le plus abject et du mysticisme le plus raffiné, qui ne révolte pas moins le sens moral que le goût littéraire. C'est un roman de mauvaises mœurs, écrit dans un confessionnal.

Comme dans les poésies de *Joseph Delorme*, l'auteur met encore sur le compte d'un mort la responsabilité de ce livre. Un missionnaire apostolique, c'est-à-dire un évêque [2], a envoyé à son jeune ami, M. Sainte-Beuve, cette confession posthume de la vie de désordres qu'il a menée vingt ans plus tôt. M. Sainte-Beuve a quelque temps hésité sur la convenance et l'utilité qu'il pouvait y avoir à publier cette confidence mortuaire [3]. Il a

---

1. Bossuet a parlé des *ordures de l'avarice*, et a ainsi consacré ce mot.

2. L'abbé Prévost m'entraîne, et d'un tour favori,
Par la main me ramène à l'évêque Amaury.
(*Pensées d'août.*)

3. On trouve les lignes suivantes en tête de *Volupté* : « Le véritable objet de ce livre est l'analyse d'un penchant, d'une passion, d'un vice même, et de tout le côté de l'âme que ce vice domine et auquel il donne le ton, du côté languissant, oisif, attachant, secret et privé, mystérieux et furtif, rêveur jusqu'à la subtilité, tendre jusqu'à la mollesse, voluptueux enfin. De là ce titre de *Volupté*, qui a l'inconvénient toutefois de ne pas s'offrir de lui-même dans son juste sens, et de faire naître à l'idée quelque chose de plus attrayant qu'il ne contient. L'éditeur de cet ouvrage a jugé d'ailleurs que des personnes assez scrupuleuses pour s'éloigner sur un titre équivoque perdraient peu réellement à ne pas lire un écrit dont la moralité, toute sérieuse qu'elle est, ne s'adresse qu'à des cœurs moins purs et moins précautionnés. Quant à ceux, au contraire, qui seraient attirés précisément par ce qui pourrait éloigner les autres, comme ils n'y trouveront guère ce qu'ils cherchent, le mal

même posé le cas de conscience dans ses véritables termes ; mais il l'a bien mal résolu. Le mal qu'on fait autour de nous ne légitime en rien le mal que nous faisons nous-mêmes, et c'est une morale commode que d'admettre l'existence d'époques où l'on peut tout dire, parce que la responsabilité individuelle va se perdre dans la responsabilité générale. Le cynisme sans voile n'absout pas la corruption plus coquettement voilée de ces tableaux qui sollicitent les yeux, sans mettre immédiatement la rougeur au front, et quand viendra l'apurement des comptes éternels, de même qu'une obole versée dans le sein du pauvre ne sera pas oubliée, la goutte d'eau apportée au torrent de la corruption nous sera sans doute sévèrement comptée. Or, Amaury, ce rêveur sensuel, dont l'activité se perd en mille projets, qui tour à tour s'égare dans les nuages de l'idéal et descend dans les bourbiers du vice, est un personnage aussi inadmissible selon les lois de l'honnêteté que selon

n'est pas grand. L'auteur, le personnage peu fictif du récit, est mort, il y a un petit nombre d'années, dans l'Amérique du Nord, où il occupait un siège éminent. Nous ne l'indiquerons pas davantage. Le dépositaire, l'éditeur, et s'il est permis de le dire, le rapsode à quelques égards, mais le rapsode toujours fidèle et respectueux de ces pages, a été retenu, avant de les livrer au public, par des circonstances autres encore que des soins de forme et d'arrangement. Au nombre des questions de conscience qu'il s'est longuement posées, il faut mettre celle-ci : une telle pensée décrite, détaillée à bonne fin, mais toute confidentielle, une sorte de confession générale sur un point si chatouilleux de l'âme, et dans laquelle le grave et tendre personnage s'accuse si souvent lui-même de dévier de la sévérité du but, n'ira-t-elle pas contre les intentions du chrétien, en sortant ainsi inconsidérément du sein malade où il l'avait déposée, et qu'il voulait par là guérir? Cette guérison d'un tel vice par son semblable doit-elle se tenter autrement que dans l'ombre et pour un cas tout à fait déterminé et d'exception? Voilà ce que je me suis demandé longtemps. Puis, quand j'ai reporté les yeux sur le temps où nous vivons, sur cette confusion de systèmes, de désirs, de sentiments éperdus, de confessions et de nudités de toutes sortes, j'ai fini par croire que la publication d'un livre vrai aurait peine à être un mal de plus, et qu'il en pourrait même sortir çà et là quelque bien pour quelques-uns. » 1834. S.-B.

les règles de l'art : disons le mot, c'est un personnage à la fois impossible et immoral. Il est impossible, car, de deux choses l'une : ou il est évêque, et jamais un évêque n'écrirait ces confidences dangereuses ; ou il est encore le coupable Amaury, tout plein de ses songes, de ses incertitudes ondoyantes et de ses passions, et alors il n'est pas évêque. Il est immoral, car l'ascétisme érudit et sans inspiration de la fin de l'ouvrage, la peinture monotone du séminaire et de la vie réglée qu'on y mène, les lambeaux de sermons, les fragments d'homélies, les citations des Pères, dont se hérisse l'épilogue, ne font pas disparaître les défauts et les inconvénients de la plus grande partie de l'ouvrage et ne purifient point l'air malsain qu'on y respire. Un philtre de volupté n'en est pas moins dangereux pour être versé dans une coupe sur laquelle le ciseleur a gravé des sujets austères et même sacrés, et M. Veuillot, en écrivant *Rome et Lorette*, a marqué la différence profonde qui sépare une confession véritable, écrite par le repentir, d'une confidence suspecte où respire moins de repentir pour les fautes commises que de regrets pour les plaisirs perdus.

Le seul contre-poison de ce livre sans excuse, c'est l'ennui, l'ennui profond, inexprimable, qui déborde de la plupart de ses pages. Non que le talent y manque : on y trouve des analyses fines, subtiles et même profondes du cœur humain étudié dans ses fibres les plus délicates, le sentiment des nuances, l'instinct poétique des beautés de la nature, et toutes ces qualités d'observation et de pénétration qui ont fait depuis la renommée du peintre des *Portraits*. Mais ce talent critique est ce qu'il y a de plus opposé au talent dramatique toujours nécessaire, dans une certaine mesure, à ces sortes d'ouvrages. Nul intérêt, aucun sentiment du drame, absence complète d'action : intérêt, drame, action, tout disparaît sous les flots intarissables d'un verbiage sans fin qui rappelle au lecteur cet éther sans forme qui contenait, selon quelques philosophes, toutes les formes en puissance d'être, et qui, lors de la première création de la matière, remplissait invisiblement l'immensité.

Ce qui contribue à donner ce caractère au livre, c'est qu'il est écrit dans le premier style de M. Sainte-Beuve, avec cette recherche d'obscurité, cette surabondance de mots pour une même idée, qui sont le rebours du génie français. Il semble qu'au lieu de choisir entre les expressions, entre les métaphores qui s'offrent à lui, pour formuler ou peindre sa pensée, celle qui lui paraît la meilleure, il les prenne toutes l'une après l'autre, comme s'il ne pouvait pas redire sous assez de formes la même chose. Ce sont des comparaisons prolongées qui dégénèrent en allégories, une prodigalité d'images qui se succèdent sans toujours se suivre [1]; un effort continuel pour rajeunir, par ce style imagé, des idées et des sentiments qui n'ont rien de neuf, et qui, sous cette plume transformée en pinceau, se cachent à demi

---

[1]. Voici quelques exemples de ce style par lequel M. Sainte-Beuve essayait de changer le génie de la langue française : « Ma pensée habituelle de jouissance et d'amour, qui *recouvrait* toutes les autres et les *minait* peu à peu, ne les détruisait pas d'un seul coup; en me baignant dans le lac débordé de mes langueurs, je heurtais fréquemment quelques pointes de ces rochers plus sévères. » L'auteur veut dire, et vient de dire, en termes plus clairs, que le penchant à la rêverie qui dominait son âme n'y avait pas cependant complétement anéanti le besoin de mener une vie active, et de se faire une position et un nom dans son pays et dans son temps ; c'est la pensée qu'il traduit dans ce singulier style.

Amaury dit dans une autre occasion, au sujet d'une triste confidence de la marquise de Couaën, qui n'a point excité dans son cœur ce mouvement de sympathie douloureuse avec lequel il accueille ordinairement les confidences de ce genre : « En l'entendant s'exhaler de la sorte, je ne trouvais pas en moi ce que j'y aurais voulu d'inépuisable et de tendre pour mêler à sa blessure : mon âme n'était plus une pure fontaine à ses pieds pour réfléchir et noyer ses pleurs. L'esprit sincèrement gémissant se retirait de dessous mes paroles. » Un peu plus loin, l'auteur, pour exprimer le peu de ferveur qu'excita dans son âme une fête de Noël, s'écrie : « Dans ce geste d'un moment vers le berceau

derrière une teinte obscure qui leur donne moins de netteté, sans leur donner plus de profondeur.

Cette tendance de la prose de M. Sainte-Beuve doit être signalée, parce qu'elle fit école. Un assez grand nombre de jeunes écrivains furent tentés par cette originalité facile qui consiste à rechercher des manières extraordinaires d'exprimer des choses ordinaires, en cachant l'imperfection du dessin sous les bigarrures de la couleur. On prit pour un progrès cette décadence de la langue française. Les esprits perspicaces ne s'y trompèrent pas ; on voit par une épître de M. Sainte-Beuve à M. Villemain qu'il eut maille à partir avec ce maître [1], dont le goût délicat ne pouvait tolérer l'obscurité prétentieuse et la phraséologie luxuriante de cette prose et de cette poésie.

Les ouvrages en vers de M. Sainte-Beuve donnent, en effet, matière aux mêmes critiques que ses ouvrages en prose. Le sentiment poétique ne manque point dans plusieurs des pièces publiées sous le titre de *Conso-*

---

lumineux, c'était moins une arche abritée et sûre à l'entrée du déluge des grandes eaux, que j'invoquais pour mon salut de l'avenir, qu'une innocente corbeille de fruits aimables et regrettés, que je saluais d'une imagination passagère. » S'agit-il de peindre une promenade solitaire faite le soir dans le bois de Boulogne, l'auteur s'exprime ainsi : « Le soir, nous nous retrouvâmes enfin à la même promenade que la veille; unis enfin et charmés au milieu de toutes sortes de conversations pareilles à cette vue du ciel et du sentier, douces, nuancées, fuyantes, sans étoiles vives, sans trop d'éclat ni d'ombre, mais délicates aussi, sub-obscures, parsemées d'une sombre teinte indéfinissable, comme cette rousseur printanière des bois sur un fond de sérénité. »

On pourrait multiplier les exemples à l'infini, car, de la part de M. Sainte-Beuve, ce style est évidemment un système. Il faut lire (*Volupté*, page 121) la comparaison suivie, ou plutôt l'allégorie, dont il se sert pour peindre l'âme du marquis de Couaën et celle de sa femme : elle ne remplit pas moins de deux pages hérissées de rochers, baignées par un lac d'où s'échappent deux ruisseaux, sans parler des brouillards, des frémissements.

1. Oh ! que je puisse un jour, tout un été paisible,
. . . .
Causer et vous entendre, et de la fleur antique

lations, et il se trouve même dans les *Pensées d'août*, moins fréquemment, il est vrai, et à un moindre degré ; mais le fond de ces poésies ne présente rien d'original ; elles ont le tort de rappeler, par leurs tendances mélancoliques et rêveuses, celles de M. de Lamartine, sans les égaler, comme ces visages imparfaits qui, par une ressemblance lointaine, évoquent le souvenir d'une beauté achevée, sans la rendre. En outre, la muse de M. Sainte-Beuve est moins chaste que celle des *Méditations* ; il s'exhale de ses souvenirs des parfums âcres et sensuels, et l'on retrouve dans ses vers quelque chose du sentiment dont son roman de *Volupté* est encore plus fortement imprégné. Quant à la forme, elle vise au naturel, qu'elle atteint rarement. On voit que le poëte veut systématiquement accomplir une révolution dans notre prosodie. Dans ses efforts pour ployer le vers aux fantaisies de sa pensée, il le brise et l'estropie, comme quelqu'un qui voudrait donner, après coup, la souplesse de l'enfance à des membres déjà formés et roidis par le temps. Ajoutez que l'originalité manque à la forme comme au fond ; le poëte, qui, pour le fond,

> Respirer le parfum où votre doigt l'indique,
> Et dans ce voisinage et ce commerce aimé,
> Me défaire en mes vers de ce qu'on a blâmé ;
> Sentir venir de vous et passer sur ma trace
> Cette émanation de douceur et de grâce,
> Et cette lumineuse et vive qualité
> Par où l'effort s'enfuit et toute obscurité.
> En attendant, je veux sur mon petit poëme,
> Sur ce bon magister un peu chétif et blême,
> Vous dire mon regret de son sort, mon souci,
> Chaque fois que chez vous je n'ai pas réussi.
> Si votre grâce aimable élude quelque chose ;
> Quand je vous parle vers, si vous louez ma prose ;
> Si, quand j'insiste, hélas ! sur le poëme entier,
> Votre fuite, en jouant, se jette en un sentier,
> J'ai compris, j'ai senti que quelque point m'abuse,
> Qu'il manque en plus d'un lieu le léger de la muse.
> (*Pensées d'août*.)

vient après M. de Lamartine, vient, pour la forme, après M. Victor Hugo.

Le côté par lequel cette poésie put toucher les esprits, ce fut son empreinte profondément personnelle. Il semble que M. Sainte-Beuve ait commencé par écrire sa biographie intellectuelle et morale dans ses poésies et dans ses romans, avant de retracer celle de ses contemporains. Or, ce que l'on sent, ce que l'on pense, s'exprime mieux que tout le reste. C'est l'avantage de ces compositions peu étendues, où le poëte, entraîné dans le courant général des idées de son temps, exprime son émotion de la matinée, en se servant d'une langue moins solennelle et sur un ton plus familier. Mais on voit poindre déjà dans cette nouvelle manière les inconvénients du genre, la multiplicité et le peu d'intérêt des confidences, et ce déluge de mémoires intimes, de confessions humblement présomptueuses dont la littérature va se trouver inondée. Au lieu de chercher ce qui, dans ses idées et ses sentiments, peut être d'un intérêt général, le poëte incline à croire que tout ce qui l'intéresse doit intéresser le lecteur.

Pour s'expliquer l'influence qu'exerça M. Sainte-Beuve et la renommée prématurée qu'il obtint par les romans et les vers de sa jeunesse et qu'il ne devait mériter d'une manière complète que par les travaux critiques de sa maturité, il faut donc se reporter aux circonstances au milieu desquelles il écrivait. Il y avait, dans ce temps-là, une espèce d'idolâtrie littéraire dans laquelle, tour à tour, les dieux devenaient adorateurs et les adorateurs devenaient dieux. La république des lettres était divisée en partis, et par conséquent soumise à l'influence de l'esprit de parti, toujours si partial. On était du même camp ou l'on n'en était pas; si du même camp, sublime pour peu qu'on fît; si hors de ce camp, déplorable. Un écrivain original, et qui ne laissait guère échapper une occasion d'épigrammes, donna le nom de camaraderie à cette espèce d'assurance mutuelle d'intérêts et d'amours-propres littéraires, dans une des revues mêmes où elle avait établi son quartier-général [1]. Le nom resta. M. Scribe fit, sous ce titre et sur ce sujet, une de ses plus jolies petites comédies du Gymnase, qu'il étendit plus tard aux proportions d'une grande comédie. Les poésies de M. Sainte-Beuve purent fournir plus d'un trait à l'article de Latouche et à la comédie de M. Scribe. M. Victor Hugo remplit les *Consolations* comme un dieu jaloux qui ne supporte le voisinage d'aucun autre dieu dans son temple [2]; mais, comme le fait observer M. Sainte-Beuve lui-même dans ses *Pensées d'août*, « l'amitié encore a la plus grande part à ces chants, et si ce n'est plus, comme dans le précédent recueil, une amitié presque unique et dominante qui inspire, c'est toujours l'amitié choisie. » Ce n'est plus seulement en effet à M. Victor Hugo ou à M. de Vigny que sont adressés les sonnets, les odes, les stances, les élégies des *Pensées d'août;* la louange agrandit son

---

1. Henri de Latouche, dans la *Revue de Paris*.
2. Voici comme exemple un sonnet adressé, en octobre 1829, à M. Victor Hugo :

> Votre génie est grand, ami; votre penser
> Monte comme Élisée au char vivant d'Élie;
> Nous sommes devant vous comme un roseau qui plie;
> Votre souffle en passant pourrait nous renverser.
> Mais vous prenez bien garde, ami, de nous blesser;
> Noble et tendre, jamais votre amitié n'oublie
> Qu'un rien froisse souvent les cœurs et les délie;
> Votre main sait chercher la nôtre et la presser :
> Comme un guerrier de fer, un vaillant homme d'armes,
> S'il rencontre gisant un nourrisson en larmes,
> Il le met dans son casque et le porte en chemin,
> Et de son gantelet le touche avec caresses;
> La nourrice serait moins habile aux tendresses,
> La mère n'aurait pas une si douce main.

foyer hospitalier pour y abriter d'illustres inconnus en faveur desquels l'admiration du poëte, qui prête ses éloges plutôt qu'il ne les donne, car il les reprendra dans ses *Causeries* et ses *Portraits*, dépasse les bornes du goût et les licences de l'amitié. Il ne louait pas des ingrats. Les échos sonores des revues, où dominait l'école nouvelle, renvoyaient au public le nom de M. Sainte-Beuve avec un bruit d'applaudissements, et c'est ainsi que chaque jour ce nom grandissait.

L'étude des ouvrages de M. Sainte-Beuve jette une vive lumière sur ses idées littéraires, parce qu'elle révèle les trois phases que traversa son intelligence. D'abord il s'est précipité dans la vie et dans la littérature avec l'impétuosité de la jeunesse qui croit qu'elle va tout renouveler, parce que tout est nouveau pour elle, et qu'elle n'est point allée encore au fond de ses passions, qui lui semblent inépuisables, et au bout de ses espérances, qui ont quelque chose d'illimité : il a eu des amitiés littéraires ardentes, exaltées ; il a chanté les grandes destinées de la nouvelle école. Puis, quelques années après, il a rencontré le tuf en toute chose ; alors cette âme arrêtée dans la poursuite de l'idéal et de l'infini, parce qu'elle s'est heurtée ici-bas contre le réel et le fini, a, qu'on nous passe ce terme, rebondi vers le ciel, et elle a compris la vanité de ses premières impressions, de ses premiers jugements, de ses premières amitiés : Amaury a enseveli de ses propres mains Mme de Couaën. Mais cet élan, contemporain de la grande influence de M. de La Mennais et de l'école de l'*Avenir*, avec laquelle M. Sainte-Beuve eut des liens, ne s'est pas soutenu. Soit que le cœur n'ait pas eu une assez grande part à cette ascension de l'esprit vers les sphères de la religion, soit qu'il y ait toujours eu, dans les diverses évolutions intellectuelles de M. Sainte-Beuve, quelque chose de factice et de calculé, ou qu'enfin le mouvement rationaliste si puissant sur les intelligences, au début de la Révolution de 1830, ait exercé son action sur la sienne, privée dès lors de l'influence salutaire du « maître célèbre », dont la chute eut un si grand retentissement, toujours est-il que les ailes qui soutenaient son âme se reployèrent et qu'il redescendit dans des sphères moins élevées et plus froides. C'est la dernière phase de la vie intellectuelle de M. Sainte-Beuve. Également éloigné des espérances illimitées de la terre qui font fuir l'horizon devant nos passions et nos idées, et des espérances infinies du ciel qui aspirent à Dieu, cet esprit fatigué et un peu triste habite des régions mitoyennes, et voit ces deux perspectives des premières phases de sa vie dans un lointain voilé qui jette encore, non sans charme, quelque lumière et quelque chaleur à sa maturité.

L'amour de l'art a seul survécu dans cette intelligence doublement désenchantée, mais l'amour de l'art privé désormais de tout élan vers l'idéal, sans théodicée bien certaine, sans philosophie bien arrêtée, sans esthétique, et par conséquent sans idées littéraires puisées aux principes même de l'art qui n'est plus, dès lors, pour M. Sainte-Beuve, que la science de la forme, une étude curieuse du rhythme et du style, avec un fond de scepticisme amer et morose étendu aux idées comme aux hommes et aux choses.

Dès la préface des *Consolations*, écrite en 1830 et dédiée à M. Victor Hugo, on voit poindre ces sentiments tempérés encore par des consolations religieuses : « Que sont devenus, dit l'auteur, ces amis du jeune âge, ces frères en poésie qui croissaient ensemble, unis, encore obscurs, et semblaient tous destinés à la gloire? Que sont devenus ces jeunes arbres, réunis autrefois dans le même enclos? Ils ont poussé chacun selon sa nature ;

leurs feuillages, d'abord entremêlés agréablement, ont commencé de se nuire et de s'étouffer ; leurs têtes se sont entre-choquées dans l'orage ; quelques-uns sont morts sans soleil ; il a fallu les séparer, et les voilà maintenant bien loin les uns des autres : verts sapins, châtaigniers superbes, au pied des coteaux, au creux des vallons, ou saules éplorés au bord des fleuves. »

On aperçoit déjà dans ces lignes, avec le pressentiment de la dispersion de la nouvelle école litéraire, la révélation des jalousies qui fermentaient dans son sein. Quatre ans plus tard, dans les dernières pages de *Volupté*, Amaury s'exprime de manière à ne laisser aucun doute sur le progrès du désenchantement et du découragement dans l'esprit de M. Sainte-Beuve. Les longues espérances se sont envolées. Cette élite de la génération de la Restauration, qui croyait tout renouveler par son initiative féconde, s'arrête déjà, arrivée au bout de son sillon et atteinte par le scepticisme de l'expérience. « J'ai la douleur de me figurer souvent, dit Amaury, que l'ensemble matériel de la société est assez semblable à un chariot depuis longtemps très-embourbé, et que, passé un certain moment d'ardeur et un certain âge, la plupart des hommes désespèrent de le voir avancer et même ne le désirent plus. Mais chaque génération nouvelle arrive, jurant Dieu qu'il n'est rien de plus facile, et elle se met à l'œuvre avec une inexpérience généreuse, s'attelant de toutes parts, à droite, à gauche, en travers (les places de devant étant prises), les bras dans les roues, faisant crier le pauvre vieux char par mille côtés, et risquant mainte fois de le rompre. On se lasse vite à ce jeu : les plus ardents sont bientôt écorchés et hors de combat ; les meilleurs ne reparaissent jamais, et si quelques-uns, plus tard, arrivent à s'atteler en ambitieux sur le devant de la machine, ils tirent en réalité très-peu, et laissent de nouveaux venus s'y prendre aussi maladroitement qu'eux d'abord, et s'y épuiser de même. »

Dès cette époque de 1834, on le voit, M. Sainte-Beuve entrait dans la période désabusée, sceptique, morose et purement critique de son talent. Il a survécu aux types successifs dans lesquels s'est personnifiée sa vie intellectuelle, Joseph Delorme et Amaury. Seulement ces deux fantômes hanteront encore ses écrits et deviendront l'objet de ses récits et de ses ingénieuses analyses. Il n'espère plus, mais il cherche à refaire ses anciens rêves en les racontant[1]. Pour cette intelligence ainsi revenue de sa double course vers l'idéal, l'art tend à se matérialiser et à devenir le savoir-faire industrieux de l'artisan littéraire qui cherche à parer le corps, parce qu'il ne peut rien faire pour l'âme. L'idolâtrie de la forme, voilà désormais la poétique de M. Sainte-Beuve.

Il avait déjà une tendance vers cette idolâtrie, au début de la Révolution de 1830, comme le montrent clairement plusieurs passages des *Pensées de Joseph Delorme*, publiées quelques mois auparavant. C'est là qu'il élève le drapeau des disciples d'André Chénier contre celui des disciples de Mme de Staël, qui ont eu le tort, suivant lui, de trop s'occuper de la pensée, et qu'il refuse à Chateaubriand le titre de chef d'école. Sa poétique incline dès lors à se circonscrire dans des questions de forme, de style, de rhythme. Les grandes questions qu'il pose sont celles-ci : « L'alexandrin de Ronsard, de Baïf, de Regnier, est-il celui d'André Chénier? — L'alexandrin d'An-

---

1. Je vais comme autrefois, mais dans des lieux plus grands
Et plus hauts en beautés, perdant mes pas errants,
Et cherche : quoi? ces lieux? leur calme qui pénètre?
L'art qui console? Oh! non... moins que jamais peut-être;
Mais au fond, mais encor ce bonheur défendu,
Et le rêve toujours, quand l'espoir est perdu.
(*Notes et sonnets* dans les *Poésies complètes* de M. Sainte-Beuve, page 380.)

dré Chénier est-il celui de Racine? — L'alexandrin de l'école moderne ressemble-t-il à celui d'André Chénier ou à celui de Racine ¹? » La richesse de la rime, la mobilité de la césure, la liberté de l'enjambement, voilà, selon M. Sainte-Beuve, les caractères principaux de la révolution littéraire accomplie par la nouvelle école. Il réclame encore pour elle le privilége d'avoir créé une nouvelle facture de vers qui sont « pleins, immenses, drus et spacieux, tout d'une venue et tout d'un bloc, jetés d'un seul et large coup de pinceau, soufflés d'une seule et longue haleine, vers qui se ressemblent par le plein, le large et le copieux ². » On comprend que M. Sainte-Beuve ajoute que ces différences entre l'école ancienne et l'école nouvelle, toutes caractéristiques qu'elles lui paraissent, sont à peu près indéfinissables; elles sont, en effet, d'autant plus difficiles à définir qu'elles n'existent pas. Ces vers, dont le caractère est une sorte de plénitude sonore et qui deviennent monotones lorsqu'ils sont trop prodigués, comme dans Lucain, se retrouvent dans Virgile et dans Racine, qui, sans chercher cette harmonie comme Lucain, la rencontrent ³.

1. Pensées. *Poésies complètes* de M. Sainte-Beuve, page 127.
2. M. Sainte-Beuve cite plusieurs vers à l'appui de son observation :
   L'or reluisait partout aux axes de ces chars.
   (André Chénier.)
   Le rayon qui blanchit les vastes champs de pierre,
   En glissant à travers les plants flottants du lierre.
   (Lamartine.)
   Tout jetait des éclairs autour du roi superbe.
   (Victor Hugo.)
   Les soleils et les vents, dans ces bocages sombres,
   Des feuilles sur ses traits faisaient flotter les ombres.
   (Alfred de Vigny.)
3. Virgile en offre de nombreux exemples :
   Grandiaque effossis mirabitur ossa sepulcris.
   . . . .
   Impiaque æternam timuerunt sæcula noctem.
   (*Géorgiques.*)

Les autres différences que M. Sainte-Beuve signale ne s'élèvent point au-dessus de cette préoccupation un peu puérile des procédés matériels du style. C'est ainsi qu'il fait remarquer que « le procédé de couleur dans le style d'André Chénier et de ses successeurs roule presque tout entier sur deux points : 1° au lieu du mot vaguement abstrait, métaphysique et sentimental, employer le mot propre et pittoresque ; au lieu de *ciel en courroux*, mettre *ciel noir et brumeux ;* préférer aux *doigts délicats ;* les *doigts blancs et longs ;* 2° tout en usant habituellement du mot propre et pittoresque, employer à l'occasion quelques-uns de ces mots indéfinis, flottants, qui laissent deviner la pensée sous leur ampleur : ainsi des *extases* CHOISIES, *un langage sonore aux douceurs* SOUVERAINES ; les expressions d'*étrange*, de *jaloux*, de *merveilleux*. »

Ces préférences littéraires pour certains mots, si elles étaient poussées un peu loin, finiraient par introduire dans la langue française un jargon maniéré semblable à celui des *Femmes savantes* et des *Précieuses*. Quant au procédé qui consiste à remplacer le mot métaphysique par le mot pittoresque, M. Sainte-Beuve convient lui-même qu'il n'en faut point abuser [1].

> Racine a dit avec le même sentiment d'harmonie pleine et sonore :
> Baiser avec respect le pavé de nos temples.
> . . . .
> C'était pendant l'horreur d'une profonde nuit.
> . . . .
> Et de David éteint rallumer le flambeau.
> . . . .
> Quand pourrai-je, au travers d'une noble poussière,
> Suivre de l'œil un char fuyant dans la carrière ?
> . . . .
> Minos juge aux enfers tous les pâles humains.
> . . . .

1. D'ailleurs les poëtes du dix-septième siècle n'ont pas reculé devant le mot propre et pittoresque :
Boileau a dit du Rhin :
A ces mots, essuyant sa barbe *limoneuse*,
Il prend d'un vieux guerrier la figure *poudreuse*.

Cette poétique étroite, matérialiste, de M. Sainte-Beuve, loin de s'élargir à mesure qu'il avance, se rétrécit plutôt. C'est ainsi que, comme on le lui a reproché, il arrive de l'idolâtrie de la forme à la superstition de la syllabe [1]. Dans les *Pensées d'août*, qui datent de 1837, on trouve cette note postérieure de trois ans, car elle est insérée dans l'édition de 1840 : « Je prie les personnes qui liront sérieusement ces études et qui s'occupent encore de la *forme* de remarquer si, dans quelques vers, qui au premier abord leur sembleraient un peu durs ou négligés, il n'y aurait pas précisément une tentative, une intention d'harmonie particulière, oblitération, assonance, ressources que notre poésie classique a trop ignorées, et qui peuvent, dans certains cas, rendre à notre poésie une sorte d'accent. Ainsi Ovide dans ses *Remèdes d'amour* :

> Vince cupidineas pariter, Parthasque sagittas.

Ainsi moi-même dans les sonnets qui suivent :

> J'ai rasé ces rochers que la grâce domine.
> Sorrente m'a rendu mon doux rêve infini. »

L'auteur présente des observations analogues sur la prose de Nodier et sa poésie; émiettant la critique, il s'en va ainsi pesant les syllabes dans des balances de

Et plus loin :
> Du Rhin, près de Tholus, fend les flots *écumeux*.

Racine :
> Tout son corps est couvert d'écailles *jaunissantes*.
> . . . .
> Ils rougissent le mors d'une *sanglante* écume.
> . . . .
> Un dieu qui d'aiguillons pressait leurs flancs *poudreux*.
> La rive au loin gémit, *blanchissante* d'écume.

[1]. *Histoire des idées littéraires au dix-neuvième siècle*, par Alfred Michiels.

toiles d'araignées, en oubliant que l'ancienne école, qui n'ignorait rien de ces secrets et qui en connaissait de bien plus précieux, revendique ce vers de Racine :

> Pour qui *sont ces serpents* qui *sifflent sur* vos têtes ;

aussi bien que cet autre hémistiche :

> L'essieu *crie* et se *rompt*;

et que c'est Bossuet qui a écrit cette phrase, magnifique d'harmonie imitative comme de pensée, qui termine l'oraison funèbre du grand Condé, et dans laquelle semble expirer l'éloquence de l'orateur : « Heureux si, averti par mes cheveux blancs du compte que je vais bientôt rendre, je réserve au troupeau que je dois nourrir de la parole de vie les restes d'une voix qui tombe et d'une ardeur qui s'éteint. »

De tout ceci il faut tirer une conclusion, et cette conclusion la voici : A mesure que M. Sainte-Beuve a marché, les idées littéraires ont de plus en plus manqué à sa poétique. C'est ainsi qu'il est arrivé à un scepticisme à peu près complet, en critique comme en toute chose[1]. « Le public, dit-il, demande de la critique, et il a rai-

---

1. On pourrait trouver une objection à cette appréciation dans la partie ascétique des œuvres de M. Sainte-Beuve, les dernières pages de *Volupté*, *Port-Royal*, son sonnet de sainte Thérèse, et quelques autres pièces de vers ; mais il a lui-même levé cette objection dans les *Pensées d'août*, par les vers suivants, qui expliquent comment cet esprit sceptique a si souvent exprimé des idées ascétiques et des sentiments religieux :

> Souvent, l'hiver dernier, en douce compagnie,
> . . . .
> Tous chrétiens de croyance, ou du moins de désir,
> Ces soirs-là, nous causions du grand mal où nous sommes,
> De l'avenir du monde et des vices des hommes,
> De l'orgueil emporté qui réveille les cieux,
> De l'esprit, toutefois meilleur, religieux,
> Jeune esprit de retour, souffle errant qui s'ignore,
> Qu'il faut fixer en œuvre avant qu'il s'évapore;

son, puisqu'il n'y en a plus guère. Mais il ne sait pas combien ce qu'il demande est difficile, et, osons le dire, presque impossible aujourd'hui. Les écoles littéraires sont dissoutes depuis huit ans ; les limites et les garanties de caractère autour des plus nobles talents ont cédé brusquement ou graduellement à je ne sais quelle force de choses confondante, dissolvante. Cette confusion et ce tourbillon sont le signe de la nouvelle période littéraire. Ce qui manque dans les œuvres, le point d'appui et d'arrêt, où donc la critique le trouverait-elle? »

Ce tableau de la situation des idées littéraires, dix années après la Révolution de 1830, est exact. Mais peut-être ceux qui se rappelaient les précédents de M. Sainte-Beuve, le ton dogmatique de son premier ouvrage, le magnifique horoscope qu'il avait tracé des destinées de la nouvelle école, avaient-ils le droit d'espérer que, non content de poser la question, il y répondrait. Loin de là : comme ces faibles esprits qui, après avoir appelé des libertés disproportionnées avec le caractère de

> Puis par degré venait le projet accueilli
> De faire refleurir Port-Royal et Juilly.
> Oui, mais le lendemain de ces soirs si fervents,
> Les beaux vœux dispersés s'en allaient à tous vents,
> Vrais propos de festins, dont nul ne tient mémoire,
> Et la vie au dehors avait repris son cours.
> A chacun ses oublis, un rayon de la gloire,
>   Un rayon de folles amours,
> Ou le monde et ses soins, cent menus alentours,
> Et le doute en travers qui chemine et nous presse.

Ainsi la religion n'est pour l'auteur de *Volupté* qu'une occasion de poésie, où tout au plus la source d'une émotion passagère. C'est pour cela qu'il s'écrie :

> Si le Christ m'attendrit, Rome au moins m'embarrasse.
> O prêtre! je le sais et l'ai bien éprouvé.
> . . . .
> Ta Rome est souveraine à calmer les douleurs ;
> Mais son pouvoir d'en haut me trouble et me rejette ;
> En vain j'y veux ranger mon âme peu sujette.

leur pays et de leur temps, ne voient d'autre asile que le pouvoir absolu pour échapper à l'anarchie qu'ils ont provoquée, M. Sainte-Beuve avoue que tout ce qu'il a pu faire, c'est de souhaiter une dictature littéraire[1]. Le sentiment de la dissolution complète de l'école dont il s'était fait le législateur et le prophète pèse sur lui. Il s'effraye de son isolement, il s'écrie : « Le critique a besoin de ne pas être isolé, de ne pas être seul à sa table, plume en main, au premier carrefour venu; il a besoin d'être dans un ordre de doctrine, au sein d'un groupe uni et sympathique qui le couvre, dans lequel il puise à tout instant la confirmation ou la rectification de ses jugements; car souvent il ne fait, pour les sentences, qu'aller autour de lui au scrutin secret, en dépouillant toutefois les votes avec épuration et intelligence. »

On aperçoit clairement dans ces lignes ce qu'étaient devenues les nouvelles idées littéraires. On avait pu croire, avant 1830, que le romantisme était une école; il devenait manifeste que ce n'était qu'une coalition d'amours-propres. Cette coalition dissoute, M. Sainte-Beuve, qui avait porté son drapeau, ne savait plus qu'en faire, et convenait naïvement de son embarras. Comme il n'y a plus rien de convenu entre les membres épars de son ancienne armée, il n'a plus de doctrines littéraires et tombe dans le scepticisme absolu. Les symptômes de ce scepticisme surabondent. Dans une étude sur Obermann, il célèbre « l'éloquent et haut moraliste qui débutait, en 1799, par un livre d'athéisme mélancolique »; puis il ajoute « qu'il ne saurait rendre combien furent senties son émotion et sa reconnaissance envers le devancier obscur qui avait si à fond sondé le scepticisme funèbre de la sensibilité et de l'entendement ».

---

1. Voici ses propres paroles : « Par instinct de cette situation diffuse, et pour y porter remède, j'ai de bonne heure désiré que, parmi nos poëtes de talent, il s'élevât, je l'avoue, une sorte de dictature. »

La dernière évolution de M. Sainte-Beuve se trouve ainsi expliquée. C'est un sceptique littéraire, qui n'a plus de poétique, mais qui a conservé un talent remarquable d'analyse et acquis un style plus clair, plus vif et plus naturel. Cet arrière-petit-neveu de Montaigne, de Bayle, de La Rochefoucauld, excelle à peindre l'homme derrière l'écrivain, souvent le siècle derrière l'homme; il retrace des vues d'intérieur dans lesquelles les personnages dont il évoque la vie et dont il étudie le caractère sont comme encadrés, et se détachent sur un fond d'anecdotes groupées avec art, de détails biographiques curieusement étudiés à la loupe, de médisances spirituelles, d'observations malignes, qui, autour de cette vie évoquée, raniment les mille bruits qui l'environnèrent et de nombreux échos, retentissants autrefois, mais depuis longtemps endormis. Du reste, nulle trace d'esthétique, rien qui dénote cette critique transcendante qui s'élève à la contemplation des principes [1], mais une analyse fine, subtile, ingénieuse et chagrine, le talent d'observation d'un moraliste pessimiste qui porte de pré-

---

1. Dans une des dernières pièces des *Pensées d'août*, celle qui est adressée à M. Villemain, M. Sainte-Beuve expose ainsi son art poétique :

Plus est simple le vers et côtoyant la prose,
Plus pauvre de belle ombre et d'haleine de rose,
Et plus la forme étroite a lieu de le garder;
Si le fleuve ou le lac, si l'onde avec la vase
Menace incessamment notre plaine trop rase,
Il faut, sans avoir l'air, faute d'altier rocher,
Revêtir un fossé qui semble se cacher.
Ce rebord du fossé, simple et qui fait merveille,
C'est la rime avant tout : de grammaire et d'oreille.
C'est maint secret encore, une coupe, un seul mot,
Qui raffermit à temps le ton qui baissait trop;
Un son inattendu, quelque lettre pressée,
Par où le vers poussé porte mieux la pensée.
A ce jeu délicat qui veut être senti,
Bien aisément se heurte un pas inaverti.

On voit, à travers cette prose péniblement rimée, que les idées de M. Sainte-Beuve sur l'art poétique n'ont pas changé.

férence sa lampe dans les coins les plus ténébreux et les plus souillés du cœur humain, et qui éprouve une maligne joie à découronner les renommées de leurs rayons, en évoquant derrière l'homme idéal, c'est-à-dire l'écrivain, l'homme de la vie pratique, prosaïque et réelle. C'est dans ces portraits que M. Sainte-Beuve obtient ses plus légitimes succès. Le rare talent qu'il y déploie devait trouver faveur auprès du gros public, toujours disposé à bien accueillir les écrivains pessimistes. Le cœur humain est plein d'envie ; après le bonheur d'entendre dire du bien de soi, la plus grande satisfaction que puissent éprouver les hommes dont le cœur n'est pas purifié par le christianisme, c'est d'entendre dire du mal des autres. De là, en grande partie du moins, l'attrait de la critique, de la satire, du pamphlet, de l'épigramme, de la comédie, de la biographie littéraire, prise au point de vue d'une médisance spirituelle, qui recueille les anecdotes et connaît l'art de les assaisonner. Dans les temps et dans les sociétés où domine l'esprit démocratique, ce mauvais penchant de la nature humaine qui nous fait trouver un malin plaisir à voir démolir les renommées qui sont au-dessus de nos têtes devient plus puissant encore : par une illusion d'optique, les vallées croient s'élever quand les collines s'abaissent.

Comment les idées littéraires qui avaient jeté, à leur origine, un si grand éclat, aboutissaient-elles à cette nuit? N'y avait-il donc rien de vrai au fond de ces théories que Mme de Staël et surtout Chateaubriand avaient développées au commencement du siècle? La pensée de rallumer dans notre littérature l'élément chrétien que le dix-huitième siècle avait éteint, et d'y ramener cet autre élément que les nations barbares du Nord étaient venues apporter à l'antiquité latine appauvrie, était-ce donc une pensée impuissante et stérile? Le résultat de l'épreuve ne tranche point cette question d'une manière décisive. La réforme commencée sous l'empire d'une réaction chrétienne se trouva détournée de son but par le mouvement rationaliste qui emporta les esprits. Le spiritualisme religieux, qui était l'âme de la nouvelle école au début, s'éteignit peu à peu dans les âmes ; elle quitta le sillon qu'avait ouvert Chateaubriand, son aïeul intellectuel, lorsque, dans le *Génie du Christianisme*, il avait posé les bases d'une poétique à la fois moderne et chrétienne. Dès lors les principes lui manquèrent, les éléments d'esthétique que cet homme illustre, Mme de Staël, et plus tard MM. de Barante [1], Guizot, Cousin, et d'autres encore, avaient fait entrevoir, s'évanouirent, et chaque écrivain demeura livré à son sens individuel, aux tendances instinctives de son génie, à sa fantaisie, en face d'une critique qui n'avait plus ni boussole ni gouvernail.

III

ÉCOLE INTERMÉDIAIRE : MM. SAINT-MARC GIRARDIN, CHASLES, AMPÈRE, J. JANIN.

Si la critique ne s'éleva guère à la contemplation des principes, elle ne manqua ni de bon sens pratique, ni d'esprit d'observation, ni d'études et de verve. Les noms de MM. Saint-Marc Girardin, Philarète Chasles, Ampère, Gustave Planche, Nisard, Edgar Quinet, Janin, rappellent des travaux différents où se trouvent résumées les idées littéraires de l'époque avec leurs différents aspects.

1. Dans le *Tableau de la littérature française au dix-huitième siècle*.

M. Janin est la personnification, non pas sans doute la plus élevée, mais la plus populaire de cette critique courante et usuelle qui exerce beaucoup d'influence, parce qu'à l'aide de la presse périodique elle arrive à un grand nombre de lecteurs, et qu'elle noue avec eux des rapports fréquents et réguliers. C'était déjà un avantage pour l'écrivain de disposer de ce feuilleton que Geoffroy avait rendu célèbre, et dont les échos sonores étaient de si loin entendus. L'élévation de la tribune où l'on parle donne une plus grande portée à la voix; Feletz, Hoffman, Dussault, Malte-Brun, Fiévée, et des plumes plus puissantes encore, celles de Chateaubriand, Bonald, Frayssinous, avaient créé au *Journal des Débats* une influence hors ligne dont profitait son feuilleton dramatique, déjà si accrédité depuis Geoffroy. Pour le plus grand nombre des lecteurs, le feuilleton dramatique représentait toute l'action de la critique sur les esprits. D'abord il revenait à des époques fixes; tous les lundis, MM. Jules Janin dans les *Débats*, Rolle dans le *National* et plus tard dans le *Constitutionnel*, Merle, cet aimable esprit, dans la *Quotidienne*, Théophile Gautier dans la *Presse*, et d'autres critiques dans la *Gazette de France* et les grands journaux, si nombreux alors, émettaient leurs idées sur les productions dramatiques de la semaine. En outre, le point de départ de ces études, c'était un genre de littérature populaire en France, celui qui est le plus entré dans les goûts publics, et qui a sa place marquée jusque dans le budget de l'État, le théâtre.

M. Janin, que ses amis et ses adversaires ont souvent appelé « le prince des critiques », apportait des qualités précieuses pour l'emploi qu'il commença à remplir précisément au sortir des événements de 1830. Né dans les premières années du dix-neuvième siècle, il arrivait avec un esprit original, facile, primesautier, avec l'audace et la verve de la jeunesse, un fonds d'études classiques et le goût des maîtres. Sur la fin de la Restauration, il avait concouru, avec un grand nombre de jeunes hommes de talent, à la rédaction d'une de ces feuilles légères [1] qui ont toujours été dans le tour de notre esprit national, et dont les *Actes des apôtres*, fondés par Rivarol et Champcenetz pendant la Révolution de 1789, ont été le premier type périodique, précédé, dans le passé, par la *Satire Ménippée*, et, dans un lointain plus reculé encore, par les sirventes, les noëls et toutes ces malicieuses compositions si bien venues de nos aïeux. Plus tard il parut un moment à la *Quotidienne*, où Michaud, cet esprit fin et sagace, le devina et l'apprécia. Enfin, au mois de novembre 1829, il entra au *Journal des Débats*.

Il a lui-même fort agréablement raillé la part que, si jeune encore, il prit à cette grave et terrible polémique, grosse d'une révolution qui contenait plusieurs autres révolutions dans son sein. « Le combat était ardent, dit-il ; les plus célèbres soldats étaient à l'œuvre ; où donc était l'obstacle, si dans l'intervalle, et quand les chefs ne donnaient pas, le jour où M. de Chateaubriand était sous sa tente, où M. de Salvandy fourbissait ses armes bien trempées, les nouveaux venus de ma taille, les novices, les recrues, essayaient leurs forces dans des combats d'avant-garde? Ainsi j'ai commencé, j'ai écrit, qui le croirait? de graves articles dans le *Journal des Débats*, et vraiment je ne serais pas le seul à sourire de moi-même, si l'on savait avec quel sans-gêne politique je traitais en ce temps-là M. Mangin, M. Cottu, M. le comte de La Bourdonnaye et le prince de Polignac. Un jour j'enflais ma voix, et je disais avec Mirabeau : *Silence aux trente!* et je commençais ainsi ma philippi-

---

1. Le *Figaro*.

que : *Ce qui manque surtout au ministère, c'est l'intelligence.* Quand je relis ces vieilleries, plus éteintes mille fois et plus oubliées que le dernier des dix mille vaudevilles que j'ai frappés de ma griffe, il me semble que ce n'était pas moi qui contais ainsi en quatre colonnes les désirs, les volontés et les craintes de la France à la veille de la Révolution de Juillet [1]. »

Beaucoup de jeunes esprits de cette époque ont erré avec M. Janin, mais nul ne s'est repenti aussi spirituellement que cet aimable railleur de ces oracles juvéniles, rendus la veille de la Révolution de Juillet, dans les articles sérieux, si légèrement écrits, où l'on affirmait imperturbablement qu'une révolution était impossible, « attendu qu'il n'y avait plus de faubourgs ».

Telles étaient donc les conditions où se trouvait le nouveau critique du *Journal des Débats* quand il commença à écrire le feuilleton dramatique. Trop jeune pour avoir l'expérience des hommes et des choses, il apportait du moins, avec une érudition incomplète, mais qui pouvait mûrir sous l'action du temps, un esprit exercé par des études classiques, un instinct naturel de la vérité littéraire, le goût de la nouveauté, un tour d'originalité, une pointe de fantaisie dans les idées, et cette jeunesse de style, qui devaient opérer une révolution dans le feuilleton.

Pour bien comprendre cet écrivain qui, par quelques points, tient à l'école des humoristes anglais, il faut se souvenir qu'il débuta par trois romans de genre : *l'Ane mort et la Femme guillotinée*, triste cauchemar où le sang et les larmes se mêlent au rire; *Barnave*, et *le Chemin de traverse*. On rencontre dans ces ouvrages de poétiques inspirations, des chapitres entiers écrits de verve; mais où est le livre? Est-ce *Barnave?* Non, car

---

[1]. *Histoire de la littérature dramatique*, par Jules Janin, pages 3 et 4.

Barnave ne se compose que d'épisodes. Un ouvrage où l'on rencontre le supplice épouvantable des filles de Séjan, à côté de la première représentation du *Mariage de Figaro*, où le lecteur passe de Mirabeau agonisant dans l'éclat de son génie au crétin cherchant à compléter sa sensation sur son fumier ; un tel ouvrage, fantasque, comme une de ces matinées d'avril entrecoupées de pluie et de soleil, n'est, à vrai dire, qu'un feuilleton en quatre volumes, écrit sur ce formidable drame qu'on appelle la Révolution française. Tant que le dénouement n'arrive pas, on demande pourquoi le dénouement tarde tant à venir ; lorsque enfin il se montre, on demande pourquoi il est venu. Le roi si saint et si pur, la reine si majestueuse et si belle, Mirabeau si puissant, Barnave avec ses aspirations plus hautes que son génie, et puis toutes ces gracieuses femmes, jetées, comme des guirlandes de fleurs, sur ce rideau qui allait se lever pour laisser voir un drame de sang, les plaisirs et les affaires, les passions et les idées, les crimes et les fêtes, tout se confond dans ce cauchemar plein d'imagination d'un homme de talent qui a rêvé la Révolution française, et qui a écrit son rêve, avec ses incohérences et ses vagues et tumultueuses beautés, dès qu'un rayon de lumière, passant à travers sa fenêtre à demi close, est venu lui toucher les yeux.

On retrouve les mêmes caractères dans *le Chemin de traverse*, ouvrage bien inférieur cependant au premier. Il y a dans cette composition de touchants épisodes, un style souvent remarquable, quelquefois fatigant à cause de l'agitation perpétuelle qui y règne, car le style de M. Janin est comme un fleuve qui, en outre de son mouvement général, a autant de mouvements particuliers que de flots ; mais, dans cette galerie de miniatures, les lignes de la composition principale se perdent et se brisent, car cet esprit, amoureux des détails, se préoccupe peu de la pensée d'ensemble ; il marche pour marcher, presque toujours au hasard [1], sans trop savoir où il va, et fait halte, le pinceau à la main, devant tous les sites qui lui plaisent ; l'idée ne lui est jamais venue qu'ordinairement c'est pour arriver que l'on part.

Cette tournure d'esprit, loin d'être un inconvénient, était un avantage dans le journal. M. Janin était donc surtout et avant tout journaliste. Le journal, avec son improvisation du jour, de l'heure, de la minute, le journal où il faut faire un ensemble avec le détail, un poëme avec un chant, c'était son empire à lui, l'homme de l'inspiration soudaine, de l'expression vive et instantanée, du développement abondant et facile : aussi le voit-on dans un de ces tournois littéraires, renouvelés d'Hoffmann et de Feletz, et dans lesquels le *Journal des Débats* offrait à la fois les champions et le champ clos, soutenir, dans les premières années du gouvernement de Juillet, la littérature facile contre la littérature difficile, sa sœur, sœur un peu sérieuse comme toute sœur aînée. Cette dispute de M. Janin et de M. Nisard détourna, pendant plusieurs semaines, vers une question littéraire, l'attention publique absorbée par la politique. C'était, à proprement parler, la guerre du journal contre le livre. Chacun combattait pour ses foyers et ses autels domestiques : l'un pour l'imagination avec ses fleurs spontanément écloses, l'autre pour les fruits laborieusement mûris de la réflexion ; le premier pour l'improvisation, cette brillante fée dont toutes les richesses sont au bout de sa baguette ; le second pour le travail, cet ouvrier robuste et lent, qui découvre, en creusant, des richesses enfouies. L'avantage de la journée resta à M. Janin, à la fin de ce débat où chacun

---

[1]. « Je me livrais volontiers, j'avais une entière confiance à ce grand dieu de l'écrivain périodique, le hasard. » (*Histoire de la littérature dramatique*, par Jules Janin, tome I, page 222.)

des deux adversaires avait eu à la fois raison et tort, car le travail ne doit pas plus exclure l'imagination que l'imagination ne doit exclure le travail, dans ce vaste domaine de la littérature qui comprend toutes les zones et réunit tous les produits intellectuels, depuis ceux qui s'épanouissent d'eux-mêmes en moissons odorantes, nées sans culture sous l'haleine des vents favorables, jusqu'à ceux qui sortent d'un sillon péniblement ouvert et arrosé de sueurs. La critique légère l'emporta ainsi sur la critique dogmatique, la littérature facile sur la littérature difficile, le journal sur le livre. Pourquoi le livre avait-il accepté, comme champ de bataille, le journal?

M. Jules Janin entrait donc au feuilleton du *Journal des Débats* avec des qualités et des défauts qui différaient des qualités et des défauts de Geoffroy, le plus célèbre de ses prédécesseurs; mais aussi la situation des esprits en 1830 n'avait rien de commun avec leur situation en 1800. Ceux qui, au lieu de ramasser les pierres tumulaires des devanciers, pour lapider les contemporains, laissent aux hommes de chaque génération leur valeur, reconnaîtront que le jeune écrivain qui prenait en 1830 le sceptre de la critique dans le *Journal des Débats* répondait au mouvement des idées de son époque, comme Geoffroy avait répondu au mouvement des idées de son temps. Les grands succès, en littérature comme en politique, s'expliquent toujours par cet à-propos; le talent ne suffirait pas à les produire tout seul. La réaction du principe d'autorité, si manifeste au début du combat, avait trouvé son expression dans Geoffroy, ce pédagogue émérite, nourri de l'étude de l'antiquité grecque et latine, marchant à son but par une route inflexiblement tracée d'avance et exerçant, comme un dictateur littéraire, une action systématique et régulière sur la littérature. L'anarchie des idées des premières années du gouvernement de Juillet rencontra son symbole dans M. Janin, ce critique d'une facilité peu commune, d'une souplesse d'esprit merveilleuse, et d'une intarissable verve, régent fantasque du royaume des lettres, qui suit plutôt son instinct que des idées bien arrêtées ; qui, au lieu de marcher devant ses lecteurs comme Geoffroy, marche à côté d'eux, les amuse et les intéresse par un babillage plein d'esprit, d'éclat, d'aperçus ingénieux, d'abandon, en parlant souvent de toute chose, excepté cependant du livre ou de la pièce dont il doit rendre compte au lecteur, et en donnant même, dans l'occasion, aux inspirations du bon sens les allures aventureusement spirituelles du paradoxe.

Ce jeune homme, nouveau venu dans les lettres et dans la critique, étudiait encore un peu plus le public que le théâtre. Avant tout, il voulait réussir : dans ce temps où la littérature devenait presque tout entière personnelle, le feuilleton suivait le mouvement général; ce ne fut plus le feuilleton qui fut fait pour le théâtre, le théâtre se trouva fait pour le feuilleton. Qu'imaginer pour intéresser, émouvoir, étonner le lecteur? Comment lui donner une haute idée du critique? Voilà la grande préoccupation de l'écrivain. Sous le coup de cette idée, il fit une révolution dans le feuilleton. Au lieu d'être le compte rendu des spectacles auxquels avait assisté l'auteur, le feuilleton devint un spectacle de plus, et aspira à être le plus intéressant de tous. Si la semaine n'a point vu représenter de pièce qui paraisse au critique un sujet digne de ses réflexions, il imitera Pindare chantant Castor et Pollux pour suppléer au mérite de l'athlète vainqueur qui lui a demandé une ode. Tous les événements, le crime politique, le procès célèbre, le malheur public, le choléra, la mort lamentable du jeune duc d'Orléans, l'ouverture du musée de Versailles, Lacenaire, Paganini, Mme Lafarge, retentiront dans ce feuilleton aux échos sonores, ouvert à toutes les impressions du moment, au rire, aux larmes, à la peur, à l'enthousiasme, à la stupeur. A défaut d'événement, le paradoxe sera le bienvenu, et, s'il ne vient pas, on ira le chercher. Au besoin, l'auteur ne reculera pas devant l'apologie du duc de Fronsac, et même devant celle de Mme Dubarry, et, faute de mieux, il inventera le génie du paillasse Déburau.

Ce sont les hauts et les bas d'un feuilleton décidé à toujours occuper le public et à toujours être plein, qui, s'il rencontre Molière, l'étudie avec amour, avec un sentiment profond de son génie, et consacre à Marivaux des chapitres d'un goût fin et délicat et d'un tact littéraire remarquable; mais qui, si les sujets d'étude et d'observation lui manquent, n'en parle pas moins, et souvent n'en parle que plus, quelquefois heureusement inspiré, d'autres fois fourvoyé dans ces espèces de courses au clocher, où il ne suit que sa fantaisie, en déployant les bigarrures chatoyantes d'un style qui veut briller à tout prix et qui fait miroiter ses mille paillettes à peu près comme un paon qui fait la roue [1].

---

[1]. M. Janin explique ainsi lui-même son procédé : « L'artifice, dit-il, consiste à faire, avec beaucoup de soin, tantôt un tableau d'histoire d'un tableau de genre, et tantôt un conte, une fantaisie, un feu d'artifice, de la comédie jouée la veille, ou du vaudeville promis pour le lendemain. Je ne dis pas que cela soit un crime d'écrire l'analyse exacte d'une pièce nouvelle. Ici l'on entre, et là on sort; l'ingénue était en robe blanche, et la coquette en robe bleue; ici le public a applaudi, le parterre a sifflé à ce passage. A la bonne heure! Mais à Dieu ne plaise qu'un homme sage fasse un pareil emploi de tant de longues et patientes études! Êtes-vous bien sûr que le lecteur vous demande si peu que cela? Vous tous qui exercez le grand art de la critique, il faut d'abord songer à vous, après quoi vous songerez au poète, au musicien, au comédien, au décorateur, au machiniste; il faut, avant tout, que le lecteur vous honore et vous estime, et qu'il s'inquiète avant tout de vous-même, après quoi il s'inquiétera, s'il a le temps, de toutes ces choses futiles, éphémères, inertes, qui, les exceptions étant sauvées, ne sont pour ainsi dire que le prétexte de vos discours. » (*Histoire de la littérature dramatique*, par Jules Janin, tome I, page 353.)

Le véritable rapport qui existe entre M. Jules Janin
et Geoffroy à travers la diversité des deux hommes, des
deux talents, des deux époques, c'est que derrière les
riches variations, les fantaisies brillantes de la plume
de M. Janin, il y a, dans les bons jours qui ne sont
pas rares, un sens droit, comme derrière les enseignements dogmatiques de Geoffroy. Les exceptions ne
manquent pas sans doute, elles sont nombreuses, et il
arrive aussi que la broderie cache l'étoffe ; mais, en la
cachant, elle ne la détruit pas. En outre, le feuilleton
de M. Jules Janin, comme celui de Geoffroy, et dans
des circonstances plus difficiles, car la liberté de la
pensée existait pour tout le monde sous le gouvernement de Juillet, et la lutte était ardente, son issue in-
certaine, devint, presque dès le début, ouvertement et
hardiment social. Ce feuilleton a ses faiblesses pour
les talents nouveaux, ses caresses pour les hommes du
monde où il vit, ses exagérations, ses caprices, ses antipathies, comme ses concessions à l'esprit de camaraderie [1]. Mais il attaque avec une colère souvent éloquente la licence des idées révolutionnaires qui dé-
bordent au théâtre, et il flétrit avec une verve indignée
cette haine des institutions religieuses et sociales, qui
est le caractère de la plupart des ouvrages qui déshono-
rèrent la scène dans les premières années du gouvernement de Juillet. Dévoué aux grandeurs du présent,
il ne parle presque jamais qu'avec une respectueuse et
honorable sensibilité des grandeurs déchues. Il paye
noblement la dette de la littérature et celle de l'art à la
famille de Louis XIV exilée. Il proteste, au nom du
goût littéraire et de la morale publique, contre la pro-

---

1. Dans une causerie consacrée à M. Janin, M. Sainte-Beuve raconte
que le critique dit à une maîtresse de maison qui lui présentait tout le
monde dans son salon : « Vous allez me faire tant d'amis, que vous
m'ôterez tout mon esprit. »

fanation des choses religieuses et contre l'apothéose du vice et de l'immoralité.

Ces qualités ne font point disparaître les défauts de cette critique. Elle a trop de paroles pour chaque idée, et comme il faut qu'elle remplisse un cadre qui s'agrandit sans cesse avec le format du journal, elle est verbeuse, intarissable en parenthèses qui deviennent souvent des chapitres ; elle est plus souvent à côté du sujet que dans le sujet ; elle donne trop à la fantaisie : elle est légère, impatiente, irritable, et, dans l'occasion, bourrue. En outre, il lui arrive d'avoir, même en défendant la morale que parfois aussi elle blesse, des allures trop libres ; elle ressemble à ces servantes effrontées de Molière dont le bon sens ne recule pas devant la crudité de l'expression, pour donner plus de relief à un propos sensé. Les sentiments exprimés par le critique ont plus de verve que de délicatesse ; son style a plus d'éclat que de solidité : il est prompt, pétillant ; mais, s'il a le montant des liqueurs fermentées, il a aussi quelque chose de cette vapeur qui retombe en mousse et qui donne à la phrase plus de bouffissure que de plénitude. Dans ce style, où toutes les phrases commencent à la fois, se coudoient, s'empressent, se heurtent l'une l'autre comme les écoliers de la gravure anglaise qui représente le vacarme dans l'école [1] ; dans cette langue qui semble être une espèce de fronde littéraire, tous les genres, tous les tons se rencontrent : Condé cultive des fleurs, Gondy laisse passer la *crosse* de son bréviaire, La Rochefoucauld compose des distiques et Mlle de Montpensier tire le canon. Si les styles ont une filiation comme les hommes, celui-ci descend en droite ligne de la lettre de Mme de Sévigné sur le mariage de la grande Mademoiselle avec M. de

---

1. Uproar in the school.

Lauzun, et d'une de ces pages colorées de Jean-Jacques où la nature, si chère à ce penseur solitaire, venait réfléchir ses splendeurs. Ce mouvement rapide d'un style où chaque mot court après le mot qui le suit, c'est de la fameuse lettre qu'il descend ; seulement un caprice de Mme de Sévigné est devenu une habitude de M. Janin. Ces images, qui naissent quelquefois comme des fleurs spontanées dans ce style ondoyant, sont un reflet de la manière de Jean-Jacques. Singulière association d'où sort une langue qui n'a ni le naturel de celle de Mme de Sévigné, ni l'éclat et le sérieux de celle de Rousseau, mais qui cependant, dans ses bons moments, n'est dépourvue ni d'originalité, ni d'accents, ni de charmes, ni d'expression. Du reste, après plus de vingt ans d'une carrière brillante, consacrée à cette critique dont le devoir est d'être prête à parler de tout homme et de toute chose à tout instant, M. Janin pouvait à la fin du gouvernement de Juillet répondre, à la manière de Geoffroy, au censeur trop sévère : « Ce n'est pas une petite affaire d'amuser le public, d'avoir de l'esprit à volonté tous les jours et sur tous les sujets, de traiter les plus sérieux comme les plus badins, de faire quelque chose de rien. »

Il est assez difficile de faire ressortir les idées littéraires bien nettes de cette critique si profondément engagée dans les faits de chaque jour, et qui s'occupe plutôt de redire ses impressions et surtout d'émouvoir le public que de remonter aux principes de l'art. Au début, le critique n'avait au fond que des instincts littéraires, sans avoir d'idées arrêtées ; il en convient lui-même : « J'hésitais, dit-il, et je cherchais ma voie ici, là, partout, allant d'une école à l'autre, incertain, malheureux, haletant. A tout propos, je faisais l'exposé de mes doctrines dramatiques, et Dieu sait si elles étaient encore incertaines, entre ceci et cela, entre les chefs-d'œuvre d'autrefois et les chefs-d'œuvre du lendemain. Comme j'étais naturellement sans expérience, et que naturellement j'avais la prétention d'en montrer beaucoup, je me vouais à tous les saints du théâtre ; j'appelais à mon aide Aristote, Boileau, Schlegel, la préface de *Cromwell*, et surtout la Révolution de Juillet [1]. » Plus tard il se fit un peu de lumière dans cette nuit. L'auteur en sortit avec une poétique de transaction. Il demeura fidèle au culte des classiques vraiment originaux, grâce au talent desquels l'élément hellénolatin de notre langue et de notre littérature, modifié par l'élément chrétien, et suffisamment combiné avec l'élément celtique, produisit, au moment où la langue française se fixait, les chefs-d'œuvre dramatiques du dix-septième siècle ; mais entre ces créations et les œuvres du dix-huitième, qui n'étaient déjà que des œuvres de reflet, il faisait une différence profonde. Corneille, Racine, Molière, étaient, comme Bossuet, au nombre de ses dieux domestiques, tandis que le théâtre de Voltaire n'avait point d'attrait pour lui. En même temps, il admettait cet aphorisme de l'école nouvelle fondé sur une vérité exprimée par M. de Bonald : Chaque époque, ayant sa physionomie propre et ses besoins intellectuels, doit venir se réfléchir dans une littérature qui lui est analogue. Par conséquent, l'admirarateur d'Homère, d'Eschyle, de Sophocle, d'Euripide, de Bossuet, de Corneille, de Racine, de Molière, accueillait le changement dans la littérature, et comprenait toutes les combinaisons nouvelles, pourvu qu'elles ne heurtassent point les lois éternelles de l'esprit humain, qui se manifestent par le sens commun, et ces lois particulières au génie de chaque nation et au tour d'esprit du temps, qui doivent être aussi ménagées.

1. *Histoire de la littérature dramatique*, tome I, page 53.

La fantaisie, qui est un des caractères de cette intelligence, occupe naturellement son coin dans sa poétique. Elle a ses préférences passionnées comme ses antipathies. C'est ainsi que M. Janin prend plaisir à élargir la place de Diderot dans la littérature du dix-huitième siècle. Cet écrivain emphatique, lourd, exagéré, et qui trouva le moyen d'introduire l'enthousiasme dans l'athéisme, devient un des précurseurs du dix-neuvième siècle, et son talent, surfait par le caprice du critique, prend des proportions idéales tout à fait en dehors de la réalité. Ces exagérations sont le principal défaut de la critique de M. Jules Janin. Il ne sait point assez résister à la tentation d'un paradoxe spirituel ; il s'éprend à travers le temps d'un engouement soudain pour tel ou tel type, et, une fois l'enjeu jeté, il soutient hardiment la gageure en cherchant partout des arguments à l'appui de sa thèse. L'avocat qui plaide se substitue alors au critique qui doit juger, et l'abondance de son style se perd dans les flots d'une intarissable loquacité. Les préoccupations du moment, les indignations, les colères influencent souvent aussi les jugements de l'écrivain, et leur prêtent l'accent passionné de la circonstance qui passe, au lieu de la mesure tranquille et équitable d'un arrêt qui demeure. Pour que le sens de ce critique vaille tout ce qu'il vaut, il faut que le sujet qu'il traite le mette à l'abri de ces préoccupations, comme il arrive lorsqu'il étudie ces types éternels du beau sous des formes différentes, Homère, Eschyle, Sophocle, Bossuet, Corneille, Racine, Molière surtout, auxquels il a voué les préférences de son admiration, sans la rendre exclusive.

Le feuilleton dramatique n'était pas cependant la seule lice ouverte à la critique dans la presse périodique, et le *Journal des Débats*, continuant sa vieille renommée, mettait en ligne deux hommes de premier rang, qui bientôt occupèrent en même temps des chaires d'enseignement, M. Saint-Marc Girardin et M. Philarète Chasles.

M. Saint-Marc Girardin marqua avec éclat sa place parmi ces esprits d'élite dont le premier type s'était rencontré, sous la Restauration, dans M. Villemain, et qui, sans devenir infidèles à leur admiration pour les beautés des littératures grecque et latine, et pour les chefs-d'œuvre de la littérature française au dix-septième siècle, comprirent cependant qu'on ne pouvait enfermer partout et toujours l'esprit humain dans d'immuables et invariables formules. Il eut une admiration ouverte devant Homère, Virgile, Eschyle, Sophocle, Euripide, Corneille, Racine, sans être fermée devant le Dante, le Tasse, Milton, Shakspeare, Klopstock, Schiller et Gœthe. Ses études se portèrent surtout du côté de l'Allemagne, tandis que celles de M. Villemain avaient eu surtout pour objet l'Angleterre. Ses *Notices sur l'Allemagne* continuèrent le mouvement qui remontait à M*me* de Staël et entretinrent le commerce intellectuel noué entre les deux peuples. Chez cet écrivain, il n'y a point de parti pris littéraire, point d'exclusion pour telle ou telle poétique. Admirateur et disciple de l'ancienne école, il est bienveillant pour la nouvelle, sans se laisser entraîner dans ses excès, ses illusions, ses égarements, ses anathèmes contre tout ce qui n'est pas elle. Par son style naturel, facile, clair, brillant, et d'une vivacité spirituelle, il continue la tradition des bons écrivains français [1]. Il n'entreprend pas de changer les lois de la langue; il exprime des idées fines, délicates, dans un bon langage qui est à lui parce qu'il y met le cachet de son

---

1. Voir les *Notices sur l'Allemagne* et surtout le *Cours* de M. Saint-Marc Girardin.

esprit individuel, mais qui, en même temps, est le langage de tout le monde, parce qu'il éveille dans tous les esprits les mêmes idées, et qu'on n'y trouve ni cette obscurité calculée, ni ces prétentions systématiques à innover en toute chose, qui ternissent à dessein le miroir où la pensée de plusieurs des écrivains du même temps ne se réfléchit qu'à demi. Chez lui, la phrase dépend de l'idée, et non l'idée de la phrase.

Du reste, c'est un de ces esprits qui, tout en marchant dans le sens de l'époque, ne se font point d'illusion sur ce qui lui manque et sur ce qu'elle a perdu. S'il n'a point les regrets de l'ancienne école monarchique, à laquelle il se rattache par certaines traditions, il a du moins de la tristesse, en présence des ruines morales qui s'amoncellent et de l'espèce de chaos littéraire qui se prépare. Cet esprit délicat, dont les tendances sont religieuses, s'effraye à la fois pour la société et pour la littérature, en voyant tout aller à l'excès, et il a soin, quand l'occasion s'en présente, de marquer les limites auxquelles doivent s'arrêter la licence de la presse et celle du théâtre, qui menacent de ne plus rien respecter. C'est lui qui, au sujet d'un livre intitulé *l'Angleterre et les Anglais*, a écrit ces lignes, qui élèvent la critique littéraire à la dignité de la critique sociale : « Tout journaliste que nous sommes, rien ne nous semble plus intolérable que la tyrannie que la presse exerce en Angleterre sur la vie privée. Que devient la liberté du chez-soi avec une pareille inquisition? Grâce à Dieu, en France, nous n'en sommes pas là, et nous n'y viendrons pas, je l'espère. Gardons précieusement le secret de la vie privée. Beaucoup de gens cesseraient de priser la liberté politique, s'il fallait, à cette liberté, sacrifier la liberté du chez-soi; ne les mettons donc jamais dans le cas de choisir entre les deux, puisque, quel que fût l'événement, il serait mauvais, car nous y perdrions ou la liberté pour laquelle nous avons combattu depuis quarante ans, ou la liberté qui, sous l'ancienne monarchie, nous dédommageait de l'absence de l'autre. Drusus, et cela a été fort cité et fort admiré, Drusus voulait une maison de verre; cela est le mot d'un ancien et non le mot d'un moderne. Les anciens ne connaissaient guère la famille, la joie de son intérieur, le plaisir de son secret; ils vivaient sur la place publique, grâce à leurs mœurs, à leurs institutions, et surtout à leur soleil. Chez les modernes, c'est tout différent : le christianisme, par l'émancipation des femmes et l'abolition graduelle de l'esclavage, a fondé la vie de famille, et nous la suivons, nous, au coin du feu, grâce à nos mœurs, à nos institutions, et grâce aussi à notre soleil qui nous laisserait geler, sans pitié, dans nos *forum* et dans nos *agora*. Ayons donc des maisons de pierre, et, quand nous sommes chez nous, défendons hardiment aux yeux de la police et des journaux de venir nous y surveiller. »

C'est par son cours, où l'on trouve les grâces vives et animées de l'improvisation publique et la maturité de la réflexion solitaire, que M. Saint-Marc Girardin marqua sa trace la plus profonde dans la littérature. On y lira toujours avec intérêt, avec profit, la comparaison des divers types humains, le père, la mère, le fils, la fille, le mari, l'épouse, le frère, la sœur, le maître, le serviteur, l'homme en un mot dans toutes les situations de la famille et de la vie, que l'éminent critique étudie en rapprochant les conceptions de l'antiquité profane, les conceptions des littératures étrangères de celles de notre littérature dans ses diverses époques, sans oublier les productions contemporaines. Les enseignements jaillissent de cette comparaison savante et pleine de vie à laquelle l'histoire et la philosophie apportent leur tribut. Sauf son admiration parfois outrée pour le dix-huitième siècle et sa faiblesse d'homme d'esprit pour l'esprit de Voltaire, cet écrivain est un guide agréable et sûr.

M. Philarète Chasles, qui appartient à la même famille de critiques que M. Saint-Marc Girardin, ne paraît pas se préoccuper beaucoup du besoin de remonter à des idées générales en littérature [1]. L'action qu'il exerce consiste surtout à initier le lecteur français à la connaissance profonde et vraie des littératures et des sociétés étrangères. Comme critique, comme biographe et comme voyageur, il a étudié tour à tour l'Angleterre, l'Allemagne, l'Italie, l'Espagne et la Hollande, et jusqu'aux États-Unis d'Amérique. Ses études sur le *Dix-huitième siècle en Angleterre*, qui tiennent à la fois de l'histoire, de la biographie, de la critique littéraire et sociale, sont au nombre des livres les plus remarquables de ce temps. Il a concouru par là au mouvement intellectuel et moral qui, favorisé par les découvertes scientifiques de notre âge, tend à faire tomber, de jour en jour, les barrières qui empêchaient chaque peuple d'apprécier le génie des peuples voisins. Il est favorable aux idées littéraires nouvelles, mais il évite les excès auxquels plusieurs écrivains de l'école romantique de son temps se laissent emporter, ce qui ne l'empêche point d'avoir un sentiment juste et élevé de la poétique du moyen âge. Il a, en effet, écrit ces lignes sur cette période qui tient une si large place dans l'histoire de la civilisation chrétienne : « C'est cette période de convulsion et de régénération qui, sous le nom de moyen âge, a été en butte à des accusations si légères. Orage fertile, tempête nécessaire qui bouleversa tous les élé-

---

[1]. Cet écrivain a jugé en ces termes son époque : « Ne pas remonter aux principes, manquer de centre commun et de base solide, pérorer au hasard, s'arrêter aux détails, c'est se montrer complètement de notre temps et de notre pays. » (*Journal des Débats*, 29 mai 1840.)

ments sociaux pour les classer et les animer d'une vie nouvelle. Vous diriez la fournaise ardente où tout se trouve en fusion. C'est là que se prépare la société moderne. Toutes les découvertes auxquelles nous devons notre supériorité incontestable datent de ces dix siècles. »

M. Chasles donne une explication nouvelle du double type qui est le caractère du moyen âge et qui se retrouve dans Panurge, Falstaff et Sancho, explication plus juste que l'appréciation dont elle est suivie : « Que l'on remarque attentivement, dit-il, chacune des grandes crises sociales, on y remarquera toujours, d'une part, une idée mère, une pensée reine qui circule comme le sang dans les veines de la société ; d'une autre, une opposition constante, destinée à contre-balancer l'influence dominatrice et à rétablir l'équilibre : loi de réaction éternelle et inévitable. Si l'on applique la même observation au moyen âge, on y verra se prononcer un double caractère : d'une part, une croyance idéale, exaltée, sérieuse ; d'une autre, une raillerie vulgaire et audacieuse. L'une a empreint de christianisme tout l'espace de temps qui s'est écoulé depuis Constantin jusqu'au seizième siècle ; l'autre a donné naissance à toutes ces créations bouffonnes et naïves, contre-poids nécessaire d'un idéalisme qui transformait l'existence en vision. » Le christianisme, loin de transformer l'existence en vision, a ordonné l'ensemble comme les détails de la vie humaine d'après une règle éminemment pratique ; mais, sauf cette réserve, l'observation du critique sur la lutte du réalisme contre l'idéalisme est conforme à la vérité.

De son commerce avec tant de littératures étrangères, M. Philarète Chasles a rapporté un style qui a de la couleur, de la variété, de la profondeur, mais quelquefois un tour légèrement exotique, comme il arrive aux personnes les plus instruites qui ont longtemps vécu hors de leur pays.

M. Ampère, qui se rencontra avec les critiques précédents dans la presse, et qui joignit, comme eux, à l'influence qu'il exerça par sa plume celle que lui donna la chaire professorale à laquelle il fut bientôt appelé, n'a pas plus de goût que MM. Saint-Marc Girardin et Philarète Chasles pour les théories littéraires. Il reconnaît bien qu'il y a une philosophie de l'art, mais il ne croit pas que le moment soit venu de l'aborder. « Philosophie de la littérature, histoire de la littérature, dit-il, telles sont les deux parties de la science littéraire. Hors de là, je ne vois que les minuties de la critique de détail ou l'étalage des lieux communs. La philosophie de la littérature, inséparable de celle des arts, étudie la nature du beau, décrit ses caractères essentiels, classe les formes fondamentales sous lesquelles il se révèle, et, les suivant à travers leurs modifications diverses, les rapporte aux principes d'où elles dérivent. Cette science est presque entièrement à faire ; à peine les premières bases ont-elles été posées par quelques hommes de génie ; ce n'est pas moi qui me chargerai d'achever la tâche que ces grands hommes ont laissée incomplète. De plus, je crois que le temps n'en est pas venu ; ici, comme partout, la théorie doit naître de la connaissance approfondie des faits. C'est de l'histoire comparative des arts et de la littérature chez tous les peuples que doit sortir la philosophie de la littérature et des arts ; c'est donc de cette histoire qu'il faut s'occuper d'abord. »

Il est assez difficile de séparer entièrement l'histoire de l'art de la philosophie de l'art, ou de l'esthétique : on est presque insensiblement conduit à passer d'une étude à l'autre, et M. Ampère l'éprouve lui-même. Comment ne point remonter des faits à l'idée dont ils sont l'expression, et comment ne point descendre de l'idée aux faits qui lui servent de contrôle? L'auteur de l'*Histoire de la littérature avant le douzième siècle* et le professeur au Collége de France n'a pas échappé à l'empire de cette loi, qui unit si étroitement en toute chose le réel et l'idéal, et il arrive à des questions d'esthétique par des questions d'histoire[1]. Ne doit-on pas en effet rapporter à la science des lois universelles et des formes de l'idéal les principes généraux posés par M. Ampère sur les causes qui dominent et influencent le génie national des peuples, et par conséquent la littérature qui est l'expression vivante de ce génie? Suivant lui, ces causes sont au nombre de huit : la race à laquelle ce peuple appartient, le pays qu'il habite, la langue qu'il parle, ses mœurs, ses arts, sa philosophie, sa religion, son gouvernement.

Il y a du vrai et du faux, et quelques lacunes, dans cet exposé des principales influences qui agissent sur le génie et par conséquent sur la littérature des peuples. L'influence de la race est incontestable, aussi bien que celle du pays, en prenant ce mot dans sa plus large acception, c'est-à-dire comme renfermant non-seulement le climat, dont M. Ampère s'occupe, mais la disposition même des lieux et leur aspect dont il ne tient pas assez compte ; car le riverain de la mer et les habitants de l'intérieur des terres, ceux de la montagne et ceux de la vallée, n'ont pas les mêmes tendances dans l'esprit, les mêmes émotions dans le cœur, les mêmes images sous les yeux, et par conséquent le même langage, la même poésie : la palette qui fournit les couleurs a son action sur les œuvres du pinceau. La langue, qui a d'abord été un effet, devient, quand elle est formée,

---

1. Cette observation a été présentée par M. Alfred Michiels dans son *Histoire des idées littéraires en France au dix-neuvième siècle*, tome II.

une cause seconde. C'est un instrument dont l'écrivain n'est pas l'esclave sans doute, et la variété admirable de styles qu'on trouve dans la littérature française indique combien cet instrument est souple et docile dans les mains qui savent s'en servir. Cependant l'écrivain ne crée pas la langue comme Dieu a créé la matière; par conséquent il n'en est pas le maître absolu. Chaque langue a ses origines, ses habitudes, son tempérament, dirions-nous si nous l'osions; elle a incontestablement ses servitudes grammaticales, et, dans une certaine mesure, son génie littéraire. C'est ainsi que la grammaire française hait le vague, l'obscurité, l'inversion, dont d'autres langues s'accommodent plus volontiers. Les mœurs ne sont pas une cause première, puisqu'elles résultent logiquement des croyances, des idées dominantes; mais elles deviennent une cause seconde très-influente sur le génie national et la littérature. La religion, que le critique aurait dû nommer la première, car le génie national d'un peuple est profondément empreint de sa théodicée, exerce, avant même la race, avant le pays qui comprend le climat, avant le gouvernement qui comprend les institutions, l'influence prépondérante sur les littératures. Mais M. Ampère oublie de mentionner, parmi les causes principales qui ont une action sur les littératures, la destinée des peuples, c'est-à-dire cette suite d'événements heureux et malheureux, de guerres, d'alliances, d'épreuves dont se compose l'histoire d'une nation. L'histoire de la littérature d'un peuple se lie étroitement à l'ensemble de son histoire.

IV

RÉACTION CONTRE L'EXCÈS DES IDÉES ROMANTIQUES. — GUSTAVE PLANCHE. — PORTRAITS LITTÉRAIRES.

Il reste à parler de trois écrivains critiques dont les idées littéraires répondent à trois tendances différentes du mouvement intellectuel : MM. Gustave Planche, Nisard et Edgar Quinet.

M. Gustave Planche exerça une espèce de magistrature littéraire dans un recueil où la plus grande partie des talents de l'époque se trouvaient réunis[1]; et, pendant plusieurs années, ses arrêts furent sans appel. Il avait la parole doctorale, sévère, un peu pédante, dure quelquefois jusqu'à la rudesse ; ses critiques ressemblaient à des exécutions. Il jugeait les hommes et les livres d'en haut; dans un pays où l'on accepte facilement les choses sur l'étiquette, il y avait déjà un grand élément de succès. Mais M. Planche joignait à cet avantage équivoque des dons plus précieux, un goût littéraire exercé, une grande aptitude à généraliser ses idées; et, quand la passion favorable ou contraire n'obscurcissait pas son regard, un coup d'œil perçant qui lui a souvent fait lire dans l'avenir le développement des symptômes des maladies littéraires de son temps : c'est ainsi qu'il a signalé, le premier, le passage du talent de M. Victor Hugo du drame lyrique au drame de la fantaisie et de la pompe théâtrale qui déserte, la vérité humaine et historique pour la vérité des costumes et des décors et

---

[1]. La *Revue des Deux-Mondes*.

les figures de Raphaël pour les mannequins en cire de Curtius[1].

Ces qualités éminentes sont obscurcies par des défauts qui s'étendent à la forme comme au fond. Le style de ce critique, dont l'orthodoxie grammaticale dégénère en purisme, et, à force d'avoir les solécismes en horreur, finit par en trouver partout, est correct, haut en couleur et finement travaillé ; mais, dans sa lenteur méthodique qui devient quelquefois monotone, il réfléchit la même idée dans une suite de métaphores analogues, assez semblables à ces glaces qui, placées l'une en face de l'autre, répètent indéfiniment, dans leurs perspectives simulées, les bougies allumées d'un lustre, et multiplient ainsi la lumière sans ajouter à la clarté.

M. Planche a, en outre, du goût pour les expressions qui sentent la science et qui imposent à la foule; sa phrase se hérisse de mots techniques; non seulement il aspire à être logique, mais à le paraître par l'emploi des formes syllogistiques. C'est un critique rationaliste qui, comme tous les écrivains de son temps, croit à la supériorité de la branche qu'il représente dans la littérature : celui qui a combattu en fort bon style les royautés littéraires ne demanderait pas mieux que de faire de la critique une royauté à son usage. Il s'agit même d'une royauté absolue, car sa critique, équitable à ses heures, ne se refuse pas l'arbitraire quand elle en a besoin ; elle exige une soumission sans bornes de ses justiciables, et elle s'attribue un peu trop le rôle de Dieu qui abaisse les grands et élève les petits. Elle a des injustices systématiques et des faiblesses calculées; et près des fourches caudines auxquelles elle suspend les plus hautes

---

1. Cet article, qui produisit une vive sensation à l'époque où il fut publié dans la *Revue des Deux-Mondes,* fait partie du recueil publié par M. Gustave Planche sous ce titre : *Portraits littéraires,* et dont la troisième édition a paru en 1853. Voir tome II, page 325.

renommées, elle a des autels domestiques qu'elle dédie aux dieux lares de la camaraderie. La même main donne des férules à Chateaubriand, qui n'a jamais su l'anglais, selon M. Planche, et n'a jamais écrit un beau livre, et à M. Guizot, dont le style historique si grave et si conforme, par sa précision sévère, aux sujets abordés par l'auteur, n'est pas un style, toujours suivant M. Planche; elle donne des leçons de critique à M. Villemain et raye M. Alfred de Musset de la liste des poëtes du dix-neuvième siècle : cela ne l'empêche point d'élever des arcs de triomphe aux poëmes les plus imparfaits de M. Sainte-Beuve et à son louche roman de *Volupté*, et de mêler aux justes louanges que mérite le rare talent de Mme Sand l'apologie malheureuse de la moralité plus qu'équivoque de la plupart de ses romans.

Ce ne sont encore là que les jugements littéraires de M. Planche sur les écrivains de son temps, jugements qui, souvent équitables et pleins de clairvoyance, deviennent quelquefois, suivant la pente de ses amitiés, sévères jusqu'à l'injustice, ou indulgents jusqu'à la faiblesse : à travers ses jugements, il importe de rechercher quelles sont ses idées littéraires.

Voici d'abord comment il définit la critique, c'est-à-dire son propre domaine :

« La première méthode, que j'appellerai méthode historique, faute de pouvoir la désigner plus clairement, prend dans le passé une époque féconde en chefs-d'œuvre poétiques, remarquable par le mouvement, la vivacité, ou par l'ordre et l'harmonie de ses créations. Elle choisit à son gré, selon l'énergie ou la faiblesse de son caractère, Shakspeare ou Pope, Molière ou Boileau. Une fois fixée dans son choix, elle déclare irréprochable de tout point le modèle dont elle a fait un demi-dieu. Elle brûle sur l'autel qu'elle a bâti de ses mains un encens vigilant et assidu. La seconde méthode est plus féconde et plus large : c'est la réalisation vivante d'une parole échappée à l'auteur de *René*, dans sa colère contre les chicanes que la littérature impériale ne lui épargnait pas. Cette pensée, vraie en elle-même, et qui contient un germe de plusieurs réflexions utiles, a été prise à la lettre par ceux qui font profession d'une sympathie assidue pour les tentatives et les projets de la poésie nouvelle. Ce qui leur importe surtout, c'est de se placer au point de vue de l'inventeur, et en cela ils ont raison. Leur préoccupation constante est de s'interposer entre le poëte et la foule, d'expliquer et de mettre en lumière les parties les plus secrètes du drame ou du roman qu'ils ont sous les yeux. Cette tâche est belle, je ne veux pas le nier. Au début d'une école nouvelle, la critique admirative et sympathique peut aider puissamment la réforme et l'éducation de l'esprit public. Mais après l'avénement définitif des idées nouvelles, quand le public, instruit par ces leçons persévérantes, n'a plus rien à deviner, quand le poëte est sûr d'être compris, une tâche nouvelle commence pour le critique. Cette tâche, c'est l'application de la troisième méthode. La première se rejetait dans le passé pour blâmer le présent ; la seconde s'en tenait au présent et se bornait à l'expliquer ; la troisième explique le présent par le passé, mais elle va plus loin, elle interroge l'avenir qui se prépare, elle prévoit les choses qui ne sont pas encore, en estimant sérieusement les choses qui se font. La critique rétrospective est frappée d'impuissance. La critique admirative est désormais inutile, la critique prévoyante a maintenant son rôle à jouer [1]. »

Cette définition n'a rien de bien nouveau. L'indication de la seconde méthode appartient à Chateaubriand,

---

1. Voir les *Royautés littéraires* dans les *Portraits littéraires*, tome II, page 333.

comme M. Planche a pris soin de le rappeler lui-même ; et M. Villemain, dont M. Planche reproduit ici les idées sans le citer, ce qui ne l'empêche pas de traiter ailleurs avec une grande légèreté ce maître à l'école duquel tous les écrivains contemporains ont beaucoup appris, avait dit, plusieurs années auparavant, que la critique peut être dogmatique, historique, ou conjecturale. Or, par la critique dogmatique, M. Villemain désignait la critique d'Aristote, qu'il définissait ainsi : « Elle n'a pas pour objet de produire, de demander de nouveaux chefs-d'œuvre. Aristote traite l'éloquence et la poésie comme la nature ; il constate ce qui a été fait, et ne cherche point à inspirer ce qu'il faut faire, et les préceptes qu'il pose sont autant de lois qu'il tire des faits de l'intelligence. » C'est bien la première méthode de critique signalée par M. Planche dans un langage moins littéraire et moins exact, celle qui « choisit dans le passé une époque féconde en chefs-d'œuvre poétiques, et déclare irréprochable le modèle dont elle a fait un demi-dieu. » Quant à la critique prospective de M. Planche, elle rentre dans la critique conjecturale de M. Villemain, définie ainsi par ce juge ingénieux et sagace des choses de l'esprit : « La critique conjecturale a l'ambition de pousser les esprits en avant, de leur ouvrir des routes qu'on n'a pas encore tentées, de dire enfin, comme un pilote habile : Allez là, naviguez vers ce point ; vous découvrirez une terre nouvelle. » C'est précisément la même méthode que celle de la critique prévoyante « interrogeant l'avenir qui se prépare. »

C'est vers cette dernière critique que penche naturellement M. Planche. Il conquit ses meilleurs titres littéraires dans des études générales de l'art, où les préoccupations contemporaines de ses affections et de ses antipathies ne font point fléchir la rectitude naturelle de son jugement. Ainsi rien de plus sûrement vu, de plus solidement raisonné et de plus ingénieusement écrit que son morceau sur l'*État du théâtre en France* [1]. On trouve dans ce traité substantiel et court le résumé du procès entre le théâtre classique et le théâtre romantique, personnifiés le premier dans Sophocle, le second dans Shakspeare; et l'arrêt prononcé par M. Planche sera vraisemblablement celui de la postérité. Ces deux grands poëtes séparés par leurs méthodes dramatiques, mais qui doivent être confondus dans la même admiration, parce que l'un et l'autre ont pris pour type de leurs créations l'homme réel idéalisé par la poésie, Sophocle, l'homme étudié sous l'action d'une passion unique dans une situation rigoureusement définie et dans un temps restreint, Shakespeare, l'homme étudié sous l'action complexe de passions diverses, dans une suite de situations différentes et dans un temps plus long, représentent deux genres également vrais qui diffèrent sans s'exclure : la tragédie qui se propose l'analyse et la peinture de la douleur morale, des passions qui agitent l'âme humaine et la poussent au désespoir, au dévouement ou au crime; le drame qui, embrassant d'un seul regard les deux éléments de la tragédie et de la comédie, la passion et le ridicule, réunit dans une seule trame tous les fils qui se rencontrent dans la conscience de l'homme. Quand on aura ajouté qu'il y a des temps auxquels la simplicité de la tragédie convient mieux, et d'autres plus disposés à se laisser toucher par les complications du drame, on aura à peu près épuisé ce qu'il y a de raisonnable à dire sur cette question, qui a soulevé tant de controverses littéraires.

Outre l'honneur qu'eut M. Planche d'avoir posé sur cette question les véritables principes, il eut le mérite

---

1. Écrit en 1837. Voir les *Portraits littéraires*, tome II, page 253. Édition de 1853.

de rappeler aux écrivains dramatiques de son temps trois vérités méconnues par eux : la première, c'est que le théâtre doit avant tout au spectateur la vérité humaine, et que le droit d'idéaliser la réalité ne va pas jusqu'à celui de la supprimer; la seconde, c'est que le théâtre ne doit pas seulement être une reproduction de l'histoire, mais une création où l'imagination a sa place à côté de l'observation, où le réel doit être transfiguré par l'idéal; la troisième, c'est que le droit d'interpréter l'histoire, en éclairant d'une lumière abondante les faces d'un événement ou d'un caractère qu'elle a laissées dans l'ombre, n'emporte pas celui de la méconnaître ou de la travestir, au nom de la souveraineté de la fantaisie.

Le fond des tendances littéraires de M. Planche était un commencement de réaction contre M. Victor Hugo et contre les excès de l'école nouvelle. Cette pensée se manifesta clairement dans plusieurs de ses écrits, dans la lettre surtout où, s'adressant à M. Hugo lui-même, il attaqua avec vivacité ce qu'il appelait « les royautés littéraires ». L'école nouvelle avait abusé des descriptions de l'univers physique et de cette peinture des objets extérieurs qu'on avait appelée la couleur locale : M. Planche risqua quelquefois de se jeter dans l'excès opposé. Il voulait remplacer les créations de l'art visible, comme il parle, de l'art plastique, par les créations de l'art invisible, et il exhortait les écrivains à prendre pour objet de leurs tableaux « la peinture des sentiments humains dans ce qu'ils ont de plus intime et de plus mystérieux. »

Si l'on poussait cette théorie jusqu'à ses conséquences extrêmes, on réduirait la littérature à ne plus être qu'une espèce d'autopsie morale et intellectuelle, une analyse psychologique, assez semblable à la philosophie de Jouffroy, l'œil toujours tourné vers les phénomènes intérieurs de la conscience, et c'est ici que la réflexion de M. Philarète Chasles, inopportune quand il l'applique au christianisme, reprend toute sa justesse. Le poëte vivrait dans une contemplation perpétuelle de lui-même, l'inspiration y perdrait ses ailes, et l'imagination son mouvement et ses couleurs qu'elle butine sur tous les objets où elle se pose. En outre, il ne faut pas oublier que l'idéalisme excessif est un écueil aussi dangereux pour la raison que le matérialisme même : l'homme est un composé de deux substances, l'âme et la matière ; il a été formé par son Créateur pour être le point de rencontre de deux mondes, avec lesquels il se trouve également en contact, le monde des idées et le monde des faits. En voulant rompre une de ces deux communications, on va contre la destinée de l'homme, et on met son intelligence sur le chemin du scepticisme, car il n'est pas plus dans sa nature de n'accorder aucune attention aux faits que de ne tenir aucun compte des idées. La littérature, étant l'expression de l'homme et s'adressant à l'homme, doit donc participer à l'une et l'autre substance dont l'homme est formé. Dieu est présent derrière les beautés physiques du monde extérieur qui nous entoure, comme au fond de ce monde intelligible que nous portons en nous : la nature n'est qu'un idéal réalisé ; c'est pour cela qu'elle a fourni et qu'elle continuera à fournir des inspirations, des images, des tableaux à l'écrivain qui, à travers les voiles transparents de la création, sent rayonner l'immortelle beauté du Créateur.

D'où viendrait, sans cela, la poésie qui éclate au sein de la nature, dans l'infiniment petit comme dans l'infiniment grand ? Ne trouve-t-on pas, en effet, cette poésie dans la pâquerette des champs, l'insecte qui bourdonne, la verdure qui pointe, comme dans l'étoile qui scintille, la première lueur du soleil à son lever et ses clartés mourantes à son coucher, comme dans tous ces grands flambeaux du ciel qui, selon le Psalmiste, racontent la gloire de Dieu; dans le spectacle d'une verte et fraîche vallée, d'une montagne dont les cimes neigeuses se perdent au sein de la nue, dans le courant d'une eau qui murmure, dans le chant des oiseaux cachés sous la feuillée, dans les mille bourdonnements qui s'élèvent au sein de la campagne, dans le sifflement des vents, dans le fracas de l'orage, comme aussi dans le bêlement des troupeaux qui reviennent à la ferme par le chemin accoutumé, et dans le refrain monotone du grillon, cet hôte invisible et sonore du foyer domestique? Toutes ces sources, où le sentiment poétique va puiser, et d'où Brizeux, l'auteur de *Marie* et des *Bretons*, a tiré, de nos jours, quelques-unes de ses plus suaves inspirations, resteraient taries si, prenant trop à la lettre le conseil de M. Planche, le poëte se confinait dans l'étude du monde intérieur qu'il porte en lui, et se bornait à peindre ces sentiments intimes et mystérieux qui ont pour théâtre la conscience.

Il pouvait donc y avoir un écueil caché sous cette réaction, nous ne dirons pas précisément spiritualiste, mais plutôt encore idéaliste, dont M. Planche était le promoteur dans le domaine de la critique littéraire comme dans celui de l'art. Elle allait parfois plus loin que la vérité, et dépassait le spiritualisme raisonnable, qui se borne à admirer l'idéal dans le réel, dont il n'oublie pas l'existence.

On peut ajouter, même après avoir lu le traité sur la *Moralité de la poésie* [1], que M. Gustave Planche manquait d'une théodicée assez forte pour indiquer, d'une manière précise, où est le nœud qui relie la poésie prise dans son sens le plus large et la morale qui, selon lui, ne repose que sur la connaissance des facultés humai-

---

[1]. Ecrit en 1835. Voir les *Portraits littéraires*, tome II, p. 393.

nes, qu'il restreint à trois dans sa définition à la fois vague et stérile : aimer, connaître, vouloir ; de sorte que la morale résulterait de l'étude de la psychologie, et cesserait d'exister pour ceux qui ne l'ont point étudiée. Ce sont là les orgueilleuses misères des esprits rationalistes, qui veulent faire de l'homme un être moral, indépendamment de l'existence de Dieu. La morale ne repose point sur la connaissance des facultés de l'homme, mais sur la connaissance et l'amour du vrai, du beau et du bon, c'est-à-dire de Dieu, et par conséquent sur la volonté de rendre tout, dans l'homme, conforme à cet idéal divin. Que la morale soit plus ou moins parfaite, selon qu'elle est intuitive ou enseignée d'en haut, toujours est-il qu'il n'y a pas de morale sans l'idée de Dieu, et que sa racine est dans la théologie naturelle ou révélée. C'est ce que n'admet pas M. Gustave Planche lorsqu'il dit en propres termes : « Aimer, comprendre, vouloir, c'est la totalité des facultés humaines. Étudier la loi individuelle de chacune de ces facultés, c'est l'œuvre de la psychologie ; régler le développement de ces mêmes facultés en vue du bien, c'est l'œuvre de la morale, ou plutôt le bien lui-même n'est autre chose que le développement légitime, régulier et harmonieux des passions, de l'intelligence et de la volonté. »

Il n'y a pas très-loin de cette définition de la morale à celle des utopistes Saint-Simon et Fourier, sur le développement nécessaire des passions présentées comme divines, et l'admiration que M. Planche exprime pour la morale qui règne dans les romans de Mme Sand se trouve ainsi expliquée [1]. Le bien réalisé dans la sphère humaine étant la conformité volontaire du libre arbitre

---

[1]. On trouve, dans le morceau intitulé : *Moralité de la poésie*, un résumé des idées de M. Planche qui justifie complétement ces observations.

de l'homme aux lois de Dieu, il est vrai que toutes les facultés humaines concourent à la morale, mais non pas comme l'entend M. Planche. L'intelligence sert à nous faire comprendre ces lois divines ; la volonté éclairée par ce fanal, dont la lumière vient d'en haut, règle les passions, les dirige, et souvent les refrène plus qu'elle ne les développe. L'homme n'est un être moral que parce qu'il est une volonté intelligente, capable comme intelligence de percevoir le beau et le bien ; comme volonté, d'y conformer ses pensées, ses sentiments, ses paroles, ses actions.

C'est parce que M. Planche a une fausse notion de la morale qu'il n'arrive point à une notion exacte de la moralité de la poésie qui, selon lui, consiste uniquement à satisfaire toutes nos facultés par la peinture idéalisée des sentiments humains dans ce qu'ils ont de plus intime et de plus mystérieux, ce qui le décide à décerner la supériorité à la moralité du roman de son temps sur celle du théâtre moderne, dans une époque où, si M. Victor Hugo avait fait jouer *Marion de Lorme*, *le Roi s'amuse* et *Marie Tudor*, M*me* Sand avait écrit *Lélia* et *Jacques*, et M. de Balzac l'*Histoire des Treize* et *Vautrin*.

On touche ici du doigt le vice de la poétique du critique, et l'on comprend comment nous avons pu dire qu'il fallait en chercher l'explication dans le vice de sa théodicée. Le mot de morale n'a pas, dans la langue qu'il s'est faite, le même sens que dans la langue ordinaire : c'est l'épanouissement des facultés de l'homme, sans une loi supérieure qui les régisse. La poésie, qui, selon la définition de M. Planche, consiste à inventer et à exprimer, par la composition et l'exécution, la beauté qui, suivant lui, n'est que l'ordre dans le mouvement [1],

---

1. « Si nous essayons de saisir le caractère commun à toutes les choses appelées belles d'une voix unanime, nous trouverons qu'une

définition contestable, trouvera sa moralité dans la peinture du développement de ces facultés. M. Planche, toujours sous l'influence de sa théodicée inexacte et fausse, croit de bonne foi avoir rempli tous les devoirs de la critique spiritualiste, parce qu'il aura accueilli la peinture du monde intérieur de préférence à celle du monde extérieur, et par là il confondra deux choses profondément distinctes, l'idéalisme et le spiritualisme ; si distinctes, qu'un idéologue peut être matérialiste, et que beaucoup d'idéologues ont été matérialistes en effet, comme Destutt de Tracy, un de leurs chefs, sans qu'on puisse en être surpris, car les matérialistes ne nient point les idées dont le monde intérieur est le théâtre, ils les font seulement sortir de la matière.

Le spiritualisme, dans la littérature et dans l'art, ne saurait donc consister uniquement, comme le pense M. Planche, à étudier le monde intérieur, au lieu de « compter les couleurs d'un surcot, d'une toge, d'une tunique ou d'un tabard, » pour employer ses expressions ; le spiritualisme est inséparable de la théodicée, qui envisage l'homme comme un anneau dans cette grande hiérarchie d'essences spirituelles et morales qui ne s'arrête qu'à Dieu, l'esprit par excellence, le souverain esprit. Bacon a dit excellemment : « La religion est l'arome qui empêche la science de se corrompre. » Le mot est profond et la maxime est vraie dans toutes les branches des connaissances humaines. Quand cet

---

statue, un tableau, un palais, une symphonie, un poëme, sont beaux toutes les fois qu'ils nous représentent unis l'ordre dans le mouvement. Dans les œuvres de la nature, la même condition, en se réalisant, excite en nous une admiration pareille. La beauté du Parthénon et la beauté du dahlia se composent des mêmes éléments. »

Outre ce qu'il y a de difficile à trouver un caractère de beauté commune et unique dans le dahlia et le Parthénon, et plus encore dans une violette et Saint-Pierre de Rome, la beauté morale se trouve exclue de cette définition de M. Planche.

arome s'évapore, la corruption pénètre. Le spiritualisme chrétien, qui élève tout ce qu'il touche et, par le rayonnement de l'idéal divin, consacre la philosophie, inspire et vivifie l'art, anime et élève l'éloquence, purifie et ennoblit la poésie, agrandit et éclaire la mission de l'histoire, ouvre les ailes de la science, voilà l'arome qui manque à la critique purement idéaliste de M. Planche. Aussi est-ce avec une haute raison qu'un écrivain [1] a dit, en caractérisant les idées littéraires de M. Planche : « Tout sera-t-il dit lorsqu'on aura (pour nous servir des expressions de M. Planche lui-même) substitué l'idée à l'image, le style tranparent et limpide laissant entrevoir, comme la lampe d'albâtre, la clarté du dedans, au style incrusté de pierreries et ne réfléchissant que le rayon du dehors? Prenez-y garde, ce n'est là que le côté extérieur, *matériel* de la question, une question d'art, de forme et de style, pas davantage; nous craignons que M. Planche, dans ses vœux et ses espérances, n'aille pas plus loin. Inflexible et sévère en tout ce qu'il regarde comme la vérité littéraire, il a été constamment d'une indifférence stoïque, superbe, olympienne, en tout ce qui intéresse la vérité religieuse et morale. Il n'a pas fait de la littérature matérialiste, mais de la littérature indifférente et, pour tout dire, athée. Or, l'indifférence, l'athéisme, le matérialisme se touchent de trop près dans le dogme pour être bien éloignés dans l'art. Lorsque l'illustre critique, au plus fort de nos angoisses sociales, en mai 1850, écrivait sur M. Béranger un article tel qu'il aurait pu l'écrire pour une société heureuse et paisible; lorsqu'il signalait tranquillement à notre admiration, sans restriction ni commentaire, *la Bacchante* et *la Cantharide;* lorsqu'il accréditait auprès du public les premiers romans de

---

[1] M. Armand de Pontmartin.

Mme Sand, ces récits étranges où un individualisme effréné, un paradoxe mêlé de colère et d'impuissance, se préfère sans cesse aux lois immortelles de la conscience et du devoir, que faisait-il? Il contribuait, à son insu et à sa manière, à la déchéance du spiritualisme; car la poésie libertine et païenne, la fantaisie, la glorification des sens, la réhabilitation du vice, la passion révoltée contre les réalités de la vie, tout cela sous des noms différents, c'est la matière idéalisée par le talent et déifiée par l'orgueil. Il n'y a plus aujourd'hui d'accommodement possible. Si vous voulez avoir une littérature spiritualiste, ayez une littérature morale et croyante; si vous voulez que l'âme reprenne son rang dans les créations de l'art, ne permettez pas à ces créations d'égarer les facultés de l'âme, sans quoi la lutte de la matière et de l'esprit ne sera qu'illusoire et stérile. L'esprit ne combattra la matière que pour être encore humilié, dépravé et vaincu par elle. »

V

ÉCOLE CLASSIQUE : M. NISARD.

La réaction qui s'était manifestée surtout dans la philosophie de l'art, par les écrits de M. Planche, devait aller plus loin et prendre une forme moins philosophique et plus exclusivement littéraire dans les écrits de M. Nisard. Ce mouvement, contrarié et combattu, mais sensible cependant dans toutes les parties du monde des idées, quelques années après la Révolution de 1830, se révélait au théâtre par l'essai d'un retour vers la tragédie classique, dans la politique même par la préférence que toute une partie de l'ancienne école libérale se trouvait amenée à donner aux nécessités du pouvoir sur les exigences croissantes de l'esprit de progrès et de liberté. M. Nisard devint l'expression de ce mouvement de réaction dans la critique.

Appartenant à cette génération qui, née dans les premières années du siècle, était entrée dans la vie littéraire sur la fin de la Restauration, il avait hésité au début de sa carrière, et n'avait point fait ses premiers pas dans les voies de l'autorité. Loin de là, on avait pu croire un moment qu'il inclinerait vers l'école dont M. de Chateaubriand et surtout Mme de Staël, qui lui était particulièrement sympathique, étaient les ancêtres intellectuels. Ces belles et nobles idées de liberté, qui ont tant d'attrait sur les jeunes intelligences, captivèrent d'abord son esprit. Puis l'heure du désenchantement arriva, l'enthousiasme tomba avec l'espérance, la réalité vint saisir l'écrivain au milieu du monde idéal, les excès de l'école nouvelle contribuèrent sans doute à le rejeter dans des idées différentes de ses premières idées, l'étude des grands modèles du dix-septième siècle, qu'il était chargé d'expliquer, dans un enseignement supérieur [1], à de jeunes hommes destinés au professorat universitaire, remplit cet esprit délicat d'une admiration raisonnée pour tant de chefs-d'œuvre, et c'est ainsi que l'homme et l'écrivain se trouvèrent peu à peu engagés dans une route éloignée de celle qu'ils suivaient à leur point de départ.

Il y a dans cette espèce de rebondissement d'un esprit déçu dans son attente, et qui se heurte contre un obstacle là où il avait espéré trouver une voie, des inconvénients auxquels M. Nisard ne put échapper entièrement. Le propre des réactions, c'est d'avoir presque toujours un caractère excessif. Les espérances trompées

---

1. Comme maître de conférences à l'École normale.

sont inexorables, parce qu'elles demandent compte à l'ancien objet de leur enthousiasme, non-seulement des qualités possibles, mais des perfections idéales qu'elles leur avaient prêtées. C'est ainsi qu'on voit des hommes qui avaient espéré une liberté impossible désespérer des libertés nécessaires, et que, dans la littérature, on peut passer d'une foi excessive dans l'avenir au culte exclusif du passé.

Il y a une distinction à faire entre les écrits de M. Nisard. Ceux où il se laisse dominer par l'esprit de réaction, de polémique, ont parfois un caractère un peu exagéré ; il n'a pas toujours surmonté cette tendance de tous les écrivains polémiques, qui abondent trop dans leur sens afin de ne jamais être de l'avis de leurs adversaires, ce qui semble le plus grand des malheurs dans une dispute ; il lui arrive de placer l'école nouvelle trop bas, pour élargir la distance qui la sépare de l'école classique. Il ne semble reconnaître qu'à un seul siècle le privilège de voir ses idées s'épanouir dans une grande et belle littérature ; hors de là, il est enclin à ne trouver partout que déchéance et corruption, et il compare volontiers tout ce qui a suivi la littérature du dix-septième siècle en France à cette décadence latine dont il a tracé l'ingénieux et intéressant tableau.

Telle fut la position que prit habituellement M. Nisard dans la critique proprement dite, position agressive qui amena de violentes et regrettables représailles de la part de l'école opposée [1]. Ces représailles dépassèrent à leur tour la mesure, comme il arrive presque

---

[1]. Nous avons déjà parlé de la vive polémique qui s'éleva entre MM. Nisard et Janin sur la littérature facile et la littérature difficile. Plus tard, en 1842, dans l'*Histoire des idées littéraires en France*, M. Alfred Michiels consacra à l'examen des travaux de M. Nisard deux chapitres trop violents pour être équitables.

toujours dans ces sortes de débats, où l'on aime mieux professer la modération que la pratiquer ; cependant il y avait quelque chose de motivé au fond d'un des reproches qui furent adressés à M. Nisard au sujet de ses vives polémiques. Sa comparaison de la décadence de la littérature latine avec ce qu'il appelle la décadence de la littérature française a l'inconvénient de toutes les comparaisons ; jamais les deux termes de ces sortes de parallèles ne sont identiques. La littérature française a dans l'esprit chrétien qui la vivifie un principe de rajeunissement et de vie qui manqua à la littérature latine, trop imprégnée de paganisme pour se transformer, et l'on ne saurait rapprocher avec justice la fécondité mêlée de qualités et de défauts du dix-neuvième siècle en France, et la stérilité croissante de la muse latine dans les siècles de la décadence. Sans doute il y a beaucoup de vérités dans les critiques trop absolues de M. Nisard sur la tendance des poëtes modernes à la personnalité, sur l'abus de la description et l'affectation de ressusciter le moyen âge avec ses légendes ; mais en attaquant les défauts, il aurait fallu reconnaître qu'ils sont l'abus de qualités réelles portées à un haut degré chez les écrivains éminents de l'école moderne. Certes, l'esprit religieux en se réveillant avec le dix-neuvième siècle, chez Chateaubriand, Joseph de Maistre, Bonald, Mme de Staël, et plus tard en venant animer les inspirations de Lamartine, de M. de La Mennais, de M. de Montalembert et de Victor Hugo, a enfanté de belles œuvres ; le sentiment des beautés de la nature, purifié par la théodicée chrétienne, a empreint, chez les modernes, le talent de description d'un charme et d'un attrait indéfinissables, et lorsque les poëtes de notre temps n'ont cherché dans leurs émotions personnelles que ce qu'il y avait de général chez tous les esprits, ils ont éveillé dans les âmes un écho justement sympathique, et enfanté des œuvres durables, parce qu'elles répondaient à un de ces sentiments profondément humains dont parle Térence. En outre, M. Nisard, dans ses écrits purement polémiques, a eu le tort de ne point toujours parler la grande langue de ces écrivains du dix-septième siècle qu'il défendait ; son style, dont le tissu n'est point assez serré, est souvent plus familier et plus négligé que naturel ; le mot impropre, les locutions défectueuses se rencontrent sous sa plume qui, sévère pour ses contemporains, n'est pas toujours assez scrupuleuse sur le choix des termes dont elle se sert pour exprimer son admiration ou buriner son blâme.

Ce n'est donc pas surtout comme écrivain polémique et comme journaliste que M. Nisard a marqué sa place parmi les critiques de son temps. A la différence de tant d'autres auteurs, il a mieux réussi dans les œuvres de longue haleine que dans cette littérature courante qui demande un esprit toujours prêt, une imagination abondante, un style facile. Ses principaux titres sont : l'ouvrage sur les *Poëtes latins de la décadence* [1], et plus encore son *Histoire de la littérature française*.

En écrivant le premier de ces ouvrages, le but de l'auteur n'a point été seulement de faire une étude académique ou universitaire des poëtes latins de la décadence; c'est des hauteurs de la morale, de la philosophie et de l'histoire qu'il a jugé Phèdre, Sénèque le Tragique, Lucain, Perse, Martial, Stace et Juvénal ; et, dans ces études à la fois profondes, spirituelles, érudites et pittoresques, il explique sans cesse la poésie par le siècle et le siècle par la poésie. M. Nisard a fait pour la Rome des empereurs, au point de vue intel-

---

1. *Études de mœurs et de critique sur les poètes latins de la décadence*, 2 vol. 1834. Cet ouvrage a eu plusieurs éditions.

lectuel, ce que firent, au point de vue matériel, ceux qui exhumèrent Pompéïa et Herculanum de leur sépulcre de feu. Tantôt appuyé sur ses souvenirs, tantôt demandant secours aux intuitions de l'imagination, ou recourant à la sagacité divinatoire de la logique, tour à tour commentant, raisonnant, faisant sortir l'inconnu du connu, avançant à chaque pas, en posant le pied sur un de ces rares promontoires qui dominent les vagues du temps, il est arrivé au bout d'une carrière laborieuse et difficile, en laissant derrière lui de vives lumières sur cette société enfouie dont il n'est resté qu'une littérature souvent mal comprise et une histoire en relief.

La société romaine, au temps de la décadence, avec ses mœurs générales et ses physionomies individuelles, ses vices de cœur, ses maladies d'intelligence, ses goûts et jusqu'à ses modes et ses caprices, ses abominables Césars, ses affranchis tout-puissants et ses poëtes faméliques, ses parodies de vertu, de génie et de gloire, voilà l'Herculanum qu'il fouille, en esquissant, de temps à autre, le portrait des hommes au milieu du paysage des choses, à peu près comme dans un vaste panorama on jette des figures destinées à augmenter l'illusion. Soit que, derrière la *Pharsale*, il évoque Lucain, l'Espagnol à la noire chevelure, ce poëte brillant, pompeux, emphatique, appelé et nourri dans la cour impériale par son oncle Sénèque et, après avoir été l'ami de Néron, devenant son rival littéraire, son vainqueur en poésie, c'est-à-dire bientôt sa victime ; soit qu'il ait à apprécier Perse, le dur écolier des stoïciens ; Martial, le faiseur d'épigrammes, mendiant, à coups de pentamètres et d'ïambes, un manteau pour remplacer celui qui s'en va, et fatiguant de l'exagération de ses louanges Domitien, cette majesté avare qui ne sait prodiguer que le sang : soit qu'il veuille apprécier Stace lisant devant le même empereur, Néron le Chauve, comme on l'appelait, une *triste* sur la mort prématurée de son lion bien-aimé, car entre le tueur d'hommes et le mangeur d'hommes il y avait une intimité touchante; toujours et dans toutes ces peintures il met le cadre autour du tableau, évoque la société autour du poëme, le siècle autour de l'homme, sans oublier de signaler le monde chrétien qui naît sous le monde païen qui meurt. Malgré l'attrait trop vif de l'auteur pour les stoïciens qui tiraient d'un vice, l'orgueil, leur vertu pompeusement drapée, et une faiblesse marquée pour Lucain, trop excusé d'avoir été assez lâche pour préférer sa vie à son devoir filial envers sa vieille mère qu'il dénonça, lui qui devait être assez vain pour préférer les applaudissements du public à sa vie, l'étude sur les poëtes latins de la décadence est un beau livre d'imagination et de science qui fit beaucoup d'honneur à M. Nisard et le classa, bien jeune encore, parmi les érudits et les écrivains en renom.

L'*Histoire de la littérature française* est néanmoins son principal titre. On ne saurait cependant dire que cette œuvre remarquable ne porte point la trace des principes littéraires un peu exclusifs que M. Nisard a rapportés de ses vives polémiques et de la direction de ses études. Engagé dans une lutte ardente contre l'école moderne, habitué à vivre avec les écrivains classiques de l'antiquité latine [1], il s'est trouvé naturellement porté à exalter l'influence du génie grec et latin sur le génie français, sans tenir assez compte de l'élément chrétien, et surtout de l'élément germanique ou celte qui a modifié cette influence. De là une tendance à circonscrire la poésie française dans le do-

---

1. La traduction des classiques latins a été publiée sous la direction de M. Nisard.

maine de la raison. « La gloire de nos grands écrivains, dit-il, c'est d'avoir exprimé, dans un langage parfait, les vérités de la vie pratique ; c'est d'avoir créé en quelque sorte la poésie de la raison... La raison, c'est-à-dire ce sens supérieur qui fait distinguer le vrai du faux, le général du particulier, la règle de l'exception : voilà ce qui donne un caractère si pratique à la littérature française. Dans ce travail de la composition, dans cette sublime et simple occupation de l'homme de génie, qu'on a si ridiculement voulu entourer de nuages et de mystères, l'imagination, au lieu d'être écoutée et obéie aveuglément, est surveillée et contenue. Loin de s'y laisser entraîner, l'écrivain s'en défie ; il l'appelle à son aide toutes les fois qu'il faut faire entrer plus profondément dans les esprits une vérité qui glisserait sur eux, présentée dans sa nudité métaphysique. »

Cette définition de l'esprit humain et par conséquent de la littérature qui en est l'expression, a quelque chose de trop restreint. Il faut se souvenir que toutes ces circonscriptions qu'on établit dans l'âme humaine sont des distinctions arbitraires ; l'âme est à la fois sensibilité, imagination, raison et amour, et, de même qu'on peut mettre de la raison dans l'imagination, il y a de l'imagination jusque dans la raison. L'âme humaine tout entière avec sa puissance d'intuition, sa force de réflexion, et l'ensemble des facultés qui la rendent propre à comprendre et à sentir le réel, comme à s'élever à l'idéal, se réfléchit dans la littérature française. Il y a telles beautés de Bossuet, de Corneille, de Racine, qu'on n'expliquerait point avec la définition proposée par M. Nisard, qui fait consister le génie de nos grands écrivains à avoir exprimé, dans un langage parfait, les vérités de la vie pratique.

Ce qu'il y a de vraiment supérieur dans ce livre,

c'est l'étude raisonnée de ces grands écrivains, et l'admiration intelligente et bien sentie qu'ils inspirent au critique. M. Nisard n'est donc supérieur que dans deux des genres de critique indiqués par M. Villemain. La critique conjecturale reste fermée pour lui : il ne pousse pas les esprits en avant, et ne leur indique pas les terres nouvelles à découvrir ; mais il réussit dans la critique historique, et mieux encore dans la critique dogmatique. Il choisit, comme le dit M. Planche, une époque fertile en chefs-d'œuvre, et il tire des lois générales de l'observation des faits intellectuels du dix-septième siècle : il substitue avec avantage à la critique des défauts de la littérature moderne la critique des beautés de la littérature du dix-septième siècle, c'est-à-dire l'admiration raisonnée et motivée de ses chefs-d'œuvre. Si l'on peut discuter et même contester la justesse de plusieurs des théories qu'il expose sur les origines et sur les premiers temps de la littérature française, si dans son admiration pour Montaigne on sent percer l'enthousiasme outré que cet esprit trop indulgent éprouvera pour Voltaire, son ouvrage se perfectionne en marchant ; le second volume de son histoire est supérieur au premier, mais il est inférieur au troisième ; à mesure qu'il approche du dix-septième siècle, sa pensée devient plus ferme, son jugement plus sûr, et l'on dirait que son style s'élève avec son sujet.

Il en est du commerce des livres comme du commerce des hommes : on profite avec les bons, on perd avec les mauvais. M. Nisard a singulièrement gagné dans l'étude plus approfondie qu'il a été obligé de faire des modèles de notre littérature pour écrire le second et surtout le troisième volume de son ouvrage. Sans doute il s'était occupé toute sa vie de cette belle littérature, mais jamais avec autant de suite, avec une attention aussi scrupuleuse qu'au moment de donner leur dernière expression à ses idées sur ce sujet cher à ses réflexions. On peut dire de lui ce qu'il a dit du commerce qu'un des grands écrivains du dix-septième siècle eut avec les anciens, dans la maturité de son talent : « Cette illustre compagnie lui a profité et l'a aidé à se mettre en possession de lui-même et à donner tout leur essor à ses facultés. »

Sans doute il faut faire la part des circonstances au milieu desquelles le troisième volume de cet ouvrage a paru. Un an à peine s'était écoulé depuis la Révolution de 1848, et l'on était au milieu des orages et des bouleversements qui l'avaient suivie, les échos retentissaient des cris du désordre, des vociférations d'un journalisme effréné et d'une tribune ouverte à l'émeute, lorsque M. Nisard, en présentant le tableau de la littérature du siècle de Louis XIV, plaça ses lecteurs en face du bon sens élevé à sa plus haute puissance, du génie de l'ordre et de la règle, de la suprême convenance, de la force maîtresse d'elle-même, de la majesté personnifiée dans Bossuet, Fénelon, Bourdaloue, Corneille et Racine. On comprend quelles furent les émotions des lecteurs en quittant, pour quelques heures, la société troublée, tourmentée et si précaire du présent, pour cette sublime image de la société du passé. Nous nous sommes, pour notre part, plus d'une fois rappelé pendant cette lecture, en sentant descendre sur nous le calme et la quiétude semblables à la fraîcheur qui tombe des grands arbres, l'impression singulièrement douce, et cependant mélancolique, que nous avions éprouvée, bien des années auparavant, le lendemain de la Révolution de 1830, à Saint-Cloud, en nous penchant, à quelques pas du château, sur la grande pièce d'eau entourée d'une ceinture boisée, dans laquelle un beau cygne, roi paisible de ces belles et silencieuses demeures, traçait majestueusement son sillage, sous un ciel pur et sur des flots dormants qu'une légère brise faisait à peine frissonner, sans s'inquiéter des révolutions qui emportaient les rois ses voisins vers l'exil. Mais l'impression produite par le livre de M. Nisard ne tenait pas uniquement à ces circonstances : c'était une utile et légitime réparation faite à la littérature du siècle de Louis XIV, si injustement dépréciée pendant les dernières années de la Restauration et dans les premières du gouvernement de Juillet. Le troisième volume, consacré à Bossuet, Fénelon, Racine, Molière, La Fontaine, La Rochefoucauld, La Bruyère, se termine par un rapide coup d'œil sur les Lettres et Mémoires du dix-septième siècle, et Guy Patin, Mme de Motteville, Retz, Mme de Sévigné, Saint-Simon, resserrés dans un seul chapitre, complètent cette illustre galerie d'études et de portraits réunis par une pensée d'ensemble.

Le ton qui domine dans ces études, c'est celui d'une admiration libre, bien sentie et raisonnée. En jugeant avec une respectueuse liberté les esprits les plus éminents de la littérature française, l'historien donne des motifs de son admiration, et révèle ainsi souvent aux lecteurs les motifs de la leur, qui pouvait avoir été plus instinctive que raisonnée. En même temps, il fait voir la suite et l'enchaînement général des idées du siècle dans le mouvement de ces intelligences d'élite, et démontre l'influence si mal à propos niée de Louis XIV sur son temps, en expliquant ce qu'on pourrait appeler l'épanouissement littéraire de l'époque. Il y a, en effet, dans chaque siècle, un grand courant où les intelligences se meuvent, en conservant, comme les flots, leurs mouvements particuliers. Le morceau le plus complet de ce volume, qui contient tant d'appréciations remarquables, c'est sans contredit l'étude consacrée à Bossuet : le critique analyse, avec une rare puissance de bon sens et un sentiment délicat de toutes les nuances, les motifs de son admiration, et descend dans les profondeurs de cette intelligence encyclopédique. Sauf quelques lignes où l'auteur conteste, bien à tort, le résultat de la victoire de Bossuet sur le protestantisme, parce qu'il voit cette hérésie continuer à exister comme fait, sans remarquer que c'est un corps sans âme, depuis que les *Variations* lui ont ôté sa raison d'être comme idée, on ne trouverait guère rien à ajouter à cette belle étude, et on n'aurait à en retrancher qu'un bien petit nombre de passages.

L'*Histoire de la littérature française*, par M. Nisard, restera donc, dans le mouvement général des idées littéraires de l'époque, comme un bel ouvrage de haute critique, avec l'utilité d'un commentaire ingénieux, élevé et profond, des chefs-d'œuvre de notre langue, avec l'importance d'une belle et éclatante satisfaction faite à la littérature du dix-septième siècle. Cette satisfaction était devenue nécessaire en présence de l'école nouvelle, qui, renonçant bientôt à la sage modération qu'elle avait professée dans les premiers moments, avait injustement dénigré cette grande littérature, sans comprendre combien il eût été plus équitable et en même temps plus habile d'admirer les chefs-d'œuvre du passé, en réclamant, pour le présent, cette liberté d'initiative et cette faculté de rechercher des combinaisons nouvelles en harmonie avec le mouvement des idées du siècle et les lois éternelles de l'esprit humain, faculté sans laquelle la littérature manque d'originalité, de relief et d'à-propos.

VI

CRITIQUE PANTHÉISTE : M. EDGAR QUINET.

Le cycle des idées littéraires parcouru pendant cette période ne saurait être fermé avant que l'on ait parlé de M. Edgar Quinet.

Rien, dans les débuts de cet écrivain, n'avait révélé un talent critique. Ce fut comme poëte qu'il se fit d'abord connaître, en exagérant les défauts de la nouvelle école. Personne encore n'avait poussé aussi loin la doctrine de l'indépendance absolue du génie individuel, l'abus des figures cyclopéennes, des métaphores disparates, des comparaisons disproportionnées dont M. Victor Hugo avait donné l'exemple dans les *Orientales*.

M. Quinet échappait au reproche d'imitation, en poussant à l'excès ces débauches d'esprit. Il s'annonçait comme une intelligence sans mesure et sans règle qui, en cherchant le grandiose, se perd dans le gigantesque, et l'auteur d'*Ashaverus* semblait aspirer à introduire dans la poésie le genre que le peintre anglais Martins a inauguré dans l'art en peignant la salle du banquet fantastique de Balthasar et le bûcher de Sardanapale, peintre entre le réel et l'idéal, entre le sublime et le bizarre, entre la vision fantasmagorique et la vie. Point de plan, nulle mesure, une course à perdre haleine hors des voies connues, assez semblable à celle de Mazeppa lié sur le cheval indompté. Le poëte, dans ce temps-là, ne craignait point de faire agenouiller les cathédrales devant le sépulcre de Notre-Seigneur et de montrer les villes peignant sur leurs épaules, avec un peigne d'or, leur chevelure de blondes colonnes, tandis que les tours dansaient une ronde étrange avec les montagnes, au bruit du tonnerre qui servait d'orchestre, et que le néant, le vide et l'éternité poursuivaient un dialogue incompréhensible. C'est ainsi que les derniers venus de la nouvelle école, pour aller plus loin que leurs devanciers et ne rien laisser à faire à leurs successeurs, dépassaient toutes les bornes et épuisaient les excès mêmes.

Ce ne fut que vers 1840 que M. Quinet qui, jusque-là, s'était assez peu occupé de formuler une poétique, exposa ses idées littéraires. Il les condensa dans un travail sur l'unité des littératures modernes qui servit d'introduction à l'ouvrage composé de ses essais critiques. Selon lui, la querelle entre les deux écoles qui avait divisé, dans les derniers temps, en deux partis tous ceux qui s'occupaient de littérature, avait pour point de départ une erreur de fait commune aux deux partis, savoir : « que le siècle de Louis XIV, sujet de tout le débat, est sans lien visible avec le moyen âge, sans relation intime avec l'humanité moderne, qu'il n'est point de la même famille que ceux qui le précèdent et que ceux qui le suivent ; que ses tendances véritables d'art et d'imagination le rattachent au siècle d'Auguste ; car la même idée qui servait à ses partisans pour l'isoler de la foule et l'élever au-dessus des monuments des littératures étrangères, servait au contraire à ses adversaires pour le rabaisser et l'exclure des sympathies des peuples modernes ; ce que les uns appelaient génie d'imitation, les autres l'appelaient artifice... Or, le dix-septième siècle tient aux origines et aux littératures des peuples modernes par la chevalerie, par la philosophie, la religion, en un mot par tous les liens de la poésie et de la tradition... La guerre que l'on a instituée entre les écoles modernes n'est rien qu'une guerre civile. Racine, Molière et Shakspeare,

Voltaire et Gœthe, Corneille et Caldéron sont frères. Il faut donc élever, agrandir nos théories pour les y tous admettre ; aussi bien ils ne se rapetisseront pas pour avoir le plaisir d'y figurer. » Tous les siècles littéraires participent à cette fraternité. « Ces fils de la durée ne sont véritablement qu'une même famille ; ils s'expliquent, ils s'exaltent réciproquement. Dominant les rivalités, les inimitiés, les antipathies des climats, des temps, des lieux, aspirons à l'esprit universellement un qui habite dans les œuvres inspirées de chaque peuple... On a cru longtemps qu'il y a dans la nature autant de génies différents que de monts et de vallées, mais de l'idée de ces génies divers on s'est élevé à l'idée d'un même génie partout présent dans la nature. Si le temps dans lequel nous vivons a quelque valeur, ce sera assurément parce qu'il achèvera de mettre pleinement en lumière cette unité du génie moderne. »

Ces lignes contiennent toute la poétique de M. Edgar Quinet, poétique qui exagère un principe vrai, l'unité de l'esprit humain, pour en tirer une conséquence fausse, l'unité des littératures ; système de conciliation qui va jusqu'à la confusion et qui, sous prétexte de s'élever à l'universel, se perd dans le chaos du panthéisme littéraire.

C'était la pente des idées de l'époque. L'esthétique et la critique, pas plus que les autres branches de la littérature, ne pouvaient échapper à cette loi générale. Le rationalisme, après avoir en vain agité tous les problèmes, précipitait toutes les familles d'idées dans les gouffres du panthéisme, semblable à un vaste cimetière où tous les systèmes reposeraient dans la paix du néant.

Sans doute il était vrai que la littérature du dix-septième siècle n'était point aussi étrangère au génie moderne que l'avaient dit les critiques de l'école nouvelle. L'élément chrétien s'y trouvait mêlé à l'élément antique, et le modifiait, comme l'avait très-bien démontré M. de Chateaubriand dans son *Génie du Christianisme*, en constatant l'influence exercée par la religion chrétienne sur notre littérature. Ce mélange du génie de l'antiquité avec le génie chrétien et le génie du peuple du Nord avait été le cachet de l'originalité de la littérature du siècle de Louis XIV, qui n'aurait point été nationale si elle n'avait offert que des beautés de reflet, des beautés mortes, au lieu d'être l'expression exacte et vivante de la civilisation française dans cette époque si fortement dominée par le développement de l'élément romain qui n'avait cessé de fermenter dans nos mœurs, dans nos institutions, dans nos lois, comme dans notre langue, dans les faits comme dans les idées, mais en se combinant, dans une certaine mesure, avec les autres éléments de notre civilisation. Il y a loin de là cependant à l'unité de toutes les littératures. L'esprit humain, dans son essence, est un sans doute; mais ses doctrines philosophiques, ses théodicées, peuvent être multiples, variées, souvent opposées : or l'influence de ces doctrines fondamentales sur les littératures est immense, supérieure à celle du climat, de l'aspect des lieux, de la race. Il y a une relation intime entre la manière dont un peuple conçoit l'idée de Dieu, celle du monde, celle de l'homme, les rapports qui unissent l'homme, le monde et Dieu, et la littérature de ce peuple. **La littérature panthéiste et fataliste de l'Inde, la littérature théiste et génésiaque de la Judée, la littérature idolâtrique de la Grèce et de Rome, les littératures modernes qui ont pour point de départ la théodicée chrétienne**, c'est-à-dire la notion la plus parfaite de la divinité, de l'humanité et du monde, ont donc **entre elles des différences essentielles, malgré l'unité de l'esprit humain.** Ces littératures modernes elles-mêmes, outre les différences considérables qu'ont maintenues entre elles les dissemblances ou les oppositions de race, de climat, de lieux, et l'influence exercée sur chaque peuple par sa vocation providentielle et l'ensemble de ses destinées nationales, varient encore selon la proportion dans laquelle la théodicée chrétienne est entrée dans le génie littéraire de chaque nation; car l'art ancien a prolongé, dans une certaine mesure, son action sur l'art nouveau, et les théodicées antiques viennent, sous une forme philosophique, influencer encore les productions littéraires des temps modernes.

Ce sont là des observations essentielles méconnues par la poétique panthéiste de M. Edgar Quinet, et cette erreur fondamentale ne saurait être rachetée par les vérités de détails contenues dans sa théorie.

VII

RÉSUMÉ. — DERNIÈRES IDÉES LITTÉRAIRES DE CHATEAUBRIAND.

Dans ce tableau du mouvement des idées littéraires, on a vu jusqu'ici l'école novatrice, infidèle à ses débuts, échouer dans la recherche d'une poétique nouvelle avec M. Sainte-Beuve qui, las d'un labeur stérile, tombe dans la superstition de la forme et du mécanisme matériel du langage, et se réfugie dans le scepticisme sur les questions de principe ; se tenir avec MM. Ampère, Saint-Marc Girardin, Philarète Chasles, Janin, dans une sorte de neutralité impartiale, sans enthousiasme pour les théories, sans indifférence pour les beautés pratiques de toutes les littératures, à quelque école qu'elles appartiennent ; réagir contre les excès de l'école romantique avec M. Planche, qui veut substituer le culte exclusif de l'idéal à l'enivrement des beautés plastiques du monde réel; remonter avec M. Nisard jusqu'à l'apothéose de la littérature classique injustement sacrifiée par ses adversaires et à laquelle ce critique éminent rend un juste et éclatant hommage qui n'aurait rien perdu à être moins exclusif; et enfin aller se jeter, avec M. Edgar Quinet, dans le chaos du panthéisme intellectuel sur lequel surnagent quelques notions exactes et ingénieuses déjà indiquées par M. de Chateaubriand, au sujet de la part que les éléments modernes ont eue dans la littérature classique du siècle de Louis XIV.

C'est toujours à ce nom de M. de Chateaubriand qu'il faut revenir. On l'aperçoit de toutes les routes littéraires de ce temps, comme ces monuments qui dominent par leur masse imposante tout ce qui les entoure : M. de Chateaubriand, qu'on rencontrera dans la polémique ardente avec ses puissants pamphlets, dans l'histoire contemporaine avec son *Congrès de Vérone*, dans l'histoire générale avec ses *Études historiques*, dans la poésie même avec son *Moïse*, exerça une influence sur les idées littéraires de ce temps par son *Essai sur la littérature anglaise*, préface en deux volumes de sa traduction littérale du *Paradis perdu* de Milton.

L'*Essai sur la littérature anglaise* indique que les idées de M. de Chateaubriand ont marché depuis le *Génie du christianisme;* les grands travaux qui ont éclairé le moyen âge n'ont point été perdus pour ce grand esprit. Il convient lui-même qu'il n'a pas bien saisi, à l'origine, les beautés originales de Dante et de Shakspeare, parce qu'il les mesurait « avec la lunette classique, instrument excellent pour apercevoir les ornements de bon ou de mauvais goût, les détails parfaits ou imparfaits, mais microscope inapplicable à l'observation de l'ensemble, le foyer de la lentille ne portant que sur un point et n'embrassant pas la surface entière ». Tout en rendant une pleine justice à ces génies du moyen âge, M. de Chateaubriand signale, avec raison, ce travers d'esprit du moment qui faisait courir les poëtes après leurs bizarreries [1] au lieu de chercher à égaler leurs grandes inspirations, comme ces courtisans d'Alexandre, qui, faute de pouvoir gagner les batailles d'Arbelles et d'Issus, affectaient de porter, comme le fils de Philippe, leur tête penchée sur une de leurs épaules. Le grand écrivain, devenu un grand critique, prévoit et prédit les conséquences qu'entraînera pour notre théâtre cette admiration outrée de Shakspeare mal compris. Il voit venir de loin l'école *réaliste*, comme on l'appelle aujourd'hui, c'est-à-dire matérialiste, qui croit que l'art consiste à entasser les incidents sur les incidents, « à brasser, comme il dit, le burlesque et le pathétique, à jeter les unes sur les autres des scènes disparates, sans liaison et sans suite ». Il ajoute que « les genres et les règles ne sont point arbitraires, mais qu'ils sont nés de la nature même ; l'art a seulement séparé ce que la nature a confondu : il a choisi les plus beaux traits, sans s'écarter de la ressemblance du modèle. La perfection ne détruit point la vérité ; Racine, dans toute l'excellence de son art, est plus naturel que Shakspeare, comme l'Apollon, dans toute sa divinité, a plus les formes humaines qu'un colosse égyptien. »

— Ce sont là les idées les plus saines qui aient été exprimées à cette époque sur l'art et la littérature.

---

1. « Le pis est que notre enthousiasme actuel pour Shakspeare est moins excité par ses clartés que par ses taches. Pensez-vous que les adeptes soient ravis des traits de passion de *Roméo et Juliette*? Il s'agit bien de cela ! Vous n'avez donc pas entendu Mercurio comparer Roméo à *un hareng saur sans ses œufs?* »

« Whitout his roe, like a dried herring. » (*Essai sur la littérature anglaise.*)

Elles font la part à tous les genres, et, sans avoir d'exclusion contre aucun, elles témoignent et motivent leur préférence. Sans s'arrêter au fracas de la scène, à la complication des rouages, à cette licence de tout dire et de tout représenter qui devenait déjà la ressource du théâtre nouveau, malgré sa promesse d'être plus naturel et plus vrai que l'ancien, M. de Chateaubriand fait remarquer que ce sont là des innovations auxquelles les esprits les plus médiocres peuvent s'élever sans effort. Voltaire avait déjà dit qu'il était plus facile d'introduire une charge de cavalerie sur le théâtre que d'écrire dix vers d'*Athalie*, et c'est ainsi qu'il répondait à un poëte de son temps qui avait essayé de mettre en action le récit du dénouement de l'*Iphigénie* de Racine, et de montrer Calchas, le couteau du sacrifice dans une main, saisissant, de l'autre, Éryphile et la traînant au bûcher, l'éclair fendant la nue et venant apporter au sacrificateur le feu sacré.

M. de Chateaubriand et Voltaire ont raison. Quand les choses en viennent là, la mission du poëte finit et le métier du machiniste commence. L'art ne consiste même pas, comme le fait encore observer M. de Chateaubriand, à trouver une de ces situations navrantes qui déchirent le cœur; on a vu des dramaturges d'un talent vulgaire atteindre mieux ce but que les génies les plus sublimes. Les larmes que font verser les chefs-d'œuvre ont quelque chose de plus élevé et de plus doux; le sentiment du beau, qui est une jouissance délicieuse pour l'âme, se mêle alors au sentiment de compassion qu'excite le spectacle des infortunes humaines, et l'admiration partage le triomphe de la pitié. Ce sont là les larmes vraiment littéraires qu'il est doux de verser, beau de faire couler.

Ce que l'illustre écrivain qui peignit Atala, Chactas, René, Eudore, Cymodocée, ne peut comprendre ni supporter, c'est l'amour du laid, l'horreur de l'idéal. « Cette passion pour les bancroches, les culs-de-jatte, les borgnes, les moricauds, les édentés, et cette tendresse pour les verrues, ajoute-t-il, les rides, les escarres, les formes triviales, sales, communes, sont une dépravation de l'esprit; elle ne nous est pas donnée par cette nature dont on parle tant! Lors même que nous aimons une certaine laideur, c'est que nous y trouvons une certaine beauté; nous préférons naturellement une belle femme à une femme laide, une rose à un chardon, la baie de Naples à la plaine de Montrouge, le Panthéon à un toit à porcs : il en est de même au figuré et au moral. Arrière donc cette école animalisée et matérialisée qui nous mènerait dans l'effigie de l'objet à préférer notre visage moulé avec tous ses défauts par une machine, à notre ressemblance produite par le pinceau de Raphaël! »

Tout en proclamant ces vérités impérissables, M. de Chateaubriand reconnaissait, avec cette clairvoyance qui est un des caractères les plus remarquables de son esprit, que les conditions du théâtre avaient été changées en France par tant de révolutions. La tragédie classique, avec ses rigoureuses unités, ne pouvait plus suffire à des esprits si profondément remués par des péripéties si soudaines, si émouvantes et si terribles; l'action, devenue beaucoup plus vive dans le monde réel, devait l'être aussi dans le monde idéal; les événements devaient se compliquer sur les scènes de convention, comme sur la scène de l'histoire. L'imprévu, l'horreur, la terreur, la pitié, cherchaient, par la même raison, à reculer leur frontière dans le monde littéraire. Mais, au lieu de remonter aux sources intellectuelles, les écrivains s'arrêtaient malheureusement aux moyens matériels. De là ces échafauds, ces bourreaux, ces assassins, ces crimes sans nom, avec cette fange mêlée de sang qui déborda, à cette époque, sur le théâtre et dans les livres.

Pourquoi faut-il qu'à ces remarques si vraies et si justes M. de Chateaubriand, dominé par cette humeur chagrine qui assombrissait l'horizon dans ses yeux, vers les dernières années de sa vie, ait ajouté des exagérations pessimistes comme celle-ci, en prédisant non-seulement la mort de notre littérature, mais celle de notre langue : « Quelque corbeau envolé de la cage du dernier curé franco-gaulois dira, du haut de la tour en ruine d'une cathédrale abandonnée, à des peuples étrangers, nos successeurs : *Agréez les accents d'une voix qui vous fut connue ; vous mettrez fin à tous ces discours.* »

Sans doute il est bon de pousser la gloire humaine à bout, comme parle Bossuet, mais encore faut-il rester dans les limites de la vérité et du bon sens, dût-on ne pas tout abîmer dans son propre tombeau. Les langues survivent aux peuples qui les ont parlées, comme les littératures aux civilisations dont elles ont été l'expression. Où sont les Grecs d'Homère et les Romains de Virgile et de Cicéron ? Cependant les vers d'Homère et ceux de Virgile, comme les harangues de Cicéron, vivent encore de leur vie immortelle dans la bouche des hommes. Pourquoi Bossuet, alors même que les destinées de la civilisation française seraient fermées, ne jouirait-il pas du même privilége, et qu'y aurait-il donc de si surprenant à ce que ces peuples étrangers, nos successeurs lointains, répétassent avec admiration sur les ruines de notre chère France : « Celui qui règne dans les cieux, de qui relèvent les empires, à qui seul appartient la majesté, la gloire, l'indépendance, est aussi le seul qui se glorifie de faire la loi aux rois, et de leur donner, quand il lui plaît, de grandes et de terribles leçons. »

Cette étude des idées littéraires qui eurent cours

pendant cette époque de dix-huit ans, telles qu'elles ressortent des écrits de ceux qui s'occupèrent avec le plus d'autorité de la critique et de l'esthétique, devait naturellement précéder l'étude des diverses branches de la littérature plus ou moins dominées par ces diverses théories de l'art, car la chaire comme la tribune ou le journal, la poésie et le roman comme le théâtre, l'histoire comme la philosophie, en éprouvèrent plus ou moins l'influence.

LIVRE TROISIÈME

ÉLOQUENCE PARLEMENTAIRE

I

QUESTIONS OUVERTES.

Un homme qui a marqué sa place, d'une manière brillante, à la tribune et dans la presse, a dit avec raison : « En général, tous les improvisateurs littéraires doivent se résigner à voir leurs œuvres périr avant eux ; sauf quelques exceptions heureuses, ils laissent un nom plus connu que leurs écrits. Que dis-je ? c'est le sort de ceux mêmes qui font, du talent d'exprimer la pensée, l'emploi le plus difficile et le plus éclatant, les orateurs. En vain parviennent-ils à la gloire, leurs discours restent peu dans la mémoire des hommes. Ceux de Cicéron lui-même sont les moins lus de ses ouvrages... Cet exemple, le plus frappant de tous, peut servir à justifier une appréciation plus indulgente de la littérature ou, pour mieux parler, des talents littéraires de ce temps-ci. Avant toute autre improvisation, en effet, il faut placer celle de la tribune politique. C'est un talent littéraire, en ce sens que les plus rares et les plus précieux dons de l'écrivain y sont nécessaires, hormis l'art d'écrire lui-même, mais avec un surcroît d'autres énergiques qualités de l'âme que ne réclame nullement la composition d'un ouvrage. Et cependant ces œuvres d'esprit, où il entre tant d'autres choses que de l'esprit, ne sont pas estimées dans les lettres pour ce qu'elles valent, et l'on ne fait pas compte à une époque de ce qui se dépense à la tribune de pensées et d'expressions, d'imagination, de mouvement, de fécondité, d'habileté dans l'exposition, de vigueur dans la déduction, toutes qualités cependant fort prisées dans les livres. Il m'a été donné d'entendre depuis trente ans, mais surtout depuis seize, des choses qui, je n'en doute pas, égalent ou surpassent en mérite ce qu'aucune assemblée publique a pu entendre [1]. »

C'est donc une chose bonne et utile en soi que d'étudier les orateurs pendant que leurs paroles vibrent encore, pour ainsi dire; d'exposer les caractères de leur éloquence, les succès qu'ils obtinrent, les procédés oratoires qu'ils employèrent. Ceux-là seuls qui les ont entendus peuvent les comprendre et les faire comprendre aux lecteurs. Mais on ne saurait suivre ni le mouvement de tribune ni celui de presse, pendant les dix-huit années qui s'écoulèrent de 1830 à 1848, si l'on ne saisit point le mouvement des questions politiques pendant cette période.

Au début, on dirait qu'il n'y a que deux principes, deux intérêts, deux idées en présence : l'ancienne monarchie qui tombe, la révolution qui triomphe. Il semble donc qu'il ne puisse y avoir, à la tribune pour les orateurs, dans la presse pour les écrivains, que deux situations. Dans les premiers jours, en effet, il en est ainsi : on attaque ou on défend la révolution triomphante ou la monarchie tombée. Cela dure peu. Tous ceux qui ont voulu la révolution ou l'ont acceptée ne l'ont pas voulue ou ne la veulent pas de la même manière, au même degré, avec les mêmes conséquences.

---

1. M. de Rémusat, préface de *Passé et Présent*, pages 30 et 31.

Le libéralisme, on l'a dit, était une coalition, les coalitions se dissolvent par la victoire : chacun des éléments principaux qui ont joué un rôle dans l'opposition de quinze ans, tories et whigs à l'anglaise, partisans d'un gouvernement à l'américaine, sectateurs de la constitution de 1791, admirateurs passionnés de la Convention, enthousiastes de l'Empire, a ses orateurs et ses écrivains.

En outre, sous le gouvernement de Juillet, la littérature politique devait parler plus hardiment de toute chose que sous la Restauration. Ce gouvernement qui avait, par les sympathies des classes intermédiaires, plus de forces peut-être, avait moins d'autorité : il sortait d'une révolution qui avait affaibli dans toutes les âmes le sentiment du respect. Dans le parti démocratique, ceux qui l'attaquaient comme ceux qui le défendaient avaient la conviction d'avoir contribué à le faire ; or rien de plus vrai que ce mot de Joseph de Maistre : « Les hommes respectent médiocrement ce qu'ils ont fait. » Dans le parti de l'ancienne monarchie, ceux qui l'attaquaient prenaient position sur le terrain du principe traditionnel qui le dominait.

On pouvait donc prendre et, de fait, on prit plusieurs situations à la tribune et dans la presse.

Restent à indiquer les diverses phases politiques en présence desquelles les orateurs et les écrivains des différentes opinions ou nuances d'opinions devaient se trouver.

D'abord il y eut une lutte violente engagée sur les deux fronts à la fois, lutte contre ceux qui voulaient faire remonter le nouveau régime jusqu'à la monarchie traditionnelle, lutte contre ceux qui voulaient le faire descendre jusqu'à la république, dont la pensée s'était un moment présentée, après les trois jours, à l'imagination enflammée des plus jeunes combattants de l'Hôtel de Ville. Ces convulsions, qui tourmentèrent les premières années de l'établissement de 1830 et aboutirent, dans Paris, aux journées insurrectionnelles de juin 1832, à Lyon au soulèvement des ouvriers, dans l'Ouest à la prise d'armes de madame la duchesse de Berry, qui eut lieu à la même époque, eurent leur retentissement à la tribune et dans la presse. C'est le temps que M. de Salvandy dépeignait dans un écrit contemporain avec cette chaleur de style qui est le caractère de son talent, lorsqu'il disait : « Qu'arrive-t-il ? La légitimité qu'on bannit est là ; tandis qu'on l'insulte, elle crie aux armes, elle fait pour sa cause ce que la république faisait tous les deux mois pour la sienne. La main sur la conscience, à qui la faute, sinon à nos mœurs et à nos lois, à nos violences ou à nos faiblesses ? Cette femme, cette mère, a entendu les mécontentements de la France royaliste, de la France religieuse, de la France propriétaire, comme, sur le rocher de l'île d'Elbe, Napoléon entendait les soupirs de ses vétérans. Elle a compté les intérêts froissés, les principes méconnus, les alarmes excitées jusqu'au sein de l'opinion constitutionnelle... Dans l'exil, l'oreille est frappée de toutes les plaintes, l'âme est saisie de tous les griefs, l'espérance s'éveille à tous les désespoirs ! Un autre spectacle la frappe en même temps. Elle voit, pendant deux années consécutives, la sédition, les désordres, l'anarchie sous toutes les formes, épouvanter de leur audace toutes les cités de la France, braver le pouvoir et les lois, désoler le commerce et l'industrie, insulter enfin de toutes parts à la raison, à la paix, à la fortune, à la gloire d'un grand peuple et, comme elle porte dans son giron un principe d'ordre, elle se croit, dès lors, armée de l'ordre tout entier. Si elle juge le moment venu d'offrir sa panacée réparatrice à la France, qui accuserons-nous le plus haut, avec justice, sa méprise ou sa confiance, ou bien nos misères et le parti qui les a faites[1] ? »

Le contre-coup de cette situation peinte par M. de Salvandy se fait non-seulement sentir dans la presse, mais à la tribune, où la question des lois et des mesures à prendre contre les partis, et la question de guerre et de paix dont la solution devait décider à qui appartiendrait la conduite de la nouvelle révolution, devint le texte des discours des orateurs de tous les partis et fournit un aliment à des discussions passionnées et brillantes qui agitèrent la France et l'Europe entière. Cette situation se prolongea par les suites de l'expédition accomplie par deux fois en Belgique pour empêcher l'Europe de reprendre les positions qui, au lieu d'être seulement défensives, fussent devenues offensives après la Révolution de 1830, et par les suites de l'expédition d'Ancône que M. Casimir Périer tenta en 1830, afin de pouvoir gouverner à l'intérieur, en montrant le drapeau tricolore sur un point de l'Italie, au moment où l'Autriche entrait dans les Légations.

Quand cette situation rencontra son terme et qu'on entra dans une période plus calme, une lutte d'un autre genre commença. L'opposition, avant 1830, avait posé la fameuse maxime : *Le roi règne et ne gouverne pas.* Le prince qui était monté sur le trône, après la Révolution de Juillet, avait foi dans sa capacité personnelle et, se croyant le plus intéressé au succès de son gouvernement, il voulait avoir la principale part dans les affaires. Les orateurs les plus éloquents et les plus influents du Parlement entreprirent de la lui disputer. Ce fut l'occasion de ce qu'on appela la coalition. Tous les partis y entrèrent, les plus modérés comme les plus extrêmes, et il n'y avait rien d'étonnant à cela, car tous les partis,

---

1. *Paris, Nantes et la session,* par M. de Salvandy, page 119.

ayant pied dans le Parlement, avaient intérêt à ce que la haute influence gouvernementale y fût placée. On vit donc les quatre premiers orateurs de la Chambre des députés, MM. Berryer, Guizot, Thiers, Odilon Barrot, dans la coalition qui se forma contre le ministère de M. Molé. Ce fut l'occasion de longues et brillantes luttes de tribune et de presse.

La coalition échoua par son succès même. Elle était composée d'éléments trop hétérogènes pour former un cabinet qui représentât la célèbre maxime : « Le roi règne et ne gouverne pas. » Une maxime, en effet, n'est pas un système de gouvernement. Dès que le ministère de M. Molé eut succombé et que son héritage eut été offert à une nuance de la coalition, le lien artificiel qui en rapprochait les éléments si divers se rompit, et il devint clair qu'on ne rencontrerait pas dans les Chambres sorties du corps électoral, tel que l'avait constitué la loi de 1831, une de ces majorités qui imposent à la cour, comme quelquefois chez nos voisins d'outre-Manche, des ministres à la fois nécessaires et désagréables.

Une nouvelle situation s'ouvrit. Le pouvoir se trouva dès lors disputé entre deux orateurs éminents qui représentaient la double nécessité de la situation, autant qu'elle pouvait être représentée. Le nom de M. Thiers répondait à la nécessité de relever la France de l'état d'infériorité relative où la perte de ses alliances continentales, depuis l'explosion de la Révolution de 1830, la plaçait en Europe, comme on s'en apercevait toutes les fois qu'une question de politique générale venait à s'ouvrir. Mais comme M. Thiers, malgré la hardiesse de son caractère et les ressources de son esprit, n'aurait pu combler le vide de nos alliances continentales que par l'alliance dangereuse et les sympathies inquiétantes des révolutions qui couvaient sur plusieurs points de l'Europe, les images de propagande, d'anarchie, de guerre universelle et d'invasion se trouvaient évoquées devant les regards de la France : alors, tous les intérêts se sentant menacés, le ministère de M. Thiers tombait devant la réaction de leurs craintes. Le nom de M. Guizot répondait à la nécessité vivement ressentie de rendre aux intérêts la sécurité, d'éloigner les chances d'une conflagration, et de raffermir au dedans le pouvoir ébranlé sur ses bases par la surexcitation des passions démocratiques; mais M. Guizot, dominé par une situation plus forte que l'habileté humaine, ne pouvait éviter les dangers qui avaient motivé son avénement qu'en acceptant pour la France, au dehors, cet état d'isolement et de diminution d'influence, résultat fatal des alarmes qu'avait fait naître en Europe la Révolution de 1830, et en tendant au dedans les ressorts du pouvoir administratif pour contenir les passions émues. De là une nouvelle réaction dans l'opinion publique qui, ne se rendant pas un compte exact de la situation, aurait voulu cumuler les avantages de la sécurité intérieure et ceux de l'influence extérieure, sans payer ni l'une ni l'autre du prix que M. Thiers et M. Guizot étaient obligés d'y mettre. Ceci explique pourquoi ces deux hommes de gouvernement furent moins forts dans le pouvoir que dans l'opposition. Dans un état de choses où l'action mène à des précipices le pouvoir placé dans des conditions fatales, la situation forte est dans l'opposition qui est un obstacle à cette action, la situation faible dans le pouvoir qui est cette action même.

Tant que le régime de Juillet dure, la situation ne va pas au delà du ministère de M. Thiers, d'un côté, et du ministère de M. Guizot, de l'autre, par une raison bien simple : c'est qu'il y a dans le gouvernement un sentiment de modération, et dans les classes politiques qui le soutiennent une résolution instinctive de n'aller ni jusqu'à la réalité de l'anarchie et de la guerre universelle, ni jusqu'à la réalité de l'arbitraire pur. Or, M. Guizot et M. Thiers, malgré leurs divergences politiques et la différence de leurs natures et de leurs rôles, se rapprochent sur deux points : ce sont deux hommes d'autorité, de politique modérée et de gouvernement représentatif.

Cette situation se prolongea jusqu'à la fin du gouvernement de Juillet. On devait retrouver dans les dernières crises de l'agonie de ce gouvernement les deux noms et les deux hommes d'État qui s'étaient disputé à la tribune la direction de ses destinées pendant tout le cours de son existence. Mais cependant, à mesure que les années se succédèrent, il se forma autour de ce champ de bataille circonscrit et muré, où la question parlementaire et ministérielle s'agitait, des forces irrégulières qui, sans qu'on s'en aperçût d'une manière bien distincte dans le monde officiel, grandissaient de jour en jour. C'était comme une mer extérieure dont les vagues venaient battre les pilotis sur lesquels s'élevait l'établissement de Juillet. Les orateurs et les écrivains qui luttaient les uns contre les autres, dans ce cercle de convention, ne s'apercevaient point que les paroles brûlantes qu'ils se jetaient dans leurs tournois parlementaires passaient par-dessus les murailles du monde officiel, et tombaient dans les multitudes comme des brandons qui vont chercher des matières inflammables.

En même temps, une presse démocratique dont la publicité était immense allait remuer les passions des masses. Les écoles socialistes leur présentaient, sous des formes diverses, un nouvel idéal révolutionnaire qui excitait chez elles les convoitises de l'intérêt matériel et exaltaient leur orgueil. Ceux qui avaient la main sur le pouls de la société française sentaient venir un de ces terribles accès de fièvre qu'on appelle une révolution. En présence de cette situation qui semblait quelquefois près d'aboutir à une crise, les impatients se hâtaient, et c'est ainsi que le bonapartisme, espérant trouver une issue au milieu de tant de passions émues, tenta, à deux époques différentes, la journée de Strasbourg et celle de Boulogne.

En même temps, la situation extérieure se compliquait; une longue paix avait favorisé l'agitation des idées. L'essor immense donné aux intérêts matériels par le gouvernement de Juillet, qui espérait ainsi satisfaire les classes dominantes et les détourner des autres questions, ne suffisait plus aux imaginations échauffées. L'Italie tout entière palpitait d'enthousiasme à l'idée de retrouver son indépendance nationale. Le pontificat de Pie IX commençait comme le règne de Louis XVI, dont on put croire un moment qu'il aurait le sinistre dénouement. On enivrait la bonté paternelle du saint pontife des caresses de la popularité. La Suisse était en feu, et la démagogie s'y levait en maîtresse. L'Allemagne, travaillée par les prédications de Rouge et de ses néo-catholiques, qui vinrent bientôt se fondre dans la société des *Amis de la lumière*, secte de démagogues rationalistes, et dans la faction philosophique des athées, semblait toucher au moment d'une éruption. Les idées semées par la tribune et par la presse pendant dix-huit ans fermentaient et allaient partout se traduire en explosion révolutionnaire. C'est la dernière situation en face de laquelle la tribune et la presse devaient se trouver.

II

VARIÉTÉ ET MULTIPLICITÉ DES TALENTS ORATOIRES :
MM. CASIMIR PÉRIER — LE COMTE MOLÉ — LE DUC DE BROGLIE
LE DUC DE FITZ-JAMES — ODILON BARROT — VILLEMAIN
COUSIN — DUPIN — LAMARTINE, ETC., ETC.

Des situations si différentes et si graves amenèrent nécessairement des discussions éloquentes, qui tantôt s'étendirent aux intérêts généraux du monde, tantôt demeurèrent circonscrites dans la sphère des intérêts de la France ; mais il s'agissait de ses intérêts moraux et matériels les plus chers. Dans ces discussions, un grand nombre de talents se révélèrent ou se produisirent. La plupart se trouvaient introduits par la Révolution de 1830 à la tribune parlementaire. Un des résultats de cette Révolution avait été en effet, on l'a dit, de renouveler en partie la face du monde politique. La plupart des orateurs qui avaient figuré dans les luttes de la Restauration descendirent volontairement de la tribune ou de la scène des affaires au moment de sa chute ; ceux qui restèrent, ou vécurent peu, ou ne prirent que bien rarement part aux grands débats qui s'agitaient.

M. Royer-Collard qui, malgré l'opposition qu'il avait faite à la politique de la Restauration, était demeuré attaché au principe de la royauté traditionnelle, se renferma dans un triste silence dont il ne sortit que deux fois. La première, c'était le jour où l'on discutait, à la Chambre des députés, la question de l'hérédité de la pairie. Nous croyons voir encore le vénérable orateur, le front haut et dédaigneux, étendre la main, séparer en deux hémicycles, d'un geste tranchant comme le fil d'une épée, la salle où il parlait, en déclarant que, pour être deux, les Chambres devaient être d'origine différente ; « sans quoi, ajoutait-il, une cloison au milieu de cette salle résoudrait parfaitement le problème numérique des deux Chambres[1] ».

L'émotion fut vive lorsque, après avoir rappelé que la souveraineté du peuple ne reçut jamais tant d'hommages que de l'Empire, « ce monstrueux despotisme, tempéré seulement, disait-il, par les lumières supérieures du despote, » et qu'elle accepta ces hommages, « car, lorsque l'anarchie lui manque, c'est dans le despotisme qu'elle va se précipiter, » il conclut par ces paroles : « La démocratie dans le gouvernement est incapable de prudence ; elle est, de sa nature, violente, guerrière, banqueroutière. Avant de faire un pas décisif vers elle, dites un long adieu à la liberté, à l'ordre, à la paix, au crédit et à la sécurité. » L'élévation des pensées, la gravité de l'expression, la solennité de la parole, l'autorité du geste, tout concourait pour produire sur les auditeurs une impression profonde. Les passions du moment faisaient respectueusement silence devant cet augure des temps passés qui rendait ses derniers oracles avec l'accent pénétrant de cette voix magistrale qui persuadait naguère, et que l'on écoutait toujours. Mais ce silence de curiosité et d'émotion n'empêchait point les intérêts nouveaux d'aller à leur but.

La seconde fois, il s'agissait des lois proposées en 1835, sur la presse, à la suite de l'attentat commis par Fieschi[2]. M. Royer-Collard voulut rester fidèle à ses précédents, et il combattit ainsi les lois de septembre, en

1. Séance du 5 octobre 1831.
2. La machine infernale dirigée sur le boulevard contre Louis-Philippe, et dont les balles allèrent frapper le maréchal Mortier et un grand nombre de victimes.

s'exagérant leur portée; car la presse, un moment étourdie par ce coup imprévu, reprit bientôt la liberté de tout dire : « Le respect est éteint, dit-on; rien ne m'afflige davantage, car je n'estime rien plus que le respect. Mais qu'a-t-on respecté depuis cinquante ans? Les croyances sont détruites! mais elles se sont battues en ruine les unes les autres. Cette épreuve est trop forte pour l'humanité, elle y succombe. C'est ainsi que le pouvoir, création de la Providence qui fait les sociétés, a été arraché de ses fondements et poursuivi comme une proie offerte à la force, sur laquelle se sont élancées les plus viles passions. Est-ce à dire que tout soit perdu? Non, tout n'est pas perdu; Dieu n'a pas retiré sa main, il n'a pas dégradé sa créature, faite à son image; le sentiment moral qu'il lui a donné pour guide, et qui fait sa grandeur, ne s'est pas retiré des cœurs. Le remède que vous cherchez est là, il n'est que là. Les remèdes auxquels M. le président du conseil [1] se confiait hier, illusion d'un homme de bien irrité, sont des actes de désespoir, et ils porteraient une mortelle atteinte à la liberté, à cette liberté dont nous semblons avoir perdu à la fois l'intelligence et le besoin. Je rejette ces remèdes funestes, je repousse ces inventions législatives où la ruse respire; la ruse est la sœur de la force et une autre école d'immoralité [2]. »

Ainsi se lamentait M. Royer-Collard, gravement, mais un peu vaguement, comme les vieillards qui n'exercent plus d'action sur leur époque; regrettant le passé, inquiet du présent, plus effrayé encore de l'avenir, mais indiquant la véritable source du mal et le seul remède efficace dans l'ordre moral où le mal s'était fait et où devait se trouver la réparation.

1. M. le duc de Broglie.
2. Discussion des lois de septembre 1835 (*Moniteur*).

Une autre fois, on s'émut encore en entendant l'éloquente voix de M. Lainé, qui allait bientôt disparaître, s'écrier à la Chambre des pairs : « Les rois s'en vont! » Enfin vint le jour où le chef de l'avant-dernier ministère de la Restauration, celui qui avait en vain essayé un rapprochement entre la royauté traditionnelle et l'opposition de quinze ans, M. de Martignac, prit la parole, au milieu du religieux silence de la Chambre des députés, pour combattre la loi qui condamnait à l'exil le vieux roi qui avait été son maître, et avec lui deux générations royales dont la dernière était représentée par un enfant. La voix de l'orateur était si faible, qu'on aurait cru que le souffle allait lui manquer. Cependant telle fut l'attention de l'assemblée, que pas une syllabe tombée de cette bouche éloquente ne fut perdue. Tout le monde voulait entendre les derniers accents de cette voix mourante parlant en faveur de la monarchie qui venait de mourir; car M. de Martignac portait déjà sur son front les traces profondes du mal qui devait, peu de temps après, le conduire au tombeau. Jamais la voix du député de la Gironde n'avait été plus harmonieuse et plus tendre que dans la suprême occasion où elle devait frapper les oreilles; on croyait entendre, au fond de ces accents voilés, comme un lointain retentissement de soupirs étouffés et de sanglots contenus : « Quoi! après quarante ans de révolutions, disait-il, d'actions et de réactions contraires; après tant de trônes brisés et relevés, détruits encore, puis relevés de nouveau; après tant de restaurations, d'usurpations et de réintégrations, on vient nous parler de mesures éternelles, de bannissement à perpétuité! » Puis, développant cette pensée, que la proscription devient un sauf-conduit, il ajoutait au milieu de l'émotion générale : « Qu'un de ces bannis, que votre proposition proscrit, soit conduit en France par la fatalité et qu'il y cherche un asile, qu'il aille frapper à la porte de l'auteur même de la proposition, que cette porte s'ouvre, que le proscrit se nomme, qu'il entre, et moi je lui réponds d'avance de sa sûreté ! »

Ce furent là les spectacles émouvants que donna la tribune parlementaire dans les premiers temps de l'établissement de Juillet. Quant aux voix les plus retentissantes de l'opposition de quinze ans, elles étaient rentrées dans le silence. Le général Foy, la grande éloquence du parti libéral, était mort longtemps avant la Révolution de 1830. Manuel, qui l'avait appelée, ne l'avait point vue se lever à l'horizon. Benjamin Constant survécut à peine à son triomphe. Un seul des hommes de premier rang, dans les grandes luttes parlementaires de la Restauration, occupa puissamment la tribune sous le gouvernement de Juillet : ce fut Casimir Périer.

C'était plutôt un homme d'action que de parole, de caractère que d'éloquence. Cependant on ne présenterait point un tableau fidèle des luttes parlementaires de ce temps, si cette hautaine figure n'apparaissait point sur le premier plan. Dans ce combat livré pour empêcher la Révolution de Juillet de glisser sur la pente qui l'entraînait vers l'anarchie et la guerre révolutionnaire, il mit toute l'ardeur de son énergique nature, et ne triompha qu'en y laissant sa vie usée par les fatigues et les émotions d'une lutte à outrance. Casimir Périer, qui fut pour le gouvernement de Juillet un serviteur impérieux, était surtout beau à voir dans une de ces occasions solennelles où M. Mauguin [1], un de ces météores parlementaires qui, venus de l'Hôtel de Ville au Palais-Bourbon, y brillèrent un moment pour s'éteindre bientôt, le poursuivait, comme un toréador, des

---

1. M. Mauguin avait été un des membres de la Commission provisoire de gouvernement, nommée à l'Hôtel de Ville après les trois journées de Juillet 1830.

traits incisifs de sa véhémente éloquence ou de ses poignantes interruptions. Alors Casimir Périer, se redressant de toute sa hauteur, sous cette pluie de flammes, jetait avec un geste de rage le discours froid et méthodique écrit par ses secrétaires et, tout blême de colère, l'œil en feu, le bras élevé, la voix frémissante d'indignation, il s'élevait aux grands accents d'une éloquence naturelle, et foudroyait, à son tour, l'opposition de ses formidables apostrophes.

Chaque nuance d'opinion était, du reste, représentée d'une manière brillante dans ces grands combats de la tribune parlementaire. Nul n'exposait les affaires dans un langage politique plus convenable et plus approprié aux questions que M. le comte Molé, à qui la manière dont il soutint les luttes de la tribune contre la coalition qui attaqua son ministère en 1838 fit le plus grand honneur. Il y avait dans le ton de la discussion de cet homme d'État quelque chose de l'élégance exquise de l'homme du monde et de la noble politesse du grand seigneur. Le duc de Broglie, que le courant de ses liaisons politiques dominées par le souvenir de Mme de Staël faisait incliner vers le centre gauche, répondait, dans les assemblées françaises, à l'idéal du grand seigneur whig, qui dépasse peut-être les limites du possible dans la recherche de la liberté, mais qui s'arrête avec horreur et même recule devant l'anarchie. Ce que le premier était dans le centre droit, le second dans le centre gauche, le duc de Fitz-James l'était dans la droite; c'étaient la même noblesse et la même dignité traditionnelle de manières, mais avec une véhémence de langage, une chaleur d'éloquence, qui tenaient à la fois à sa situation et à son caractère.

Ami particulier du roi Charles X, le duc de Fitz-James apportait dans les débats la vivacité et l'énergie de ses convictions et l'indignation éloquente de ses affections blessées. Ce descendant des Stuarts, demeuré fidèle aux adversités des Bourbons, remua plus d'une fois les assemblées par ses discours composés d'avance et récités de mémoire, comme ceux du général Foy, mais avec une vérité d'accent et une familiarité naturelle de geste qui faisaient illusion aux auditeurs. Il atteignit la véritable éloquence dans plusieurs de ses harangues. Il émut ses adversaires eux-mêmes lorsque, dans la discussion sur l'hérédité de la pairie, il termina par cette admirable prosopopée le discours où il annonçait qu'il parlait pour la dernière fois devant la Chambre haute, condamnée à être amoindrie par la perte de son hérédité après avoir été mutilée, et confondit dans une équitable et héroïque égalité les titres de toutes les dates, les droits de la noblesse ancienne et ceux de la noblesse nouvelle, et les services de tout genre rendus à la patrie :

« Il me semble que je chercherais vainement parmi vous ceux dont l'élévation à la pairie, soit par l'héritage, soit autrement, n'a pas été pour la France une dette à acquitter, aussi bien qu'un honneur pour cette Chambre. Mes yeux tombent d'abord sur vous, jeune Montebello. Est-ce donc vous dont la présence ici fait ombrage aux susceptibilités modernes? Nous pensions au contraire que vous y représentiez dignement un nom illustre par mille et mille exploits, le nom de celui qui fut nommé brave parmi les braves; nous pensions que la tombe de votre glorieux père était un piédestal sur lequel vous aviez le droit de vous placer ; avec transport nous avions salué sur votre jeune front ce baptême de sang et de gloire dont l'empreinte y est ineffaçable! Nous nous trompions sans doute. Retirez-vous! Ne voyez-vous pas que votre présence sur ces bancs serait une tradition de la féodalité, une injure à MM. les électeurs? Retirez-vous! vous dis-je. Tout le sang d'où vous sortez s'est épuisé pour la France; la France ne vous doit rien ! Et vous, mes vieux collègues, que le temps a fait disparaître, mais de qui la mémoire vit encore parmi nous : Lanjuinais qui, dans nos troubles civils, avez montré à quelle hauteur peut s'élever le courage politique dans le cœur d'un homme de bien, lorsqu'au 31 mai, victime désignée au fer des bourreaux, vous opposiez votre seule énergie aux fureurs de la Montagne, et vous cramponnant à la tribune, votre voix tonnait encore à la défense de la justice et des lois brutalement violées ; vous, Boissy d'Anglas, que j'ai vu si longtemps à cette place, dont il me semble voir s'agiter encore la chevelure blanchie par les ans, qui nous inspirait à tous le respect, en nous rappelant ce moment où, sublime, elle s'inclinait elle-même devant la tête de votre collègue, lâchement massacré, vous croyiez peut-être avoir mérité de la France, dans ces terribles journées, plus qu'une reconnaissance viagère ; ce n'est pas vous, j'espère, qu'on accusera d'avoir sacrifié sur l'autel de l'aristocratie, et cependant vous aviez accepté l'hérédité, vous imaginant sans doute que tant et de si rudes travaux avaient légitimement conquis à vos enfants la place qu'ils occuperaient au milieu de nous. Eh bien, vous étiez dans l'erreur ! Leur entrée ici est une usurpation, une atteinte à l'égalité, un privilége insupportable à tous. Qu'ils se retirent donc ainsi que moi ! La France ne doit rien au nom de leurs pères. Ainsi que ceux que je viens de nommer, j'avais des souvenirs paternels à invoquer, c'est au même titre que j'étais pair de France, je n'en ai jamais réclamé d'autres. C'est un de mes pères qui m'a fait ce que je suis, ce que demain je ne serai plus ; mais son nom me restera : que m'importe le reste? Dans un temps de désastre pour la France, il vit la victoire constamment fidèle à ses drapeaux et paya de sa vie la généreuse hospitalité que lui avait accordée sa seconde patrie. Je sais qu'au temps où nous vivons les services qui ont cent ans de date sont comptés pour peu de chose ; et cependant, quand il a été versé pour la France, du sang devrait compter pour du sang, et le boulet qui emporta la tête de mon aïeul [1] étant de fer aussi bien que celui qui frappa Montebello, ne devait-il pas peser du même poids dans la balance de la justice du pays [2] ? »

Le duc de Fitz-James ne produisit pas une moins vive impression en combattant la loi qui exilait les descendants des rois très-chrétiens, dont l'histoire se confond avec celle de la nationalité française ; ou bien lorsque, luttant contre un des plus puissants orateurs du gouvernement de 1830, il répondait à M. Thiers, le lendemain de l'expédition d'Espagne et de la conquête d'Alger, et à la veille de cette nouvelle phase de la question d'Orient qui se déroula à notre préjudice en 1840 : « L'alliance anglaise est un mensonge ! » ou bien enfin, lorsque, montant à la tribune pour proposer le rejet d'une pétition qui demandait inopportunément à une révolution qui ne pouvait l'accorder la translation des froides reliques du vieux roi Charles X, du caveau des franciscains de Goritz sous les voûtes de la nécropole royale de Saint-Denis, il rappela à une assemblée désarmée par cette éloquence ingénieuse qui plaçait une pieuse espérance sous un glorieux souvenir, « qu'au roi Charles V seul il avait appartenu de rapporter d'Angleterre les restes vénérés du roi Jean son père ». Ce qui distinguait l'éloquence du duc de Fitz-James, c'étaient, avec l'élévation naturelle des pensées et la vivacité passionnée des sentiments, qui rappelait parfois la fougue chevaleresque des anciens temps, une ironie contenue, un à-propos plein de

---

1. Le duc de Berwick.
2. Séance de la Chambre des pairs du 2 décembre 1831.

grâce, et une noble familiarité de geste et de débit. Sur la fin, sa vue s'était presque éteinte, et cependant le clairvoyant aveugle montait encore à la tribune et se mêlait aux combats parlementaires avec l'ardeur de son caractère et l'éclat de son talent demeuré entier, comme ce roi de Bohême, père d'une de nos reines, qui, tout aveugle qu'il fût, fit lier son cheval à celui de deux écuyers, et leur commanda « de le mener au plus fort de la mêlée pour férir encore quelques bons coups contre les Anglais, qui venaient dérober l'héritage de son petit-fils. »

Deux professeurs illustres, M. Villemain et M. Cousin, descendus de leur chaire comme M. Guizot, après la Révolution de 1830, pour monter à la tribune, y soutinrent l'éclat de leur renommée. Il semblait que ces maîtres d'enseignement voulaient finir ensemble, comme ils avaient commencé, dans la crainte que si l'un des trois restait seul il parût se séparer des deux autres.

M. Villemain signalait honorablement, dès l'année 1833, sa présence à la Chambre des pairs, en combattant ainsi l'abrogation pure et simple de la loi du 19 janvier 1816 sur l'anniversaire de la mort de Louis XVI : « Au lieu d'affirmer que les nations n'aiment point à consacrer le souvenir de leurs fautes, il est plus juste de dire que les nations aiment à déclarer qu'elles ne sont pour rien dans des fautes ou plutôt dans des crimes indignes d'elles et commis sans leur aveu[1]. » Son talent oratoire était un talent de nuances. Il avait le secret de ces mots spirituels qui insinuent plus qu'ils ne disent, et soulèvent encore plus d'idées qu'ils n'en expriment, comme ces doigts habiles qui, en prenant un ac-

---

1. Chambre des pairs, séance du 19 janvier 1833.

cord sur un clavier, réveillent dans la mémoire toute une mélodie. Railleur sans insulte, mais non sans malice, il profitait de son commerce avec la docte antiquité pour rapporter dans l'éloquence moderne le miel attique, mais aussi un peu l'aiguillon des abeilles de l'Hymette. M. Cousin était un orateur véhément, vigoureux, abondant, et son vol, habitué à s'élever dans les spéculations philosophiques, planait de haut sur les questions politiques. Tour à tour ministres de l'instruction publique, ces deux orateurs engagèrent surtout leurs grandes luttes oratoires sur les questions de la liberté de l'enseignement, si vivement débattue dans la seconde phase du gouvernement de Juillet.

Dans les différentes nuances du centre gauche et de la gauche, on remarqua des orateurs distingués.

M. Dupin avait apporté du barreau une connaissance profonde du droit et des affaires, une verve oratoire âpre et familière, un esprit mordant et ce sel gaulois d'une saveur un peu haute, qui plaît dans notre pays. Il affectait de maintenir la tradition des idées et des préjugés des anciens parlements, et il brillait surtout dans les discussions où le bon sens pratique vient se heurter contre les théories. C'était une éloquence dont le choc était rude plutôt que le vol élevé. Elle excellait à traduire en aphorismes concis, en brusques saillies, cet égoïsme prudent qu'on rencontre chez les nations comme chez les individus. « Chacun chez soi, chacun pour soi, » voilà un des thèmes dans lesquels se plaisait la parole de M. Dupin, quand l'opposition de gauche développait ses plans de solidarité européenne et de grandeur militaire. M. Dupin, qui représentait à la tribune cet esprit de calcul, de prudence et de personnalité un peu prosaïque que l'on rencontre dans une partie de la bourgeoisie, avait un talent d'offensive qui lui faisait faire de l'opposition contre le pouvoir en même temps qu'il servait le pouvoir contre l'opposition. On craignait, dans tous les partis, les coups de boutoir de ce faux paysan du Danube, qui ne se refusait guère un bon mot contre la cause même qu'il défendait.

En descendant plus avant vers la gauche, on rencontrait M. Odilon Barrot, qui, avec moins de verve et moins d'âpreté, appartenait cependant plus franchement par son éloquence et la nature de ses idées à l'opposition démocratique. Il était, avec MM. Berryer, Guizot et Thiers, un des quatre grands orateurs en état d'improviser une réplique dans les discussions de longue haleine. L'éloquence de M. Odilon Barrot, plutôt anglaise que française, était surtout bien inspirée quand il défendait les idées de droit abstrait ou de légalité et de constitutionalité. C'était l'orateur de la philosophie du droit, esprit plus théorique que pratique. Il développait aussi, avec la double autorité de la raison et du talent, la grande thèse des libertés municipales, cette école primaire de la monarchie représentative. Quand il se trouvait en face des questions de politique proprement dite qui exigeaient des transactions, il était gêné par la roideur de ses théories qui n'en admettaient pas. Il excellait surtout dans les thèses de droit constitutionnel et international. Dans de pareilles matières, la solennité un peu théâtrale de sa pose, la sévérité magistrale de son geste, l'accent convaincu de son débit, se joignaient à l'élévation de ses spéculations pour l'aider à produire de grands effets oratoires. Il exerçait, dans ces questions, une juste autorité sur les assemblées. L'atmosphère d'opposition dans laquelle il se trouvait, agissant sur lui, le portait, dans les questions de gouvernement, à pousser souvent à l'extrême des idées de liberté dont la pratique des choses ne supporte pas l'application absolue, et qui ont besoin d'être fortement réglées par les institutions. La première fois que M. Royer-Collard l'entendit parler, il laissa tomber sur lui une de ces paroles magistrales dans lesquelles il aimait à buriner ses jugements : « Monsieur, lui dit-il, il y a déjà quarante ans que je vous ai rencontré ; vous vous appeliez alors Pétion. »

D'autres orateurs doivent être encore cités. M. Dufaure, continuant les traditions d'éloquence de la députation de la Gironde qui, sous la Restauration, avait trouvé, dans MM. Lainé, Ravez et de Martignac, de si nobles représentants, se faisait remarquer, dans les assemblées du gouvernement de Juillet, par un talent oratoire plein d'une merveilleuse lucidité. Si sa parole avait moins de grâce et d'harmonie que celle de M. de Martignac, cette sirène de la tribune, elle avait plus de nerf et de verve. Jamais l'art de résoudre une question, en l'exposant, n'avait été poussé plus loin, et l'on peut dire que la lumière se faisait pendant les discours de ce lumineux orateur, qui représentait une nuance d'opinion un peu indécise, située entre le centre gauche et le centre droit.

M. Duchâtel, qui avait fait ses premières armes comme économiste du *Globe*, acquit dans les débats une éloquence d'affaires. M. de Rémusat porta à la tribune ce cachet de finesse élégante, d'élévation spirituelle et de bonne grâce un peu railleuse qu'on avait déjà remarqué dans ses écrits.

M. de Lamartine, cet éclatant transfuge de la poésie, commença à prendre sa place dans les discussions orageuses de la coalition, où il défendit le ministère de M. Molé. Il avait cherché, au début de sa carrière politique, à constituer un parti social qui, dans sa pensée, serait devenu le modérateur de l'Assemblée, mais qui ne trouva point d'adeptes. Plus tard il entra plus avant dans l'opposition, sans se rattacher du reste à aucun parti, et en demeurant isolé dans son individualité. Cette éloquence aux images éclatantes, au langage fortement coloré et riche en métaphores, aux grands effets oratoires, agissait plus en dehors de l'Assemblée, sur le public, que dans le sein de l'Assemblée; elle échauffait l'atmosphère extérieure plus qu'elle n'influençait les votes. Dans les discours de l'orateur, on retrouvait l'écrivain. Ce fut surtout dans les derniers temps du gouvernement de Juillet que la parole de M. de Lamartine jeta le plus vif éclat. On se souvient de l'effet de cette phrase dédaigneuse dans laquelle l'orateur résuma l'état des esprits en 1847 : « La France s'ennuie. »

La droite légitimiste, que les événements de 1830 et la nouvelle loi électorale avaient réduite à un très-petit nombre de membres, trouva cependant d'habiles interprètes. MM. de Laboulie et de Larcy, esprits vifs, imaginations brillantes, cœurs chaleureux, qui tous deux avaient volontairement quitté le parquet à la suite de la Révolution, se firent remarquer, dès le début, par cet heureux don de la parole prodigué par la Providence aux provinces méridionales, qui les envoyaient à la Chambre. Hennequin, orateur exercé aux luttes du barreau, ne fit que paraître à la tribune, et n'eut pas le temps d'y conquérir toute l'influence que sa connaissance approfondie du droit, et l'accent d'honnêteté qui était le caractère de son éloquence, lui promettaient et lui firent obtenir dans la discussion de la loi de disjonction [1].

A la Chambre haute, deux jeunes pairs légitimistes, qui avaient gardé leur siége en 1830, soutinrent avec éclat leur opinion. L'un d'eux, M. le duc de Noailles, en rendant justice devant la Chambre des pairs à l'émule et à l'ami auquel il survivait, a peint, avec cette justesse, cette dignité et cette mesure qui sont les traits

---

1. Lors de la discussion des lois de septembre 1835.

distinctifs de son talent, le rôle rempli dans cette Chambre par le marquis de Brézé et lui. « Ceux mêmes qui partageaient le moins les sentiments de M. de Brézé, disait-il[1], le louaient du sentiment chevaleresque qui lui fit prendre en main la cause d'un pouvoir tombé, et défendre l'honneur de ceux qu'il avait servis. C'est que M. de Brézé était avant tout un cœur généreux. Aucun sentiment élevé ne le laissait indifférent et froid. Tout ce qui touchait à la vérité, à la justice, à la patrie, remuait son âme et animait à l'instant sa parole. C'était là le caractère particulier et comme la couleur distinctive des nombreux discours qu'il prononçait devant vous. Vous l'avez entendu lui-même dire à cette tribune : « On « connaît mes opinions; mais si la marche du gouver- « nement assurait le bonheur de la France, il ne nous « trouverait pas hostiles, et nous ferions taire nos regrets « et nos affections à l'aspect des prospérités publiques. « La patrie, toujours la patrie, voilà tout notre évangile « politique, nous n'en connaissons pas d'autre. »

En rendant hommage à la mémoire de M. de Brézé, M. le duc de Noailles continuait ainsi à retracer la situation prise par ses amis et par lui-même dans les débats parlementaires : « Il faut rendre justice aux opinions consciencieuses et ne pas méconnaître leur véritable caractère. Chez ceux qui furent le plus attachés au gouvernement qui n'est plus, il y avait autre chose qu'un attachement aveugle à un principe; il y avait, dans leur pensée, des conditions de stabilité, de liberté, de prospérité, de puissance au dehors, qui, à leurs yeux, y trouvaient leurs plus fortes garanties. Ce gouvernement est tombé; mais ces idées, ces doctrines, ces traditions, ont survécu; elles se sont vues attaquées, menacées par la conséquence des événements, par des tendances et des

---

1. Chambre des pairs, séance du 19 mars 1846.

doctrines contraires, et elles avaient le droit de se faire entendre dans un gouvernement demeuré public et libre. M. de Dreux-Brézé était sincèrement attaché au gouvernement de la Restauration, non-seulement par sentiment de famille et par reconnaissance, mais parce qu'il était profondément convaincu que le principe de ce gouvernement était un gage d'ordre et de stabilité qu'on ne pouvait détruire sans les plus graves périls, la ruine peut-être, ou du moins l'abaissement de notre patrie. Mais, en même temps, il n'était pas moins sincèrement attaché aux formes constitutionnelles que ce même gouvernement nous avait données. Il aimait d'un penchant naturel, penchant commun à toutes les nobles âmes, ces libertés publiques qui, sagement établies, font la grandeur morale, la véritable vie et l'honneur d'une nation. Après 1830, M. de Brézé resta à son poste, parce que, disait-il, c'était le seul moyen de contribuer au salut de la patrie. Il y resta loyalement, avec cette netteté de résolution et de conduite qui ne laissa jamais d'ombre à ses actions; mais il n'y resta pas pour tenir humiliés des sentiments et des convictions que blessèrent souvent la marche des événements et les actes du pouvoir. Il parla sans savoir s'il serait éloquent; il s'ignorait lui-même, et, comme on l'a dit, son talent sortit tout armé de son cœur. »

Il y a peu de chose à ajouter à ce tableau, dans lequel l'orateur montre son éloquence, en peignant celle de son ami. On pourrait dire cependant que le duc de Noailles, esprit grave, calme et sage, s'appliquait surtout à exposer, dans des tableaux largement conçus, l'état de nos relations extérieures à l'ouverture de chaque session, en démontrant combien la chute du principe de la monarchie traditionnelle avait affaibli au dehors la situation de la France, tandis que, plus vif, plus ardent, plus agressif, malgré l'exquise politesse de son langage, le marquis de Dreux-Brézé se jetait plus avant dans les luttes politiques. Les idées, les sentiments, les passions de son parti, trouvèrent dans sa parole un écho éloquent. Il eut de ces bonnes fortunes d'à-propos qui valent de longs discours. C'est ainsi qu'il produisit, dans la Chambre des pairs, une émotion qui retentit au loin et dura longtemps au dehors, lorsque, dans la discussion sur les fortifications de Paris, ayant entendu un ministre émettre la pensée que Henri de France pouvait venir assiéger Paris à la tête d'une armée étrangère, il s'écria : « Non, cela n'est pas possible ; je réponds de lui cœur pour cœur, corps pour corps, à la France. » C'était une explosion de l'esprit chevaleresque qui avait été, pendant de si longues années l'âme de notre histoire et de notre littérature.

III

MM. GUIZOT, THIERS, BERRYER.

Quel que fût cependant le talent de parole des orateurs que nous venons d'indiquer, lorsque l'on veut trouver l'expression la plus littéraire de l'éloquence de la tribune sous le gouvernement de Juillet, il y a quatre noms qui sortent du rang et viennent solliciter une attention toute particulière : ce sont ceux de MM. Berryer, Guizot, Thiers et Montalembert [1], qu'il faut étudier à part, tant à cause de la diversité de leur éloquence qu'à cause de la différence des idées au service des-

---

1. Comme le talent oratoire de M. de Montalembert a été principalement consacré aux questions religieuses, nous renvoyons à cette partie ce que nous avons à dire de lui comme orateur, afin de ne pas scinder l'appréciation générale de son talent et l'étude des grands courants intellectuels.

quelles elle fut engagée. Cependant il y a deux de ces grands talents qu'on ne peut séparer, en raison de leur antagonisme même. Il est dans la fatalité de MM. Thiers et Guizot de se trouver ainsi rapprochés après s'être si longtemps exclus; leurs contrastes servent à les expliquer, et on les comprendrait moins bien si on les étudiait séparément.

MM. Guizot et Thiers étaient la personnification des deux tendances distinctes qui se disputaient le pouvoir sous le régime politique créé par la Révolution de Juillet. Le gouvernement de 1830 retrouvait ici des divergences qui avaient déjà paru dans l'opposition de quinze ans : alors M. Thiers et l'école de M. Guizot n'avaient pu s'entendre, quand ils se trouvèrent rapprochés dans la rédaction du *Globe*, et la création du *National* fut l'expression de cette incompatibilité d'idées, de sentiments et d'humeurs. Les périls de l'établissement de 1830 purent amener entre eux des rapprochements temporaires, mais au fond l'incompatibilité subsistait toujours. Ils étaient différents d'origine, de tendance et d'esprit. Ces différences de caractère et de situation se reflétèrent dans leur éloquence.

M. Guizot s'était épris, dans ses études d'historien, d'une profonde admiration pour la constitution d'Angleterre, en même temps qu'il avait cru découvrir la loi de nos destinées nationales dans les progrès constants du tiers état en France. Il était sans contredit le plus éloquent interprète du parti qui, sans avoir désiré la Révolution de 1830, voulut, quand elle eut éclaté, naturaliser la Révolution de 1688 en France. Pour suppléer à l'absence de l'aristocratie nobiliaire, il espérait, qu'on nous passe ce terme, aristocratiser la bourgeoisie. C'était à elle qu'il réservait le rôle gouvernemental rempli de l'autre côté du détroit par l'aristocratie britannique. L'occasion de réaliser l'idéal de sa vie entière se présentait, il ne pouvait la laisser échapper. Il avait donc peu de goût pour la démocratie proprement dite. Ses souvenirs de famille, son éducation austère, ses goûts délicats et ses relations avec la société la plus élevée et la plus brillante lui inspiraient une horreur véritable pour la grossièreté et les excès révolutionnaires.

Il ne cachait point cette horreur ; elle éclatait dans tous ses discours, et il revenait même, avec une certaine affectation, à la distinction entre ce qu'il appelait les révolutions légitimes et les partis excessifs qui les déshonorent, et qu'il flétrissait en les appelant la mauvaise queue des révolutions. L'illustre historien, qui avait scruté si profondément nos annales, ne pouvait oublier que toujours les mouvements de la bourgeoisie avaient expiré dans la licence démagogique, qui, en alarmant les esprits et en blessant les intérêts, avait fini par les précipiter dans la dictature, haïssable sous le régime d'une sage liberté, désirable sous l'anarchie. C'est là, en effet, une des lois de notre histoire. En 1356, les États généraux et leur tentative de réforme aboutissent aux violences et à la dictature démagogique d'Étienne Marcel ; en 1381, aux violences et à la dictature démagogique de Simon Caboche et de ses écorcheurs. A l'époque de la Ligue, le grand mouvement des municipalités catholiques aboutit à la tyrannie populaire des Seize ; le mouvement parlementaire et municipal de la Fronde à une journée de violence et de licence révolutionnaire. Les souvenirs de l'historien se changeaient en prévoyance chez l'homme d'État. Il comprenait que, si l'on ne parvenait point à arrêter la Révolution de Juillet sur la pente du principe démocratique, elle ajouterait une nouvelle catastrophe à tant de catastrophes, et, pour ne pas avoir profité des leçons du passé, deviendrait elle-même un triste et éclatant enseignement pour l'avenir.

L'idéal de la politique de M. Guizot était donc compris dans les maximes suivantes, dont la réalisation lui paraissait devoir être l'œuvre du gouvernement de Juillet : « L'unité persévérante de la pensée sociale représentée par le gouvernement ; le respect des pouvoirs publics ; la subordination légale des volontés individuelles ; la répartition des droits selon la capacité ; la garantie des libertés partout, à tous les degrés de l'échelle sociale ; mais le pouvoir en haut, car les affaires de la société sont hautes, et ne peuvent être bien conduites d'en bas. »

C'était là sans doute un grand programme ; mais qu'il était difficile de le remplir dans les conditions où la Révolution de 1830 avait placé la société française ! Les hommes qui croient plus à la puissance des principes qu'à celle des volontés et des capacités humaines, quelque hautes qu'elles soient, ne pouvaient admettre qu'en reconnaissant comme légitime l'action du protestantisme et de l'esprit révolutionnaire qui, portant le drapeau de bas en haut, comme en convenait M. Guizot lui-même, ont posé le principe de la souveraineté individuelle et de celle du nombre, on pût détrôner ces deux souverainetés. Ils demandaient où l'on prendrait sa force pour leur résister, si l'on n'existait que par elles. Comment serait-on le bienvenu à dire à l'océan révolutionnaire sorti de ses limites : « Tu n'iras pas plus loin ? » La mer écoute la voix de Dieu, mais la révolution n'écoute point celle des hommes ; et Mirabeau lui-même, tout Mirabeau qu'il fût, eût été emporté par la vague qui l'avait apporté à la tribune, si l'opportunité de sa mort n'avait point caché dans les mystères du sépulcre son impuissance à réparer les fautes de sa vie. De quel droit proposer à l'individu et au nombre de renoncer à leur souveraineté ? Qui donc aurait autorité pour enclouer les canons de la démocratie ? et comment lui démontrer que cette journée de bataille, qui a duré des siècles, touchait à sa fin, et qu'il était temps de déposer les armes pour songer à la construction de cette Jérusalem démocratique qui demandait à s'élever, couronnée de splendeurs, du sein des ruines, comme Venise du sein des mers? Si ceux qui tenaient le pouvoir trouvaient les conquêtes de la démocratie suffisantes, d'autres, derrière eux, trouvaient, au contraire, qu'elles ne faisaient que commencer. En vain donc faisait-on retentir ce cri de halte, naturel à ceux qui sont arrivés ; la grande voix qui vient d'en bas répondait par le terrible mot d'ordre répété de bas en haut depuis des siècles : Marche! marche! Quoi qu'on fît, il faudrait marcher; car, dans le mouvement démocratique, qui date du protestantisme, de la philosophie du xviii° siècle et de la Révolution, l'impulsion part d'en bas, on le reconnaît. Qu'opposer à cette fatalité de position qui domine le talent? De l'éloquence? la démocratie aussi est éloquente. Des raisonnements? la démocratie aussi est logicienne, et elle domine par les principes ceux qui veulent l'arrêter. Des conseils? elle ne les écoute pas. Des prières? elle est impitoyable. Des menaces? elle s'en rit, car elle est la plus forte. Pendant que les grands orateurs la harangueront, le sol marchera sous leurs pieds, il les fera avancer, il les portera au but où il va, car le sol sur lequel leur tribune s'élève, c'est la démocratie. Comment les maximes qu'on pose auraient-elles quelque vertu? On parle de « l'unité persévérante de la pensée sociale représentée par le gouvernement. » Mais, après l'avoir rompue hier, comment empêchera-t-on qu'on ne la rompe demain? Comment maintenir cette unité persévérante, après avoir brisé la chaîne des siècles? On allègue « le respect des pouvoirs publics. » Mais où trouvera-t-on le moyen d'établir ce respect, quand les pouvoirs représentent une volonté changeante, et lorsque, instruments transitoires de cette volonté, ils ne peuvent faire que ce qu'on leur permet? On a reconnu et l'on reconnaît que la démocratie a eu le droit de faire et de renverser les pouvoirs; comment obtenir qu'elle respecte des autels profanés, et que, nouveau Pygmalion, elle s'agenouille devant l'argile qui vient de sortir de ses mains? « La subordination légale des volontés individuelles. » Mais comment établir cette subordination dans une société où les lois changent tous les jours? On conçoit la religion de la loi, lorsque, résultat vénérable des âges, la loi est consacrée par l'obéissance traditionnelle des générations. Mais dans une société où la loi est éphémère, transitoire, où elle est aujourd'hui et où elle ne sera pas demain, cette subordination est impossible, à moins qu'on ne veuille réduire l'homme civilisé à l'état du sauvage qui se fait un fétiche pour toute la journée du premier objet qu'il rencontre en sortant de sa hutte le matin. « La répartition des droits selon la capacité. » Belle pensée, sans doute, mais par quel moyen la réaliser? Qui jaugera la capacité? A quels signes extérieurs distinguera-t-on le capable de l'incapable? Quelle sera l'autorité qui décidera? En vertu de quelle loi? Comment fera-t-elle accepter ses arrêts? « Le pouvoir en haut, car les affaires sont hautes et ne peuvent être conduites d'en bas. » Maxime pleine de justesse. Mais comment croire qu'un mouvement qui agit de bas en haut puisse se concilier longtemps avec une action gouvernementale placée dans une sphère supérieure? La révolution a pu se personnifier, de temps à autre, dans une dictature éphémère et troublée; mais où a-t-elle admis la durée, la régularité, la hiérarchie?

Tels étaient les obstacles, telles étaient les objections élevées contre le programme de M. Guizot par ses contradicteurs. Les obstacles étaient grands, les objections nombreuses et fortes. Cependant ceux-là mêmes qui ne croyaient point à la possibilité du succès de son entreprise, ceux qui ne le désiraient pas, ne pouvaient se défendre d'un vif mouvement de curiosité et même d'intérêt, en présence de la lutte qu'il tentait. Un des plus dramatiques spectacles que l'homme puisse donner à l'homme, c'est celui du duel d'une intelligence supérieure aux prises avec les difficultés et les obstacles. Lors donc que les hommes d'État, les orateurs du gouvernement de Juillet entreprirent de gouverner, en présence de la liberté de la tribune et de la presse, les passions de la démocratie qui venait de leur frayer les avenues du pouvoir par l'explosion révolutionnaire des 27, 28 et 29 juillet 1830, leurs adversaires eux-mêmes, malgré les colères de la journée, auxquelles venaient s'ajouter les rancunes de la veille, ne purent se défendre de cette émotion secrète qu'on éprouve en voyant ces intrépides dompteurs d'animaux qui jouent avec les bêtes fauves.

C'était une entreprise hardie ; elle fut hardiment conduite. Elle donna lieu à des débats parlementaires qui jetèrent un grand éclat sur la tribune française pendant le gouvernement de Juillet. M. Guizot qui, jusque-là, n'avait parlé que du haut de la chaire professorale, prit une large part à ces luttes. Dès le mois de février 1831, il marqua sa place à la tribune par le discours puissant et agressif qui renversa le ministère Laffitte sous le scandale des ruines de l'archevêché et sous la responsabilité des journées d'anarchie qui avaient éclairé le sac de Saint-Germain-l'Auxerrois. Le caractère de son éloquence, c'était un dogmatisme éloquent. Il portait écrit sur son front le sentiment de sa supériorité. Ce sentiment éclatait dans l'autorité de son geste, dans la solennité de sa pose, dans l'accent de sa voix grave et profonde, dans le tour de sa pensée à la fois élevée et sentencieuse. L'éminent professeur se laissait quelquefois entrevoir à demi derrière l'homme d'État qui imposait ses idées comme un enseignement, plutôt qu'il ne les proposait au jugement de ses collègues. Lorsqu'on voyait apparaître à la tribune cette figure pâle et méditative, sur le front de laquelle l'étude et la réflexion avaient tracé leurs austères sillons, on éprouvait cette émotion de curiosité et d'intérêt que fait toujours naître, dans les grandes réunions d'hommes, la présence de la supériorité. L'éloquence de M. Guizot subjuguait plus qu'elle n'entraînait. Orateur plutôt puissant qu'agréable, dans des assemblées où les passions révolutionnaires, qu'il aurait voulu soumettre à une discipline sévère, avaient une large représentation, il avait affaire à des auditeurs qui ne lui pardonnaient guère ni son origine, car il avait été mêlé aux premières années du gouvernement de la Restauration, ni son but, car on comprenait qu'il aspirait à effacer, autant que possible, l'origine révolutionnaire du gouvernement de Juillet, pour rapprocher le nouveau pouvoir des traditions monarchiques de la société française.

En outre, les premiers instants d'émotion une fois passés, il ne cacha point sa conviction profonde que, dans la nouvelle situation que la dernière révolution avait faite à la France en Europe, et à l'Europe elle-même, la paix était nécessaire. Il sentait que toute guerre devait inévitablement devenir une guerre révolutionnaire, être accompagnée de bouleversements intérieurs et tourner au préjudice de la France. Il le disait sans ménagement, avec cette roideur de parole qui marche à son but sans s'inquiéter de froisser les susceptibilités, à des hommes qui, pour la plupart, tout en comprenant qu'au fond il avait raison, ne pouvaient lui pardonner de sonder si rudement cette plaie douloureuse. Ainsi, lorsqu'il s'écriait, au sujet de la question d'Orient en 1840, que, si l'on voulait engager la France contre l'entente européenne, « on la placerait entre une faiblesse et une folie, » cette vérité irritait ceux-là mêmes qui ne la contestaient pas, et devenait le thème des violentes interruptions de l'opposition.

M. Guizot ne craignait pas les interruptions, il ne les évitait pas, il les provoquait plutôt. Déjà, dans la discussion des lois de septembre 1835, il avait donné un exemple remarquable de cette éloquence agressive qui, en passionnant contre lui les bancs de l'opposition, lui assurait la sympathie passionnée des bancs de la majorité. Comme historien, il avait sondé profondément les mauvais penchants des multitudes, comme philosophe les mauvais côtés de la nature humaine, et sa parole inflexible ne déguisait point, devant les Assemblées, le résultat sévère de ses méditations sur la philosophie et sur l'histoire. C'est ainsi qu'il disait, à propos de la loi de 1835 sur le jury : « L'intimidation préventive et générale, tel est le but principal, le but dominant des lois pénales ; il faut, pour qu'il y ait utilité morale dans les peines, qu'elles effraient et contiennent le grand nombre. Il n'y a point de vraie moralité sans la crainte. Pensez-y bien : dans l'intérieur de la famille, dans l'intérieur de la société, dans les rapports de l'homme avec son Dieu, il y a de la crainte, il y en a nécessairement. Qui ne craint rien, bientôt ne respecte plus rien. La nature morale de l'homme a besoin d'être contenue par une puissance extérieure, de même que, dans sa nature physique, il semble que son sang, ses humeurs, toute son organisation ait besoin d'être contenue par la pression atmosphérique qui pèse sur lui. Opérez le vide autour de l'homme, à l'instant vous verrez son organisation se détruire. Il en est de même de sa nature morale. »

Cette éloquence de combat ne redoutait point les incidents de la lutte ; elle avait les qualités qui font qu'on y brille, le sang-froid, la présence d'esprit, la repartie dédaigneuse et hautaine. Jamais on ne vit briller ces qualités oratoires avec plus d'éclat que dans une occasion où l'orateur, alors président du conseil, se trouva à la fois aux prises avec la droite et la gauche de l'Assemblée. Il avait été amené, par les tristes nécessités des révolutions, qui ont aussi leur raison d'État, à engager une violente discussion contre les députés de la droite qui étaient allés, en 1843, saluer à Londres les nobles et touchantes adversités du petit-fils de Louis XIV. Le voyage que M. Guizot avait fait à Gand, pendant les Cent-Jours, ayant été rappelé, il s'éleva un orage tel que, de mémoire parlementaire, on n'avait rien vu de pareil. Pendant près d'une heure, tous les bancs de la gauche éclatèrent en interruptions injurieuses et en apostrophes passionnées. Ceux qui assistèrent à cette journée parlementaire n'oublieront jamais l'inflexibilité d'attitude, la résolution douloureuse mais imperturbable de geste et de maintien de M. Guizot, l'opiniâtreté invincible avec laquelle il reprit vingt fois sa phrase, vingt fois interrompue, et l'intonation de sa voix, lorsque, avec des yeux qui lançaient des éclairs de colère, il jeta aux bancs de la gauche cette phrase célèbre : « Vous aurez beau accumuler vos injures, jamais elles ne s'élèveront jusqu'à la hauteur de mes dédains. »

Au point de vue politique, chacun emporta de cette séance des émotions conformes au sentiment dont il était animé, et ceux qui avaient été l'occasion de cette scène se retirèrent, la tête haute, en répétant la noble parole jetée de la tribune par M. de Larcy : « Loyauté n'a honte. » Mais, au point de vue de l'art oratoire, il ne put y avoir qu'une opinion sur le maintien, le geste, les paroles de M. Guizot dans cette circonstance difficile. Les adversaires de l'homme politique rendirent justice à l'orateur.

Il nous a été donné d'entendre de la bouche de l'orateur lui-même l'explication des mystères intimes de sa composition oratoire et de ce travail préliminaire qui précède le travail de la tribune. Quand M. Guizot devait prendre la parole sur une question, il cherchait, soit dans le silence du cabinet, soit en se promenant dans le petit jardin de sa modeste maison de la rue de la Ville-l'Évêque, quand il n'était pas ministre, quelquefois aussi sous les grands ombrages des Tuileries, les idées principales destinées à lui servir de points de repère. Ces idées mères, dans chaque discours, ne dépassent jamais le nombre de sept ou huit; les idées accessoires en sortaient d'elles-mêmes comme les menues branches sortent des grandes ramures qui viennent s'embrancher dans le tronc même de l'arbre. Ces idées une fois trouvées, il les rangeait dans leur ordre logique. C'était de ce point qu'il fallait partir; c'était par ces stations intermédiaires qu'il passerait; voilà le but auquel il faudrait arriver. Il faisait comme un voyageur qui, placé sur une montagne, considère la route qui doit le conduire à la ville, terme de sa course, et dans le paysage déroulé à ses pieds ne voit que les stations principales de son itinéraire, les vallées profondes, les coteaux en saillie, les cours d'eau à traverser. Souvent, dans cette étude préliminaire, quelques-unes de ces phrases qui jaillissent toutes ciselées de l'esprit lui venaient naturellement; il en prenait note.

C'était tout ce qu'il demandait à la méditation, le fonds, ou, pour mieux dire, le squelette puissamment articulé de sa harangue; l'inspiration de la tribune lui donnait l'âme. Seulement, quand il s'agissait d'un discours qui devait rouler sur des faits, il avait soin d'étudier et de fixer avec une scrupuleuse sollicitude la chronologie de son sujet. Il mettait, la plume à la main, les faits, les dépêches, les conversations diplomatiques à leur place, jour par jour, quand il était possible. Cette étude lui était fort utile, en ce qu'elle l'empêchait de commettre de ces anachronismes qui souvent font dévier le jugement de sa rectitude, car le moment où une parole a été dite, une dépêche lue, où un incident est intervenu, peut donner une importance particulière à cette parole, à cette dépêche, à cet incident. Une faute de chronologie dans l'étude d'une affaire peut devenir une faute d'appréciation dans la politique, et par suite une faute de logique dans la discussion. Dans ses répliques improvisées, M. Guizot notait les principales idées des orateurs opposés à ses opinions, et l'ordre des objections déterminait l'ordre de ses réponses.

C'est à l'aide de cette méthode qu'il prononça ces grandes harangues qui ont fait époque dans les fastes parlementaires : en 1846, ses discours sur les affaires d'Italie, dans lesquels il promettait aux peuples de la Péninsule les bons offices de la France pour obtenir des réformes de leurs gouvernements, à condition qu'ils ne mêlassent à ces tentatives de réformes aucun acte révolutionnaire dirigé soit contre les gouvernements italiens, proprement dits, soit contre l'Autriche, politique difficile, admise par le prince de Metternich qui en souhaitait le succès sans y croire ; en 1847, les discours sur les mariages espagnols, dans lesquels l'orateur avait deux points objectifs, l'opposition des Chambres françaises et l'Angleterre, l'opposition qu'il fallait désarmer sans alarmer l'Angleterre.

Il semble qu'il ait été dans les destinées de M. Thiers de vivre dans un état d'antagonisme perpétuel contre M. Guizot. Différentes de nature, d'origine, de but, ces deux remarquables intelligences, qui n'ont de commun entre elles qu'un talent hors ligne, avaient déjà commencé à pressentir leurs divergences pendant la Restauration. M. Thiers, on l'a dit, ne fit que traverser le *Globe*, avec les rédacteurs duquel il ne put s'entendre, et il alla fonder le *National*. Ce qui était arrivé à l'écrivain devait arriver, sous le gouvernement de Juillet, à l'homme d'État et à l'orateur.

Plus jeune que M. Guizot, M. Thiers n'appartenait ni à la même école ni au même mouvement d'idées. C'était, au sortir de sa jeunesse, un enfant de la philosophie du xviii° siècle et de la Révolution française. Il avait écrit son histoire avec un intérêt passionné qui, sans avoir le caractère d'une partialité préméditée, avait souvent produit les mêmes effets : il regardait cette Révolution comme sa mère, et il éprouvait pour ses torts une indulgence involontaire qui les lui faisait attribuer à la fatalité. Au fond, il aimait la démocratie de toute la sympathie qu'il savait lui inspirer, de toute la force du souvenir de ce qu'il croyait déjà lui devoir, de toute la force des espérances qu'il mettait en elle pour l'avenir.

Au moment où la Révolution de 1830 éclata, il était engagé dans une opposition ardente avec deux hommes d'un talent remarquable, dont le premier était et devait rester son ami à travers toutes les péripéties de sa fortune, MM. Mignet et Carrel. Le *National*, qu'il dirigeait avec eux, était à l'avant-garde de l'opposition. Cependant il se trouva un des premiers parmi ceux qui accueillirent la pensée de donner à la Révolution de 1830 un dénouement monarchique, en transférant le trône, par un acte parlementaire, à la branche-cadette de la maison de Bourbon. Il avait trop de sens pour croire à la possibilité d'établir, d'une manière stable, une république régulière et modérée dans un pays dont les idées, les mœurs, les traditions, n'avaient rien de républicain. Il entra dans la vie politique par le conseil d'État, et fut aussitôt chargé de remplir, sans titre, les fonctions de sous-secrétaire d'État aux finances, sous le ministère éphémère de M. Louis. M. Thiers, dont l'intelligence facile s'appliquait à tout, avait étudié les questions financières, et une brochure sur le système de Law, publiée par lui pendant la Restauration, avait excité l'attention publique par des vues neuves et hardies sur le crédit. Quand vint le ministère de M. Laffitte, destiné à traverser les jours difficiles de l'installation du gouvernement de Juillet, et surtout la crise du procès des ministres de Charles X, épreuve redoutable pour un pouvoir si nouveau, en face des passions révolutionnaires profondément émues qui réclamaient leur proie, M. Thiers conserva ses fonctions avec le titre officiel qui y était attaché. Le riche banquier libéral qui avait « trop prêté à la grande semaine, » comme il le disait lui-même pour expliquer comment le triomphe de ses idées avait été fatal à sa fortune, avait un des premiers entrevu la supériorité du jeune écrivain et pressenti son avenir. M. Thiers remplit le rôle difficile de ministre des finances pendant cette crise à la fois financière et politique, car M. Laffitte était absorbé par les affaires générales et les luttes de la tribune. C'est à cette époque que M. Thiers fut envoyé à la Chambre par le collége d'Aix.

Ses débuts oratoires ne furent point heureux. Il cherchait sa manière et il ne la trouva point de prime abord. En outre, cette effervescence d'opinion, qu'il avait rapportée de ses luttes de presse, n'avait point eu le temps de tomber, et ses précédents d'opposition le plaçaient plus à gauche qu'il ne pouvait y être réellement, quand il viendrait à considérer, avec cet instinct du possible qui le guidait dans ses études, la situation générale des affaires de l'Europe et celle de la France en particulier. Enfin la nécessité où se trouvait le ministère de M. Laffitte de conserver sa popularité intacte, pour traverser la crise difficile en vue de laquelle il avait été nommé, portait ceux qui en faisaient partie à adopter, dans la politique étrangère, un langage presque aussi belliqueux que celui de la gauche : ils cédaient sur ce point aux passions afin de pouvoir les gouverner au dedans.

M. Thiers dans ses débuts oratoires développa donc la politique révolutionnaire, et il essaya de retrouver à la tribune la tradition de ces formidables tribuns de la première Révolution, dont il avait évoqué les images dans son histoire. La nature ne lui avait rien donné pour remplir ce rôle. Sa stature exiguë, sa voix grêle, son attitude familière et négligée ne se prêtaient point à l'emphase des idées et du style. L'autorité qu'il acquit plus tard lui manquait au début de sa carrière, de sorte que rien ne suppléait en lui à l'absence de ces moyens physiques, si nécessaires aux orateurs révolutionnaires ; car une voix qui tonne, un geste qui foudroie, une taille colossale, agissent sur les sens avant que les idées agissent sur les esprits, et Danton et Legendre durent à ces avantages une partie de leurs succès. Il était évident que M. Thiers jouait un rôle à la tribune, et ce rôle, il le savait mal. Le naturel qui débordait en lui ne pouvait se prêter à cette emphase qui lui était antipathique. Il était faux, guindé, hors de sa nature; il échoua complétement.

Ce qui, pour un homme ordinaire, eût été une chute irrémédiable, fut pour M. Thiers une leçon. Le ministère Laffitte, quand il eut rempli sa tâche, tomba, et, le 13 mars 1831, le ministère de Casimir Périer lui succéda avec un programme tout contraire : il prenait le pouvoir pour appliquer un système de résistance au dedans contre les passions révolutionnaires qui venaient d'effrayer Paris par le sac de Saint-Germain-l'Auxerrois et la démolition de l'archevêché, et pour essayer un système de conciliation au dehors : l'ordre et la paix, telle était sa devise. Dès que le débat s'ouvrit entre le nouveau ministère et l'opposition ralliée tout entière autour de M. Laffitte, un orateur monta à la tribune, et, du ton facile et naturel qu'on emploie dans une causerie élevée, il exposa avec une vigueur de bon sens, une richesse d'aperçus et une puissance de dialectique également remarquables, les nombreux motifs qui militaient contre le programme de l'opposition. Cet orateur, c'était M. Thiers. Tout s'était transformé en lui, ses idées comme sa manière. Plus d'affectation, plus d'emphase, plus de geste à effet, de période sonore, de phrase travaillée, de pose dramatique : un débit simple et naturel, une causerie puissante et animée, un maintien familier, un geste vif, une abondance intarissable d'idées et d'arguments, et, quand il le fallait, un bon sens lumineux, spirituel, éloquent, éclairé par une étude approfondie des questions, voilà le talent nouveau qui se produisait à la tribune. Tel était devenu M. Thiers, ou plutôt, en cessant de chercher à devenir ce qu'il n'était pas, il était redevenu lui-même. Il avait transporté à la tribune cette conversation pleine de raison, de verve, de naturel, qui avait fait son succès dans les salons pendant la Restauration, et il l'avait élevée à la dignité de l'art oratoire. Il conversait, du haut de la tribune, avec les sympathies, les antipathies, les objections, les répugnances, les préventions, les murmures de son auditoire, toujours en communication avec lui, soumis à son influence et le soumettant à la sienne, par cette espèce de magnétisme intellectuel qu'exercent les orateurs qui s'inspirent des dispositions de ceux qui les écoutent.

Rien de plus curieux et de plus attrayant que d'entendre l'orateur lui-même, avec cette finesse d'analyse qui est un des caractères de son talent, exposer ses procédés d'étude et d'éloquence. Dans l'éloquence parlementaire, il a toujours distingué deux sortes de discours : les discours d'affaires et les discours purement politiques. Dans les discours d'affaires, il croyait n'avoir jamais étudié assez profondément la question, car la première condition pour parler, c'est de savoir. Ensuite il tissait la trame de ses idées, il arrêtait l'ordre de son argumentation. « C'est, disait-il, l'intérêt d'un discours d'affaires ; l'ordre progressif des idées tient la place qu'occupe l'intérêt dans un récit dramatique. Il faut que les idées marchent sans cesse, pour que l'orateur soit suivi par l'attention de l'Assemblée. Il y a un symptôme auquel l'orateur reconnaît que l'attention le suit, c'est lorsque tous les regards sont attachés sur les siens ; quand les regards le quittent, c'est un avertissement que les oreilles vont bientôt cesser de l'écouter : les interruptions ne doivent donc jamais changer l'ordre de ses idées. Dans les discours d'affaires, le fond des idées passe avant tout, l'ordre des idées vient ensuite. Dans les discours politiques, il faut moins d'études. Un homme politique doit connaître la politique, il n'a par conséquent pas besoin d'étudier aussi profondément les questions ; mais il peut avoir besoin de ménager les susceptibilités de son auditoire. Il y a avantage ou inconvénient à montrer une idée sous telle ou telle face ; il est utile d'arrêter sa pensée d'avance sur un point de la discussion, et d'étudier, avant d'y entrer, les défilés où il y a des pas dangereux ou difficiles. » C'est ce que fit toujours M. Thiers. Il n'adoptait pas d'avance une locution, mais il s'animait du sentiment qui devait la lui fournir. Il agissait de même lorsqu'il voulait montrer une idée sous sa face offensive ; mais, le plus souvent, quand il prenait cette forme agressive, il suivait plutôt, d'après ses propres confidences, l'inspiration de son caractère, naturellement vif et impétueux, que les conseils de sa raison.

Ce fut M. Thiers principalement qui, pendant toute la session de 1831, soutint le poids de la discussion sur les affaires étrangères, et imposa l'imperturbable autorité de son bon sens éloquent aux déclamations belliqueuses et aux imprudences enthousiastes de la gauche, qui voulait engager les forces de la France dans une intervention militaire en faveur de la Pologne. Cette session suffit pour marquer sa place au premier rang des orateurs de l'Assemblée, et le discours remarquable qu'il prononça en faveur de l'hérédité de la pairie, que le ministère avait abandonnée parce qu'il désespérait d'obtenir la majorité sur cette question tranchée par le mouvement des idées démocratiques, mit le sceau à sa réputation et le désigna d'avance comme un des ministres possibles du gouvernement de Juillet.

Du reste, cette session, qui exerça une influence décisive sur le cours des destinées de la Révolution de 1830, car elle décida la question jusque-là en suspens entre ceux qui voulaient la faire accepter à l'Europe par la paix et ceux qui voulaient l'imposer par la guerre, fut, au point de vue de l'éloquence parlementaire, la plus intéressante peut-être des dix-huit années de règne. Tandis que M. Thiers, se séparant de la gauche avec une partie de ceux qui appartenaient à ses cadres sous l'ancienne monarchie, battait en brèche, dans des causeries de tribune étincelantes de raison et de verve, les illusions de ses anciens amis, ses propres illusions de la veille, M. Guizot, conduisant les rationalistes monarchiques des assemblées de la Restauration, apportait à Casimir Périer le secours de sa parole pleine d'autorité, de sa raison éclairée par l'étude de l'histoire et de la philosophie, et de son obstination éloquente en faveur de l'ordre et de la paix, et M. Dupin ralliait les centres effrayés à la même cause par les aphorismes mordants d'une parole habituée à aller brutalement au fait.

Pour être un homme de démocratie, M. Thiers n'en était pas moins un homme de gouvernement. Il avait compris que la Révolution à laquelle il avait travaillé, et à la durée de laquelle il attachait ses espérances d'avenir, menaçait d'aller se perdre dans l'anarchie au dedans, dans un bouleversement général au dehors. Il aimait mieux la préserver en la rendant illogique que de la perdre logiquement. De là sa bonne entente, au moins temporaire, avec les hommes qui tentaient de sauver de ce double péril les destinées du gouvernement de Juillet, sauf à s'en disputer plus tard la direction. Cette diversité de talents employés à servir la même cause et ralliant autour du même programme des nuances si différentes d'opinions, jeta le plus grand éclat sur la session de 1831, fit la force du ministère de Casimir Périer, et rendit possible, après la mort de cet homme d'État, le ministère du 11 octobre, où se rencontrèrent MM. Guizot et Thiers, qui, plus tard, ne devaient être unis que dans l'opposition.

Dans le ministère du 11 octobre 1832, qui continua les traditions du cabinet précédent, M. Thiers se montra surtout, dans ses discours comme dans ses actes, homme de pouvoir. C'est un des traits de son esprit comme de son caractère : il subordonne ses tendances naturelles aux nécessités des situations et peut maîtriser, par son bon sens, les fantaisies d'une imagination mobile et impétueuse. La situation qui avait amené le ministère de Casimir Périer demeurant la même, le ministère du 11 octobre ne fit que développer sa politique. C'était l'heure des grands périls du gouvernement de Juillet : la présence de madame la duchesse de Berry devenait le signal d'une prise d'armes dans l'Ouest, l'insurrection éclatait presque en même temps à Paris et à Lyon ; la Hollande menaçait la Belgique, qui restait incomplète et ouverte devant les bataillons de son ennemie, tant que le drapeau de la maison d'Orange flotterait sur la citadelle d'Anvers. Les deux plus éloquents représentants des deux principales nuances de l'opposition de quinze ans apprirent, dans le difficile exercice du pouvoir, qu'on ne défend pas les gouvernements nés des révolutions avec les maximes qu'on proclamait dans la presse libérale. Dans le ministère du 11 octobre 1832 et dans les ministères suivants qui en furent la continuation, ils proposèrent et défendirent les mesures de compression, de répression les plus vigoureuses qui leur parurent nécessaires au gouvernement dont ils étaient les ministres. Les associations furent interdites, la presse vit diminuer ses franchises par les lois de septembre, les attributions du jury furent resserrées. Cependant la légalité fut respectée ou rétablie, et le cabinet dont M. Thiers et M. Guizot faisaient partie eut le mérite de gouverner avec la loi et par la loi, sous le feu de la liberté de la discussion. Ce fut pendant cette période que M. Thiers, tour à tour ministre de l'intérieur, du commerce et des travaux publics, de nouveau ministre de l'intérieur, puis enfin ministre des affaires étrangères et président du conseil le 22 février 1836, fut reçu à l'Académie française. Il arrivait à l'Académie par deux routes à la fois, comme historien et comme orateur.

Du moment que ses prétentions à la présidence du conseil avaient transpiré, son antagonisme avec M. Guizot, que la nécessité impérieuse des circonstances avait seule dominé, sans le détruire, s'était de nouveau manifesté. Leur rivalité de talent, d'idées, et par conséquent d'ambition, les plaçait plus naturellement face à face que l'un à côté de l'autre. M. Guizot qui, pour éviter la présence de M. Thiers, avait engagé M. le duc de Broglie à entrer aux affaires étrangères, en sortit avec son ami, et M. Thiers quitta lui-même les affaires sur la question d'une intervention hardie en Espagne qu'il avait proposée sans pouvoir la faire agréer, au moment où la lutte des carlistes, qui avaient résolûment levé le drapeau de la loi salique par la main intrépide de Zumalacarreguy, contre les isabellistes, était dans toute sa vivacité. Pendant cette période, son talent oratoire s'était fortifié et avait grandi. Moins populaire sans doute depuis qu'il s'était consacré à défendre des idées de pouvoir, il avait acquis plus d'autorité.

Le ministère du 11 octobre 1832, affaibli par les divisions de MM. Thiers et Guizot, avait traversé plusieurs transformations successives qui l'avaient ébranlé, et il se trouvait en outre usé par la puissance de répression qu'il avait été obligé de déployer contre les périls de toute nature qui, pendant sa présence aux affaires, avaient assiégé le gouvernement de Juillet. Depuis que la situation était devenue plus tranquille, les esprits, détendus, aspiraient à se reposer sous un ministère de pacification. Ni M. Thiers ni M. Guizot ne purent, malgré leurs efforts, rester ou revenir au pouvoir pour conduire ce mouvement d'idées. On pensa sans doute, dans la région où se faisaient les cabinets, qu'il fallait un ministère nouveau dans une situation nouvelle, et ce fut M. Molé qui eut l'honneur de donner l'amnistie.

L'avénement du ministère de M. Molé développe une nouvelle phase dans le talent de MM. Guizot et Thiers. Désunis par le pouvoir, ils se trouvèrent réunis dans l'opposition dès que le pouvoir leur échappa à tous deux. C'est alors que M. Thiers reprend toute sa verve démocratique pour la campagne de la coalition, et que M. Guizot lui-même, retrempant sa parole et sa plume dans les souvenirs de l'opposition de quinze ans, dirige contre le ministère toutes les forces d'un talent aussi ardent à l'attaque que puissant dans la résistance. Le point de vue de l'opposition n'est pas celui du pouvoir; ni les duretés de jugement, ni les amertumes de paroles ne manquèrent à cette opposition, souvent moins conséquente et moins impartiale qu'éloquente, qui attribuait à l'homme les inconvénients de la situation générale et, pour attaquer la politique du jour, oubliait les nécessités de la veille et ne prévoyait pas celles de la politique du lendemain. On admira ces deux orateurs, qui jamais n'avaient déployé autant de talent et de puissance; mais ceux-là mêmes qui, en voyant, depuis le ministère de Casimir Périer, les talents les plus éminents et les nuances d'opinions les plus diverses concourir à la fondation et à la défense du gouvernement de Juillet, et atténuer, à force d'union, d'habileté et de bonne conduite, les vices originels qui minaient son existence, avaient cru au succès de tant d'efforts, comprirent dès lors que cette bonne entente n'avait été que le résultat exceptionnel de circonstances extrêmes, et prévirent que le gouvernement de Juillet, préservé au début, en raison même de l'immensité de ses périls, ne résisterait pas à l'épreuve de la prospérité, et aurait tout à craindre précisément dès qu'on ne craindrait plus.

Le ministère de M. Molé succomba sous l'effort de la coalition. Ce fut M. Thiers qui, le premier, profita de sa chute. Mais il rencontra bientôt une question plus considérable que la question d'intervention en Espagne, sur laquelle il avait été obligé de se retirer, faute de pouvoir faire prévaloir son opinion : ce fut la question d'Orient, ce danger permanent auquel la paix européenne devait plusieurs fois se heurter avant de s'y briser. Jusque-là le gouvernement de Juillet avait marché au dehors en s'appuyant sur l'alliance anglaise. Le cabinet français s'était engagé, par une suite de mesures et de démarches publiques, dans une alliance étroite avec le pacha d'Égypte, qui aspirait à se rendre indépendant de la Turquie; pour la première fois, il rencontra devant lui l'intérêt anglais qui se sentait menacé par une union trop intime entre l'Égypte et la France. Cette situation, vraiment critique, devait amener d'éclatants débats à la tribune parlementaire entre M. Thiers, qui avait le sentiment vrai de la nécessité de faire de grandes choses pour fonder le gouvernement de Juillet en France, et M. Guizot, qui avait le sentiment également vrai des périls immenses qu'on soulèverait contre la France, si on l'engageait dans une lutte où elle entrerait seule contre la coalition européenne reformée; car la Russie, l'Autriche et la Prusse s'étaient empressées de se rapprocher de l'Angleterre. A l'instant suprême, M. Thiers éprouva une hésitation bien naturelle : il s'agissait d'allumer une guerre révolutionnaire, la seule que la France pût faire avec quelques chances de succès contre toutes les forces européennes, et déjà des signes précurseurs annonçaient que les esprits en France s'engageaient dans cette voie. M. Thiers voulut donc se donner le temps de la réflexion avant de jeter son pays dans cette terrible crise. Mais ce court intervalle suffit à sa chute. Il lui arriva ce qui était arrivé au ministère de M. Laffitte : il tomba avant l'ouverture de la session, et ce ne fut plus comme ministre, ce fut comme membre de l'opposition qu'il aborda la tribune afin de combatre M. Guizot, qui avait accepté la tâche de faire rentrer la France dans le concert européen.

Ce fut dans cette grande discussion que les deux antagonistes, excités par toutes les passions et tous les intérêts qui peuvent avoir action sur l'intelligence humaine, rompirent définitivement. Tous deux furent forts, parce que la pensée de l'un et de l'autre répondait à une haute vérité politique. Quand M. Guizot disait que, si l'on engageait plus avant la France dans la question d'Orient, « on la placerait entre une faiblesse et une folie, » il disait éloquemment une chose profondément exacte; car, un pas plus avant, on se trouvait en face d'une guerre qui n'offrait aucune chance de succès, ou d'une capitulation d'autant plus humiliante qu'elle aurait été conclue sous la pointe de l'épée. Quand, de son côté, M. Thiers, montant à la tribune, disait, avec l'accent d'une tristesse éloquente, en prévoyant la manière dont se résoudrait la question d'Orient : « Si les choses se passent ainsi, j'ai la douleur d'être obligé de le dire, le gouvernement que j'aime sera venu pour amoindrir mon pays, » la tristesse de M. Thiers était motivée, et il prévoyait avec raison qu'un gouvernement nouveau, convaincu d'avoir affaibli la situation extérieure de la France, n'évitait de tomber au dehors qu'en courant le risque de tomber au dedans.

Ce fut là la lutte qui se prolongea à la tribune entre M. Thiers et M. Guizot pendant tout le ministère de ce dernier, qui devait durer autant que le gouvernement de Juillet. Plus sympathique à la démocratie que M. Guizot, M. Thiers la craignait moins; il croyait qu'elle ferait beaucoup pour lui, s'il faisait quelque chose pour elle. Il n'appréhendait point de se commettre avec ses passions, dont il espérait rester le maître en leur lâchant à demi la bride, comme on agit avec un cheval fougueux que l'on dirige encore en lui rendant la main; jeu dangereux des démocraties antiques que joua Mirabeau. Au fond, M. Thiers avait dans l'esprit, dans le caractère, dans le talent, plus d'aventure que M. Guizot. Il estimait qu'on pouvait aller plus loin au dehors comme au dedans, et raser la borne sans la toucher. L'idéal d'un gouvernement démocratique, à ses yeux, c'était précisément l'art de jouer avec les passions et d'obtenir d'elles, par la supériorité de l'intelligence et l'ascendant du caractère, le droit de les gouverner, comme un pilote habile sait tendre sa voile de manière à profiter, pour aller au but, de la tempête qui semble l'en éloigner.

Ces habiletés de M. Thiers paraissaient téméraires à M. Guizot. Il pensait et il disait qu'en jouant avec le feu on allume l'incendie. Il rappelait, l'histoire à la main, que, lorsqu'on se trouve en face des passions révolutionnaires, la concession de la veille sert à arracher celle du lendemain. Il objectait que les gouvernements aventureux finissent par périr dans une aventure; et son antagoniste, persuadé qu'un gouvernement nouveau est plus qu'aucun autre condamné à occuper l'imagination toujours si active de la France, pensait que, dans la situation si difficile où l'on se trouvait, pour éviter de périr par le mouvement, on périrait par l'immobilité.

Tandis que ces deux éminents orateurs se disputaient, à la tribune, la direction des destinées du gouvernement de Juillet, auquel ils étaient dévoués, en signalant, chacun à son point de vue, un des deux grands écueils qui pouvaient le faire sombrer, un homme à qui ses opinions hautement avouées imposaient, sous ce gouvernement, le rôle toujours si difficile d'une opposition systématique, conquérait une renommée oratoire dont l'éclat devait être une des gloires de ce temps. M. Berryer, comme MM. Thiers et Guizot, contre lesquels il devait si souvent lutter à la tribune, était nouveau dans les assemblées politiques. Célèbre au barreau, il avait seulement paru dans la dernière chambre de la Restauration, et avait prononcé contre l'adresse des deux cent vingt et un un discours qui avait si vivement frappé M. Royer-Collard, que celui-ci, tirant l'horoscope de cette nouvelle lumière qui se levait dans les assemblées, avait dit : « C'est plus qu'un discours, c'est un événement. » Le prince de Polignac avait, après ce discours, offert à l'orateur le titre de sous-secrétaire d'État; mais celui-ci avait eu la bonne fortune de le refuser en répondant : « A l'heure qu'il est, c'est au-dessus de mes prétentions; dans la session prochaine, peut-être sera-ce au-dessous de mes services. »

M. Berryer entrait donc dans les assemblées du gouvernement de Juillet sans antécédents politiques, et il y avait, dans ses antécédents du barreau, des souvenirs qui étaient pour lui un titre auprès des idées dominantes. Dans les premières années de la Restauration, il avait pris part à la défense du maréchal Ney, et il avait couvert de sa toge les généraux Debelle et Cambronne. La personne de l'orateur était donc sympathique à ceux qui étaient les plus opposés à ses opinions. Ce fut, au début, une circonstance heureuse pour l'orateur, qui avait accepté la mission délicate de représenter, devant des opinions dont la victoire était d'autant plus impitoyable qu'elle était plus récente, une cause vaincue. Plus tard, et quand M. Berryer eut marqué sa place à la tribune, il n'eut besoin que de son talent pour obtenir l'attention bienveillante des assemblées qui, quelque éloignées qu'elles fussent de ses opinions, regardaient son éloquence comme faisant partie de leur gloire.

La nature avait beaucoup fait pour lui. Elle lui avait donné la voix puissante et vibrante, le geste impérieux des dominateurs de la tribune, avec une tête noblement posée sur un buste largement dessiné : voilà pour les avantages extérieurs ; elle y avait ajouté des dons plus précieux : une âme profondément sympathique, une sensibilité pleine d'épanchement, dont les émotions vives et spontanées avaient quelque chose de contagieux, une mémoire qui n'oubliait rien, une intelligence merveilleusement facile, qui comprenait en quelque sorte par intuition les questions les plus compliquées, et qui avait la faculté de communiquer au dehors, dans un langage lumineux, les clartés qui se faisaient en elle. D'autres avaient plusieurs des qualités de l'orateur, tel que le comprenait l'antiquité ; il les avait toutes, et l'art, d'autant plus achevé chez lui qu'on n'en apercevait pas la trace, venait compléter l'œuvre de la nature.

Ceux-là ne connaîtront point M. Berryer, qui, dans le silence du cabinet, liront un jour à tête reposée sa parole écrite, semblable à une lave refroidie. Le véritable orateur ne parle point pour être lu, mais pour être écouté. Ces lignes qui passent sous les yeux du lecteur ne sont qu'un écho affaibli d'éloquence qui s'en va s'éteignant à mesure qu'il s'éloigne. Quand Démosthènes, par ses véhémentes Philippiques, soulevait jusqu'aux pierres d'Athènes contre la domination du Macédonien ; quand Mirabeau, l'œil en feu, le bras levé, foudroyant ses adversaires du geste, de la voix, du regard, tonnait du haut de la tribune de la Constituante, et ébranlait les assises séculaires de la société française, alors ce n'était plus des lecteurs qu'il fallait, c'était un auditoire. Berryer appartient à cette grande famille. Sa logique est une logique de tribune, ses pensées sont des pensées de tribune, son style est un style de tribune. On lui a entendu dire à lui-même, après une de ces merveilleuses improvisations où une question inattendue, surgissant dans l'assemblée, l'obligeait à trouver instantanément le plan, les arguments comme les paroles de son discours, que ce qu'on perdait du côté de la méditation on le regagnait et bien au delà par l'avantage de parler et de sentir à la fois, et de verser dans l'âme de ses auditeurs ses pensées toutes chaudes encore des étreintes de l'âme où elles viennent d'éclore. L'action, cette partie si importante de l'art oratoire, occupe un grand rôle dans toutes ses harangues. Il connaît l'art de traduire par un geste le secret d'une pensée qu'il ne peut point dire, d'exprimer par une inflexion de voix le sentiment qu'aucune expression ne saurait rendre.

C'est lui encore qui l'a dit, dans une de ces causeries intimes où il se plaisait à parler de l'art dans lequel il excellait, et dont il est utile de consigner le souvenir pour l'instruction de ceux qui veulent être initiés aux secrets de l'éloquence : l'orateur doit avoir étudié à tous ses points de vue la question qu'il va porter à la tribune ; mais il ne prépare point ses paroles, c'est l'émotion du moment qui donne les mots. Il connaîtra dans ses plus petits détails le sujet qu'il traite. Il doit avoir prévu toutes les objections possibles, comme un général doit connaître tous les accidents topographiques du pays où il fait la guerre ; il importe en effet que l'orateur ne soit pas déconcerté par une objection imprévue. Il cherche ensuite son argument, et ne monte jamais à la tribune sans l'avoir trouvé. Il sait ce qu'il dira, où il veut arriver, par où il doit passer. Quelquefois, après avoir étudié son sujet, il y rêve. Il lui arrive de parler à l'assemblée absente, la nuit quand il veille, le jour quand il est seul. Il vit avec son sujet. Cependant son discours n'est pas fait quand il monte à la tribune. Il faut être deux pour faire un discours, l'orateur et l'assemblée. L'orateur qui n'aurait aucune idée commune, aucun sentiment commun avec l'assemblée, serait dans la position d'un étranger parlant à des auditeurs dont il n'est pas compris et qu'il ne comprend pas. Pour produire de grands effets, il faut qu'il développe dans le cœur et dans l'esprit de son auditoire des sentiments qui y sont en germe, et devienne l'interprète de ceux auxquels il parle.

Sans doute il est d'un grand intérêt d'écouter un grand orateur dictant lui-même les commentaires de son éloquence ; mais, pour donner une idée de cette éloquence, il faudrait, derrière la harangue, évoquer l'orateur dans une de ses belles journées d'inspiration : ce large front, chauve avant l'âge, ces traits expressifs, cette physionomie mobile où les sentiments qui agitent le cœur viennent se refléter, cette tête de tribun fièrement rejetée en arrière, ce geste qui plane sur les flots émus d'une assemblée, ce regard vif et impérieux qui soutient sans se baisser le feu de mille regards, cette voix puissante qui semble ressortir des profondeurs de l'âme. Quand cette figure imposante apparaissait à la tribune, les derniers bruits d'un auditoire tumultueux expiraient, et le silence s'étendait de proche en proche. L'orateur ne parlait point encore, et déjà on l'écoutait. Le recueillement écrit sur son visage, son port plein d'assurance et de noblesse, son front chargé de pensées, parlaient avant qu'il eût ouvert la bouche. Il parlait enfin, et sa voix claire et distincte semblait prêter, par sa limpidité, une puissance nouvelle à la lucidité de son raisonnement. Jamais l'intelligence, cette souveraine servie par les sens, ne rencontra des sujets plus soumis. Lorsqu'on entendait cette dialectique, serrée sans être tendue, dérouler les plis et les replis d'une question, dans une suite de phrases où les mots venaient d'eux-mêmes se poser harmonieusement à leur place, en empruntant les accents de cet organe sonore et pur qui faisait vibrer la raison et le sentiment dans les régions les plus intimes de l'âme, il était difficile de résister aux fascinations de cette parole. Cependant ce n'est encore là que le courant de l'éloquence de Berryer; c'est ainsi qu'il se montrait, au commencement d'une harangue, quand il posait une question ou qu'il ramenait à son but une discussion qui s'égarait. Pour que sa puissance parût dans tout son éclat, il lui fallait une de ces positions difficiles qui l'obligeaient à se replier sur lui-même. Le génie de la tribune n'est point un génie de paix, il se plaît à la bataille, s'exalte au choc des interruptions, et grandit au milieu du déchaînement des passions irritées, des interruptions et des clameurs.

C'est dans ces journées orageuses que nous avons vu Berryer remporter ses plus beaux triomphes. Tel il était lorsque, dans les premiers temps, il commença, en face d'une situation neuve encore, sa lutte parlementaire, presque seul contre tous, contre les défenseurs du pouvoir qu'il attaquait, contre les passions de la Révolution dont il combattait les principes, les espérances, les souvenirs, et dont il bravait les murmures. Ces murmures, il savait les réduire au silence par d'éloquentes apostrophes qui sortaient spontanément de son âme indignée. Lorsque les clameurs des admirateurs de la Révolution couvrent la voix de l'orateur réclamant le maintien de l'anniversaire du 21 janvier, il se tourne vers eux et, d'une voix solennelle et vibrante où l'on sent frissonner les émotions de tristesse et d'indignation dont il est agité : « Au jour du jugement, s'écrie-t-il, il fut permis de parler des vertus de Louis XVI; je ne vois pas que la Convention ait interrompu les défenseurs du roi! » Quant au pouvoir, il se place, dans ces premières années, pour le combattre, sur le terrain même des principes que l'opposition de quinze ans a proclamés, et que la Révolution de 1830 est venue pour établir, et il réclame l'exécution de toutes les promesses de liberté : application du jury aux délits de presse, diminution du droit de timbre pour les journaux, extension des libertés municipales et nomination des maires déférée aux communes, élargissement des droits électoraux et abolition du cens[1]. C'est le même mouvement que l'on aperçoit, à la même époque, dans la presse. Pour prendre l'offensive, il fallait se placer sur un terrain plus large que celui où s'était établi le nouveau pouvoir. La droite pouvait le faire en renouant ses traditions municipales, et aussi ses anciennes traditions du vote général à deux degrés. A la tribune comme dans la presse, elle le fit; elle alla quelquefois plus loin. Ainsi, dans la session de 1834, M. Berryer, en présence de MM. Audry de Puyraveau et Voyer d'Argenson, incriminés comme membres de la Société des Droits de l'homme, revendiqua comme une conséquence absolue de la Révolution de Juillet le droit illimité de discussion et d'association, dût l'exercice de ce droit tendre ouvertement au renversement du système établi. Quand M. Guizot lui objecta qu'avec de tels principes il n'y a pas de gouvernement possible : « Eh! qui vous dit le contraire? répliqua M. Berryer. Oui, sans doute, avec de telles formes il n'y a pas de gouvernement possible. Je comprends vos embarras, je les avais prévus, et c'est pourquoi je protestais contre ce que vous faisiez et contre le principe que vous adoptiez. Mais il est adopté, ce principe, adopté pour être la loi du pays. Je vis sous cette loi que vous m'avez faite, et il serait étrange que vous vinssiez me disputer les conséquences les plus naturelles, les plus immédiates des lois que vous m'avez imposées...»

Tout était étrange ici : la situation des ministres de la Révolution de Juillet, obligés pour gouverner de pro-

---

[1]. M. Berryer prononça des discours sur ces divers sujets les 4 octobre et 17 novembre 1830, et les 2 et 25 février 1831.

tester contre les principes de cette Révolution ; la situation des hommes de droite, obligés, pour le besoin de leur opposition, de revendiquer l'application de ces principes subversifs auxquels ils ne pouvaient pas croire, auxquels ils ne croyaient pas, comme ils le déclaraient eux-mêmes : c'était la grande misère de ces temps. Les positions se trouvaient faussées ; les forces sociales divisées se tournaient les unes contre les autres. Le gouvernement de Juillet invoquait contre la droite les principes de la droite ; la droite invoquait contre le gouvernement issu de la Révolution de Juillet les principes de cette Révolution. Mais l'étrangeté même de la situation devenait favorable à l'éloquence de Berryer. S'il ne pouvait être le chef politique de toute l'opposition, il en était, dans les grandes circonstances, l'orateur. Les barrières tombaient peu à peu. L'opposition s'habituait à regarder cette voix éloquente comme sa voix. Berryer trouvait cet auditoire bienveillant qui lui avait manqué au début de sa lutte parlementaire et qui décuple la force de l'orateur. Quand il montait à la tribune, il portait en lui, comme ces soldats dont parle Tite-Live, l'âme de l'opposition tout entière. Son talent s'élève encore dans ces thèses d'opposition générale, et c'est ainsi qu'il prononce, dans la discussion des vingt-cinq millions réclamés par les États-Unis d'Amérique, ce célèbre discours qui excita l'admiration de ses adversaires eux-mêmes. Jamais, dans les assemblées du gouvernement de Juillet, l'art d'élucider une question dans son ensemble et dans ses détails, la véhémence oratoire unie à la puissance de la dialectique, la clairvoyance du regard, l'éloquence du sentiment passionnant celle des affaires, n'obtinrent un plus beau triomphe de tribune.

Ces sympathies, que Berryer sut se créer, dans l'Assemblée, par ses discours d'opposition générale, et par l'empressement avec lequel il saisissait toutes les occasions d'exprimer ses sentiments patriotiques dans les questions où la politique nationale était en jeu, furent une de ses forces. C'est ainsi qu'il trouvait un appui sur un grand nombre de bancs de l'Assemblée, lorsque, entendant un ministre appliquer aux hommes de droite la qualification de vaincus, il s'élançait à la tribune, et, la voix pleine d'une indignation qui vibrait dans toutes ses paroles, dominant l'assemblée du geste : « On ose parler ici de vaincus! s'écriait-il. Sont-ce là les promesses qu'on nous a faites? Est-ce que les vérités qui ont été jurées ne seraient que des déceptions? Tous, ne sommes-nous pas appelés en France à jouir de la même liberté d'opinion et de discussion? Ne devons-nous pas tous marcher avec une égale fierté au milieu de nos villes? A quelle classe destine-t-on cette existence de vaincus? Elle serait intolérable, et je sens dans mes veines une âme française qui ne se résigne pas à accepter une si humiliante vie! »

Dans ces occasions, l'éloquence de Berryer fut toujours irrésistible. Il est l'homme du mouvement oratoire, parce qu'il est l'homme de l'émotion instantanée et que sa parole est aussi vive, aussi rapide que sa sensation. Ne vous étonnez point si ce grand orateur ne put un jour retenir ses larmes dans un procès politique, en lisant quelques lignes touchantes sur la majesté de l'enfance et les désolations de l'exil : ces larmes trahissaient le secret de son génie; il était dans son cœur encore plus que dans sa tête, et la docte antiquité nous l'a dit : « C'est le cœur qui fait l'homme éloquent. » Aussi, lorsque Chateaubriand venait répondre devant les jurés de cette affirmation hardie : « Madame, votre fils est mon roi; » c'était Berryer qui défendait cette parole en s'y associant d'une voix émue; et lorsqu'un journal légitimiste alla protester devant les assises contre ceux qui accusaient la droite de conspirer avec l'étranger, l'orateur indigné jetait aux accusateurs cette parole éloquente : « Autant que vous, plus que vous, nous voulons, nous devons maintenir la France intacte, et conserver l'héritage à l'héritier. »

Ce ne fut pas dans les procès politiques que Berryer remporta ses moins belles victoires. Il aimait à étendre un pan de sa toge d'avocat sur les têtes menacées, et les hommes de son parti n'étaient pas les seuls à venir s'abriter sous cette parole hospitalière qui illustrait les causes qu'elle ne pouvait gagner. Il était dans sa destinée d'avoir pour clients tous ceux qui avaient touché et qui devaient toucher à la souveraineté en France, depuis les rois traditionnels, ses maîtres légitimes, auxquels il sut garder, à travers toutes les vicissitudes, une constante fidélité, jusqu'aux familles que les révolutions avaient fait passer sur le trône. Quand le neveu de l'empereur, après l'échec de son coup de main de Boulogne, dut paraître devant la Cour des pairs, vaincu, prisonnier et accusé de conspiration par récidive contre le gouvernement de Juillet, qui l'avait une première fois amnistié, ce ne fut pas en vain qu'il fit appel à l'éloquence du grand orateur légitimiste. Cette cause, où tout présentait un caractère nouveau et singulier, le procès lui-même, l'accusé, le tribunal, l'avocat, devinrent pour celui-ci l'occasion d'une harangue à la hauteur de la nouveauté et de l'étrangeté des circonstances, par sa hardiesse contenue, ses témérités calculées, sa logique inexorable et passionnée, ses éclats d'éloquence qui s'arrêtaient au point fixé où ils allaient être réprimés par des juges offensés, en un mot par ce mélange de prudence et d'audace, d'art et d'inspiration, de ruse et de calcul qui, joint à un talent plein de prestiges et de séductions, sut faire écouter, par l'admiration frémissante des juges, une défense qui était une attaque et qui allait devenir pour le gouvernement un nouveau danger. Pour trouver un succès de parole analogue, il faut remonter au célèbre plaidoyer prononcé par M. Sauzet, en 1830, pour la défense d'un des ministres de Charles X.

Nous croyons entendre encore M. Berryer, lorsque, se levant ému devant la Cour des pairs émue elle-même et pleine de l'anxiété qu'excitaient chez elle la cause, l'orateur, l'accusé, il jeta d'une voix profonde ces paroles attristées : « Quel n'est pas le malheur d'un pays qui a vu tant de révolutions successives renverser tant de gouvernements établis et jurés ! Eh quoi ! dans une seule vie d'homme, nous avons pu voir la République, l'Empire, la Restauration, le gouvernement du 7 août ! et ces grands changements qui se sont si rapidement pressés n'auraient pas porté un notable dommage à l'énergie de la conscience, à la dignité des lois elles-mêmes [1] ! » Puis, empressé de marquer sa propre situation dans le procès, et de dégager du débat le principe auquel il était dévoué : « L'accusé qui est aujourd'hui devant vous, continuait-il, et qui a fait cet honneur à mon indépendance en venant me chercher pour le défendre, dans un parti si différent du sien, était bien sûr que je ne faillirais pas à mes antécédents, à mes convictions ; il a bien fait, et je l'en remercie. Messieurs, je ne veux traiter la question qu'au point de vue judiciaire. Le 6 août dernier, le prince Napoléon-Louis est parti de Londres ; il s'est embarqué, il est descendu en France ; il a répandu des proclamations, un décret qui change le gouvernement, dissout les Chambres, et autres faits que vous connaissez. Tous ces faits ne sont pas contestés ; mais, je vous le demande, en présence du principe que vous avez proclamé la loi du pays, l'entreprise du prince présente-

---

1. *Moniteur*. Audience de la Cour des pairs du 30 septembre 1840.

t-elle un caractère de criminalité que vous puissiez punir? Il a fait autre chose que de tenter une attaque contre le pouvoir établi; il est venu en France contester la souveraineté à la famille d'Orléans: il l'a fait en vertu du même principe sur lequel vous avez posé la royauté de Juillet. En cet état, il ne saurait être question d'appliquer contre votre principe un principe contraire; c'est votre propre principe qui est invoqué! Quand la famille de Bourbon de la branche aînée régnait en France, son droit était consacré par le temps, par la religion, par les lois: ce droit souverain était sacré pour tous les citoyens, c'était alors la légitimité!... Elle n'est pas en question dans ce débat. »

Pendant que la sensation profonde produite par ces paroles hardies durait encore, l'impétueux orateur portait de nouveaux coups à l'assemblée ébranlée : « Ignore-t-on ce qu'on a fait en 1830, ou ne veut-on plus le savoir? » demandait-il d'une voix sourde et brève, comme s'il s'interrogeait lui-même. « N'est-ce donc rien que de changer les constitutions d'un empire, de consacrer des principes nouveaux, de proclamer le principe de la souveraineté du peuple? Et quand, au nom de ce principe, une majorité de quatre millions de citoyens a proclamé le principe de l'hérédité, quand pendant dix années on a suivi ce principe, est-ce ici qu'on peut le contester aujourd'hui? Combien y en a-t-il parmi ceux qui m'écoutent qui aient réclamé contre la consécration du principe? Et quand on vient réclamer un droit que vous avez consacré, et qui n'est pas un rêve après tout, pouvez-vous juger? Est-ce un rêve que la dynastie impériale? Et quand vous avez relevé, en 1830, le principe de la souveraineté du peuple au nom de laquelle elle existe, vous ne voulez pas qu'on invoque la majorité de la nation comme ayant fait l'Empire? Et quand cette majorité a fait l'hérédité de l'Empire, l'hérédité de l'Empire, la voilà ! »

En parlant ainsi, l'orateur désignait d'un geste expressif à l'assemblée, qui craignait à la fois de l'écouter et de l'interrompre, l'accusé assis derrière lui. Alors, sans lui laisser le temps de se reconnaître, et l'apaisant par des paroles de déférence, au moment de la frapper des derniers coups, l'orateur disait encore à l'assemblée. « Il faut, direz-vous, empêcher des désordres nouveaux, des révolutions violentes; oui, vous en avez le droit, je le reconnais, gouvernez. Mais juger! juger l'héritier d'une couronne ! Non, il n'y a pas de juges entre vous et lui, je vous le répète, vous ne pouvez pas juger! Vous venez ici pour juger! vous voulez être ses juges! Y a-t-il un d'entre vous qui se soit dit en entrant : Je serai juge impartial, je pèserai tous les droits; je mettrai en balance la royauté de l'Empire et la royauté de Juillet; oui, je serai impartial. Impartiaux! non, vous ne pouvez pas l'être, car vous êtes les juges du pouvoir établi, et vous ne pouvez pas couvrir du manteau de la justice un acte de gouvernement. » L'émotion était au comble, les respirations étaient entrecoupées; il semblait que l'orateur ne pût aller plus loin, et cependant il continuait toujours. « Si vous voulez être juges, disait-il, jugez au moins humainement des choses humaines, et voyez dans quelles circonstances les événements de Boulogne ont éclaté. Le ministère actuel s'était formé au moment où s'engageaient des questions politiques fort graves ; ce ministère a blâmé la timidité de ses prédécesseurs. Qu'a-t-il fait ? Il est allé invoquer la mémoire de celui qui avait promené la grande épée de la France des extrémités du Portugal aux rives de la Baltique ; il a ouvert la tombe du héros, il a touché à ses armes redoutables, et il a étendu la main pour les déposer sur la tombe du héros ! Voilà ce qu'a fait le ministère !... Vous allez cependant juger le prince, sans tenir compte des sentiments que de tels appels ont fait revivre dans son cœur!... Soyez hommes et jugez-le en hommes! Quoi! après avoir entendu ces paroles, ces provocations, cet appel au grand nom qu'il porte, à la gloire qu'il regarde comme son héritage, vous voudriez qu'un cœur où il y a du sang n'ait pas tressailli, et que le jeune homme ardent ne se soit pas écrié : Ce grand nom, c'est à moi de le porter aux frontières pour venger la France et reporter au sein des nations voisines la terreur des défaites passées! Ce nom, c'est le mien! Ces armes m'ont été léguées par le soldat; pas d'autre que moi ne les déposera sur la tombe du soldat! J'irai, je mènerai le deuil, et je dirai à la France : Voulez-vous m'entendre?... »

Voilà l'éloquence! Elle règne, elle commande, elle dispose! Cette assemblée ne s'appartient plus, elle appartient à l'orateur, qui peu à peu l'a amenée à tout accepter, à tout subir, même les injustices de son éloquence. Désormais il peut tout lui dire impunément et il ne lui épargnera rien, car la parole a aussi son ivresse. « Voudrait-on, s'écrie-t-il, faire du succès la base de la morale, la base des sentiments et des opinions des hommes? Si le succès fait tout, eh bien, écoutez-moi. J'accepte l'arbitrage que je vais vous proposer: cet arbitrage, je le demande à vous, c'est vous-même qui le prononcerez! Dites, sans avoir égard à la faiblesse des moyens employés par le prince, dites : S'il eût triomphé, j'eusse nié son droit, j'eusse refusé de m'associer à son pouvoir! Dites-le-nous, vous que nous connaissons, si vous eussiez nié son droit, si vous eussiez refusé de vous associer à son pouvoir! »

Déjà, dans les dernières années du gouvernement, la légitimité, cette fille des siècles, était venue s'affirmer devant la Cour des pairs par la voix inflexible de M. de Kergorlay, auquel M. Berryer avait prêté aussi le secours de sa parole ; plus tard, dans le procès d'avril, la République avait proclamé son principe dans la même enceinte ; aujourd'hui, c'était l'Empire représenté par le neveu de l'empereur, dont Berryer défendait la liberté et la vie, en servant involontairement les idées napoléoniennes par des paroles enflammées : ainsi le passé, impatient de redevenir l'avenir, poussait le présent.

Cette grande journée d'éloquence est plus propre que toute autre à faire connaître Berryer tout entier. La difficulté des choses qu'il fallait dire surexcitait chez lui l'art de tout dire, et l'élevait à son apogée : il ébranlait, il agitait, il soulevait, il contenait son auditoire ému ; son geste complétait sa parole, son accent traduisait sa pensée ; ses facultés s'exaltaient, la fièvre de l'inspiration l'emportait à des hauteurs imprévues du sein desquelles il planait sur tout ce qui l'entourait, d'un vol si hardi, que ses adversaires eux-mêmes le suivaient en silence avec cet intérêt plein d'anxiété qu'excite toujours le courage aux prises avec le péril.

IV

RÉSUMÉ. — PHASES DIVERSES DE L'ÉLOQUENCE PARLEMENTAIRE.

C'est à la tribune qu'il faut voir ces intelligences que Dieu a créées pour la parole ; c'est là, en effet, que leurs facultés surexcitées arrivent à leur entier développement. Bossuet a dit du grand Condé que jamais son esprit n'était plus lumineux qu'au milieu d'une bataille, et que, si l'on avait à traiter quelque grande affaire avec le prince, on eût pu choisir un de ces moments où tout était en feu autour de lui, tant son esprit s'élevait alors [1]. Les orateurs ont aussi leur champ de bataille sur lequel leur intelligence s'illumine de nouvelles et soudaines clartés. C'est là qu'ils voient de plus haut et plus loin, qu'ils vivent d'une vie intellectuelle plus complète et plus pleine : c'est là qu'ils gouvernent et qu'ils règnent. On dirait que des fluides électriques courent incessamment dans la salle, portant les émotions de l'assemblée à la tribune et de la tribune à l'assemblée : ces insaisissables communications, ce mystérieux échange d'effluves enflammées échauffent l'atmosphère, et c'est alors qu'on voit éclore dans l'âme de l'orateur les grands sentiments, les grandes idées, et ces illuminations du génie qui ne se retrouvent plus dans des heures moins ardentes et moins agitées.

Quand le gouvernement de Juillet eut traversé les principales phases de son existence, que toutes les grandes questions intérieures et extérieures qui pouvaient être touchées eurent été agitées, les débats parlementaires perdirent nécessairement de leur intérêt, parce que le résultat de toute discussion fut prévu. Ces luttes de paroles ne revinrent plus alors qu'à de longs intervalles. Elles ne pouvaient, on le savait, influencer le vote, et avoir des conséquences immédiates

---

[1]. « Dans cette terrible journée, où, aux portes de la ville et à la vue de ses citoyens, le ciel sembla vouloir décider du sort du prince, où, avec l'élite des troupes, il avait en tête un général si puissant, où il se vit plus que jamais exposé aux caprices de la fortune; pendant que les coups venaient de tous côtés, ceux qui combattaient auprès de lui nous ont dit souvent que, si l'on avait à traiter quelque grande affaire avec ce prince, on eût pu choisir un de ces moments où tout était en feu autour de lui, tant son esprit s'élevait alors, tant son âme leur paraissait éclairée comme d'en haut en ces terribles rencontres, semblable à ces hautes montagnes dont la cime, au-dessus des nues et des tempêtes, trouve la sérénité dans sa hauteur, et ne perd aucun rayon de la lumière qui l'environne. » Bossuet. *Oraison funèbre de Louis de Bourbon, prince de Condé.*

dans la politique proprement dite. En outre, les questions avaient perdu leur primeur, et l'on commençait à voir que la politique, au lieu d'être librement choisie par les hommes, était nécessitée par une situation générale plus forte que les volontés. Ce fut une période de torpeur parlementaire, où la discussion des intérêts matériels préoccupa surtout les esprits, mais qui fut entrecoupée cependant de quelques beaux éclairs. Les augures superficiels disaient : « Qu'importe? ces paroles retentissantes n'ébranlent rien au dedans de l'édifice officiel. » Ils disaient vrai. Le Parlement, blasé sur ces émotions, demeurait impassible devant les plus grands mouvements oratoires. Le ministère, assis d'une manière inébranlable, renvoyait flegmatiquement aux assaillants leurs attaques, comme dans un tournoi où les coups frappent sans blesser. Mais les émotions qui s'alanguissaient au dedans se réveillaient plus vives au dehors. Les paroles ont des ailes, et la Chambre avait oublié de fermer ses croisées. Or il y avait des hommes comme MM. de Lamartine et Ledru-Rollin, qui, revendiquant l'héritage du premier des deux Garnier-Pagès, dont la parole ardente, incisive, hautainement ironique, avait quelques traits de famille avec le style de Carrel, commençaient à parler aux passions extérieures par-dessus la tête de l'Assemblée.

Le premier n'avait point, il est vrai, une éloquence d'affaires, et le second, devant les Assemblées de l'établissement de 1830, avait dans l'accent, dans le geste, comme dans les colères et les sentiments, quelque chose d'excessif qui le faisait ressembler, qu'on permette cette comparaison, à un acteur de mélodrame jouant la tragédie; son heure, qui viendra bientôt, n'est pas encore venue; le talent oratoire ne manque point, mais il lui faut son théâtre. En attendant qu'il le trouve au sein du gouvernement représentatif, il le cherche au dehors. Depuis en effet que l'initiative semblait expirer dans le monde parlementaire, elle passait aux passions extérieures; la tribune agissait comme la presse; mais comme une presse qui à toute la puissance de son élévation joint toute la hardiesse de son inviolabilité. On arrivait à cette campagne des banquets politiques, pendant laquelle l'éloquence des tribuns du peuple, avec ses mouvements impétueux et ses violences, remplaça celle des hommes du Parlement. Ce fut le moment où l'éloquence de Lamartine, plus propre à parler le langage de la passion et du sentiment que celui des affaires, prit son grand essor et jeta cette phrase célèbre, prélude d'une révolution prochaine : « Je vois venir la révolution du mépris ! »

Telles furent les grandes phases que traversa l'éloquence parlementaire, les talents qu'elle produisit, l'éclat qu'elle jeta sur cette période de dix-huit ans, les nobles émotions qu'elle donna aux intelligences. La liberté politique, créée par la Restauration, continuée par le gouvernement de Juillet, dota la France d'une nouvelle branche de littérature.

LIVRE QUATRIÈME

TABLEAU DE LA PRESSE POLITIQUE

I

MOUVEMENT GÉNÉRAL DANS LA PRESSE.

La Révolution de Juillet fut le signal d'une période pleine d'éclat pour la presse comme pour la tribune. La presse avait eu une part si grande à cette Révolution, que son autorité s'était démesurément agrandie; ce fut alors qu'on put dire avec raison qu'elle était devenue un quatrième pouvoir dans l'État : peut-être même était-elle le premier. Pouvoir indéfini, d'autant plus redoutable que, placé sur le terrain de la théorie, il n'avait point à subir l'épreuve de la pratique, la presse, qui venait de vaincre une royauté, trouvait ses plus grandes hardiesses naturelles et légitimes, ou plutôt elle était hardie sans le savoir, naïvement hardie, et, après le triomphe qu'elle venait d'obtenir, elle était disposée à traiter en factieux tout pouvoir qui essayerait de lui résister. Le jour de sa responsabilité devait venir, car les institutions ont leur responsabilité comme les hommes, mais il n'était pas encore venu. Elle étendait donc à toutes les questions la liberté sans limites de ses jugements; et cette faculté de tout dire, cet accent d'autorité avec lequel elle parlait de tout homme et de toute chose, lui donnaient un nouvel attrait littéraire.

Deux partis profondément séparés par leurs idées s'emparèrent avec le plus d'éclat de cette arme : c'était d'abord le parti formé des nuances de l'opposition de quinze ans, dont l'idéal n'avait pas été atteint, et qui bientôt attaquèrent un pouvoir resté en deçà de leur idéal ; c'était ensuite un parti douloureusement blessé dans ses intérêts et dans ses affections, le parti monarchique proprement dit ; mais un travail intérieur s'est fait, comme on l'a vu, dans l'ancienne école catholique et monarchique, et désormais l'école religieuse, ayant une action séparée, eut une presse à part[1]. Cette supériorité de l'opposition dans la presse paraît anormale au premier coup d'œil ; mais, quand on veut y réfléchir, quoi de plus facile à comprendre ? Il était naturel que ceux qui se trouvaient relégués dans le domaine des idées par les événements profitassent surtout du journal, qui est une arme intellectuelle. En outre, la presse a toujours mieux valu comme épée que comme bouclier.

Sans négliger la presse de l'école du rationalisme monarchique, qui défendit le gouvernement par la plume d'écrivains éprouvés, nous insisterons donc davantage sur les luttes de la presse de l'école républicaine, de la presse de l'école traditionnelle, de la presse de l'école religieuse, et nous parcourrons ainsi, dans toute son étendue, le champ de bataille des idées, en appréciant le talent et l'influence des écrivains qui attaquèrent le pouvoir comme de ceux qui le défendirent.

Il est difficile de se former une juste idée du mou-

---

1. Nous parlerons à part des écrivains de l'*Avenir* et de ceux de l'*Univers*, dans le livre consacré à la religion, pour ne pas scinder le sujet.

vement qui se fit, au début, dans la presse de la monarchie traditionnelle et dans la presse où se développa l'action des idées religieuses. Ce personnel d'un gouvernement qui tombait leur fournit, de tout côté, des auxiliaires. Il y eut un temps où tout le monde devint journaliste : l'évêque, le grand seigneur, le magistrat, le militaire, le savant, l'ancien pair de France, l'ancien député, l'étudiant sortant des bancs de l'école, tous étendaient la main pour saisir le levier de la presse périodique, alors si puissant. C'est une tribune si commode et si retentissante qu'un journal! La presse, ce dialogue de chaque jour de l'intelligence individuelle avec l'intelligence publique, donne des émotions si vives à ceux qui deviennent ainsi les interlocuteurs de l'opinion! Le livre est froid et lent comme un monologue débité en vue d'un spectateur absent. On s'ennuie à parler seul et longtemps, sans que rien vous dise si vos paroles arriveront sous les yeux de lecteurs problématiques, et si elles ne seront pas étouffées sous l'indifférence ou le dédain. Dans le journal, au contraire, l'effet suit l'action. Cette idée, que vous jetez sur le papier, fera demain le tour de la France. Ce sentiment, qui jaillit de votre cœur, fera battre bien des cœurs à l'unisson. A ce souvenir, des têtes se relèveront; à cet espoir, des âmes se sentiront ranimées. Votre parti, insulté et malheureux, se redressera vengé par cette parole aiguë comme la pointe de l'épée qui va frapper en pleine poitrine les heureux et les puissants. Vous donnerez des victoires morales à la défaite de votre opinion; vous sonnerez la charge après une déroute, et, semblable à ce montagnard écossais qui, longtemps après la bataille de Culloden, revenait chaque soir, avec sa cornemuse, jouer les pibroks de son clan, resté tout entier enseveli dans cette plaine de deuil, vous recommencerez la lutte, vous ranimerez les blessés, vous consolerez les morts, et vous rallierez les vivants.

Voilà les émotions, les joies, les enivrements, les illusions qui, après 1830, jetèrent tant d'esprits élevés, tant d'imaginations ardentes dans les luttes de la presse périodique. Il faut tenir compte aussi de la facilité avec laquelle on écrit sous l'influence de cette espèce de fièvre intellectuelle et morale que donne la polémique de chaque jour. Le choc des idées produit des étincelles qui échauffent et qui éclairent. Le journal est, à proprement parler, une improvisation écrite qui supporte les études incomplètes et rapides; le journaliste apprend, tout en écrivant, plus de choses qu'il n'en sait sur la question qu'il traite, et il en devine encore plus qu'il n'en apprend. Il acquiert, au milieu de ce conflit perpétuel d'idées et d'intérêts, un don singulier qui naît de l'application continuelle de son esprit aux questions les plus diverses et de la nécessité de former sur-le-champ son opinion, le don de l'intuition. Il voit vite et loin, comme ces pilotes qui ont longtemps exercé leur vue. Enfin il se forme des liens secrets entre lui et des amis inconnus qu'il n'a jamais vus, qu'il ne verra jamais, mais dont sa pensée est l'aliment, auxquels il communique ses sentiments, ses idées, et c'est là ce qui le console de la courte durée des œuvres de son intelligence, transitoire comme la circonstance qui les a fait naître, et à laquelle elles répondent. Le journaliste ne laisse rien à la postérité et n'a point travaillé pour elle. Il est trop l'homme du jour pour être l'homme du lendemain.

La presse, cette improvisation écrite, n'en est pas moins une des formes de la littérature contemporaine. Plus elle est spontanée, plus on peut la considérer comme l'expression exacte des idées et des sentiments du temps, et un écrivain de talent, qui en a beaucoup usé[1], s'est exprimé peut-être avec plus de modestie que d'exactitude, lorsqu'il a dit d'elle : « Elle consomme beaucoup d'esprit et produit peu de renommée. »

II

ÉCOLES INTERMÉDIAIRES. — ÉCRIVAINS DES DEUX CENTRES.

L'école du rationalisme monarchique était plus riche en écrivains qu'aucune autre école. Bien que, par le fait de la nouvelle Révolution, les fonctions politiques et administratives eussent enlevé à la presse un grand nombre d'entre eux et que sa position logique fût affaiblie, cette école soutint sa vieille renommée. Dans des entr'actes de pouvoir, M. Guizot, M. Thiers et quelques-uns de leurs collègues reprirent parfois leur plume, à laquelle l'expérience pratique des affaires avait donné une valeur nouvelle. En outre, on l'a dit, cette école s'appuyait sur le *Journal des Débats*, qui a le privilége, depuis plus d'un demi-siècle, de réunir en faisceau des talents littéraires d'élite.

Pendant cette période, M. de Sacy, qui appartenait ainsi que MM. Saint-Marc Girardin et Becquet à la phalange d'habiles écrivains qui avaient fait la campagne de 1824 à 1830, tint avec eux, mais plus souvent encore qu'eux, la plume politique du *Journal des Débats*, sans renoncer à ses préférences avouées pour la littérature, cet ornement des bons jours, pour lui plus que pour tout autre, et cette consolation des mauvais avec laquelle il oubliait les révolutions. Cet esprit net

1. M. de Rémusat, *Passé et Présent*, voir la préface, page 31.

et délicat, disciple assidu des maîtres de l'antiquité et du dix-septième siècle et maître lui-même, plus lettré que ne le sont d'ordinaire les polémistes politiques; plus lettré que la plupart des hommes de lettres proprement dits, parlait couramment la grande langue du dix-septième siècle comme on parle sa langue maternelle. Penseur, publiciste, grammairien, critique, bibliophile, érudit, causeur plein de naturel et de grâce, il n'avait guère de son temps, à la langue duquel il préférait le français de tous les temps, qu'une nuance de ce rationalisme politique et de cet esprit d'opposition qu'il avait conservé de ses luttes contre la Restauration, pour laquelle il manquait parfois de justice; peut-être aussi cette disposition lui était-elle venue de Port-Royal, comme un souvenir de famille, attiédi par un souffle du scepticisme du dix-huitième siècle. Du reste, rien de forcé dans sa manière, point d'emphase dans son style, l'esprit sans prétention à l'esprit, un tour naturel et aisé, une simplicité élégante, une grande fermeté de sens quand il tenait le bon côté de la question; quand il se sentait sur une pente glissante, une expérience de l'escrime intellectuelle qui lui permettait de rompre sans se livrer, en esquivant le débat par un badinage ingénieux. C'était au fond un de ces lettrés du temps d'Érasme, qui comme lui pouvait avoir aimé Luther à son début, sans toutefois le suivre dans ses derniers excès. Ce fut lui surtout qui soutint les grandes polémiques contre la gauche, le centre gauche et la droite, pendant cette phase de dix-huit ans.

M. Saint-Marc Girardin lui venait souvent en aide, surtout dans les questions de politique étrangère, et notamment de politique orientale, avec un tour plus vif, des allures plus hardies, et des habitudes de cohabitation littéraire avec la littérature germanique qui jetait sur son style un reflet qui n'était pas sans grâce, comme un accent léger ajoute quelquefois dans une bouche bien disante une saveur particulière à la prononciation. Le *Journal des Débats* recrutait sa rédaction parmi les hommes les plus capables de la jeune Université qui plaidait dans ses colonnes *pro aris et focis*. C'est de là que lui arriva M. Cuvillier-Fleury qui touchait quelquefois à la politique, mais qui plus souvent consacrait son talent à la littérature : esprit orné et disert, formé par une étude approfondie des littératures anciennes, intelligent admirateur du dix-septième siècle, mais avec un souffle plus marqué des opinions du dix-huitième, et comptant parmi ses dieux domestiques Voltaire et Rousseau. Les fonctions de confiance que remplissait M. Cuvillier-Fleury, comme précepteur d'un des jeunes princes de la famille d'Orléans, était un lien de plus entre le *Journal des Débats* et les nouvelles Tuileries. Du reste, et c'est là un des traits caractéristiques de la polémique du *Journal des Débats* pendant cette période, jamais il ne se laissa entraîner à attaquer le gouvernement. M. Bertin de Vaux, c'est M. Guizot qui a révélé les motifs de sa conduite, se souvenait, un peu après coup, de l'avertissement que lui avait donné inutilement M. de Villèle bien des années auparavant. Après l'exclusion de M. de Chateaubriand, en effet, M. Bertin ayant dit au président du conseil : « Souvenez-vous que les *Débats* ont déjà renversé les ministères Decazes et Richelieu ; ils sauront bien aussi renverser le ministère Villèle, » M. de Villèle lui aurait répondu : « Vous avez renversé les premiers en faisant du royalisme ; pour renverser le mien, il faudra faire de la révolution [1]. » M. Guizot, après

---

1. *Mémoires pour servir à l'histoire de mon temps*, par M. Guizot, T. I, page 268.

avoir rappelé cette prédiction, continue ainsi : « Treize ans après, M. Bertin de Vaux se souvenait de l'avertissement. Lorsque, en 1837, dans des circonstances dont je parlerai à leur jour, je me séparai de M. Molé, il me dit avec franchise : « J'ai pour vous, à coup sûr, bien « autant d'amitié que j'en ai jamais eu pour Chateau-« briand ; mais je ne vous suivrai pas dans l'opposition ; « je ne recommencerai pas à saper le gouvernement « que je veux fonder. C'est assez d'une fois. »

Sauf le *Journal des Débats* qui conserva sa puissance, presque tous les anciens organes de l'opposition de quinze ans qui voulurent défendre les intérêts politiques créés par la nouvelle Révolution, au lieu de servir ses idées ou ses passions, succombèrent bientôt ou perdirent leur influence. Le *Constitutionnel*, le journal le plus puissant de la Restauration, le *Temps*, le *Courrier*, le *Commerce*, un moment rajeuni par le talent de M. de Lesseps, s'affaiblirent ou disparurent. C'est un phénomène assez singulier, au premier coup d'œil, facile à expliquer quand on va au fond des choses, que la coïncidence de la mort de ces grandes officines de publicité qu'on appelle les journaux, avec celle des gouvernements qu'ils ont tués. Ce fait s'est trop souvent renouvelé pour n'être qu'un simple accident, il est l'expression d'une loi. Un journal, comme un homme, devient inutile quand il a réalisé son idéal, et tout ce qui est inutile disparaît. Or, quand un journal a eu principalement pour idéal la chute d'un gouvernement, il meurt comme l'abeille, en laissant son aiguillon dans la plaie. Pour lui survivre, il faudrait qu'il représentât, comme les *Débats*, une classe nombreuse en possession du gouvernement par ses idées et ses intérêts, et luttant pour le garder, ou qu'il réussît à se transformer. C'est ce que fit le *National* qui, lorsque l'idéal d'outre-Manche fut réalisé, adopta le second idéal qu'il avait déjà fait entrevoir quelquefois, et qui brillait au delà de l'Atlantique.

Le *Constitutionnel* n'avait pas cette ressource; il était politiquement mort de sa victoire. La situation pour laquelle il avait été créé n'existait plus. En parlant de constitutionnalité, de respect pour la charte, il avait conduit les esprits à la défiance et à une opposition si violente et si menaçante, qu'elle avait poussé la royauté alarmée à prendre son ministère de combat; l'apparition de ce ministère avait déterminé, de la part de la Chambre, le refus de concours; le refus de concours avait amené les ordonnances; les ordonnances avaient amené l'insurrection; l'insurrection avait amené l'intervention constituante de la Chambre, qui avait à son tour violé la Charte, frappée par ses défenseurs après l'avoir été par le ministère. Toute la ligne du *Constitutionnel* était donc perdue. La bannière qu'il portait avait été enlevée par la tempête des trois jours, qui n'avait laissé qu'un bâton dans les mains du porte-drapeau. En même temps, tous les thèmes de sa polémique habituelle lui étaient ravis. Il avait surtout vécu de ses attaques contre la cour et le parti prêtre, c'est ainsi qu'il appelait le clergé. Or tous les grands noms avaient disparu de la scène; la noblesse était dans ses terres; les banquiers, les avocats et les journalistes étaient partout et ils étaient tout. Le clergé, traité avec froideur par le pouvoir, était persécuté par la Révolution, et il entrait d'ailleurs hardiment dans les idées de liberté. Les attaques théoriques du *Constitutionnel* avaient porté leurs fruits, et il était venu des gens d'exécution qui jetaient les prêtres par-dessus les ponts et qui démolissaient les églises, genre d'opposition plus efficace et plus vif, qui faisait tort à l'opposition du *Constitutionnel* et la rendait inutile. A quoi bon, en effet, récriminer contre les gens que l'on noie, et comment parler de l'influence du parti prêtre, lorsque la force publique était obligée d'assister, l'arme au bras, au renversement de croix et au sac de Saint-Germain-l'Auxerrois et de l'Archevêché? Le *Constitutionnel*, complétement pris au dépourvu par cette situation nouvelle, perdit la tête. Lui, journal novateur, se voir tout à coup un journal rétrograde! Pour lui porter le dernier coup, une presse ardente, moqueuse, incisive, lui jetait à pleines mains l'invective et l'épigramme. On le traitait comme un journal d'ancien régime. C'était le temps où la *Caricature*, ramassant un morceau de charbon sur le foyer des corps de garde brûlés, dessinait au coin d'une barricade le profil demeuré historique et le bonnet symbolique en forme d'éteignoir qui représentait le *Constitutionnel*, cet astre de la presse de quinze ans, déchu comme s'il avait été une royauté de dix siècles. Pour mettre le comble à ses misères, le *Charivari*, ce pamphlet périodique plein de verve et de malice, appelé à jouer contre le gouvernement de Juillet, mais avec plus d'esprit et de gaieté, le même rôle que le *Figaro* avait joué contre le gouvernement de la Restauration, taillait sa plume pendant que la *Caricature* taillait son crayon[1].

Quelques journaux se fondèrent pour soutenir les idées bonapartistes, involontairement servies par les journaux de tous les partis, qui s'en emparaient dans l'occasion, comme d'une arme de guerre ou d'un instrument sonore; mais ils vécurent peu. Aucun écrivain de premier plan ne se révéla dans les journaux consacrés spécialement à l'exposition de ces idées. Parmi les écrits politiques auxquels elles donnèrent

---

1. Le *Charivari* indiquait chaque jour, avec une persistance maligne, au désabonnement empressé, la boutique du *Constitutionnel*, « voisine, comme le cruel journal le faisait remarquer, de la boutique du marchand de brioches ».

naissance, celui qui éveilla le plus la curiosité parut en 1839, avec ce titre : *Idées napoléoniennes.*

L'objet général de ce livre était de présenter l'empereur Napoléon comme un héros humanitaire, qui mettait en première ligne le bonheur des peuples et le repos du monde. La louange, dans ces pages, était universelle, absolue ; elle se fatiguait à suivre l'infatigable César ; non-seulement elle s'inclinait devant les grandes choses de son règne, mais elle recherchait les actes les plus indifférents de sa vie pour les exalter. Il y avait une vertu derrière les ombres mêmes du grand empereur, et, alors qu'il semblait s'égarer, il suivait, à la clarté de son étoile, invisible à tout autre regard, un sublime chemin. L'univers avait cru jusque-là que l'empereur Napoléon était un de ces conquérants de haute taille dont l'ambition est à l'étroit, même sur un trône ; que chaque campagne heureuse était un encouragement pour lui à entreprendre une campagne nouvelle, et que sa volonté tenait tant de place, qu'elle avait besoin d'être seule en Europe, comme le lion a besoin d'être seul dans le désert. C'était là une erreur, une calomnie ; ce que le glorieux batailleur des Pyramides, d'Austerlitz, de Marengo, d'Iéna, d'Eylau, de Friedland, de Pfaffenhofen, de Wagram, de la Moscowa, allait chercher en portant la guerre dans les quatre parties du monde, c'était la paix. L'histoire croyait avoir entendu César disant, dans un jour de franchise, qu'il rajeunirait tous les trônes pour vieillir le sien, et que, dans vingt ans, sa dynastie serait la plus vieille des dynasties européennes : le canon tonnait trop haut ce jour-là, l'histoire avait mal entendu ; César ne voulait usurper ni les trônes ni les empires, il les occupait. S'il avait confié ces trônes à ses parents, c'était uniquement pour être plus sûr d'obtenir de leur dévouement une généreuse renonciation à ces souverainetés temporaires, quand le jour viendrait de rendre à la liberté ces nationalités emportées un moment dans le mouvement du grand empire, en vue de l'intérêt de leur éducation. L'empereur n'était pas moins ami de la liberté que de la paix; seulement, de même qu'il allait à la paix par la guerre, il allait par le pouvoir absolu à la liberté, fruit tardif et de l'arrière-saison qui ne pouvait éclore qu'après avoir été longtemps mûri par le soleil de l'Empire.

Ce n'est donc pas dans les journaux, organes des idées des écoles intermédiaires, que l'on trouve les plus grandes renommées et les plus grandes influences de plume, sauf le *Journal des Débats* qui eut lui-même plutôt une influence collective qu'individuelle. Cependant l'école du rationalisme monarchique ou l'école constitutionnelle, comme on l'appelait, mit en ligne dans cette immense polémique, qui dura dix-huit ans, des talents réels dont il importe de donner une idée. Cette école s'était partagée, par le progrès de la situation, en deux nuances rivales dont l'une insistait plus fortement sur les intérêts d'ordre et sur l'ascendant du pouvoir exécutif, l'autre sur les idées et les intérêts de liberté politique et sur la prérogative parlementaire. Nous étudierons ces deux nuances d'idées dans deux écrivains : M. de Salvandy, qui représentait la droite de l'école intermédiaire; M. Duvergier de Hauranne, qui représentait la gauche de la même école.

ECOLE DU POUVOIR : M. DE SALVANDY.

Dans l'ardente polémique ouverte pendant les premières années du gouvernement de Juillet, qui virent débattre toutes les questions sociales, un écrivain déjà bien connu publia deux livres où les doctrines et les impressions de cette portion de l'école monarchique qui avait accepté le nouveau gouvernement étaient développées. M. de Salvandy, comme on avait pu le prévoir d'après la nature même de son talent et de son caractère, avait été rejeté vers la cause de l'autorité par l'événement même qui la mettait dans un si grand péril. Deux livres, l'un intitulé *Vingt mois ou la Révolution*[1], l'autre, *Paris, Nantes et la Session*, contenaient l'expression chaleureuse et brillante de ses regrets, de ses appréhensions, de ses pressentiments, de ses colères, en même temps qu'une appréciation lucide de la situation de la France et de ses dangers, et l'indication de la politique que l'auteur croyait la meilleure à suivre. La catastrophe de 1830 avait produit sur l'esprit de M. de Salvandy deux effets honorables pour son caractère. Loin de diminuer son respect pour l'antique dynastie tombée du trône, elle l'avait augmenté; loin de le rendre injuste pour la Restauration, elle avait donné aux jugements qu'il portait sur elle une impartialité rétrospective, que l'on ne retrouve pas au même degré dans ses écrits polémiques publiés pendant qu'elle régnait encore.

Le principal de ces deux livres, *Vingt mois ou la Révolution*, offre l'attrait d'un livre d'opposition écrit par un homme de gouvernement. En effet, au moment où il parut, les doctrines de gouvernement étaient dans l'opposition, parce que les doctrines de l'opposition, un moment maîtresse du gouvernement, aspiraient encore à l'envahir à la faveur du trouble profond qu'une insurrection victorieuse avait jeté dans les faits et dans les idées. Cet ouvrage offre trois parties distinctes : l'une de philosophie politique, la seconde d'histoire, la troisième de polémique contemporaine. La première

---

1. Cet écrit parut d'abord sous le titre de *Seize mois*, à la fin de 1831. La seconde édition, publiée quatre mois après, portait le titre définitif que l'ouvrage a gardé.

est supérieure à la seconde qui, à son tour, est supérieure à la troisième, dont l'intérêt a pâli par l'éloignement des circonstances sous le coup desquelles elle fut écrite. Mais les deux premières parties suffisent pour mettre cet ouvrage de circonstance au nombre des œuvres durables. On trouve, surtout dans le premier livre, une solidité de pensées et une maturité de jugement qui révèlent ce que l'expérience de l'écrivain a gagné aux enseignements d'une révolution.

M. de Salvandy signale avec une sagacité d'appréciation toujours rare, plus rare encore dans ces heures d'enivrement où les révolutions croient pouvoir tout créer, parce qu'elles ont pu tout détruire, les véritables conditions des gouvernements libres. Il fait voir que la liberté et la démocratie s'accordent mal, parce que les lumières et l'indépendance personnelle sont les moyens nécessaires de la liberté. Il établit une juste distinction entre le pouvoir, qui est le premier besoin des peuples, et la liberté, qui n'est que le second, et il montre comment les sociétés, créées par le pouvoir, marchent par la civilisation à la liberté politique. Mais, de toutes les forces morales, comme il le prouve, celle qui a besoin d'être la plus intelligente et la plus morale, c'est la liberté : c'est tout à la fois le chef-d'œuvre le plus admirable et le plus fragile de l'homme. Si elle ne parvient point à se régler, elle est condamnée à disparaître; car, ajoute-t-il, les peuples renoncent à tout, hormis au pouvoir; « ils y reviennent honteux et repentants jusqu'à la servitude. La démocratie, en effet, n'a qu'un moyen de sauver l'ordre, c'est le despotisme. »

M. de Salvandy qui, dès la fin de 1831, appréciait avec cette clairvoyance la situation de la France, protestait, en même temps, contre les doctrines dominantes qui tendaient à placer la souveraineté dans la multitude. Il considérait le droit comme la résultante des transactions successives entre les intérêts, et il en concluait que l'autorité légitime ne se trouvait pas plus dans le nombre que dans le glaive, mais qu'elle était dans la justice. Cette vue le conduisait à déplorer la chute de cette légitimité royale que tant d'autres écrivains considéraient alors comme ayant été le seul obstacle à la liberté politique. Sans s'exagérer son importance jusqu'à en faire un dogme religieux, il reconnaissait que, si elle n'était pas le droit tout entier, elle était une grande partie du droit, l'image et le symbole du droit tout entier et, en outre, l'ordre dans la monarchie, de sorte qu'elle ne pouvait être violée sans des désastres. Il signalait la pente fatale qui conduisait de l'insurrection pour les lois à l'insurrection contre les lois, et, sans se méprendre sur les difficultés de la tâche entreprise par la nouvelle dynastie, il regrettait que « la force populaire fût intervenue pour trancher la question sur laquelle un vieux droit national avait prononcé », et il disait, en parlant des Bourbons de la branche aînée : « Ils ont emporté ces dogmes de l'hérédité, de l'irresponsabilité et de l'inviolabilité sur lesquels prétend s'asseoir la dynastie qu'on travaille à fonder [1]. »

La hauteur de ces vues n'était, çà et là, diminuée que par le vif désir de l'écrivain de donner, à ceux qui entreprenaient la tâche ardue de fonder un nouveau gouvernement sur les ruines de l'ancien, l'espoir du succès; espoir nécessaire à ceux qui luttent, mais que M. de Salvandy, tout en l'exprimant, ne semble pas toujours partager. « Si la France sait, et si la France veut, disait-il, quoiqu'elle ait perdu la légitimité royale, elle ne perdra pas le droit. » La science et la volonté, conditions bien difficiles à rencontrer chez un homme, et cent fois plus difficiles encore chez cet être

---

1. *Vingt mois ou la Révolution*, pages 71, 72, 73 et 74.

de raison, multiple, incohérent, flottant au gré de passions diverses, qu'on appelle une nation ! Aussi, immédiatement après avoir donné cet espoir à ses amis, l'auteur le leur retire en jetant un regard rétrospectif sur le passé le plus récent de notre histoire, et montre comment, pendant la grande Révolution de 1789, l'on avait manqué d'intelligence et de résolution pour éviter les catastrophes, comment le Tiers avait eu la part principale aux fautes dont les conséquences avaient été si désastreuses, et comment cette Révolution, se reconnaissant également incapable de pouvoir et de liberté, avait fini par s'abdiquer dans les mains d'un homme.

C'est le caractère le plus marqué de toute cette partie de l'ouvrage de M. de Salvandy. Ses paroles respirent souvent l'espérance, et ses arguments l'ôtent. Cite-t-il l'exemple favorable de la Révolution de l'Angleterre, c'est pour ajouter aussitôt que si, au lieu de laisser subsister, comme elle l'avait fait, tous les fondements, après avoir renversé la clef de voûte, elle avait agi à l'instar de la Révolution de 1830, bientôt on l'aurait vue contrainte de rétrograder dans le despotisme. Encore fait-il observer que tant qu'un Stuart vécut, l'Angleterre fut condamnée à déshonorer sa législation par des lois d'exception et de proscription [1]. Cette partie est couronnée par une appréciation généralement équitable de la phase de dictature qu'on appelle l'Empire, et l'on pourrait seulement y reprendre quelques opinions paradoxales exprimées dans ce style en relief,

---

1. Voici la phrase textuelle : « Les Stuarts ont, il est vrai, perdu la couronne ; mais s'ils avaient, sur le trône, contesté la liberté à l'Angleterre, dans l'exil, ils ont fait plus, ils la lui ont ravie. Tant qu'il est resté un jacobite vivant, les lois d'exception, les suspensions de l'*habeas corpus*, les proscriptions, les meurtres juridiques, ont attristé la Grande-Bretagne, et, par ce suicide forcé de sa constitution, elle donnait gain de cause aux princes proscrits. » (*Vingt mois*, p. 89.)

que M. de Chateaubriand avait mis en vogue parmi les écrivains de ce temps.

On arrive ainsi à la Restauration, et l'écrivain lui rend une éclatante justice; il combat sans hésiter les calomnies accréditées contre son origine et contre sa politique. « Charles X, dit-il, avait trop de hauteur d'âme pour être le vassal de personne; sa fierté ne mesurait que trop bien la hauteur de la couronne de France. Il ne l'aurait pas humiliée devant l'étranger; il l'a perdue pour ne pas l'incliner même devant les Français. » De telles paroles, écrites sur un roi exilé, en face d'une révolution victorieuse, n'étaient pas seulement éloquentes, elles avaient cette grandeur morale qui vient du cœur. L'auteur va si loin dans la justice rendue à la Restauration, qu'il se voit obligé de répondre à cette objection naturelle : Pourquoi cette monarchie mixte et libre qui a rendu tant de services à la France, et tant fait pour la liberté, pour sa prospérité et pour sa gloire, est-elle donc tombée? En assignant plusieurs des causes véritables de sa chute, les malentendus, les méprises, et ce double épouvantail de la révolution et de la contre-révolution qui précipitait le gouvernement vers la dictature, et les classes les plus nombreuses de la société dans une opposition systématique, l'écrivain fait cependant quelques concessions à cet esprit de libéralisme dont il avait été récemment animé. Cependant l'ensemble de son jugement est remarquablement impartial, surtout lorsqu'on se rappelle l'époque pendant laquelle il était exprimé. L'auteur ne dissimule pas qu'un des plus grands malheurs de ce temps fut l'alliance des constitutionnels avec les révolutionnaires [1], et il peint avec vérité les fautes réciproques de ces deux grands pouvoirs arrivés à la

---

1. *Vingt mois*, p. 199.

limite extrême de leur prérogative, sans cacher que, le jour où la majorité renversa le ministère de M. de Martignac et repoussa la concession faite par Charles X, elle perdit la liberté. « C'est ainsi, continuait l'écrivain, que le tribunat avait procédé avec Napoléon, déjà réparateur et constitutionnel encore. Une opposition à tort et à travers le précipita dans le pouvoir absolu qui le conduisit à sa ruine par excès de gloire. Charles X, entrant dans les voies constitutionnelles, était accueilli avec les mêmes emportements, et allait en tirer les mêmes conclusions pour son malheur et pour le nôtre. Aujourd'hui, on procède déjà de la même manière envers la monarchie de 1830. Tant que ce fatal esprit sera celui de notre patrie, tant que les gouvernements seront d'autant plus combattus qu'ils seront moins affermis ou plus débonnaires, la liberté y sera impossible. Nous aurons le destin des républiques espagnoles. Il n'y aura de permanent parmi nous que les révolutions [1]. »

Voilà par quelle route M. de Salvandy entre dans la partie polémique de son livre, avec de sinistres pressentiments sur l'issue de la lutte déjà engagée. Il ne se méprend pas sur le danger capital du régime nouveau : c'est l'insuffisance politique de la classe demeurée seule autour du pouvoir, ses préventions et son inexpérience qui l'empêchent de comprendre les nécessités du gouvernement et d'y pourvoir, de résister à l'attraction des passions démocratiques qu'elle partage avec la gauche. N'importe, il combat sans ménagement, sans hésitation le parti révolutionnaire. Il ne lui épargne ni apostrophe véhémente, ni invective passionnée, ni ironie sérieuse et poignante, ni prédiction menaçante, plus tard justifiée par l'événement. On dirait qu'il porte

---

1. *Vingt mois*, p. 191.

le deuil de la liberté monarchique, tout en la défendant contre le despotisme prêt à sortir des flancs d'une nouvelle révolution.

Il voit les fautes capitales commencer au début, et signale, avec une amertume croissante, la charte revisée [1] afin que, comme la royauté, elle devienne contemporaine de la Révolution et une des conséquences de Juillet, comme on parlait alors, puis, un peu plus tard, l'hérédité de la pairie abolie. « N'ayant pu nous apprendre à nous passer de la royauté, continue-t-il, la République voulut nous contraindre à nous passer de la pairie. Le présent lui échappait, elle mit la main sur l'avenir. Il faut le dire, la peur régnait, car c'est toujours là le moyen de persuasion du parti révolutionnaire. L'ordre extérieur régna. Tout le monde crut que la révolution était finie. Elle recommençait. » Rien n'est oublié; le prince régnant est obligé par l'émeute d'effacer son écusson. « Le roi des Français et les princes ses fils, s'écriait douloureusement M. de Salvandy, sont en France les seuls gentilshommes qui n'aient plus d'armoiries, les seuls citoyens qui soient tenus de renier leurs ancêtres, les seuls Français qui aient été condamnés à rompre officiellement avec le passé de la France, en même temps qu'avec celui de leur race. C'est ainsi qu'on prétend honorer la royauté! » Puis il ajoute encore : « Pour complaire aux fantaisies antisociales de la passion régnante, l'autorité royale effaçait de nos murs la fleur de lis royale qui y était, pour

---

1. « Dans l'intérêt du régime nouveau, dit M. de Salvandy, la faute était immense. C'était un coup de hache à son support unique, un démenti à son unique programme. Par l'esprit qui présida aux changements, ce devait être l'abandon de tous les moyens de gouvernement. Dans cette bourrasque, on ne vit que l'Hôtel de Ville, les cris, les armes, les tempêtes; on ne pensa qu'à Paris et au jour qui s'écoulait, point à la France et au lendemain. » (*Vingt mois*, page 240.)

rétablir les statues impériales qui n'y étaient pas ¹ ! »

La fin de l'ouvrage est employée à combattre les conséquences des principes admis, des situations prises, des fautes commises et signalées. L'auteur se débat contre la logique de la Révolution, dans une polémique ardente jusqu'à la colère, avec un mélange de passion et de raison, de déclamation et de vérité, en passant sans cesse de la défensive à l'offensive, tour à tour railleur, véhément, énergique, spirituel, et quelquefois aussi emphatique, intarissable dans ses objurgations, trop porté à la métaphore, abusant de la couleur et cherchant comme les Sénèques le style en relief, mais gardant toujours, même dans ses plus grandes impatiences contre M. de La Fayette, dont il raille les petits levers démocratiques, et contre M. de Cormenin, qu'il prend à partie au sujet de sa superstition mathématique pour le principe de la souveraineté du nombre, la mesure d'un homme de bonne compagnie et la dignité d'un homme de cœur.

On peut regarder ce livre de M. de Salvandy comme l'origine d'une école qui jeta quelque éclat. M. Boyer-Fonfrède ², moins juste que lui envers la Restauration, et qui voulait à la fois glorifier la Révolution de 1830 et la contenir, usa, dans une lutte ardente contre les conséquences de cette Révolution, son talent et sa vie. C'était un dialecticien puissant, un esprit honnête, mais violent et excessif, qui, s'enivrant de sa polémique, poursuivait ses adversaires de ses déclamations éloquentes qui se terminaient en malédictions. Ses écrits ressemblaient à une émeute en faveur de l'ordre. Sa philosophie politique était moins élevée que celle de

---

1. *Vingt mois*, page 450.
2. M. Boyer-Fonfrède, fils du girondin de ce nom, dirigeait à Bordeaux un journal auquel il donna une grande célébrité. Il mourut dans cette ville en 1841.

M. de Salvandy ; il avait, avec un sentiment profond de la nécessité du pouvoir, des préventions que M. de Salvandy n'avait pas, et semblait plus disposé à armer le gouvernement par les lois qu'à l'asseoir moralement sur un principe d'autorité.

Ce publiciste honnête, courageux, mais passionné et partial, fonda, dans la nuance du rationalisme monarchique à laquelle il appartenait, l'école de l'invective, et les élèves exagérèrent les défauts du maître sans atteindre ses qualités. Il y eut à Paris un journal établi dans cet esprit : ce fut le nouveau *Globe*, qui devint l'expression des passions de la majorité. Ni l'esprit, ni la verve, ni quelquefois la raison et la science ne firent défaut à ses écrivains ; mais la mesure, le respect des autres, si difficile à séparer du respect de soi-même, leur manquèrent toujours. Ils combattirent révolutionnairement la révolution, et, en la combattant, ils eurent le tort d'oublier souvent que, dans l'antiquité, les Euménides, toutes terribles qu'elles fussent, étaient belles, et que l'invective elle-même doit avoir sa dignité.

ÉCOLE PARLEMENTAIRE : M. DUVERGIER DE HAURANNE.

Tandis qu'une des fractions de l'école du rationalisme monarchique inclinait vers la défense des intérêts d'ordre et de la prérogative du pouvoir exécutif, l'autre fraction, on l'a vu, inclinait vers la défense de la liberté politique et de la prérogative parlementaire. Cette nuance d'opinion, inaperçue dans les premiers temps, parce que la communauté des périls unissait toutes les forces du rationalisme monarchique, avait rallié la plus grande partie de ces forces à l'époque de la coalition contre le ministère de M. Molé. Quelques années plus tard, lorsque la gauche constitutionnelle, surexcitée par la durée même et l'inutilité de ses efforts pour ren verser le ministère de M. Guizot, prit des allures plus vives, la presse de la prérogative parlementaire jeta un vif éclat.

Plusieurs écrivains de talent servirent d'interprètes à la nuance puissante qui appuya surtout son opposition sur la revendication des principes du gouvernement parlementaire. Il suffira de nommer M. de Rémusat, dont la plume ingénieuse et facile touchait à tous les sujets, depuis les grands problèmes de la philosophie jusqu'à ceux de la politique; M. Chambole, plein d'honnêtes illusions et dont la probité convaincue était une force ; M. Léon Faucher, qui bientôt appliqua plus spécialement son esprit plus tenace qu'étendu aux questions d'économie politique. Mais de tous les écrivains, celui qui défendit cette cause dans la presse avec le plus de suite et par les efforts les mieux coordonnés, en servant d'interprète à toute son école, chaque fois qu'une situation grave se dessinait, ce fut sans contredit M. Duvergier de Hauranne.

Indépendant par caractère comme par position, c'était un écrivain lucide, spirituel, incisif, élégant, animé, qui avait fait ses premières armes sous la Restauration, dans le *Globe*, avec M. de Rémusat, auquel il était uni par les liens d'une étroite amitié, et sous les auspices de M. Guizot, et, en remontant plus haut, de M. Royer-Collard, le chef de toute cette école de rationalisme spiritualiste et libéral. Dès lors les idées de M. Duvergier de Hauranne, un des plus jeunes écrivains du *Globe*, étaient ce qu'elles demeurèrent depuis : il différait d'Armand Carrel en ce qu'il se contentait du gouvernement constitutionnel et n'aspirait point à la république; de M. de Cormenin, en ce qu'il se plaçait plus près des faits, et s'inquiétait moins des théories sur la souveraineté du peuple et de la logique absolue que des libertés politiques immédiatement réalisables selon lui. Il n'avait ni la passion du grand journaliste républicain, ni le fiel du pamphlétaire; sans arrière-pensée contre le gouvernement de Juillet, auquel il était au contraire favorable, son opposition, qui n'avait rien de contraire ni au principe de ce gouvernement ni à la dynastie, se maintenait dans le cercle légal.

Ce fut à l'époque de la coalition, c'est-à-dire en 1838, que M. Duvergier de Hauranne, à la fois membre des assemblées délibérantes et polémiste distingué, commença à développer dans la presse les idées qu'il devait maintenir avec beaucoup d'éclat pendant les années qui allaient suivre. Cette polémique traversa des phases distinctes et répondit à trois situations représentées par trois dates.

En 1838, à l'époque de la coalition, M. Duvergier de Hauranne expose avec lucidité les principes de sa politique, qui pouvait se réduire à ceci : il faut opter entre deux systèmes de gouvernements : ou bien une royauté prépondérante choisissant arbitrairement ses ministres où elle veut et comme elle veut, et gouvernant elle-même sous leur nom, en présence d'une Chambre des pairs qu'elle nomme, et d'une Chambre des députés dont l'intervention se borne à discuter librement les lois qu'on lui présente, et à accorder ou à refuser les subsides qu'on lui demande sans donner l'impulsion à la direction intérieure ou extérieure des affaires publiques; ou bien une royauté choisissant nécessairement ses ministres parmi les hommes qui lui sont indirectement désignés par la confiance des deux Chambres, et qui deviennent ainsi l'expression vivante de l'unité des trois pouvoirs et de l'accord de leur volonté, de sorte que l'initiative des Chambres s'exerce sur les affaires intérieures et extérieures par les ministres qui sont les chefs de la majorité; dans les temps ordinaires, les trois pouvoirs concourant également au gouvernement; mais, dans le cas où une dissidence s'élève, le dernier mot demeurant, après les dissolutions inutilement tentées, à l'Assemblée élective comme étant plus près du pays, en qui doit résider le droit d'initiative et d'impulsion. C'est ce second système de gouvernement que défendait M. Duvergier de Hauranne, qui voulait placer le pouvoir dans les classes moyennes, et déclarait, contre M. Henri Fonfrède, ces classes capables de gouvernement [1].

En 1841, les idées de M. Duvergier de Hauranne se produisent sous une forme plus agressive. La coalition a échoué par son triomphe même. On vient de traverser l'épreuve de la question d'Orient; le ministère de M. Thiers, qui avait été sur le point d'accepter la guerre, est tombé. L'alliance anglaise a manqué au gouvernement de Juillet, au moment où il a espéré trouver, dans cette alliance, un concours efficace pour développer une politique française; les esprits sont profondément émus. Cette émotion se reflète dans les nouveaux écrits de M. Duvergier de Hauranne. Il se sépare de plusieurs de ses amis; une scission éclate dans l'ancienne école du *Globe*, M. Théodore Jouffroy défend la politique de M. Guizot contre M. Duvergier de Hauranne qui l'attaque : les uns sont plus frappés des inconvénients redoutables d'une guerre faite dans de mauvaises conditions, les autres des conséquences funestes d'une paix qu'ils déclarent achetée par des concessions qui compromettent la situation de la France en Europe, et celle du gouvernement de Juillet en France.

Le talent de M. Duvergier de Hauranne grandit avec

---

1. Ces principes furent exposés dans deux études remarquables publiées, la première, le 15 mars 1838; la seconde, au mois de juin de la même année, sous ce titre : *De la Chambre des députés dans le gouvernement représentatif;* et dans un écrit intitulé : *Des principes du gouvernement représentatif.*

le sujet de cette polémique qui embrasse toutes les questions intérieures et extérieures. Rien de plus émouvant que le tableau qu'il trace de la grandeur toujours croissante des puissances qui nous entourent, opposé au tableau de l'affaiblissement progressif de notre influence et de la diminution de notre territoire [1]. Son livre est un modèle de haute polémique ; lucide, d'un style clair, rapide, entraînant, agressif sans être injurieux, véhément sans virulence, éclairé par l'étude des faits contemporains et par la connaissance de l'histoire. Son argumentation passionnée le ramène à son point de départ : c'est que la faiblesse de la politique vient de la faiblesse du gouvernement, et que la faiblesse du gouvernement vient de ce qu'il est personnel au lieu d'être parlementaire. Tout tient à un homme, à une intelligence qui peut s'affaiblir, à une vie fragile, menacée ; c'est là le péril.

Cependant les trois ans qui se sont écoulés depuis la coalition n'ont pas été perdus pour M. Duvergier de Hauranne : il commence à soupçonner que ces inconvénients qu'il déplore ne doivent pas être exclusivement attribués au ministère et au prince qui gouverne. Un doute est entré dans son esprit : les classes moyennes qu'il a défendues, qu'il défend encore, n'ont-elles aucun reproche à se faire ? — « Je veux dire toute ma pensée, s'écrie-t-il ; j'ai combattu il y a trois ans, je combattrais encore, s'il le fallait, les déclamations ultra-monarchiques ou ultra-radicales contre les classes moyennes de la société. Je tiens, aujourd'hui comme alors, que ces classes, tête de la démocratie, sont les seules à qui puisse être confié, dans l'état actuel de la société, le pouvoir politique. Je tiens que, pénétrant par une de leurs extrémités dans les classes aristocratiques, plongeant par l'autre au sein des classes populaires,

---

1. *De la politique intérieure et extérieure de la France.*

elles offrent le résumé le plus vrai, la moyenne la plus juste des opinions, des sentiments, des besoins du pays. Je tiens d'ailleurs qu'elles ont de grandes et utiles qualités. Mais, à côté de ces qualités, les classes moyennes ont aussi leurs défauts. Saisies dès l'enfance par quelque profession laborieuse qui absorbe leur attention et leur temps, elles s'habituent trop à voir les choses sous le point de vue de l'intérêt privé, plutôt que de l'intérêt public. Sans cesse préoccupées de conserver, d'augmenter le bien-être matériel qu'elles ont péniblement acquis, et, en même temps, sans cesse renouvelées par le double mouvement qui s'opère dans leur sein, elles n'ont d'ailleurs ni l'entraînement énergique et dévoué de la démocratie, ni l'esprit de prévoyance et de suite qui distingue l'aristocratie. De là des inconvénients graves, nombreux, quand il s'agit de constituer un gouvernement, de former une majorité, d'enfanter une politique. De là aussi quelques complaisances pour les théories utilitaires qui sacrifient au dehors la puissance et la dignité nationale à la crainte de la guerre, au dedans la force et la vérité des institutions à l'amour du repos. C'est donc à ces classes qu'il faut dire franchement qu'il ne leur est pas permis de laisser péricliter entre leurs mains l'héritage glorieux que la Révolution leur a confié et dont elle pourrait un jour leur demander compte. C'est à ces classes qu'il faut apprendre qu'au-dessous d'elles il y a d'autres classes moins éclairées, mais qui ont conservé dans toute sa vivacité le sentiment national, le sentiment libéral, et que ces sentiments, s'ils sont systématiquement froissés et refoulés, pourraient bien faire un jour une explosion terrible [1]. »

1. *De la politique intérieure et extérieure de la France*. Introduction, page CVI.

C'est ainsi que cet esprit ingénieux jugeait, en 1841, avec une rare clairvoyance mêlée de grandes illusions, les véritables obstacles qui s'opposaient en France à l'application complète de ses théories préférées, et qu'allant, avec la promptitude de son caractère impatient, droit à la difficulté, il demandait aux classes moyennes d'être ce qu'elles n'étaient pas, afin de pouvoir tout être dans le gouvernement.

Six ans plus tard, au mois de janvier 1847, M. Duvergier de Hauranne, persistant avec une rare constance dans ses idées sur le gouvernement représentatif auquel il a dévoué sa vie [1], vient livrer ses derniers combats. Son accent est plus vif encore, son opposition plus véhémente ; la durée de la lutte a envenimé de part et d'autre la polémique, et la gravité de la situation, la surexcitation générale des esprits, l'imminence d'une crise, se reflètent dans l'écrit politique où l'habile publiciste vient exprimer les tendances plus tranchées et plus résolues de son opposition.

Les doutes qu'il avait sur l'aptitude de la classe électorale à réaliser l'idéal du gouvernement représentatif sont devenus des certitudes. Il ne se contente plus

---

[1] « Pour ma part, en plaidant aujourd'hui la cause un peu abandonnée du gouvernement représentatif, disait-il, je crois servir les intérêts de mon pays au dehors ; je crois aussi être fidèle à l'idée qui, depuis que je suis entré dans la vie politique, m'a constamment dirigé. Si, vers la fin de la Restauration, j'ai pris une part obscure, mais vive, à la lutte engagée entre la dernière dynastie et la France, ce n'était ni par ambition personnelle ni par haine contre la branche aînée, mais parce que je voyais la couronne déterminée à nous refuser les droits qui nous appartenaient. Si j'ai applaudi franchement à la Révolution de Juillet, et si, cette Révolution faite, j'ai défendu avec quelque fermeté le gouvernement qu'elle a créé, c'est que, dans ce gouvernement, je voyais la réalisation des principes pour lesquels l'opposition nationale a si longtemps combattu. Le gouvernement représentatif vrai, voilà l'étoile sur laquelle j'ai toujours eu les yeux fixés, voilà le but vers lequel, par des moyens variables, j'ai tendu invariablement. » (*De la Réforme parlementaire et de la Réforme électorale*, page VIII.)

de lui adresser des conseils, comme en 1841 ; il propose, avec M. de Rémusat, son ami, de modifier les éléments mêmes de l'électorat et de la représentation par une réforme électorale et parlementaire. Il attaque, avec une véhémence éloquente, la passion du bien-être, sortie, dit-il, de ses justes limites. « Sous l'empire de cette passion, s'écrie-t-il, s'éteignent au cœur de l'homme les nobles sentiments, les aspirations généreuses qui l'élèvent au-dessus des autres êtres; sous l'empire de cette passion s'effacent ou s'obscurcissent dans son esprit les notions du bien et du mal, du juste et de l'injuste, et de toutes les grandes idées qui, à toutes les époques, ont remué le monde, les idées de religion, de patrie, de liberté ; sous l'empire de cette passion, au contraire, se développent sans mesure et sans frein les instincts brutaux de la nature humaine, ceux qui, dans la vie privée comme dans la vie publique, ne connaissent d'autre loi que celle de l'intérêt, d'autre attrait que celui des jouissances matérielles. D'une société ainsi abaissée, dégradée, corrompue, gardez-vous d'attendre rien de grand, rien de bon, rien d'honnête. »

C'est ainsi que prélude le véhément publiciste, et, devenant plus personnel, plus dur et plus amer à mesure qu'il avance dans sa philippique : « Ce ne sont pas les questions qui manquent aux hommes, s'écrie-t-il, ce sont les hommes qui manquent aux questions. Il faut pourtant le reconnaître, il en est quelques-unes qui conservent le privilège d'enflammer les esprits, de remuer les âmes, de faire battre les cœurs; ce sont celles qui, par quelque côté, touchent aux intérêts et qui atteignent les fortunes. Ainsi le gouvernement peut sans danger, presque sans résistance, fausser les institutions, violer les lois, annuler les libertés publiques; mais qu'il se garde, s'il tient à vivre, de porter une main audacieuse sur un tarif protecteur ou sur une ligne de fer. Pour prévenir de telles calamités, pour punir de tels attentats, il n'est point de résolutions assez promptes, de mesures assez énergiques ; et c'est alors qu'aux yeux des plus ardents conservateurs l'insurrection est bien près de redevenir le plus saint des devoirs. Qui ne se souvient des injonctions menaçantes dont le trône se vit assaillir quand la France courut le danger d'une union plus intime avec la Belgique, son ancienne province? Qui ne se rappelle les tempêtes que le sésame déchaîna sur les bancs les plus pacifiques de la Chambre, et l'aspect agité, tumultueux, presque révolutionnaire de la salle des Pas-Perdus, le jour où se livrait la grande bataille du sucre de betteraves et du sucre des colonies? Qui peut avoir oublié enfin l'enthousiasme patriotique que l'embranchement de Fampoux fit éclater dans les tribunes? Ce sont là les triomphes et les défaites, les joies et les douleurs du temps actuel; ce sont les grandes causes qui ont remplacé celles pour lesquelles nos pères versaient naguère leur sang sur l'échafaud ou sur les champs de bataille! »

C'est avec cette verve impitoyable que l'ardent publiciste attaquait, non plus seulement le ministère ou le gouvernement personnel, ni même les classes électorales exclusivement, comme il le croyait, mais l'ensemble des classes moyennes même ; car leurs vices et leurs imperfections étaient la source des abus et des torts qu'il signalait, et la réforme parlementaire et électorale, bien restreinte, qu'il proposait, aurait rencontré, dans les couches inférieures de ces classes, les mêmes vices, le même esprit qui dominait le ministère et le gouvernement. Il mesurait lui-même toute la profondeur du mal, et son intelligence pénétrante arrivant jusqu'à une sorte de divination logique, quand il se dégageait de ses illusions, il voyait venir les catastrophes pour ces classes moyennes dans lesquelles il avait voulu concentrer le pouvoir politique.

« Il est indubitable, disait-il, que la Révolution de 1830 s'est faite surtout au profit des classes moyennes, et que depuis seize ans le pouvoir politique leur appartient; sur elles par conséquent pèse, plus que sur les autres classes de la société, la responsabilité de la situation actuelle et des événements qui peuvent s'ensuivre. Or il est évident que depuis quinze ans, depuis dix ans surtout, les classes moyennes sont entrées dans une phase nouvelle, dans une phase critique de leur existence. Quand, de 1815 à 1830, elles combattaient avec énergie pour la Révolution contre l'ancien régime, et de 1830 à 1835 pour la monarchie représentative contre la République, les classes moyennes, j'en suis convaincu, tout en défendant leur propre cause, défendaient la cause nationale. Mais la victoire a couronné leurs efforts, la puissance est venue, et avec la victoire l'enivrement qui l'accompagne, avec la puissance l'orgueil qui la suit, l'égoïsme qu'elle engendre, les tentations qui l'assiégent. C'est pour les classes moyennes une épreuve plus difficile que les précédentes, et je crains qu'elles n'y succombent. Peu importerait qu'elles fussent en butte aux injures, aux sarcasmes de l'aristocratie et de la démocratie, si ces injures et ces sarcasmes étaient immérités, et si toujours elles usaient dignement, noblement, dans l'intérêt général, du pouvoir qu'elles ont obtenu. Mais si, dans ce pouvoir, elles ne cherchaient qu'un moyen de faire leur propre bien et de fortifier leur propre puissance, si le goût des jouissances matérielles les absorbait tout entières et les rendait insensibles à la grandeur nationale, aux progrès de la liberté, aux besoins des classes qui n'ont pas de droits politiques; si, en un mot, on pouvait dire d'elles, avec quelque apparence de raison, qu'elles imitent ceux qu'elles ont renversés, et qu'il existe en France, d'un côté, deux ou trois cent mille familles qui commandent et qui jouissent, d'un autre côté, huit millions de familles qui obéissent et qui souffrent, croit-on qu'un tel état de choses fût solide et qu'il pût être longtemps maintenu[1] ? »

Dans une pareille bouche, c'étaient là de terribles paroles, d'autant plus terribles, que le remède proposé pour un si grand mal était faible et petit. Des incompatibilités parlementaires, des adjonctions de capacités, un léger abaissement du cens électoral, c'étaient là des palliatifs impuissants, si le mal était aussi profond, surtout en présence de cette flagrante contradiction signalée avec tant de clairvoyance et de clarté par M. Duvergier de Hauranne : une machine de centralisation montée par et pour le pouvoir absolu, en face d'un gouvernement représentatif qui devait faire venir les éléments du pouvoir politique des divers points de la circonférence dominés par cette force centrale.

C'est ainsi qu'une redoutable polémique ébranlait les supports mal assis du nouveau gouvernement. Assiégé au dedans par la logique parlementaire, nous allons le voir en butte au dehors à la logique républicaine et à la logique de l'école traditionnelle, et nous le verrons plus tard en butte à la logique de l'école religieuse, appuyée sur l'article 69 de la Charte et sur le droit incontestable qu'avait l'Église de revendiquer, sous un gouvernement rationaliste, les libertés les plus étendues.

1. *De la Réforme parlementaire et de la Réforme électorale*, page 16.

III

ÉCOLE RÉPUBLICAINE : ARMAND CARREL, LE NATIONAL, CORMENIN.

Dans l'école républicaine, Armand Carrel passe avant M. de Cormenin. D'abord il fut chaque jour sur la brèche en qualité de journaliste, et M. de Cormenin ne fut que pamphlétaire à ses heures ; ensuite, s'il écrivit moins longtemps, il est le premier en date comme en noblesse. Il eut, chose rare dans tous les temps, le caractère de son talent. Si ses écrits obtinrent une publicité moins grande que ceux de Timon, ils eurent une valeur morale plus élevée, et l'ascendant de l'homme d'énergie et de résolution sur les hommes de son parti vint s'ajouter à l'ascendant de l'écrivain sur les idées de son temps. Parlons d'Armand Carrel.

Il avait trente ans, l'âge de la grande activité intellectuelle, au moment où la Révolution de 1830 éclata. On a vu son enfance élevée dans les lycées de l'Empire et inclinant de bonne heure à la carrière militaire, sa jeunesse révélant à Saint-Cyr les qualités et les défauts de son esprit et de son caractère : un sentiment de dignité personnelle allant jusqu'à une hauteur ombrageuse envers ses égaux, jusqu'à l'indépendance et même la révolte envers ses chefs, la passion des armes, celle des lettres qui lui servaient à exprimer des idées mâles et fortes, peu de goût pour la discipline, une confiance très-grande en lui-même, une ambition qui, s'élevant au-dessus des appétits vulgaires, lui faisait appeler les situations périlleuses et difficiles où ses facultés devaient trouver leur entier développement : tel avait été Carrel pendant la Restauration, tel il devait être sous le gouvernement de Juillet.

Il était républicain, mais républicain à sa manière : c'était un républicanisme militaire, hautain, rêvant la dictature exercée du consentement de tous, par une intelligence hors ligne, au nom et au profit des idées démocratiques, n'ayant pas un grand éloignement pour les 13 vendémiaires, à condition qu'ils fussent faits par lui et pour son parti. Au *National*, il se plaisait à s'entourer d'hommes d'épée, restes des conspirateurs militaires du parti bonapartiste; il était flatté de compter ces batailleurs parmi ses courtisans. De même que, durant sa courte campagne en Espagne, il s'était isolé des compagnons de son aventure, en protégeant son isolement à la pointe de son sabre; de même, quand il fut dans la presse, on ne le vit guère frayer qu'avec ceux qui, par effacement de caractère, ou par renoncement, soit littéraire, soit scientifique, à toute prétention de gouvernement, proclamaient la supériorité de Carrel avec un enthousiasme de séides, ou l'acceptaient avec l'empressement désintéressé de l'amitié. La haine de l'étranger, une protestation prolongée contre les deux invasions, des préventions contre la Restauration, envers laquelle il avait eu des torts et dont il avait éprouvé l'indulgence, un éloignement marqué pour le gouvernement héréditaire qui ôtait, selon lui, le pouvoir aux supériorités naturelles; une tendance ardente à appeler une de ces situations pleines de périls qui, dans sa pensée, devait appeler un caractère, une capacité, un dévouement comme le sien, tel était donc au fond le républicanisme de Carrel. C'était un rationaliste stoïque avec une nuance de magnanimité chevaleresque qui donnait un grand attrait à sa personne. Il avait pris peu de part à la rédaction du *National*, pendant que MM. Thiers et Mignet le dirigeaient; sa collaboration se borna presque à quelques articles de critique littéraire. C'est qu'il y avait des différences profondes entre lui et ses deux éminents collaborateurs. Ceux-ci, pour nous servir d'une phrase alors célèbre, ne voulaient traverser que la Manche, Carrel voulait traverser l'Atlantique. Suivant lui, le gouvernement devait cesser d'être héréditaire : le magistrat suprême électif et responsable, la seconde Chambre élective comme la première, le suffrage universel, la liberté de la presse inviolable à tous les partis, tel était le programme d'Armand Carrel, lorsque la Révolution de Juillet, avançant son tour de direction qui ne devait venir que plus tard, lui permit de donner une physionomie plus démocratique au *National*.

Ce n'étaient là, on le voit, que des idées assez vagues et très-peu neuves sur les formes politiques qui convenaient à la France dans un temps où l'esprit d'innovation commençait à agiter le problème bien autrement vaste d'une révolution sociale; elles avaient en outre le tort d'avoir été appliquées dans la première Révolution, sans produire de grands résultats. Carrel devait donc être amené à développer et à justifier ces idées, par suite de la contradiction même qu'elles rencontraient dans le parti républicain; c'est ce qu'il fit, dans un document qui demeure le symbole le plus complet de ses opinions politiques et qui avait pour titre : *Rapport sur le manifeste de la Société des Droits de l'Homme* [1].

---

1. « La *Société des Droits de l'Homme*, dit Carrel lui-même dans une brochure intitulée *Dossier d'un prévenu*, et publiée en 1835, avait fait paraître un exposé très-hardi et très-étendu de ses principes; le comité qui représentait cette association, et qui a joui d'une existence légale jusqu'aux lois contre-révolutionnaires de 1834, adressa, dans le mois de novembre 1833, son exposé de principes au comité central de l'association pour la commune défense de la liberté de la presse, en le priant d'y

Carrel était convaincu que la réforme sociale dépendait de la réforme politique ; il proclamait cette réforme sociale en principe, en ce sens qu'il déclarait que les classes populaires proprement dites devaient être admises à la jouissance des biens intellectuels et matériels, conquêtes de la civilisation ; mais tout en excusant, par la difficulté des circonstances révolutionnaires où ils se trouvaient, les plans tyranniques de Robespierre et de Saint-Just, et ceux mêmes de Babeuf, qui consistaient à déplacer et à égaliser violemment la richesse sociale, en faisant descendre du superflu au nécessaire les riches spoliés, pour élever de l'indigence au bien-être les pauvres dotés de leurs dépouilles, il repoussait ces plans, qu'il trouvait mauvais et stériles au point de vue économique, moins acceptables encore en raison des moyens de dictature et de violence qu'il fallait employer pour tenter leur réalisation, et il posait en principe que la minorité n'avait pas de droits contre la majorité, et que, si des réformes sociales étaient réalisées, il fallait qu'elles le fussent avec la sanction générale.

Ces restrictions étaient honnêtes et modérées, et l'on peut dire qu'elles prévalurent dans la République de 1848, cette phase politique que Carrel avait préparée et qu'il ne devait point voir. Mais, lorsqu'on examine ses propres vues économiques, on découvre tout ce qui lui manquait d'études et de méditations pour arriver à des idées pratiques et neuves sur ce difficile sujet. Il voulait maintenir la propriété viagère et héréditaire,

---

adhérer par une déclaration publique. Je ne prenais que fort rarement part aux réunions et aux travaux du comité de défense de la liberté de la presse. J'acceptai cependant la tâche assez difficile d'exprimer, dans un rapport sur la déclaration de principes de la Société des Droits de l'Homme, les sentiments qu'avait fait naître en moi cette publication, et que j'avais lieu de croire partagés par le plus grand nombre des membres du comité. »

mais sous le bénéfice de cette maxime écrite dans le testament de Mirabeau, que « *l'État seul peut donner l'investiture à l'héritier et attacher des conditions à cette investiture* ». Il aggravait cette maxime en ajoutant, ce qui ouvrait la porte aux plus redoutables perturbations dans l'état de la propriété : « Nous ne voyons pas ce qui arrêterait une représentation véritable du pays dans les fixations des conditions de l'investiture, suivant les progrès des temps et le succès des doctrines réformatrices dans les esprits. » Ceux qui savent tout ce que les Assemblées peuvent décréter sous la pression des circonstances ou des passions trouveront que ces paroles ouvrent la porte bien large aux destructions. Armand Carrel comptait, il est vrai, sur le nombre de ceux qui ont part à la propriété pour la défendre, et les dix millions de cotes foncières le rassuraient, quand il demandait, pour unique condition, que rien ne se fit en dehors de la volonté d'une représentation générale du pays; mais il oubliait que, de même que les classes moyennes avaient marché d'accord avec les classes populaires, en 1789, contre les classes supérieures, les petits propriétaires, qui sont les plus nombreux, pouvaient se coaliser avec les non-propriétaires pour attaquer la grande et moyenne propriété, surtout si les recettes proposées par Armand Carrel au nom des républicains politiques demeuraient stériles.

Or ces recettes se réduisaient à peu de chose : la suppression de la liste civile et de ce qu'Armand Carrel appelait le budget de la corruption, c'est-à-dire les fonds secrets; la réduction de l'effectif militaire, probablement en temps de paix; car une république, pas plus qu'une monarchie, ne peut se passer d'armée en temps de guerre; la réduction du nombre trop grand des employés : voilà pour les mesures négatives, et l'on voit que, sauf la suppression de la liste civile, toutes ces économies ne tenaient point essentiellement au principe républicain, et pouvaient être réalisées par une monarchie régulière, entourée d'institutions représentatives fondées sur le vote général. Les mesures positives n'offraient pas un caractère beaucoup plus marqué d'originalité. — « Qu'aujourd'hui, s'écriait Armand Carrel, dans cette France célèbre qui a brisé dix coalitions par la valeur et l'intelligence de sa démocratie, le travailleur à la journée rencontre pour tout établissement de crédit le mont-de-piété, pour toute retraite l'hôpital, pour toute chance de fortune la loterie, pour tout encouragement à la moralité la caisse d'épargne, c'est une honte à la nation éclairée qui le souffre! »

Ces généralités passionnées autorisaient, sans les accepter, les moyens violents proposés par les sectaires, car Armand Carrel n'avait à proposer, comme mesures positives, que l'idée purement théorique d'institutions de crédit populaires, sans indication aucune d'un mode de réalisation pratique, et un changement très-peu rationnel de l'assiette de l'impôt. Il aurait voulu, en effet, qu'on allégeât l'impôt indirect ou de consommation, qu'on supprimât les impôts protecteurs, et qu'on augmentât l'impôt direct, au rebours de ce qui avait été fait sous la Restauration. Il oubliait ainsi trois choses capitales : la première, c'est que l'impôt direct, qui atteint la richesse publique à sa source, est le plus ruineux des impôts, parce qu'il empêche de produire ; la seconde, c'est qu'en supprimant, d'une manière absolue, les droits protecteurs, on frappe tous les ouvriers industriels, dont le salaire entre dans le prix de revient des objets créés ou manufacturés par l'industrie nationale, obligée d'abaisser ses prix devant la concurrence étrangère, et que l'intérêt de ceux-ci n'est pas représenté uniquement par le prix des objets de consommation, mais par le rapport existant entre leur salaire et le prix des objets qu'ils consomment; la troisième, c'est que la France est un pays de petite propriété, qui compte, ainsi qu'Armand Carrel l'a dit lui-même, dix millions de cotes foncières, de sorte qu'en augmentant l'impôt direct et en détruisant les droits protecteurs de l'agriculture on blesse cruellement par deux fois ces mêmes intérêts de la démocratie qu'Armand Carrel voulait défendre. Enfin la Révolution de 1789 avait essayé ce système, et l'on sait dans quel état se trouvaient nos finances quand le Consulat les reçut de ses mains.

Carrel n'était donc point un de ces génies réformateurs qui changent une société; une expérience assez éclatante pour convaincre les esprits les plus rebelles a récemment montré la vanité des idées qu'il développait, lorsque, alléguant les progrès intellectuels et moraux accomplis, depuis 1789, dans les classes populaires, il affirmait que la convocation d'une représentation nationale, jointe à l'établissement de la république, suffirait pour réaliser en France toutes les améliorations morales et matérielles et réformer tous les abus. Mais, malgré cette erreur d'appréciation, tempérée par un sentiment très-net de la force de la propriété, qu'il jugeait avec raison capable de se défendre contre toutes les attaques, si elle ne se divisait pas, et qu'il prémunissait contre la terreur des fantômes, Armand Carrel était un esprit élevé, un cœur ardent et souvent magnanime, un caractère fort, servi par un rare talent d'écrivain, et il devait jouer un grand rôle dans la presse de son temps. Un homme qui l'a bien connu, car il a été un de ses collaborateurs les plus distingués et un de ses amis les plus honorés, M. Littré, qui, lui aussi, est un de ces rares stoïques à qui le sentiment de la dignité personnelle donne la force de traverser les temps difficiles sans défaillances de cœur et d'esprit, avec la triste, mais ferme résolution, d'une intelligence occupée plutôt que consolée par l'étude, a tracé de Carrel un portrait d'une grande ressemblance :

« La grande œuvre de Carrel, dit M. Littré[1], est le *National*. Privé par le hasard de l'occasion de se signaler par des faits éclatants ; empêché, par le malheur d'une mort prématurée, de déployer tout son génie dans une composition littéraire, il a laissé, dans ces feuilles volantes, une trace étincelante de tout ce qu'il pouvait au titre d'homme d'action et de littérateur. Le *National*, en effet, n'a pas été pour Carrel un froid théâtre, où il venait jouer le rôle que le hasard lui imposait ; ce fut pour lui une arène où il luttait, une tribune du haut de laquelle il parlait, un champ clos où il se serait cru malheureux de ne pouvoir descendre en personne : le *National* fut une personnification d'Armand Carrel, et, si le journal exprime les pensées, les entraînements, les passions de l'écrivain, l'écrivain, à son tour, était sur la brèche, prêt au besoin à défendre, au péril de sa vie ou de sa liberté, ce qu'il venait de dire dans le journal. Carrel avait dans son style, dans la hardiesse de ses attaques, beaucoup de ressemblance avec l'auteur des *Lettres de Junius ;* mais il n'aurait jamais voulu que sa personne demeurât invisible. Plusieurs fois le voile du journalisme lui a semblé trop épais, la fiction trop complète, et, en son propre nom, il a pris la parole pour lancer un défi au pouvoir et soutenir une lutte dangereuse. C'est cette union d'une personnalité vigoureuse avec ce personnage fictif appelé le journal, qui a donné au *National* un caractère qu'aucune feuille n'a présenté. Quand la politique languissait, quand les questions vives s'amortissaient, Carrel sentait son intérêt diminuer, et il laissait flotter au ha-

---

1. *Notice biographique sur Armand Carrel*, insérée dans le *National*.

sard une polémique à laquelle sa passion ne lui disait pas de s'incorporer; mais, quand il survenait, soit au dehors, soit au dedans, quelqu'un de ces événements qui soulevaient son âme; quand il se présentait une grande infortune à défendre, des lâchetés impunies à flétrir, des perfidies à démasquer; quand surtout un péril était là pour l'aiguillonner, alors il reprenait la plume, arme qui, dans sa main, n'a jamais manqué le but, et il conduisait la guerre avec autant de vigueur que d'habileté. Les lois qui enchaînent la presse, les tribunaux qui la menacent, ne lui semblaient qu'un défi jeté à l'audace de l'écrivain. Rien ne lui plaisait plus que de passer à travers les embuscades légales et d'aller, protégé par un style habile à tout dire, comme par une armure, affronter les chances périlleuses du combat. Il eût osé moins s'il eût été plus libre; il eût frappé moins fort s'il eût été plus puissant; et si son caractère le poussait à tenir tête avec une constance invincible contre les victorieux, son caractère le poussait également à ne pas abuser de la victoire, et jamais il ne se fût senti le courage d'aggraver, par une parole ou par une action, le sort des vaincus. »

Sans doute l'auteur de ce portrait a appuyé un peu sur le trait, avec l'émotion d'une douleur récente et l'enthousiasme d'une amitié convaincue; mais la ressemblance, pour être idéalisée, n'en est pas moins frappante. C'est bien là Armand Carrel, que la presse entière honora, que la presse entière aima, sauf peut-être celle de son parti, parce qu'il confondait sa dignité avec la dignité générale de la presse périodique, et qu'en défendant sa liberté d'écrivain il défendait, en même temps, la liberté générale de la pensée. Il excellait surtout dans deux ordres de questions : celles qui se rattachaient à la dignité ou à la grandeur extérieure de la France, celles qui se rapportaient aux libertés politiques. C'est en développant ces deux ordres d'idées qu'il a conquis sa renommée d'écrivain, justifiée par la clarté vigoureuse de son argumentation, la sobriété militaire de son style, coloré par la passion sans être décoré par l'art. Il a consacré ses plus belles pages à demander le remaniement des traités de 1815, à combattre l'alliance anglaise, à pousser le nouveau gouvernement dans une lutte avec la Russie pour la Pologne, avec l'Autriche pour l'Italie, à la neutralité en Orient, l'offensive sur les Alpes et sur le Rhin. Sans doute ce sont là des questions controversables ; mais, ce qui n'est pas douteux, c'est qu'Armand Carrel a exposé d'une manière éloquente toutes les considérations qui militaient en faveur de l'opinion qu'il avait embrassée. Dans cette lutte ardente, trouvait-il un péril à courir, comme lors des ordres d'arrestations préventives lancés contre les journalistes, il allait au-devant et personnifiait volontiers en lui la cause de tous les écrivains, en proposant au gouvernement sa vie, comme enjeu, dans cette espèce de duel [1]. Il aimait aussi à se défendre lui-même devant les tribunaux ; et, sauf la Cour des pairs devant laquelle il échoua, après

1. Voici les quelques lignes dans lesquelles Carrel lançait son défi à Casimir Périer : « Le ministère croit l'illégalité peu dangereuse quand elle ne blesse qu'un petit nombre de citoyens. Il se trompe, et, malgré toute sa fierté, il pourrait bien éprouver qu'un seul homme, convaincu de son droit et déterminé à le soutenir par tous les moyens que lui dicterait son courage, n'est pas facile à vaincre. Il y en a, dans la presse périodique, de ces hommes qu'on ne provoque pas impunément, et qui certes ne seraient pas emportés vivants à Sainte-Pélagie, s'ils avaient juré de ne pas laisser violer en eux la majesté de la loi. Il est facile de faire tuer par cinquante hommes un seul homme qui résiste ; mais croit-on que cela pût arriver deux fois sans péril pour l'ordre de choses actuel ? Que le ministère ose risquer cet enjeu, et peut-être il ne gagnera pas la partie. Le mandat de dépôt, sous prétexte de flagrant délit, ne peut être décerné légalement contre les écrivains de la presse périodique, et tout écrivain, pénétré de sa dignité de citoyen, opposera la loi à l'illégalité, et la force à la force ; c'est un devoir, advienne que pourra ! »

une audacieuse apostrophe, il exerçait une action personnelle si puissante sur le jury, qu'il fut toujours acquitté.

Quoiqu'il eût contre la Restauration des préventions très-vives, il n'oubliait pas les bons offices qui lui avaient été rendus par des hommes attachés à ce gouvernement; il garda un souvenir reconnaissant de l'indulgence du baron de Damas, son ancien colonel, dont il était devenu le prisonnier, après sa courte et aventureuse campagne en Espagne, et quand un honorable adversaire, M. de Chièvres, qui avait contribué à sauver, par une capitulation, la poignée de Français qui combattait dans l'armée espagnole, eut besoin de son loyal témoignage devant les assises[1], le témoignage d'Armand Carrel ne fit pas défaut à cet estimable officier, impliqué dans une accusation de chouannerie. Cité comme témoin à décharge, le rédacteur en chef du *National*, après avoir raconté, dans les termes les plus nobles et les plus délicats, la manière généreuse dont M. de Chièvres, alors aide de camp du général de Damas, s'était entremis pour faire obtenir une capitulation à ses compatriotes, obligés de se rendre ou de se faire tuer jusqu'au dernier, termina ainsi sa déposition : « Je suis loin de prétendre que personne ici doive de la reconnaissance à M. de Chièvres pour le service personnel qu'il m'a rendu dans cette circonstance; mais je pourrais citer une douzaine d'officiers de tout grade, depuis celui de sous-lieutenant jusqu'à celui de chef de bataillon, qui ont profité comme moi de la capitulation de Figuières, et qui, depuis la Révolution, ont repris du service; les uns servent à Alger, les autres devant Anvers ou dans la Vendée, et ont pu contribuer même à y étouffer l'insurrection. Je ne m'étendrai pas davantage sur le

---

[1]. En décembre 1833.

compte de M. de Chièvres. Il était de mon devoir d'attester ici que je l'ai connu modéré, humain, généreux, quand son parti avait la force et que le drapeau tricolore était traité en rebelle. M. de Chièvres ne me saura pas mauvais gré, j'espère, de dire qu'il était fort dévoué au gouvernement de ce temps-là, qu'il était du parti du gouvernement. Ses sentiments politiques furent trop honorés à mes yeux par sa conduite dans la circonstance dont j'ai parlé, pour que je n'estime pas aujourd'hui sa persévérance dans les mêmes sentiments. Mais je répète que des opinions qui s'alliaient alors à une générosité si française n'ont pu conduire aux actes violents qu'on impute aujourd'hui à M. de Chièvres. »

Ces paroles devaient être reproduites, parce qu'elles révèlent une des qualités qui contribuèrent le plus à l'ascendant d'Armand Carrel comme homme et comme écrivain. La chevalerie qu'il avait dans le caractère se reflétait dans son langage et dans son style : l'estime qu'il avait de lui-même le portait à ne jamais rester redevable à personne d'une offense ou d'un bon office, et même à prendre la responsabilité des fautes de son parti, quand il ne les avait ni commises ni approuvées. C'est ainsi qu'il écrivait à un de ses collaborateurs en 1835 : « Le temps de la politique brutale est passé avec les défaites de la force brutale qui nous a tous plus ou moins poussés en 1831 et en 1832, et à laquelle nous avons tous payé tribut par esprit de chevalerie. » C'était le chevalier qui venait apporter à la barre du tribunal un témoignage favorable à M. de Chièvres, et qui provoquait le nouveau gouvernement à une espèce de combat singulier au sujet de l'arrestation préventive des journalistes. Ce fut aussi le chevalier qui, à la nouvelle de la mort de Zumalacarreguy, glorieux serviteur d'une cause dont Armand Carrel était l'adversaire, traça ces lignes honorables pour celui qui les a écrites comme pour celui qui les a inspirées : « Quelque resserré qu'ait été le théâtre sur lequel s'est présenté Zumalacarreguy, et bien qu'il n'ait commandé que de petites armées et livré que de petits combats, l'histoire ne pourra pas lui ravir le titre de héros que va lui décerner l'opinion qu'il a servie, et dont il était à la fois la tête et l'épée. On savait à peine d'où venait Zumalacarreguy; on savait moins encore jusqu'où il pouvait s'élever; il annonçait des forces à parcourir une carrière sans bornes. La mort semble le partage naturel des réputations qui ont atteint leur période de décadence; elle grandit celles qui sont arrêtées dans leur mouvement ascendant. L'imagination se charge d'achever la statue qui n'était qu'ébauchée, et lui prête des proportions gigantesques. Depuis 1815, nos révolutions avortées, nos luttes obscures, n'avaient, dans aucun parti, dans aucun pays, placé aucun homme aussi haut que le généralissime des provinces basques. Les hommes rares, ce sont ceux qui, par un ascendant irrésistible, s'imposent à tout ce qui les entoure, et sont obéis et servis en vertu de la seule action qu'exerce leur personne. Zumalacarreguy a été un de ces hommes séduisants ; il a commandé et il a été reconnu, il a eu pour lui l'acclamation populaire, et les supériorités des rangs se sont éclipsées; il n'a rencontré que des seconds et pas de rivaux, et il ne faut pas s'étonner s'il a inspiré de la sympathie même à ses adversaires. Quand un homme a mérité d'être envié à son parti par ceux-là mêmes qu'il combattait, il a touché à la véritable gloire, et sa mort est un deuil jusque dans les rangs où son nom portait la terreur. »

Armand Carrel respire ici tout entier. En retraçant, avec cet enthousiasme mélancolique, la destinée de Zumalacarreguy, il laisse apercevoir l'idéal qu'il avait marqué à la sienne et que, faute d'occasions et de temps, il ne put réaliser. Comme la plupart des hommes de son époque, il avait trop d'orgueil, mais au moins cet orgueil, conséquent avec lui-même, excluait toutes les déchéances de caractère qui l'auraient amoindri à ses propres yeux. Il a fait son propre portrait en se reconnaissant dans celui où M. Sainte-Beuve, alors son ami, avait essayé d'apprécier son talent, son caractère et son rôle. « Je vous sais un gré infini, écrivait-il à l'ingénieux critique, d'avoir deviné et si bien exprimé ma double prétention d'être un homme politique en dehors de la hiérarchie, malgré la hiérarchie, et un journaliste de quelque influence, sans être homme de lettres, ni savant, ni historien breveté, ni quoi que ce soit qui tienne à quelque chose. Vous avez fait de moi un espèce de partisan politique et littéraire, faisant la guerre en conscience pour le compte de ses opinions qui se trouvent celles du grand nombre, sans prendre ni recevoir de mot d'ordre d'aucune autorité organisée ; ennemi du pouvoir, sans engagements avec l'opposition légale, ni même avec les affiliations populaires. Ce rôle est en effet celui que j'ai tâché de me faire, et je ne le croyais pas encore assez nettement dessiné pour qu'un autre que moi pût me l'attribuer. Je vous remercie sans façon aucune de m'avoir pris comme je m'efforce d'être. »

Si donc Armand Carrel avait ce grand défaut de ses contemporains, l'orgueil, avec ses conséquences fâcheuses, un goût très-vif de domination, quelque chose d'altier, d'exclusif et d'indisciplinable, il avait du moins les qualités de son défaut, le courage, la fermeté, l'ardeur à revendiquer la première place au danger comme au soleil, le dévouement à ses idées, l'esprit de chevalerie enfin, et son talent portait l'empreinte de ces qualités. Encore une fois, c'était un stoïque qui tenait à son siècle, il faut le dire, par le goût du luxe, un démocrate à grandes manières, qui avait tous les penchants, tous les instincts et tous les besoins de l'aristocratie[1], mais qui ne comprenait point la vie sans le respect des autres et sans l'estime de soi-même.

Avec ce caractère et ce talent, il était naturellement appelé à jouer un grand rôle dans la politique et dans la presse, pendant cette époque troublée et passionnée qui suivit l'installation du gouvernement de Juillet, et nul doute que, s'il avait pu parvenir tout entier, c'est-à-dire avec le prestige de son talent et l'ascendant de son caractère sur son parti, jusqu'à la chute de ce gouvernement, il eût joué dans la République de 1848

---

1. Il écrivait, à la date du 17 avril 1832, à M. Gauja, son ancien collaborateur, alors préfet de l'Ariége : « Ai-je tort, ai-je raison? Comme toute ma vie, j'obéis à mes passions, et me livre du meilleur cœur du monde à tout ce qu'on peut en penser. Mais vous êtes certainement le seul préfet de France pour lequel je ne suis pas un homme à pendre. C'est que vous connaissez le fond de l'homme mieux que personne. Nous avons vécu ensemble à cœur découvert. Il ne me serait pas plus facile de me faire à vous meilleur que je ne suis qu'à un autre de vous persuader que je suis mauvais au delà de ce qu'en effet je puis l'être. J'ai été sensible surtout à l'impression qu'a faite sur vous ma défense en cour d'assises. La modération, après tout, était ici chose de tact et de goût; elle m'a bien servi; et toutes les fois que vous me verrez paraître en mon nom, ne craignez pas que j'exagère. Si j'étais député, je ne parlerais pas à la tribune comme j'écris dans un journal; mais il faut écrire dans un journal autrement que lorsqu'on parle en public. Quand on fait de la politique dans un journal, c'est comme si l'on criait dans une foule; l'individualité est absorbée, et les ménagements qui donnent un certain relief d'habileté à l'individu qui se présente et parle en son nom éteindraient sa voix quand il parle au nom de tous et parmi tous.

« Je ne vous parle point politique, non que je craigne, pour les lettres qui vous sont adressées, les visites du cabinet noir, mais c'est que nous nous connaissons trop pour que j'aie quelque chose à vous apprendre sur mes sentiments, ou quelque curiosité à montrer sur les vôtres. Vous avez pris des engagements et les suivez en homme d'honneur; moi, je n'ai pas pris d'engagements et ne m'en fais aucun mérite. Les choses ont tourné comme cela, et j'use de ma liberté jusqu'au caprice. Le fait est, et c'est là seulement ce qui vous intéresse, que je ne m'en trouve pas mal. Le *National* est une bonne situation, et me permet une vie aussi large que celle que j'aurais pu me procurer en acceptant une fonction publique. » (Lettre citée par M. Sainte-Beuve, dans sa *Causerie* sur Carrel.)

un des premiers rôles, peut-être le premier. Mais, pour arriver là, il fallait traverser des années intermédiaires où le prestige et l'ascendant du talent et du caractère de Carrel se fussent inévitablement amoindris, et ils l'étaient déjà quand il mourut. Lorsque le gouvernement de Juillet se fut affermi par la grandeur de ses périls mêmes, qui lui fit obtenir les moyens de les surmonter, et que la presse subit à son tour la tiède influence de ce goût du bien-être, qui, se répandant partout, fut le signal de l'avénement du roman-feuilleton, le rôle personnel de partisan politique et littéraire, que s'était créé Carrel, devint impossible, et, placé entre un pouvoir plus fort et par conséquent plus résolu à ne point se laisser discuter, une société indifférente et ces hommes violents qui composaient le fonds du parti républicain, et dont il disait lui-même : « Leurs qualités ne servent que dans les cas tout à fait extraordinaires, leurs inconvénients sont de tous les jours, » Carrel, quoique sa valeur morale et intellectuelle fût la même, vit peu à peu sa position diminuer. Aurait-il pu se transformer avec la situation? Quelques-uns l'ont pensé, et un critique [1], qui fut son ami, a regretté qu'après les marques universelles d'intérêt dont il fut l'objet, à la suite d'une blessure reçue en 1833 dans un duel, il n'ait pas pris de là une occasion de modifier sa politique et le ton de sa polémique. C'est bien mal juger le caractère et le talent de Carrel. Pour se transformer, il aurait fallu qu'il perdît cette roideur de caractère, cette inflexibilité d'humeur et ces vives allures d'un talent armé en guerre, qui étaient le fonds même de sa nature et qui avaient fait sa force et son succès. Si Carrel avait été capable de se transformer en 1833, il n'aurait pas

---

1. M. Sainte-Beuve.

été capable d'occuper la place qu'il prit dans la presse après la Révolution de 1830. Un acteur change de rôle, un homme de cette trempe ne change ni de caractère ni de talent avec les circonstances qui, après l'avoir servi, cessent de le servir.

Si la mort d'Armand Carrel n'avait point été aussi triste et aussi déshéritée de toute idée religieuse, on pourrait presque penser que, pour sa renommée, il valait mieux qu'il mourût à l'époque où il disparut du monde dans le sens où il disait lui-même de Zumalacarreguy : « La mort grandit les réputations qui sont arrêtées dans leur mouvement ascendant. » Cet esprit de chevalerie, qui était un de ses attraits, une de ses forces, un de ses défauts, en même temps qu'une de ses qualités, devint la cause de sa mort. On a dit d'Armand Carrel qu'il n'avait pas assez oublié, en devenant publiciste, qu'il avait été sous-lieutenant, et le fait est que sa main jetait volontiers la plume pour reprendre l'épée, de sorte que la polémique, commencée dans le *National*, se terminait en champ clos par le duel. La susceptibilité d'Armand Carrel contribuait sans doute à amener ces rencontres fâcheuses, et lui-même s'en excusait, en plaisantant, dans une lettre adressée à un ami qui lui reprochait son humeur guerroyante : « Tous ceux de mes amis, disait-il, qui, comme vous, me portent une amitié d'hommes graves, m'ont blâmé de ce vieux reste des mœurs militaires qui me porte à être toujours prêt à accepter le cartel du premier venu ; l'accident qui m'est arrivé m'a fait sentir le mauvais côté de cette humeur de raffiné ; mais les témoignages nombreux, je puis dire inattendus, que cet accident m'a valus, m'ont appris que ma vie de jeune homme est finie, et qu'il ne m'est plus permis de disposer de moi aussi légèrement que j'ai pu le faire jusqu'ici. Désormais je ne serai plus qu'un homme de discussion ; il est bien évident que mes amis politiques me trouvent trop maladroit comme spadassin, et ne me permettent plus d'autre arme que ma plume. Je me résigne à cette sentence de l'opinion, et ce n'est pas, je vous jure, sans regretter beaucoup ma vieille réputation de bon tireur [1]. »

C'était donc affaire de tempérament, si l'on veut, mais c'était aussi affaire de position. Carrel répétait souvent à ses plus intimes amis que le *National* n'avait point de procureur du roi pour le défendre, et qu'il fallait qu'il se défendît lui-même [2]. La polémique des journaux était, à cette époque, si vive, que, chez les écrivains qui n'avaient pas, au même degré que Carrel, le sentiment de la dignité humaine, elle dégénérait rapidement en invectives injurieuses : or il était convaincu que, dans les temps de révolution, rien n'était plus dangereux que l'impunité laissée à la diffamation et à l'outrage ; il voulait que la presse se respectât et le respectât : c'est pour cela que son épée, toujours à demi tirée, protégeait sa personne et sa plume ; et cette triste extrémité du duel, contre laquelle la religion et la législation civile se sont en vain élevées, devenait pour lui un moyen violent de maintenir à la fois sa position exceptionnelle et de faire la police de la presse, en l'empêchant de descendre au-dessous d'un certain niveau moral.

Il périt à la peine, dans une de ces rencontres dont l'avénement des journaux à quarante francs et la polémique soulevée, à cette occasion, entre la presse ancienne et la presse nouvelle, furent la cause [3]. C'était

1. *Notice biographique sur Armand Carrel*, par M. Émile Littré.
2. *Id.*
3. Cette rencontre eut lieu au mois de juillet 1836. Une discussion s'étant engagée entre le *Bon Sens* et la *Presse* sur les journaux à quarante francs, le *National* y intervint. La *Presse* en ayant pris occasion

la presse politique qui tombait, dans la personne de Carrel, devant la presse industrielle, d'une publicité plus étendue, d'un savoir-faire plus habile et plus propre à discerner et à saisir toutes les combinaisons par lesquelles le journal peut arriver au succès d'argent, mais avec un sentiment bien moins élevé de la dignité de la presse, une position morale moins forte, et par conséquent moins de racines dans la conscience publique, moins d'ascendant réel, quoique avec plus de vogue. Blessé à mort, Carrel fut transporté chez un de ses anciens camarades de l'École militaire qui avait suivi d'autres voies politiques. Carrel, démissionnaire en 1822 pour ne pas servir la monarchie, vint mourir à Saint-Mandé dans la maison de M. Adolphe Payra, officier légitimiste, démissionnaire en 1830 pour ne pas servir la Révolution, homme de cœur digne de donner l'hospitalité à un homme de cœur[1].

On a souvent répété la déplorable parole prononcée par Armand Carrel en entrant dans cette maison : « Point d'église, point de prêtre ! » Carrel avait le malheur de ne point croire aux vérités révélées ; c'était plutôt l'infirmité de son éducation et le malheur de sa vie engagée dans les questions du présent, que celle de son éminente nature, qui aspirait naturellement aux idées élevées. Avec l'orgueil rationaliste de tant d'hommes de son temps, il ne voulait croire que ce qu'il savait d'une manière immédiate et précise par les lumières naturelles de sa raison ; de sorte que cette intelligence, si fière d'elle-même, était réduite à con-

---

d'attaquer personnellement M. Carrel, une rencontre eut lieu entre celui-ci et le rédacteur en chef de la *Presse*, dans le bois de Vincennes. Les deux adversaires furent blessés ; atteint d'une balle au bas-ventre, M. Armand Carrel mourut le 24 juillet 1836.

1. M. Payra, officier de la garde royale avant 1830, est un de ces membres de l'Église protestante qui sont restés fidèles à la monarchie traditionnelle.

fesser son impuissance, et à soupçonner vaguement ce qu'affirment les petits enfants. Un homme initié à sa confidence la plus intime a dit de lui : « Pour Carrel, l'autre côté du tombeau était l'inconnu, l'incompréhensible infini : voilà tout ce qu'il en savait, tout ce qu'il en voulait croire [1]. » Il nous semble qu'il y a quelque chose de plus que cela dans ces paroles prononcées par Armand Carrel sur le bord de la fosse de Dulong, mort en duel comme Carrel devait mourir : « Quelque puissantes, disait-il, que soient dans le monde les habitudes qui font d'une vie d'homme l'enjeu cruel de deux amours-propres armés l'un contre l'autre, ici la puissance de cette opinion disparaît. Pour lancer avec sécurité, avec espérance et consolation une âme qui nous était chère dans cet abîme de l'éternité, sur les bords duquel nous posons en même temps le pied, on a besoin de croire que cet ami, qu'on livre à une destinée inconnue, n'a pas fait le sacrifice de sa vie, comme pour persévérer dans un outrage et emporter avec lui l'honneur d'un tort inflexible. »

Certes, ce sont là des paroles bien insuffisantes et bien étranges, dix-huit siècles après l'avènement du christianisme, qui a apporté toutes les solutions ; mais on y sent percer cependant le pressentiment de la justice divine, de la responsabilité humaine, de l'immortalité de l'âme, de la nécessité du pardon des injures et de l'expiation. L'incompréhensible infini ne jetait donc point Carrel dans un scepticisme absolu ou dans un athéisme désolant ; mais, moins heureux que nous, ce stoïque, attardé par l'anachronisme de son éducation et de ses idées dans le crépuscule de la philosophie antique, ne faisait que soupçonner et pressentir ce que nous savons et ce que nous affirmons.

[1]. M. Littré.

La presse entière, sans distinction d'opinion, déplora sa mort. Elle se plaisait, on l'a dit, à se personnifier dans Armand Carrel ; elle aimait son humeur fière et même un peu hautaine, la mâle vigueur de sa polémique, la supériorité dédaigneuse qu'il prenait vis-à-vis du gouvernement, sa situation de chef de parti et la dignité de son caractère, qui relevaient le niveau général du journalisme, et jusqu'aux défauts de sa nature, sa témérité intrépide, sa susceptibilité ombrageuse, sa plume tenue comme une épée ; la presse se sentit atteinte d'un coup qui le frappa, et M. de Chateaubriand, qui l'avait aimé, suivit ses tristes funérailles.

M. DE CORMENIN : PAMPHLETS DE TIMON. — LE LIVRE DES ORATEURS. OUI ET NON. — FEU ! FEU !

L'adversaire que la Restauration avait trouvé dans Paul-Louis Courier, le gouvernement de Juillet le rencontra dans M. de Cormenin ; les pamphlets de *Timon* eurent, après 1830, avec plus de vogue, le même genre d'influence qu'avaient eu les pamphlets du vigneron de la Chavonnière contre le gouvernement précédent. Très-inférieur à Paul-Louis comme écrivain proprement dit, comme maître dans l'art d'écrire, Timon avait sur lui, à d'autres points de vue, plusieurs avantages. Ce n'était pas purement un homme de lettres comme son devancier ; il avait touché aux affaires, il en savait le mécanisme, et il en parlait la langue avec précision et clarté. En outre, il connaissait à fond l'art de raisonner, qu'il ne faut pas confondre avec le don de juger raisonnablement les choses ; c'était un dialecticien. Son vol était moins élevé que celui de M. de Bonald, mais il appartetenait cependant à cette famille d'esprits dogmatiques, à la fois pénétrants et subtils, qui savent conduire une argumentation comme une partie d'échecs, chasser leur antagoniste de case en case et l'acculer de manière à lui briser la tête dans l'étau d'un syllogisme.

Immédiatement après l'installation du gouvernement de 1830, M. de Cormenin prit une position de puritanisme logique, peut-être d'expectative, et, se plaçant dans le principe de la souveraineté du peuple, il donna sa démission de député après la promulgation de la nouvelle Charte, qu'il appela « la Charte bâclée, » et la proclamation de la nouvelle royauté instituée par la Chambre, en alléguant que, si la souveraineté du peuple avait été invoquée, elle n'avait point été consultée.

Lorsqu'il s'est donné à lui-même le nom de Timon, M. de Cormenin a indiqué d'une manière exacte la tournure de son esprit, entraîné par sa pente naturelle au dénigrement. C'était une intelligence essentiellement critique, un talent d'opposition. La gaieté qu'il n'avait pas, il la remplaçait par la malice ; la plaisanterie, chez lui, n'a rien de primesautier ; elle est soigneusement cherchée, travaillée ; elle se déduit comme un syllogisme ; elle est polie comme l'acier, dont elle a le tranchant. A un double point de vue, il se trouvait sur un terrain favorable pour attaquer le nouveau gouvernement. D'abord, comme logicien, il le dominait par le principe de la souveraineté du peuple, invoquée dans ses origines, mais, comme il le disait, sans avoir été appliquée. Non qu'il eût été bien difficile au gouvernement de Juillet, après la déclaration de la Chambre des députés, d'obtenir des assemblées primaires un assentiment qui ne manque guère au succès, surtout quand les esprits alarmés éprouvent le besoin de fermer l'ère des révolutions ; mais enfin, soit qu'il ne l'eût pas voulu, dans l'intention de conserver le plus de monarchie possible sous le nouveau régime, soit qu'il eût craint de prolonger la perturbation des idées et des intérêts, toujours est-il que le nouveau gouvernement n'avait point fait cette épreuve. On comprend tout le parti qu'un dialecticien consommé comme M. de Cormenin tira de cette fausse position logique, sous l'empire du principe du rationalisme absolu.

Sans doute il rencontra tout d'abord dans M. de Kératry et Bertin de Vaux, et dans MM. de Salvandy et Fonfrède, qui soutinrent contre lui cette discussion, des adversaires d'élite : mais, outre qu'il tenait le bon bout de la question, il avait l'avantage inappréciable de faire de l'opposition. Or la presse est une arme bien plus propre à l'offensive qu'à la défensive. C'est un auteur français qui a dit : « Notre ennemi, c'est notre maître ; » l'homme, en général, et beaucoup d'hommes de notre pays en particulier, aiment à entendre médire de qui les gouverne : cela console notre vanité du supplice de l'obéissance. Et puis le gouvernement, quoique souvent au fond bien faible, paraît si fort avec cette administration aux innombrables bras qui le servent, cette puissante armée dont il dispose, que les sympathies se rangent du côté de l'assaillant, qui se présente seul et nu pour lutter contre le colosse. Il y a là un peu de l'effet que produit le récit du combat de David contre Goliath. M. de Cormenin profita largement de cette disposition. Qui eût fouillé dans la panetière du célèbre pamphlétaire eût trouvé la fronde et les cailloux qui tuent à distance, tandis que l'adversaire qu'il combattait impunément ne pouvait l'atteindre de sa lourde épée, devenue dans sa main un inutile fardeau. Sans doute Paul-Louis Courier ne courait pas de grands risques en attaquant la Restauration, et l'on voit dans ses lettres intimes que la prison, que l'on avait soin de lui rendre aussi douce que possible, ne l'effrayait guère; mais M. de Cormenin, à l'abri sous l'inviolabilité de son mandat de député, courait moins de risques encore.

Il lapidait à coup sûr le gouvernement de Juillet dans ce duel inégal, et il cumulait les avantages de la popularité et d'une sécurité parfaite avec les dehors d'un courage d'autant plus facile qu'il était hors de la portée de son antagoniste. Il arrivait ainsi sans beaucoup de peine à la position de grand citoyen.

Les discussions de principes n'eussent pas suffi à le faire parvenir à cette position, car il n'y a que les esprits cultivés et exercés qui se plaisent aux débats de ce genre; mais M. de Cormenin avait trouvé contre le gouvernement de Juillet, dans l'arsenal de l'opposition de quinze ans, une arme plus puissante et tout autrement populaire. Une des nuances de la coalition qui voulait renverser la Restauration avait représenté la royauté traditionnelle comme trop coûteuse, et cherché à introduire dans les esprits l'idéal d'une royauté à bon marché, d'une monarchie bourgeoise qui gouvernerait la France au rabais; car bien des gens avaient oublié que, pour apprécier un gouvernement, il ne faut pas seulement chercher ce qu'il coûte, mais ce qu'il rapporte. Ces déclamations sans fin contre le budget d'un milliard, qui paraissait à cette époque excessif, et contre les grosses listes civiles, avaient laissé des traces dans les esprits. M. de Cormenin trouvait ici la moitié de l'ouvrage faite d'avance par Paul-Louis Courier; le pamphlétaire des dix-huit ans de règne héritait du pamphlétaire de l'opposition de quinze ans.

Il tourna avec un succès incomparable, contre le gouvernement de Juillet, cette batterie depuis longtemps dressée. Le succès fut d'autant plus grand, que les attaques de l'opposition de quinze ans semblaient, depuis son triomphe et l'avénement de quelques-unes de ses nuances, de quelques-uns de ses chefs au pouvoir, avoir pris le caractère de promesses. En outre, il rencontrait ici une de ces mauvaises passions de la nature humaine, facile à surexciter, même chez la classe dominante : le sentiment d'envie qui naît de la comparaison d'une grande et splendide existence avec notre médiocrité. Ce sentiment, c'était celui qu'éprouvait et qu'exprimait Courier, lorsqu'il attaquait avec tant de violence le château de Chambord, dont l'ombre gigantesque descendait avec trop de majesté sur son humble manoir de la Chavonnière. M. de Cormenin trouvait cette disposition d'esprit jusque dans les partisans les plus zélés du nouveau pouvoir; il avait sur ce point des complices involontaires dans la majorité. Le sentiment d'égalité qui avait pénétré dans les classes bourgeoises se révoltait contre cette immense inégalité de fortune. On comparait, sans le vouloir, sans le savoir, son modeste intérieur à ces splendeurs royales, et on lisait à la dérobée les lettres de M. de Cormenin sur la *Liste civile et l'apanage*, les *Très-humbles remontrances* de Timon, et les *Questions scandaleuses d'un jacobin*. On ne saurait dire tout le mal que fit au gouvernement de Juillet cette polémique chiffrée! La royauté nouvelle, ainsi marchandée, vilipendée, chicanée dans toutes ses dépenses, et dont M. de Cormenin refaisait les comptes en épigrammes, comme on refait ceux d'un marchand qui surfait ou d'un maître d'hôtel suspect, voyait, à chaque nouvelle attaque, disparaître le peu de respect qui était demeuré dans les esprits. Timon était, à cette époque, l'ennemi juré des grosses listes civiles et des gros budgets. Une liste civile de douze millions l'épouvantait; qu'elle pût s'élever au-dessus, c'est ce qu'il refusait de comprendre.

Il est vrai qu'à la même époque il était le partisan le plus déclaré de la liberté de la presse illimitée. Ce fut lui qui, en 1833, fonda à Montargis la première association pour la défense de cette liberté, qu'il mettait au-dessus de toutes les autres. C'était celle en effet dont il se servait le plus. Comme Courier, cet autre éloquent pamphlétaire, M. de Cormenin devenait muet dans les assemblées. L'art d'écrire n'est pas celui de parler, et il est bien rare que l'un et l'autre se rencontrent, au même degré, chez le même individu. Le style, les procédés littéraires à employer, l'ordre où il convient de présenter les idées, tout diffère dans les deux genres ; de là le peu de succès des discours écrits lus à la tribune, et des discours de tribune imprimés ; un célèbre critique l'a dit : La lave oratoire se fige sur le papier.

Il est permis de croire que cette impuissance de parler fut une des raisons qui portèrent M. de Cormenin à écrire le *Livre des Orateurs*. Il s'établit critique du grand théâtre où il ne pouvait être acteur. Or un critique a toujours de l'influence au théâtre : son amitié et son inimitié valent quelque chose ; si on ne l'aime pas, on le craint. Le *Livre des Orateurs* fut, à proprement parler, le feuilleton du théâtre parlementaire pendant les dix-huit ans de règne : aucun des grands acteurs qui y parurent ne fut omis par M. de Cormenin. L'opposition est traitée dans cet ouvrage avec une partialité favorable, non pas ses orateurs éminents que Timon apprécie en général avec justesse, mais ses discoureurs moins éloquents, que le peintre a reproduits sur la toile avec les proportions que leur donnait l'engouement momentané de leur opinion, plutôt qu'avec leur taille naturelle. Il y a beaucoup à rabattre sur ces louanges auxquelles l'esprit de parti et la camaraderie d'opposition ont eu une grande part. En revanche, les orateurs du gouvernement que M. de Cormenin attaquait ne sont pas complétement ressemblants, ou ressemblent en laid ; le peintre, en voulant empreindre de couleur son pinceau, se sera quelquefois mépris, et l'aura posé sur la palette chargée pour le pamphlétaire. Tout cet ouvrage est écrit avec soin, d'un style à effet qui ne manque ni de couleur ni de relief, mais qui communique au lecteur le sentiment de fatigue qu'a dû éprouver l'écrivain en ciselant péniblement ses phrases laborieusement pittoresques. La familiarité y est recherchée, la bonhomie simulée ; l'art, au lieu de se cacher, semble tout faire pour attirer les regards, comme s'il craignait de ne pas être assez vu. L'auteur est si visiblement content de ce qu'il écrit, si sûr d'être un écrivain plein de malice, de goût, de sel, d'atticisme, un Athénien, comme il le dit lui-même en s'adressant à M. Fonfrède, que la satisfaction qu'il éprouve, quelque légitime qu'elle puisse être, diminue celle du lecteur : on lui trouverait plus d'esprit s'il s'en trouvait un peu moins.

La réputation littéraire de M. de Cormenin a été surfaite, comme celle de tous les écrivains de parti. Il était homme d'opposition ; tous les échos de l'opposition retentirent de sa renommée ; son talent fut comme une épée dirigée contre le gouvernement de Juillet : toute main hostile en soutint et en poussa la poignée. Cette admiration affectée fut une des erreurs plus politiques encore que littéraires de l'école traditionnelle. Elle réchauffa dans son sein ce talent dénigrant qui attaquait non-seulement tel ou tel pouvoir, mais l'autorité même et la hiérarchie, car il puisait ses arguments dans l'envie passionnée de ceux qui sont en bas contre ceux qui sont en haut, et, à la manière des courtisans de place publique, aussi dangereux et aussi bas agenouillés que ceux des palais, il disait au peuple, en lui montrant tous les châteaux, toutes les forêts, tous les biens, la fortune de l'État : « Maître, tout ceci est à vous. »

On l'a comparé à Pascal dans ses *Provinciales*, à Paul-Louis Courier dans ses pamphlets. La plus modérée de ces flatteries paraîtra encore bien outrée à la postérité. Il est inutile de dire que l'auteur des Lettres sur la

Liste civile n'eut point le secret de la raillerie naturelle, éloquente et poignante de Pascal ; mais Paul-Louis Courier lui-même, quoiqu'il n'ait pas toujours été à l'abri du reproche de recherche, avait un tout autre sens littéraire et un sentiment bien autrement exquis de l'art d'écrire. M. de Cormenin n'a rien de cette malice française dont le type le plus vrai se trouve dans la *Satire Ménippée*. C'est un dialecticien habile, mais froid, un prosateur sans originalité, qui court après l'esprit et qui ne l'attrape point toujours. Il a le mot plus injurieux que malin. Sa phrase, quoiqu'elle s'agite en mouvements désordonnés, n'avance guère. Sa prose étourdit plus qu'elle ne satisfait par le cliquetis des mots qui s'entre-choquent, la rencontre des antithèses qui se saluent comme des rimes, le redoublement des épithètes qui se multiplient sans ajouter à l'idée ; elle fatigue souvent par son tour pénible, ses prétentions laborieuses au trait ; elle rit trop haut pour faire rire. La phrase est courte, mais il y a des longueurs dans cette concision, parce que le discours roule longtemps sur la même pensée. C'est toujours la pauvreté du peuple mise en regard de l'opulence des cours, le calcul de ce qu'on pourrait nourrir d'ouvriers avec les sommes allouées au prince : arithmétique dangereuse à laquelle il suffirait de donner un peu d'extension pour établir dans le pays un maximum de revenu et détruire le sentiment de l'inviolabilité des patrimoines ; artihmétique fausse, car, après tout, ce que le prince reçoit, il le dépense, et ce qu'il dépense en bâtiments, en splendeurs, rentre par mille canaux dans la circulation du travail national. Avant de chercher querelle au soleil sur les brouillards que ses rayons prélèvent comme un tribut sur les eaux, il faut penser à l'utilité des pluies. Dans l'économie sociale, c'est à peu près le rôle que jouent ces grandes existences qu'on signale à l'envie de la foule. Sans doute il ne faut pousser aucun principe à l'excès, et il y a une juste mesure à garder dans la magnificence comme dans l'économie ; mais la logique de M. de Cormenin s'inquiétait assez peu de cette mesure ; l'important, pour elle, c'était de parler aux passions de la démocratie, d'amoindrir le pouvoir et d'exalter le principe de la souveraineté du peuple dont il était partisan.

Chemin faisant, il racontait l'histoire de France à sa manière : comment, dans l'ancien temps, les rois partageaient le royaume, corps et biens, entre leurs enfants. En sa qualité de pamphlétaire, M. de Cormenin savait mal l'histoire ou ne s'occupait pas de l'écrire exactement ; il omettait donc de dire que, sous Childebert, dont il parle, le royaume de France n'existait point, et que ce que les rois francs partageaient entre leurs enfants, c'étaient des territoires conquis par l'épée, des domaines beaucoup plus analogues à nos patrimoines actuels qu'à des États véritables. Qu'importe ! l'effet était produit, et l'écrivain démocrate pouvait s'écrier ensuite, à la grande satisfaction de ses lecteurs : « Les rois, sur leur lit de mort, sont aujourd'hui tout simplement des hommes qui expirent et qui retournent à la cendre d'où ils sont sortis. » On sera peut-être tenté de croire qu'avant même que M. de Cormenin eût fait cette découverte les rois, en mourant, ne se croyaient pas immortels, et plusieurs des Mérovingiens, des Carlovingiens et des Capétiens, qui se firent coucher sur la cendre pour mourir avec une humilité plus chrétienne, semblent s'être doutés qu'ils retournaient à la poussière dont ils étaient sortis, quoique Timon ne fût pas là pour les en avertir. Le ridicule, on le sait, coudoie le sublime ; mais, dans ce temps-là, le sublime seul était visible pour les yeux prévenus. M. de Cormenin était un grand citoyen qui, quand il s'agissait de servir le peuple, comme il disait, et de ménager ses écus, était capable de braver tous les périls, même ceux qu'il ne courait pas ; il se dévouait d'avance au martyre des prisons d'État, qu'il savait fort bien ne devoir jamais s'ouvrir pour son inviolabilité parlementaire. Le martyre fait bien à la fin de la phrase [1].

On voit ici les causes du grand succès des pamphlets de Timon. Le talent n'y manquait point sans doute, mais sans être au niveau du succès, C'était un talent dogmatique, chagrin, querelleur, habile à trouver le mot dénigrant qui découronne le pouvoir de l'auréole de respect sans laquelle les diadèmes d'or et d'argent sont peu de chose, sachant aiguiser par la pointe une épigramme laborieusement spirituelle, rompu aux luttes de la dialectique, familier par le ton, quoique toujours un peu guindé dans la forme, avec moins de verve que d'effort, plus d'intentions d'esprit que d'esprit ; remarquable surtout par la tournure piquante qu'il sait donner au calcul, et par le mariage de la raillerie et de l'arithmétique, et inventeur d'un nouveau genre de pamphlet qu'on pourrait appeler le pamphlet administratif.

Jamais cependant ses écrits n'auraient obtenu la vogue qui les accueillit sans les circonstances favorables au milieu desquelles ils parurent. Le principe de la souveraineté du peuple, invoqué plutôt qu'appliqué après les journées de 1830, était pour lui une position stratégique du haut de laquelle il dominait le gouvernement de Juillet. Il usait et abusait de la faiblesse logique de la position de ce gouvernement dans une lutte où la force politique n'était rien, parce qu'on combattait dans la sphère des idées. Il invoquait contre la royauté nou-

---

1. « Malheur à ceux qui défendent les libertés du peuple ! malheur ! Pour eux les anathèmes de la camarilla, pour eux les calomnies de la bonne presse, pour eux les persécutions du ministère, pour eux les amendes, les confiscations et les sépulcres vivants de Pélagie. » (*Lettre sur l'apanage du duc de Nemours*, 1837.)

velle l'idéal de cette royauté à demi républicaine que Paul-Louis Courier avait imaginé pour préparer les voies à un changement de dynastie, de sorte que ce qui avait servi naguère le duc d'Orléans lui nuisait aujourd'hui, et que les machines de guerre dressées contre la place continuaient à la battre encore, ainsi que les assiégeants de la veille, assiégés à leur tour.

Toutes les nuances de l'opposition de quinze ans, qui n'avaient pas profité de la victoire en entrant au pouvoir, accueillaient avec de vives sympathies les pamphlets de Timon, qui avait soin de mettre dans tous ses écrits une idée, un sentiment, un mot à l'adresse de chacune d'elles. Les républicains de toutes nuances y trouvaient leurs principes; les partisans d'une royauté subalterne, sorte de transaction entre la présidence des États-Unis et la royauté britannique, leurs préventions méticuleuses, leurs défiances, leur esprit niveleur; la petite bourgeoisie démocratique, ses arrière-pensées jalouses, son dénigrement envieux, son besoin de se venger de l'obéissance par le mépris; les bonapartistes, des retours fréquents et louangeurs vers la gloire militaire et le génie civil de l'empereur, et une apothéose sans fin de la centralisation [1]; les hommes de l'ancienne école monarchique y trouvaient leur vengeance. Enfin vint le jour où les hommes de la nouvelle école religieuse, qui, du moins dans celle de ses nuances qui avait longtemps marché avec M. de La Mennais, n'avait point d'éloignement pour les principes politiques de M. de Cormenin sur l'origine des pouvoirs humains et les conditions de leur existence, ne purent refuser leurs sympathies à un allié inattendu qui apporta tout à coup à la cause de la liberté de l'Église le secours de sa parole accréditée et de ses pamphlets populaires.

1. Voir le pamphlet de M. de Cormenin sur la *Centralisation*.

Deux pamphlets donnèrent cet aspect nouveau à la polémique de M. de Cormenin : *Oui et non* et *Feu! feu!* [1] Le dernier surtout, publié au plus fort de la lutte allumée entre le clergé et l'Université, révélait, avec le mélange des défauts ordinaires chez Timon, des qualités supérieures à celles qu'on trouve dans ses autres écrits. L'auteur faisait un acte honorable en rompant avec sa popularité démocratique, pour ne point abdiquer une conviction favorable à la cause religieuse, et dans plusieurs parties de cet écrit la conscience d'un sacrifice accepté, d'un devoir accompli, donne parfois à son style une chaleur, et à son langage une gravité et une élévation toutes nouvelles chez ce talent de raillerie. Ce qui achève d'expliquer la supériorité de ce pamphlet sur les autres écrits de M. de Cormenin, c'est que, dans plusieurs pages, il met le raisonnement au service de la raison. Obligé de résister à la fois à des attaques venues de côtés opposés, et de faire feu dans toutes les directions, comme l'indique son titre, il prend surtout une redoutable offensive contre son propre parti, le parti démocratique extrême, dont naguère il était l'idole, et par lequel il a été outrageusement attaqué. Ici l'indignation n'est plus feinte, elle est vraie. La parole acérée court au but comme la flèche de Jonathas, dont l'Écriture dit qu'elle ne revenait jamais altérée de graisse et de sang. M. de Cormenin connaît le faible du parti qu'il attaque, c'est le sien ; il a lu dans ses plus secrètes pensées. « Vous dites que vous écrivez, que vous parlez, que vous agissez comme un parti, un parti solidaire ! s'écrie-t-il. Un parti ! et lequel ? Solidaire ! et de quoi ? J'aurais eu besoin, cependant, d'avoir à regarder un nom, un vivant, un corps d'homme, un parti certain, organisé, défini. J'aurais voulu savoir ce que

---

[1]. Ce pamphlet parut en 1845.

vous, qui vous dites ce parti, avez fait pour le pays, pour le peuple, pour la liberté, pour le pouvoir, pour le droit, pour la justice, pour la vérité! Quelles sont donc vos théories, vos théories solidaires? Elles s'entrebattent aujourd'hui depuis les extrémités de l'impérialisme jusqu'au territoire de la communauté. Et vous vous étonnez que je ne vous donne en exemple que le spectacle de votre anarchie! Est-ce que vous vous entendez entre vous, dans la presse, sur la pairie, les élections, l'organisation du travail, les fortifications, l'enseignement, la presse? Quant à la religion, pour vous, c'est la nuit, et pour nous, c'est le jour. En fait de religion, vous ne savez opposer à la grande Église du catholicisme que toutes sortes de petites Églises qui se culbutent les unes par-dessus les autres, et dont chacun de vous est le dieu, le prêtre et l'autel. »

Avec la pensée juste, la passion vraie, le style redevient naturel, vif, élevé, l'accent éloquent. Rien ici ne sent la recherche, l'effort et l'enflure. Tant que l'écrivain marche dans cette voie, il a les mêmes qualités littéraires; la pensée porte bonheur à l'expression quand l'auteur, jetant un regard de triste prévision sur la société, s'écrie : « Je vous le répète, il n'y a d'indépendance que parmi les hommes véritablement religieux; et la foi seule sauvera la liberté. Pourvu qu'il ne soit pas déjà trop tard! car vous avez, plus que personne, substitué au culte du Christ le culte du sabre, et, s'il faut dire toute ma pensé, le gouvernement peut oser, le gouvernement peut faire aujourd'hui à peu près tout ce qu'il voudra. Je ne dis pas qu'il le veuille ; mais, s'il le voulait; il abolirait demain la liberté de la presse, et la nation ne bougerait pas. Et qui nous dit que quelque jour un soldat heureux ne le fera point? Bonaparte ne l'a-t-il pas fait? Le sentiment de la liberté est-il plus vif que sous le Consulat? la jeunesse plus énergique? la bourgeoisie plus religieuse ? Non, cent fois non. Sortez une épée, une longue épée, de n'importe quelle gaîne, et vous verrez! Ce serait bien pis si vous étiez triomphants, car je donne à penser la liberté religieuse que vous laisseriez à vos esclaves! »

La suite n'est pas moins belle. Quoi de mieux senti et de plus heureusement exprimé que ce passage sur les évêques ; « Jamais, à aucune époque, le corps des évêques ne fut plus puissant. Ils sont puissants, parce qu'ils ne vont plus à la cour ; ils sont puissants, parce qu'ils ne sont plus conseillers d'État, pairs, ni députés ; ils sont puissants, parce qu'ils sont nés du peuple, qu'ils aiment le peuple et qu'ils enseignent le peuple ; ils sont puissants, parce qu'ils ont plus de jugement que d'imagination et qu'ils sont éclairés à la manière des sages et non à la manière des sophistes ; ils sont puissants, parce qu'ils font des œuvres et que vous n'en faites pas ; ils sont puissants, parce qu'ils ont des dogmes éternels et que vous n'avez pas même des principes passagers, parce qu'ils défendent la liberté et que vous l'attaquez ; ils sont puissants, parce qu'ils ont des aumônes pour ceux qui n'ont pas de pain, des enseignements pour ceux qui ignorent, des consolations pour ceux qui souffrent, des espérances pour ceux qui meurent, et des pardons pour ceux qui les insultent!... Évêques français, si vous entriez dans la politique, si vous tombiez dans le piége des dignités temporelles, vous manqueriez à votre force, vous enchaîneriez votre indépendance, vous dégraderiez votre caractère, et, pour tout dire en un mot, vous ne seriez plus des évêques d'Église, mais des évêques d'État. »

M. de Cormenin se maintient à cette hauteur quand il établit, contre M. Dupin, la force et la supériorité des maximes romaines sur les maximes qu'on leur oppose, le droit et le devoir d'accord ensemble pour conseiller au clergé de se ranger derrière le pape, le sentiment universel de tous les catholiques, la faiblesse des objections soulevées contre la doctrine de l'infaillibilité du successeur de saint Pierre [1], et la vanité de ce lieu commun si souvent répété : « Le pape est un prince étranger, » comme si le prince nous commandait quelque chose dans l'ordre temporel, et comme si le père, dans l'ordre spirituel, n'avait pas le droit d'ordonner à ses enfants.

Ce n'est que lorsque la pensée faiblit que l'écrivain redevient faible à son tour. Quand M. de Cormenin place sa superstition pour la souveraineté du peuple, cette idolâtrie du nombre, à côté de la croyance à l'Évangile; quand il méconnaît le travail du temps, cet ouvrier de Dieu, et nie la tradition, cette fondatrice des institutions humaines ; qu'il veut que les sociétés organisent à jour dit, et par un acte spécial, la loi, le droit, l'autorité, c'est-à-dire qu'elles se créent avant d'exister; qu'il ne voit que des usurpations là où il n'y a pas eu un acte en bonne et due forme, daté et parafé, et transmettant la souveraineté, comme si la multitude savait tout, pouvait tout, au lieu d'être sous l'impulsion de ses passions et sous le joug des circonstances; lorsque encore il établit je ne sais quelle séparation chimérique entre l'éducation et l'enseignement [2], comme si ces deux parties du même tout ne devaient pas être dominées par le même esprit ; lorsqu'il traite Bossuet d'évêque courtisan, en méconnaissant le rôle de modérateur que ce grand homme, inattaquable au moins dans ses intentions, essaya de jouer pour empêcher les choses d'aller à l'extrême dans l'assemblée de 1682,

---

1. Dans cet endroit, M. de Cormenin apprécie ainsi les organiques : « Les organiques sont la loi d'un despote, votée sous un régime esclave par une assemblée de muets. » (Page 83.)
2. *De l'éducation et de l'enseignement*, par M. de Cormenin (1847).

et dédaigne la fermeté respectueuse du saint prélat devant Louis XIV, en républicain stoïque bien sûr de demeurer plus ferme devant un pouvoir aussi glorieux que celui du grand roi, à plus forte raison devant un pouvoir moins glorieux, alors la langue redevient prétentieuse, heurtée, pleine d'incorrection et de mauvais goût.

Cette croisade, entreprise en faveur de la liberté de l'Église, fit honneur au talent et au caractère de M. de Cormenin. Comme M. de Châteaubriand, il eut une conviction sur laquelle il ne transigea pas avec la popularité. Du reste, son influence, comme celle du grand écrivain royaliste, s'étendit à toutes les nuances de l'opposition. Si elle montait moins haut, elle descendait plus bas, et allait remuer, dans les profondeurs sociales, les ferments d'orgueil, d'envie et de colère. Nul plus que lui ne fit avancer dans les idées le mouvement républicain. On pourrait résumer en deux mots le résultat de son action sur les intelligences : sans rendre les esprits de son temps capables de république, il les rendit incapables de monarchie. Ce grand partisan de la liberté combattit donc pour amener, d'abord l'anarchie, ensuite la dictature, résultat assez ordinaire des efforts des dialecticiens excessifs.

IV

ÉCOLE TRADITIONNELLE : CHATEAUBRIAND.
SES BROCHURES. — SES DERNIERS ÉCRITS. — M. DE BONALD.
SES DERNIERS TRAVAUX.

Dans les premiers moments qui suivirent la chute de la monarchie traditionnelle, la presse légitimiste, dont la situation était difficile, puisqu'elle représentait une cause si récemment vaincue, se trouva, par la force des circonstances, ralliée tout entière derrière M. de Chateaubriand. Non-seulement c'était le plus grand nom littéraire de l'époque, mais c'était un nom d'opposition, ce qui atténuait un peu le désavantage de la position de l'école de la monarchie traditionnelle. Cet écrivain illustre devait finir comme il avait commencé, par le journal : non qu'il dirigeât telle ou telle feuille périodique ; mais, dans les premières années du gouvernement de Juillet, il domina la presse tout entière. Quand une brochure de Châteaubriand paraissait, elle défrayait les journaux de toutes les nuances de l'opposition. On n'a point oublié la guerre ardente que cet écrivain célèbre avait faite aux dernières années du ministère de M. de Villèle. Vieux serviteur de la monarchie, il avait pris rang parmi ses adversaires, non pour la renverser, il est vrai, mais pour conquérir le pouvoir dont il se croyait digne. Les ressentiments de sa fierté blessée et de son ambition déçue n'avaient point calculé la portée de leurs coups. La Révolution de 1830 le trouva en pleine possession de sa popularité d'homme d'opposition. Des jeunes gens des écoles l'ayant rencontré se rendant à la Chambre des pairs, pour assister à une délibération où l'on devait créer un nouveau gouvernement, le portèrent en triomphe. Chateaubriand aimait ces ovations ; la double ivresse de la colère et de la popularité l'avait entraîné plus loin qu'il n'aurait dû aller contre la royauté debout et encore puissante ; mais il se sentait désarmé devant la royauté déchue, et un repentir, qu'il n'avoua cependant jamais, s'éleva sans doute au fond de son âme. Il songea au moins, comme il le dit lui-même, à maintenir intactes les grandes lignes de sa vie. Dans son discours à la Chambre des pairs, singulier mélange d'une colère qui fermente encore et d'une pitié sympathique qui prend le dessus, il confondit ses anathèmes contre les ordonnances de juillet, et la défense des droits de l'enfant royal qui s'acheminait vers l'exil. On peut dire qu'il donna sa démission de pair de France en proclamant la royauté du duc de Bordeaux.

Au sortir de cette séance, il demeura en face du pouvoir nouveau, seul, sans ressources, mais armé contre lui de sa plume. Il avait dit dans l'enivrement de ses bonnes fortunes d'opposition : « Que la monarchie tombe, et qu'on me donne trois mois de liberté de presse, je reconstruirai la monarchie. » Parole présomptueuse ! Il n'y a que l'Auteur de la vie qui ait pu dire : « Que l'on détruise ce temple, et je le rebâtirai dans trois jours. » Les résurrections politiques ont leurs lois qu'on ne peut devancer ni changer, et les plumes les plus puissantes ne font pas de miracle contre la nature des choses. Chateaubriand ne rebâtit point la monarchie traditionnelle, quoiqu'il eût la liberté de tout dire et qu'il en usât largement. Mais il porta des coups redoutables au gouvernement de Juillet, d'autant plus redoutables qu'il l'attaqua à la fois au nom du principe traditionnel, du sentiment de la gloire et de la souveraineté populaire. L'énergie de la politique de la République, le long cortége des rois de l'ancienne monarchie, la grande épée de l'empereur apparaissaient en même temps dans les brochures de ce pamphlétaire de génie qui, dans un style tourmenté, mais étincelant de métaphores, d'un tour chevaleresque et d'une haute couleur, ameutait contre la politique mitoyenne où le nouveau régime était obligé de se maintenir toutes les passions de son temps, la logique de tous les principes et tous les souvenirs de notre histoire [1].

1. Les deux principales brochures de M. de Chateaubriand furent celle *De la Restauration et de la monarchie élective*, publiée au début de 1831, et celle *De la nouvelle proposition relative au bannissement de*

C'est ainsi que, sans écrire dans aucun journal en particulier, Chateaubriand devint le grand journaliste de ces premiers temps. Quand ses brochures paraissaient, les feuilles de toutes les opinions trouvaient leur vie dans ces éloquentes invectives qui empruntaient leurs arguments aux griefs de tous les partis. Il faut dire que, dans cette époque de luttes passionnées, la communauté des répugnances amena de bonne heure un rapprochement entre les partis les plus divers qui s'agitaient dans l'opposition. On se coudoyait dans la mêlée, on commençait à se rencontrer dans les cours d'assises et dans les prisons ; c'est ainsi que s'établissait, entre les écrivains des divers partis opposants, une certaine fraternité d'armes qui faisait quelquefois oublier l'antagonisme des principes. Ces adversaires politiques, devenus camarades d'opposition, répétaient cette phrase qui fit alors fortune parce qu'elle peignait l'état des esprits : « Si nous n'avons pas le même paradis, nous avons le même enfer. »

Rien de plus favorable que cette situation au succès des écrits politiques de Chateaubriand, qui ne courtisa guère, dans sa vie, que deux puissances, le malheur et la popularité. Il pouvait ainsi satisfaire les deux grands penchants de sa nature. Il se présentait aux lecteurs de droite entre les souvenirs de son passé monarchique et les satisfactions morales qu'il donnait, par ses poignantes brochures, à son parti vaincu ; il se présentait aux lecteurs de gauche entre un article louangeur d'Armand Carrel, qu'il aimait et dont il était aimé, et une chanson de Béranger. Ses idées sur l'avenir flattaient la république, pendant qu'il plaidait la cause de la monarchie du passé.

Charles X et de sa famille, publiée au mois de novembre de la même année.

Il faut néanmoins lui rendre cette justice, la contradiction de ses paroles et ses sacrifices continuels à la popularité n'allèrent point jusqu'à l'empêcher de maintenir l'unité pratique de sa vie. C'était lui que la duchesse de Berry chargeait, en 1832, de remettre douze mille francs aux douze municipalités de Paris, à l'occasion du choléra, et, sur le refus des maires, il écrivait une brochure étincelante de colère [1] qui remuait profondément l'opinion. Après l'arrestation de la princesse à Nantes, c'était lui qui venait dire devant les tribunaux : « Madame, votre fils est mon roi. » Et bien des années plus tard, sur la fin de 1843, alors qu'il était entré dans cette période de sombre découragement où toutes ses idées se couvrirent d'un voile de deuil, et où il reconnut son impuissance à rétablir la monarchie au renversement de laquelle il avait involontairement contribué, ce ne fut jamais en vain qu'un appel du fils de ce duc de Berry, dont il avait éloquemment déploré la mort, arriva jusqu'à lui. On doit le dire à l'honneur de Chateaubriand, cette éclatante personnification de la presse : si l'on peut, si l'on doit blâmer en lui des déviations d'idées; si surtout dans ses *Mémoires*, trop souvent raturés et retouchés pendant les années ingrates d'une vieillesse chagrine qui faisait entrer tout homme et toute chose dans ses ombres, ses amis les plus respectueux auraient voulu effacer de nombreuses pages, du moins il n'hésita jamais, dans sa conduite, devant un devoir d'honneur clairement marqué. Lorsque, dans les derniers mois de 1843, il reçut une lettre affectueuse de M. le comte de Chambord, qui le conviait à devenir son hôte à Londres dans son auberge de Belgrave-square, rien ne

---

1. *Courtes réflexions sur les douze mille francs offerts par la duchesse de Berry aux indigents atteints de la contagion* (1832).

put le retenir, ni les objections des écrivains républicains, distributeurs redoutés de cet enivrant breuvage de la popularité dont il était si altéré, ni les insinuations bienveillantes de ses amis qui étaient dans le camp du gouvernement de Juillet, ni les rigueurs de la saison, ni les infirmités de l'âge. Après avoir lu la lettre du prince, il mit fin à toutes les observations en nous disant : « Après une pareille lettre, il suffit d'être en vie pour partir coûte que coûte, et, si l'on était mort, il faudrait s'y faire porter dans son cercueil. » Puis, après ce voyage, après les paroles du prince, qui avait réuni dans le même symbole les principes monarchiques et les libertés nationales, Chateaubriand, résumant les impressions de son séjour, adressait au petit-fils de saint Louis cette lettre de quelques lignes qui fut, on peut le dire, le testament de l'écrivain politique ; car, à partir de ce moment, il se renferma dans ses *Mémoires d'outre-tombe* et cessa d'agir sur les affaires de son temps :
« Les marques de votre estime me consoleraient de toutes les disgrâces ; mais, exprimées comme elles le sont, c'est plus que de la bienveillance pour moi, c'est un autre monde qu'elles découvrent, c'est un nouvel univers qui apparaît à la France. Je salue avec des larmes de joie l'avenir que vous annoncez. Vous, innocent de tout, à qui on ne peut rien opposer que d'être descendu de la race de saint Louis, seriez-vous donc le seul malheureux parmi la jeunesse, qui tourne les yeux vers vous? Vous me dites que, « plus heureux que vous, » je vais revoir la France : *plus heureux que vous!* c'est le seul reproche que vous ayez à adresser à votre patrie. Non, prince, je ne puis être jamais heureux tant que le bonheur vous manque. J'ai peu de temps à vivre, et c'est ma consolation. J'ose vous demander, après moi, un souvenir pour votre vieux serviteur. »

Il y a donc deux époques distinctes dans la der-

nière partie de la carrière littéraire de Chateaubriand.
Immédiatement après 1830, le grand écrivain polémique
reparaît. Il retrouve la plume ardente, injurieuse, avec
laquelle il a tracé, quinze ans plus tôt, son formidable
pamphlet *de Bonaparte et des Bourbons*. Il est plein de
confiance encore dans la puissance de son génie. Il
prend l'offensive contre le gouvernement de Juillet, et
l'attaque, avec une verve implacable, dans ses origines
et dans ses actes, chaque fois qu'il en trouve l'occasion [1].
Il semble qu'il entend retentir à ses oreilles la parole
téméraire qu'il prononçait, au temps de l'opposition de
quinze ans, pour excuser les emportements de sa polémique. Il frappe donc sans relâche, avec toute l'ardeur
d'un soldat qui combat pour la victoire. Puis le temps
s'écoule, ses espérances diminuent et enfin s'évanouissent. Alors il cesse à peu près cette guerre inutile, et quand il reprend sa plume, c'est plutôt pour justifier le passé que pour attaquer le présent.

Le *Congrès de Vérone*, détaché des *Mémoires d'outre-
tombe*, et qui est en même temps un livre d'histoire et
un écrit polémique, est ainsi destiné à rectifier les idées
générales, faussées par l'opposition de quinze ans, et à
présenter, dans son véritable jour, la politique étrangère de la Restauration. Ce livre, publié en 1838, fut
une espèce de scandale diplomatique en Europe. L'Allemagne surtout, cette terre classique de la diplomatie,
où le mystère et le secret règnent, un doigt sur les
lèvres, ne pouvait comprendre la témérité d'un écrivain levant les voiles qui cachent le sanctuaire des

---

1. C'est ainsi que M. de Chateaubriand, alors à Genève, écrivit, après le sac de Saint-Germain-l'Auxerrois, une lettre très-vive, reproduite dans tous les journaux, et qu'il adressa, sur la politique générale, aux rédacteurs de la *Revue européenne*, MM. de Cazalès et de Carné, une autre lettre (décembre 1836), dans laquelle il annonçait l'avénement logique du socialisme.

protocoles. Cependant, le premier étonnement passé, ce livre fit une vive impression sur les esprits éclairés de tous les partis. Les écrivains politiques qui, par leur origine, se rattachaient à l'école du rationalisme monarchique, convinrent sans peine qu'il y avait eu de nobles et fières inspirations sous la Restauration; seulement ils cherchèrent à circonscrire ces inspirations dans le cercle des hommes d'État de leur école. Les journaux des diverses nuances de la gauche ne purent s'empêcher de reconnaître que M. de Châteaubriand avait noblement compris la politique nationale de la France; mais ils essayèrent de restreindre cet éloge à M. de Chateaubriand. Ces injustices, qui sont de tous les partis et de toutes les polémiques, n'empêchèrent point le *Congrès de Vérone* de produire ses fruits. L'intérêt du sujet, le nom et le talent de Chateaubriand, populaire dans toutes les opinions, le faisaient pénétrer partout. Son parti politique profitait ainsi de ses infidélités passées. L'effet de ce livre au dehors fut de placer, dans l'estime de l'Europe, la Restauration plus haut qu'elle ne l'était; en France, de guérir beaucoup d'esprits élevés de leurs préventions sur la guerre d'Espagne, et de faire faire un grand pas à la réhabilitation de la politique extérieure de la Restauration, si longtemps méconnue.

Du reste, cet ouvrage, comme tous ceux que M. de Chateaubriand a écrits dans cette phase de sa vie, présentait ces anomalies de sentiments et d'idées qui devaient se retrouver, d'une manière plus affligeante, dans ses *Mémoires d'outre-tombe*. On eût dit que le grand écrivain prenait à tâche de mettre dans son livre une phrase à l'adresse de chaque opinion. Dans le *Congrès de Vérone*, publié pour rendre gloire à la monarchie et à sa politique, on rencontre des phrases blessantes ou dédaigneuses pour la cause à laquelle M. de

Chateaubriand a voué sa vie [1]. Désormais ces déviations de langage, qui ne furent point des déviations de conduite, sont le caractère de tout écrit politique sorti de cette plume, qui, tout en faisant la moisson pour la royauté traditionnelle, paye la dîme à la république.

M. de Chateaubriand est un fanfaron d'indifférence qui, en servant la monarchie, veut se mettre en règle avec les objections républicaines de M. de Béranger, son nouvel ami, et de M. de La Mennais, cet ami de vieille date qui a quitté l'école monarchique, comme avec tous ses admirateurs dans la jeunesse républicaine. C'est pour cela qu'il rudoie la monarchie en la servant. En même temps, il n'est point fâché de persuader à la postérité, devant laquelle il pose, qu'il est toujours supérieur à la fonction qu'il remplit. C'est ainsi qu'il disait à Londres, pendant son ambassade : « On nous croit fort occupés, nous ne faisons rien, nous engraissons tous à vue d'œil, et nous sommes forcés de faire élargir nos ceintures. » Il n'est pas jusqu'à ce cri : « Vanité des vanités, et tout est vanité, » varié sur tous les tons dans ses *Mémoires*, qui ne devienne dans sa bouche une vanité de plus. Cet homme qui semble ne se soucier de rien prend souci des plus minces détails quand doit paraître un de ses ouvrages. La vanité, c'est le petit côté de cette grande intelligence. Que voulez-

---

1. On pourrait citer, dans le *Congrès de Vérone*, bien des phrases de la nature de celle-ci : « Après tout, c'est une monarchie tombée, il en tombera bien d'autres; nous ne lui devions que notre fidélité, elle l'a ; » et cette autre phrase inexcusable, au point de vue chrétien comme au point de vue monarchique et patriotique : « Si un homme nous donnait un soufflet, nous ne tendrions pas l'autre joue ; s'il était sujet, nous aurions sa vie, ou il aurait la nôtre; s'il était roi !... » Enfin devait venir, dans ses *Mémoires*, cette déclaration de scepticisme universel : « Moi qui n'ai jamais cru au temps où je vivais, moi sans foi dans les rois, comme sans conviction à l'égard des peuples, moi qui ne me soucie de rien excepté de mes songes, à condition encore qu'ils ne durent qu'une nuit. »

vous? La grandeur, comme la sagesse humaine, est toujours courte par quelque endroit, comme parle Bossuet, et c'est ainsi que Chateaubriand, supérieur à plusieurs par sa fidélité pratique à ses principes, demeura beaucoup au-dessous de l'idéal de sa renommée.

Il est vrai, du reste, que les lecteurs de droite avaient pour se consoler le résultat général du *Congrès de Vérone*, et qu'ils pouvaient oublier quelques expressions dures contre les rois et contre la maison de Bourbon, en lisant les paroles pleines de tendresse et d'onction que M. de Châteaubriand empruntait au récit du voyage qu'il avait fait en 1833 à Buschtierad : « La dernière fois que je vis les proscrits de Rambouillet, c'était à Buschtierad en Bohême; Charles X était couché, il avait la fièvre; on me fit entrer de nuit dans sa chambre; une petite lampe brûlait sur la cheminée; je n'entendais dans le silence des ténèbres que la respiration élevée du trente-cinquième successeur de Hugues Capet. Mon vieux roi ! votre sommeil était pénible; le temps et l'adversité, lourds cauchemars, étaient posés sur votre poitrine. Un jeune homme s'approcherait du lit d'une jeune fille avec moins d'amour. En marchant d'un pied furtif vers votre couche solitaire, du moins je n'étais pas un mauvais songe comme celui qui vous éveilla pour aller voir expirer votre fils ! Je vous adressais intérieurement ces paroles que je n'aurais pu prononcer tout haut sans fondre en larmes : « Le ciel vous
« garde de tout mal à venir, dormez en paix cette nuit
« avoisinant votre dernier sommeil ! Assez longtemps
« vos vigiles ont été celles de la douleur; que ce lit de
« l'exil perde sa dureté en attendant la visite de Dieu !
« Lui seul peut rendre légère à vos os la terre étran-
« gère. »

En lisant ces lignes pleines de beautés poétiques, on s'étonna de retrouver, sous la plume de l'écrivain politique, vieilli dans les affaires et les luttes ardentes de la polémique, ces fraîches couleurs qui viennent de l'âme et qui, dans les beaux jours d'une jeunesse déjà bien lointaine, naissaient d'elles-mêmes sous le pinceau du peintre d'Atala et de Cymodocée.

Les dernières années du gouvernement de Juillet virent le déclin encore brillant de cette grande intelligence qui, atteinte d'un incurable ennui, répandait au dehors, en paroles de tristesse et de découragement, les amertumes dont elle était remplie et son inconsolable chagrin de vieillir. Ceux qui étaient nouveaux dans la littérature ou dans la politique, à cette époque, se souviennent encore de leurs pèlerinages à l'hôtel de la rue d'Enfer, voisin de l'hospice de Marie-Thérèse, et plus tard au petit hôtel de la rue du Bac, où M. de Chateaubriand devait mourir en 1848. Ce fut dans la première de ces demeures que, vers le printemps de 1834, il nous fut donné, comme à plusieurs autres, de connaître, sous leur forme primitive, les *Mémoires*, dont quelques fragments avaient été lus déjà dans le petit salon de madame Récamier. On soulevait en effet, de temps à autre, le coin du linceul qui enveloppait ce livre caché dans une tombe obligeamment entr'ouverte devant l'empressement curieux du présent, pour lui livrer plus qu'à moitié le secret réservé, disait-on, à la postérité. Quelles n'étaient pas alors les émotions des jeunes lecteurs qui, admis à ces confidences intimes, touchaient avec une sorte de recueillement ces reliques du génie, et, s'enfonçant dans la lecture de cette odyssée contemporaine, se disaient, avec les naïves tristesses de leur âge, que ces lignes éloquentes enfantées à leur immortalité par une muse taciturne, qui tirerait ce testament littéraire d'un tombeau, n'entreraient dans le monde que lorsque leur auteur en serait sorti. Ils se prenaient alors à oublier que ce jour de deuil n'était pas venu, et des soupirs involontaires allaient leur échapper, lorsque leurs yeux, en quittant le manuscrit pour se tourner vers la croisée, apercevaient quelquefois le grand écrivain errant sous les arbres demi-verdoyants qu'il avait plantés, et écoutant le chant des petits oiseaux s'épanouissant au printemps, ou assis, immobile et mélancolique, le front incliné dans ses pensées.

Pendant toute la vie de Chateaubriand, ces pèlerinages, pour un motif ou pour un autre, se continuèrent. A l'époque où la presse de droite de tous les départements de la France tint des congrès généraux à Paris [1], des députations venaient saluer l'illustre écrivain en qui se personnifiait la liberté de la presse. Puis, quand un événement surgissait, quand une situation nouvelle s'ouvrait, les écrivains qui soutenaient le poids de la bataille aimaient à aller consulter ce glorieux vétéran de la presse qu'ils regardaient toujours comme leur général. Ils s'exposaient ainsi à de pénibles mécomptes. Ils étaient allés chercher, chez celui qu'ils regardaient comme le père de la littérature du dix-neuvième siècle et comme le chef de la presse de droite, des encouragements, des avis, surtout des espérances, car l'espérance est nécessaire aux soldats de la pensée comme aux soldats de l'épée : ils revenaient l'âme navrée par des paroles de découragement. M. de Chateaubriand, dans cette dernière phase de sa vie, ressemblait à un prophète de malheur qui, assis sur des ruines, prédisait que jamais elles ne se relèveraient. L'abaissement, la décadence, les cataclysmes de l'Europe, une période sans nom où l'on ne verrait plus ni grands talents, ni grands caractères, tel était le thème ordinaire de ses lugubres prophéties. Plus d'une fois les écrivains de son parti furent obligés de supplier cet éloquent pessimiste de leur laisser le cou-

---

1. Dans les deux dernières années du gouvernement de Juillet.

rage dont ils avaient besoin pour soutenir les luttes de la journée.

C'est ainsi que, toujours inaccessible aux séductions de la fortune, « désabusé sans cesser d'être fidèle, » comme il nous l'écrivait, mais s'enveloppant de plus en plus dans les ombres de sa tombe dont il aimait à parler, il descendit les dernières années de sa vie.

Quelques vieux compagnons de ses premières luttes, comme M. Clausel de Coussergues, ou quelques hommes plus jeunes, mais déjà mêlés ardemment aux luttes de la Restauration, comme le vicomte de Conny, avaient, dans les premiers temps du gouvernement de Juillet, repris leur plume. Le vénérable Bonald livrait ses derniers combats dans un recueil politique [1] fondé par un écrivain remarquable pour renouveler ce que le *Conservateur* avait été destiné à conserver, et où le duc de Fitz-James, MM. Clausel de Coussergues, de Conny [2], de Peyronnet encore prisonnier, le général Donadieu, de Vaublanc, publiaient des articles avec des écrivains qui commençaient leur carrière et au nombre desquels on distinguait M. de Balzac, dont la renommée comme romancier commençait déjà.

L'auteur de la *Législation primitive* maintint jusqu'au bout la constance inébranlable de sa foi religieuse et politique, et ce talent, qui n'avait point eu de jeunesse, conserva dans les dernières années de sa verte vieillesse de beaux restes de la force et de la gravité de sa puissante virilité. Il écrivait encore, en 1831, avec cette logique sévère qui avait été le caractère de son génie, et traitait les questions de droit et de principe contre M. de Cormenin, le logicien de la souveraineté du peuple. Ou bien

---

1. Le *Rénovateur*, fondé à la fin de 1831 par M. Laurentie.
2. *De l'avenir de la France*, brochure publiée par M. de Conny (1832), eut plusieurs éditions.

encore il paraphrasait, dans un style sombre comme les pressentiments qui assiégeaient son esprit, cette phrase célèbre qui, prononcée à l'Hôtel de Ville, avait changé l'insurrection de 1830 en révolution : *Il est trop tard, la guerre a décidé.* « Ces mots, écrivait-il, qui retentiront longtemps en France et en Europe, semblables au *Mané Técel Pharès* du festin de Balthasar, ont donné le signal de la plus grande désolation dont une société puisse être frappée, de toutes les émeutes, de toutes les révoltes, de toutes les haines, de toutes les guerres, de tous les attentats contre l'ordre religieux et politique, de tout le sang qui a été versé depuis cette époque et qui le sera encore, enfin de tous les malheurs publics et privés qui en ont été la suite et de tous ceux qui nous menacent. »

La vie de M. de Bonald se prolongea jusqu'au 23 novembre 1840 ; il mourut dans sa quatre-vingt-sixième année, entouré, comme ces patriarches de la *Bible*, avec lesquels il a plus d'un trait de ressemblance, de plusieurs générations d'enfants. Si ses idées eurent quelque chose de trop absolu pour être applicables à la société moderne, il a laissé le renom d'une intelligence élevée et pure, d'une vie honnête, d'un talent d'écrivain de premier ordre. La guerre qu'il fit à la philosophie du dix-huitième siècle, en l'attaquant avec ses propres armes, ses beaux travaux sur l'origine des langues, sa lutte heureuse contre le divorce, sont ses principaux titres. Il a écrit des phrases qui vivront autant que la langue française, parce qu'elles contiennent des idées vraies présentées sous leur meilleure forme. C'est lui qui a dit : « La Révolution française a commencé par la déclaration des droits de l'homme, elle finira par la déclaration des droits de Dieu. » Il a dit encore : « Un ouvrage dangereux écrit en français est une déclaration de guerre à l'Europe. » Cette phrase, si souvent répétée depuis, lui appartient : « C'est par l'état social des femmes qu'on peut toujours déterminer l'état politique d'une société. » Enfin il a ainsi défini les révolutions, après en avoir tant vu pendant sa longue vie : « Des sottises faites par des gens habiles, des extravagances dites par des gens d'esprit, des crimes commis par des honnêtes gens, voilà les révolutions. »

Le grand éclat jeté par M. de Chateaubriand dans la polémique ne dura que deux ou trois ans, et l'on a vu que ce génie fatigué se retira bientôt de l'arène. L'école traditionnelle soutint alors son drapeau dans la presse périodique avec une fermeté qui ne fut pas sans honneur, et le talent ne lui fit pas plus défaut que le courage.

JOURNAUX DE L'ÉCOLE TRADITIONNELLE.

Dans les années qui suivirent la Révolution de 1830, les journaux qui appartenaient à l'école traditionelle se trouvèrent en butte à de grandes difficultés. La Restauration laissait sur eux, en tombant, le poids immense des préventions qui l'avaient écrasée. Bien plus encore que la tribune, qui permet à l'orateur de choisir le moment où il veut parler, la presse, dont les luttes sont quotidiennes, exposait ceux qui se hasardaient sur ce terrain à l'offensive des partis adverses. Il faut se souvenir que la presse de la droite n'était pas nouvelle. C'était un décombre de l'ancien édifice politique récemment renversé, et toutes les haines, naguère acharnées à la ruine de cet édifice, se retournaient contre elle avec l'enivrement de la victoire et cette espèce d'indignation qu'excite dans l'âme des vainqueurs la prolongation de la résistance de ceux qu'ils croyaient abattus sous leurs pieds.

Les deux principaux journaux de la droite, à cette époque, étaient la *Gazette de France* et la *Quotidienne*. Or le parti vainqueur était disposé à demander compte à la première des ressentiments accumulés contre le long ministère de M. de Villèle ; à la seconde, de tous les actes du ministère de M. de Polignac, et surtout des ordonnances de juillet. Ce qui achevait de rendre la position de ces journaux encore plus critique, c'est qu'ils se trouvaient en présence de journaux appartenant aux opinions opposées, et contre lesquels ils combattaient depuis quinze ans. Le souvenir des vieilles polémiques venait donc irriter les polémiques nouvelles.

De leur côté, les journaux de la droite mettaient une passion ardente dans leur polémique. Les sentiments de douleur et de colère qu'avait inspirés la chute de la royauté traditionnelle à ceux qui lui étaient dévoués, les attaques posthumes auxquelles elle était en butte, provoquaient de vives représailles de la part des publicistes de l'école traditionnelle. En outre, il ne faut pas oublier qu'ils répondaient au cœur et à l'esprit d'une opinion qui voulait être moralement vengée de sa catastrophe politique et des outrages auxquels les princes, objets de son affection et de ses respects, étaient en butte.

Cette position était commune à tous les organes du parti ; mais il se partagea, après 1830, en deux opinions très-tranchées qui se reproduisaient dans la *Quotidienne* et la *Gazette de France*.

Les uns, affligés par la retraite de Rambouillet, offensés des insultes prodiguées aux hommes de droite, taxés publiquement de lâcheté par les journaux des opinions contraires, crurent que ce qu'il y avait de plus opportun et de plus honorable était de tirer l'épée, et, pendant que la royauté traditionnelle avait encore des intelligences dans l'armée, dans l'administration, et de vives sympathies dans plusieurs provinces, de tenter un 20 mars monarchique, au lieu de s'engager dans une série d'épreuves qui finiraient par reculer le but d'année en année, de révolution en révolution, en épuisant et en démoralisant la France. C'était ce qu'on pouvait appeler, à cette époque, dans les opinions de la droite, le parti militaire. Tant d'officiers démissionnaires en 1830, une partie de la population des provinces de l'Ouest et du Midi inclinaient vers ces voies. La *Quotidienne*, dont M. de Brian était venu courageusement prendre la direction le lendemain de la Révolution de 1830, représenta, d'une manière spéciale, cette fraction importante de l'opinion royaliste. Sa rédaction renouvelée se composait surtout de jeunes écrivains qui attisaient les ardeurs de leurs loyales convictions par les ardeurs de leur âge. Ses articles sonnaient le boute-selle, et l'on peut dire qu'elle écrivait la guerre civile en attendant qu'on la fît. Heures d'enthousiasme et de colère, d'espoir et d'impatience, où l'on saisissait, chaque matin, sa plume comme une épée, vous passâtes vite, mais en laissant, dans l'âme de ceux qui vécurent de cette vie de conviction fervente et de dévouement passionné, d'ineffaçables souvenirs!

Une autre fraction des opinions de la droite ne croyait point à l'efficacité des moyens matériels. Elle pensait qu'il fallait avant tout agir sur les idées et par les idées, et qu'aucun résultat ne pouvait être réalisé dans l'ordre matériel avant d'avoir été accompli dans l'ordre intellectuel et moral. La *Gazette de France* fut l'expression de cette fraction d'opinion. Sans doute tous les organes de la droite avaient senti, après la Révolution de 1830, la nécessité de réconcilier le principe d'autorité avec le principe de liberté, et c'est le sentiment de cette nécessité qui avait rallié tous les journaux de cette opinion autour de M. de Chateaubriand, tandis que ses orateurs, groupés autour de M. Berryer, prenaient à la tribune une position analogue ; mais la *Gazette de France* alla plus loin, elle eut un système et fonda une école.

Elle était alors dirigée par un homme qui avait, à un haut degré, les qualités de sa province natale, le Dauphiné, beaucoup de pénétration et de ressources dans l'esprit, une ténacité indomptable de caractère, un dévouement absolu à ses idées. M. de Genoude, comme Mounier, son compatriote, alliait au culte du principe monarchique le sentiment de la nécessité des libertés publiques. Déjà, avant la Révolution de 1830, il s'était fait connaître par une traduction de la Bible que M. de Lamartine a louée dans de beaux vers, par quelques travaux dans le *Conservateur*, et par la part importante qu'il avait prise, dans la *Gazette de France* devenue sa propriété, aux luttes politiques de son temps [1]. Après la Révolution de 1830, il crut que, pour attaquer le nouveau pouvoir, on ne saurait se placer avec avantage sur le terrain du principe d'autorité récemment renversé, et qu'il fallait s'établir sur le terrain du principe de liberté. Mais, comme une ligne de circonvallation doit être plus étendue que la place qu'elle est destinée à entourer, il importait que les principes de la liberté, sur le terrain desquels se placerait la *Gazette de France*, fussent plus larges que les principes adoptés par le gouvernement de Juillet. Ce fut l'intuition de cette vérité qui conduisit M. de Genoude à chercher, dans le passé de notre histoire, le système du vote universel pour l'opposer au vote restreint.

Il y avait là une question de tactique sans doute, mais il y avait aussi une question de conviction profonde. M. de Genoude et son collaborateur assidu, M. de

---

1. Les œuvres de M. de Genoude ont paru en 1844. Elles contiennent, outre plusieurs morceaux politiques, un *Voyage en Suisse*, un *Voyage dans la Vendée*, une étude sur la situation *des Grecs et des Turcs*.

Lourdoueix, qui apportait dans cette espèce de mariage intellectuel les qualités qui manquaient à son ami, c'est-à-dire un talent remarquable de déduction, l'enchaînement logique des idées et une belle méthode d'exposition, cherchèrent dans l'histoire les principes constitutifs de la société française, et ils en signalèrent deux, parallèles et distincts sans être séparés : celui de la royauté héréditaire et celui de la représentation générale des intérêts ou la liberté politique [1]. Sans doute il leur était impossible d'établir que les principes constitutifs qu'ils proclamaient eussent dominé, sans conteste et sans solution de continuité, en France ; mais ils expliquaient d'une manière ingénieuse l'éclipse de ces principes pendant trois siècles de féodalité, et plus tard pendant deux siècles de protestantisme, long espace de temps dans la vie d'un peuple.

Comme tous les systèmes, ce système avait quelque chose d'excessif et de trop géométrique ; mais cependant il avait un fond de vérité. L'histoire des sociétés comme celle de l'homme est toujours l'histoire d'une lutte, la lutte des volontés, bonnes ou mauvaises, sous l'empire des principes tour à tour triomphants ou vaincus ; la poursuite d'un idéal social, quand il s'agit d'un peuple, comme la poursuite d'un idéal humain quand il s'agit des individus. Or il était vrai que l'idéal social de la France avait été, sous les trois races, la représentation plus ou moins complète des intérêts dominants de chacune de ces époques, à côté du principe de la royauté héréditaire. Seulement la *Gazette de France* donnait souvent un caractère de réalité trop précise à de simples

---

1. Les deux principaux écrits de M. de Lourdoueix furent l'*Appel à la France contre la division des opinions*, publié en 1831, et la *Restauration de la société française*, dont la troisième édition paraissait en 1834. Ce dernier ouvrage, fruit des études de toute la vie de l'auteur, mérite une attention spéciale.

aspirations, et tombait quelquefois dans la théorie historique d'Hotman qui, au seizième siècle, plaçait les libertés politiques les plus étendues dans les prémisses de notre histoire, pour les retrouver dans les conclusions [1].

C'était là l'excès et l'abus de son système. Il est incontestable, néanmoins, qu'elle rendit à la droite un service réel en contribuant à lui donner un terrain logique d'opposition. On put blâmer les exagérations et les emportements personnels auxquels l'entraîna l'ardeur de la polémique, l'habitude périlleuse qu'elle contracta d'exprimer ses idées avec des mots empruntés à la langue de ses adversaires politiques, afin de leur enlever des mots populaires, ce qui la fit soupçonner par les uns de perfidie et de mauvaise foi, par les autres de déviation de principes, enfin l'abus de formules qui ne se comprennent qu'en théologie, où il y a une autorité qui les impose et des fidèles qui sont obligés de les recevoir, et surtout l'espèce d'omnipotence qu'elle attribua au vote universel. Mais elle exerça une action réelle sur les idées de la droite, en proclamant « le vote libre de l'impôt et des lois, la nomination des députés par le vote hiérarchique d'électeurs convoqués en assemblée des communes et des provinces, » et en posant comme un des principes de la droite, la déclaration du 24 janvier 1789, qui appelait dans les assemblées du premier degré, c'est-à-dire des communes, « tous les Français âgés de vingt-cinq ans, domiciliés et compris au rôle des contributions directes ». Ces idées, avec les bases historiques qu'elle leur avait données, avec le système de liberté communale qui leur servait de fondement et de garanties, finirent par devenir le fond commun de la

---

1. Voir l'appréciation du système d'Hotman dans les œuvres historiques de M. Augustin Thierry.

polémique de son parti, qui se ralliait par là à quelques-unes des pensées les plus pratiques que la droite de 1815 avait mises en avant [1].

M. de Genoude avait plusieurs des qualités qui font l'habile journaliste. Ce n'était point un homme de style, un écrivain proprement dit ; il composait trop vite pour atteindre la perfection ; ses idées n'attendaient pas les mots, les plus tôt venus étaient les meilleurs ; mais il avait cette rapidité de coup d'œil, cette puissance d'induction, cette promptitude de repartie, cet esprit plein de mouvements et de ressources, cet art de toucher à toutes les questions à la fois et de revenir cependant sans cesse sur les questions principales, qualités précieuses du journaliste. Il disait de lui-même : « Je suis la vrille qui tourne toujours jusqu'à ce qu'elle ait fait son trou. » Il y avait de la vérité dans cette appréciation. Il avait une autre qualité également utile ; il comprenait que la presse doit donner un aliment à la foi politique de ses lecteurs, et quand il s'asseyait à la table de rédaction, le matin, il nous disait souvent en prenant la plume : « Que dirons-nous aujourd'hui à nos amis pour soutenir leur courage ? De quelle idée les nourrirons-nous ? »

Il leur donnait des espérances parce qu'il en avait : on peut même dire qu'il en avait trop, car, habitué comme il l'était à se placer plutôt sur le terrain de la logique que sur le terrain de la politique, pour calculer les chances de l'avenir, il donnait des dates à ses espérances, sans assez se rappeler que ce n'étaient point seulement des raisonnements que sa cause avait à vaincre, mais des intérêts et des passions. Lorsque ses

---

[1]. Voir, dans la discussion de la loi électorale de 1817, les discours de MM. de Villèle, de Bonald, Corbière, de Chateaubriand. « La commune, disait M. de Bonald, est dans le système politique ce que le franc est dans le système monétaire, l'unité première. »

amis le querellaient doucement sur ses prophéties dont l'accomplissement reculait toujours, et lui remontraient l'inconvénient de faire des almanachs en politique, il avait, en homme d'esprit qu'il était, des réponses toutes prêtes. « Je ne me trompe point, disait-il, en calculant qu'il faut une demi-heure pour aller du Luxembourg au Carrousel ; est-ce ma faute si je rencontre des embarras qui me font rester une heure de plus en chemin ? » C'était là plutôt une défaite ingénieuse qu'une réponse péremptoire, car ces embarras n'avaient rien d'imprévu : ils étaient dans le cours naturel des choses. Ces retards ne le décourageaient pas ; la fièvre de la discussion et aussi la confiance un peu fière qu'il avait en lui-même le soutenaient : il ne croyait point la bataille perdue tant qu'il combattait, et il combattait toujours. De concert avec son ami, M. de Lourdoueix, il construisait des palais d'idées, suivant son expression, dans lesquels la France, il n'en doutait pas, entrerait un jour ou l'autre, pour jouir des prospérités, de la puissance et des libertés qu'il lui avait préparées. S'il cherchait la popularité, c'est qu'il espérait être un jour accepté par toutes les opinions, comme la caution de son prince et de son parti. Ses illusions faisaient donc une partie de sa force. Il avait foi dans l'ascendant de ses idées, dans leur efficacité souveraine ; aussi continuait-il son journal dans ses conversations. Sa vie était un apostolat politique. Il parlait mieux qu'il n'écrivait. Cette intuition rapide qu'il avait dans la presse, il la conservait dans la causerie, comme aussi ce don d'ouvrir des horizons et de remuer des idées ; mais il y joignait une séduction de langage et les grâces insinuantes d'un esprit caressant qui lui faisaient défaut quand il prenait la plume. Un journal ne suffisait pas à cette activité qui étreignait plus de tâches qu'elle n'en pouvait embrasser :

la conversation, la polémique religieuse, la chaire, car après la perte d'une femme tendrement aimée il entra dans les ordres, vinrent encore se disputer les heures de cette vie si occupée. Il demanda à la fois un concile universel, un congrès européen et des États généraux en France. Il écrivait en même temps un journal, une histoire de France, des sermons, et méditait une encyclopédie. Dévoré d'un immense besoin d'agir, il voulait tout faire, et quand il vit que cette conciliation de la droite et de la gauche, sur laquelle il avait compté pour amener la Restauration, ne s'accomplissait pas, il fonda lui-même, au prix d'immenses sacrifices, un journal de gauche, la *Nation*, afin de le faire marcher d'accord avec la *Gazette*, et de donner une image de la réconciliation du principe de liberté avec le principe d'autorité. Quelqu'un dit alors avec assez de justesse que, pour tout finir, M. de Genoude avait mis sa main gauche dans sa main droite. Tel est l'homme qui joua le principal rôle dans le journalisme de la droite. Comme tous les hommes, il eut des défauts et ne fut pas exempt de torts; on put l'accuser surtout de vouloir tout subordonner à la dictature de ses opinions; mais on doit dire à son excuse et en son honneur qu'il leur sacrifia sa fortune et celle de ses enfants, sa santé et sa vie.

Nous nous souviendrons toujours de l'avoir vu vers 1840 plein de vie, d'espoir, de zèle et d'ardeur sous ses beaux ombrages du Plessis dont il avait fait reconstruire le château, et dans la chapelle duquel reposaient Mme de Genoude et plusieurs de ses enfants morts en bas âge. Entouré des trois fils qui lui restaient, il commençait sa journée en montant à l'autel, et deux de ses enfants l'assistaient en répondant aux paroles consacrées. Puis venait le travail assidu de chaque jour, la lecture des journaux, la polémique incessante, hardie, acérée, et, dans les

instants de repos, les longues conversations sur l'avenir
de la France, sur les moyens les plus sûrs de faire prévaloir les opinions qui devaient assurer sa grandeur
morale et matérielle et ses libertés. Pendant que nous conversions ainsi, nous apercevions de temps à autre un bel
adolescent qui s'enfonçait en courant dans les vastes allées
qui commençaient à quelque distance du château. Peu
d'années après, tout ce tableau aux fraîches couleurs
s'effaçait sous la main de la mort. M. de Genoude, épuisé
par un travail surhumain, la fièvre de la lutte, les inquiétudes, les épreuves, terrassé surtout par le chagrin
d'avoir vu sortir la république de ce vote universel auquel
il demandait la monarchie, et enfin par des pertes de
famille, mourait en 1849, après avoir porté le deuil du
dernier-né de ses enfants et prévu la mort du premier,
en laissant son journal agonisant et sa fortune détruite
par les amendes et les publications mal calculées. Le
Plessis est sorti de sa famille, et la chapelle funéraire
n'a pas même gardé les morts qui avaient espéré y dormir leur sommeil jusqu'au dernier jugement. Le jour
vint où il fallut qu'ils se levassent pour faire place au
nouveau maître, qui ne voulait pas donner l'hospitalité
à ces morts devenus étrangers dans la maison qu'ils
avaient habitée. Sans un vieux serviteur qui, nouveau
Caleb, suivit ces tristes restes au cimetières du village
où ils devaient être inhumés, et fidèle aux adversités
de cette famille, dont les prospérités avaient été pour
lui bienveillantes, adressa à son maître un naïf et touchant adieu, cette triste translation se serait accomplie
sans qu'une parole amie rompît le silence sur la dernière
tombe où descendait cet écrivain qui avait fait tant de
bruit pendant sa vie. Dans notre temps de rapides changements et de lamentables chutes, la disparition presque
complète de cette famille si florissante et la ruine de
cette fortune un moment si prospère et si enviée, m'ap-

paraîtra toujours comme un des exemples les plus frappants et les plus navrants des vicissitudes humaines.

Au début, l'action de la presse de la droite se partagea ainsi : la *Quotidienne* se montra surtout occupée du soin d'animer et de mettre en mouvement les forces du parti royaliste ; la *Gazette de France*, de recruter ces forces, de rendre la généralité des opinions sympathique à son parti en dissipant les préventions qui existaient contre lui. L'action de la *Quotidienne* tendit donc à s'exercer surtout dans le sein de son opinion, celle de la *Gazette* au dehors. Aussi une femme [1] d'un esprit à la fois élevé et ingénieux, dont le salon, tant qu'elle vécut, fut un centre où l'on rencontrait les hommes les plus éminents de l'école traditionnelle, disait-elle avec beaucoup de bonne grâce que, dans le parti royaliste, la *Quotidienne* était l'apôtre saint Pierre, et la *Gazette de France* l'apôtre saint Paul.

Ce furent là les deux nuances principales dans la presse de droite, qui usa largement des libertés d'un temps où l'on avait, à ses risques et périls, la faculté de tout dire. Elle trouvait ses inspirations non-seulement dans les questions de principes, dans les questions politiques qui s'ouvraient au dehors et au dedans, dans les ministères qui se succédaient, dans les faits et dans les idées, mais aussi dans les événements de l'exil. On peut dire que, grâce à elle, les princes de la branche aînée ne furent jamais complétement absents de la terre de France. Holyrood, ce vieux palais hanté par les ombres des Stuarts, où s'abritèrent un moment la vieillesse du roi Charles X et l'enfance voyageuse de son petit-fils ; Prague, où la famille royale chercha ensuite un asile ; Mme la duchesse de Berry en Vendée ; Chateaubriand allant, à la tête d'un grand nombre de

---

[1]. Mme de Genoude.

jeunes Français, saluer à Butschierad « le frère et la sœur, semblables à de petites gazelles cachées parmi les ruines » ; Charles X sur son lit de mort bénissant la France et priant pour elle, et son fils, ce prince de tant de résignation, suivant l'exemple paternel ; les dernières gouttes d'absinthe et de fiel tombant dans le calice de la fille de Louis XVI, que Dieu avait réservée pour prier au pied de tous les calvaires de sa race, parce qu'elle était la plus forte : voilà les émotions du temps, les sujets qui s'offraient aux écrivains de la presse de droite pour attendrir ou passionner leurs lecteurs.

La *Quotidienne*, où était revenu, après quelques années d'absence, M. Laurentie, esprit grave, publiciste élevé, qui avait depuis longtemps fait ses preuves et qui appliquait un style vraiment littéraire à la politique, et excellait surtout à toucher le côté moral, philosophique et religieux des questions ; la *Gazette de France*, avec les allures qui lui étaient propres ; la *Mode* [1], passionnée, agressive, spirituelle, sorte de Satire Ménippée périodique, où le raisonnement lui-même affectait la forme du sentiment, à moins qu'il ne prît celle de l'épigramme et de l'invective, et où commença à se faire connaître une des plumes littéraires les plus finement taillées et un des esprits les plus délicats de cette époque, M. de Pontmartin, saisissaient, chacune à son point de vue, les incidents de cette vie d'exil et les commentaient devant leurs lecteurs. Ce dernier journal, qui eut quelques-unes des qualités avec quelques-uns des défauts de l'esprit français, exerça, sur les salons comme sur les lecteurs populaires de son parti, plus d'influence que ne semblerait en comporter son titre. La *Mode* maintenait les salons par la crainte du ridicule et satisfaisait

---

[1]. Elle fut successivement dirigée, avec une grande vivacité d'esprit, par M. Alfred de Fougerais et le vicomte Édouard Walsh.

les lecteurs populaires par la passion. Quand la guerre civile éclata en Espagne, elle réchauffa les sentiments légitimistes, de ce côté-ci des Pyrénées, avec des récits allumés à la flamme du royalisme espagnol : plus d'une fois, nous tenons ce fait d'un des intrépides volontaires des guerres de la Navarre et de l'Aragon, mort depuis d'une manière tragique, il traduisit, entre deux combats, à ses compagnons d'armes émus, ces récits pleins d'une poésie passionnée, dans les bivacs de Gomez, Villaréal ou Cabrera [1].

La presse avait alors la ferveur des époques de croyance et la fièvre des temps de liberté. La vie circulait à pleins flots dans les veines. On n'écrivait point de sang-froid ; on espérait, on craignait, on s'irritait, on s'enthousiasmait. L'imagination, la sensibilité, la raison, toutes les facultés de l'âme étaient en jeu. Quelle joie quand on apprenait que le petit-fils de saint Louis, arrivé à la fin de son éducation, venait d'entrer à Rome, où il sentait descendre sur son jeune front les ombres de tant de majestueux débris, et monter vers lui les enseignements de tant de grands tombeaux ! Quel empressement à raconter les impressions de tant de Français accourus pour le recevoir dans la Ville Éternelle, les paroles du père commun des fidèles bénissant le descendant des rois très-chrétiens, les émotions des étrangers eux-mêmes, et ce mot de M. de Flahaut, si souvent répété depuis : « Ce qui frappe dans M. le comte de Chambord, c'est le sceau de grandeur et de prédestination qu'il porte sur son front. » Mais aussi quelle tristesse, lorsque, un an plus tard, on reçoit la nouvelle de cette chute qui faillit devenir fatale au prince ! Quel deuil dans la presse de droite, lorsque de

---

1. Nous avons entendu raconter ce fait par l'infortuné prince de Lichnowsky, si déplorablement assassiné en 1848, à l'époque du Parlement de Francfort.

sinistres rumeurs racontent les destinées de l'enfant du 29 septembre interrompues, et l'œuvre de la Providence restant inachevée, comme les œuvres humaines auxquelles la main de l'ouvrier vient à manquer avant la fin ! Dans un fils unique enlevé à la fleur de l'âge, une mère pleure moins encore les courtes années qu'il laisse derrière lui que les longues années qu'il lui restait à vivre et que, dans les magnificences de la tendresse maternelle, elle lui faisait si belles ; et nous aussi, nous pleurions un avenir beau comme l'inconnu et infini comme l'espérance. Mais Dieu l'a sauvé! l'accident a été douloureux sans être funeste : il vivra ! Quels transports dans les journaux de droite ! comme ils célèbrent le petit-fils de saint Louis demeurant ce qu'il a toujours été, disaient-ils, « le dernier recours de ceux qui auront recouru inutilement à tous les moyens, la dernière chance ouverte après toutes les épreuves [1] ! »

C'est ainsi que la presse reflétait les angoisses, les craintes, les espérances, les tristesses, les joies de ce temps. Ce fut par ce côté, on peut le dire, que la poésie entra dans la presse de droite ; c'est par là que celle-ci exerça une influence considérable sur les sentiments et les idées.

Sans doute les années, en se succédant, diminuèrent son empire. Rien de plus rare que les longues espérances, et les faits qui durent finissent, sinon par détruire, au moins par lasser les idées qui, quand elles demeurent irréalisées, passent, aux yeux de la foule qui ne sait point attendre l'avenir, pour des chimères. Dans les dernières années du gouvernement de Juillet, le foyer qu'avaient entretenu les journaux de droite était donc plus circonscrit, mais il n'était pas éteint.

---

[1]. Nous résumons ici en quelques lignes les idées et les sentiments de la polémique de dix-huit ans,

En outre, la presse de l'école traditionnelle avait eu un beau développement dans les provinces.

Non contente de demander la décentralisation des affaires locales par les libertés municipales et départementales, elle l'avait réalisée jusqu'à un certain point dans les idées, en créant partout des journaux qui devinrent le centre d'associations de propriétaires et mirent en évidence des écrivains de talent, comme MM. Abel, à Marseille ; de Curzon, à Poitiers ; Castillon de Saint-Victor, à Toulouse ; Joseph Walsh, à Rouen ; de La Guichardière, à Saint-Brieuc ; Muller, à Laval ; Dupuis, à Bordeaux, pour ne rappeler que quelques noms. Enfin elle parvint, à l'aide des congrès de la presse de droite qui réunirent, en 1846 et en 1847, les représentants des journaux des départements aux représentants des journaux parisiens, à formuler une déclaration de la droite délibérée dans une séance de cent membres et signée par les hommes les plus éminents de l'école traditionnelle. Cette déclaration contenait tous les principes de nature à donner satisfaction aux exigences légitimes de l'ordre, de la liberté religieuse et du progrès, le droit traditionnel et héréditaire, le droit commun des contribuables au vote, la liberté traditionnelle, et par conséquent les droits de l'Église. Expression unanime des sentiments et des idées de la droite qui s'était ralliée, en 1846 et 1847 [1], aux paroles prononcées à Belgrave-square sur « les principes monarchiques et les libertés nationales », elle faisait disparaître toutes les objections sincères élevées contre l'école et, en lui laissant toutes ses racines dans le passé, elle lui ouvrait les perspectives de l'avenir.

1. La *Déclaration de la droite* fut publiée, au commencement de février 1848, par quarante journaux légitimistes.

V

RÉVOLUTION INTÉRIEURE DANS LA PRESSE. — LES JOURNAUX A QUARANTE FRANCS.

Telles furent les luttes intellectuelles que le gouvernement de Juillet eut successivement à soutenir pendant dix-huit ans. Chateaubriand, et, à sa suite, la presse de droite, l'attaquèrent au nom du principe héréditaire et traditionnel; Carrel, et, après lui, M. Marrast, dans le *National*, le pressèrent au nom du principe électif et de la passion révolutionnaire; M. de Cormenin, le casuiste de la souveraineté du peuple, le serrait dans les nœuds de son syllogisme; M. Duvergier de Hauranne revendiqua le triomphe de la prérogative parlementaire. Au milieu de ces luttes fécondes en écrits éloquents, en polémiques ardentes ou élevées, on sentait le sol trembler, et l'on prévoyait de nouvelles révolutions.

Vers l'année 1836, la presse périodique en subit une dont les progrès devaient modifier profondément les conditions du journalisme, et exercer une influence fâcheuse sur la politique et la littérature. Deux hommes d'un esprit ingénieux et calculateur [1], qui avaient plutôt envisagé la presse au point de vue industriel qu'au point de vue littéraire et politique, pensèrent qu'on pouvait créer, en face de l'ancienne presse, une presse nouvelle dont le prix serait considérablement abaissé. Pour arriver à offrir aux souscripteurs un journal au rabais, ils imaginèrent de faire

---

1. MM. de Girardin et Dutacq, qui fondèrent la *Presse* et le *Siècle*.

payer à l'annonce, qui avait pris de grandes proportions avec le mouvement industriel si développé sous le gouvernement de Juillet, la différence entre le prix ancien et le prix nouveau. Voici quels furent les résultats politiques, moraux et littéraires de cette innovation : dans l'ancien état de choses, un journal dont le prix d'abonnement s'élevait à quatre-vingts francs était soutenu par ceux dont il exprimait les convictions politiques ; il vivait de l'abonnement, c'est-à-dire de la marque d'adhésion donnée à ses doctrines ; les annonces industrielles ne venaient que comme un accessoire ; un journal était un drapeau. Dans la combinaison nouvelle, le journal dut vivre par l'annonce : les quarante ou quarante-huit francs payés par l'abonné suffisant à peine aux frais matériels [1], les frais de rédaction et d'administration durent être payés par les annonces de la quatrième page ; or, pour avoir assez d'annonces pour couvrir ces frais, et en outre tirer un intérêt raisonnable des capitaux considérables engagés dans une entreprise aléatoire et exposée à des sinistres d'un genre particulier, il fallut offrir à l'industrie une publicité plus étendue que celle que pouvait fournir chacune des opinions politiques en particulier. Pour donner un journal à quarante francs, il fallut avoir beaucoup d'annonces ; pour avoir beaucoup d'annonces, il fallut que la quatrième page, devenue une affiche, passât sous les yeux d'un très-grand nombre d'abonnés ; pour avoir beaucoup d'abonnés, il fallut trouver une amorce qui s'adressât à toutes les opinions à la fois, et substituât un intérêt de curiosité général à l'intérêt politique, qui groupait naguère ceux qui adhéraient aux idées d'un journal autour de leur drapeau. C'est ainsi qu'en partant du journal à quarante francs, et en passant par

---

[1]. Frais de poste, de timbre, de papier, de composition, de tirage.

l'annonce, on arriva presque fatalement au feuilleton-roman.

La *Revue de Paris*, fondée dans les derniers temps de la Restauration, sous les auspices d'un riche banquier, par un homme de lettres qui n'avait été encore, à cette époque, que médecin et écrivain littéraire, et qui, après avoir touché à toute chose, depuis l'Opéra jusqu'à la politique, devait finir débonnairement une carrière accidentée en publiant les *Mémoires d'un bourgeois de Paris*, avait eu la première l'idée d'introduire le roman dans la presse périodique. Ce fut là que MM. de Balzac, de Vigny, Alexandre Dumas, Sue, Latouche, Karr, Gozlan, Janin, Musset, Loeve-Weymar, publièrent quelques-unes de leurs œuvres littéraires les plus remarquées, et la *Revue de Paris*, qui paraissait hebdomadairement, leur dut la plus grande partie de son succès. La *Revue des Deux-Mondes*, fondée vers la même époque et tombée, après la Révolution de 1830, dans les mêmes mains que la *Revue de Paris*, suivit les mêmes errements. Elle conserva sans doute un cachet particulier : tandis que la *Revue de Paris* demeura plus littéraire, plus particulièrement consacrée aux arts, la *Revue des Deux-Mondes* se montra plus philosophique, plus docte et surtout plus dogmatique. Ce fut là que M. Lerminier publia ses premiers travaux philosophiques; les doctrines avancées trouvaient là des pages disposées à les recevoir. Mais la *Revue des Deux-Mondes* ne négligea pas cependant l'amorce du roman. C'est à ce recueil périodique que George Sand confia, vers les premières années du gouvernement de Juillet, ses premières œuvres.

Le journalisme quotidien, dans la combinaison nouvelle, déroba le roman à la revue, et c'est ainsi que naquit le feuilleton-roman. Le premier effet de cette innovation fut de rendre difficile, presque impossible, au moins pour un temps, la situation de la revue hebdomadaire ou bi-mensuelle, dont le prix se trouvait être aussi élevé que celui du journal quotidien, qui lui enlevait un de ses attraits les plus puissants, en monnayant, dans le feuilleton de chaque jour, les romans que les revues publiaient en bloc. Il y eut déjà là un assez grave inconvénient littéraire. La revue et le journal ont, chacun dans son genre, leur raison d'être. Le journal a l'à-propos et la continuité; il saisit chaque événement à son origine, et peut en suivre, jour par jour, le développement, en constatant les progrès des faits et des idées. Mais, obligés de voir tous les jours, ses écrivains regardent parfois trop vite, et, accoutumés à suivre les questions dans leurs développements journaliers, ils manquent souvent de vues d'ensemble. Le médecin qui ne quitte point le lit d'un malade finit par ne pouvoir se rendre un compte exact des changements qui se sont opérés dans la maladie, ses yeux se troublent à force d'être fixés sur le même objet; c'est ce qui arrive aussi à l'écrivain du journal quotidien. Ajoutez à cela que presque tous les articles, dans les journaux quotidiens, étant écrits pour des lecteurs superficiels, sont faits comme ils doivent être lus, superficiellement. L'heure presse, l'imprimeur attend, le lecteur voudra savoir demain, à son réveil, votre pensée sur l'événement qui arrive aujourd'hui : il faut donc délibérer, se décider et exécuter à la fois; la nécessité attend à votre porte, sous les traits d'un de ces jeunes apprentis qui viennent réclamer le manuscrit nécessaire. Ce sont là les servitudes de la presse quotidienne à côté de ses grandeurs.

Si les revues ont un à-propos moins saisissant et moins de continuité, elles ont plus de maturité et plus de solidité; elles étudient moins curieusement chaque anneau de la chaîne des causes et des conséquences, mais elles peuvent embrasser, d'un coup d'œil plus large, un espace plus étendu de cette chaîne. Ajoutez à cela que les revues, faites moins superficiellement, forment des lecteurs moins superficiels. Une revue est un livre que l'on place, chaque année, dans sa bibliothèque, tandis qu'un journal n'a que la vie des éphémères ; le plus grand ennemi du numéro d'aujourd'hui sera, on l'a dit, le numéro de demain. Si les jugements de la revue sont moins prompts, ils peuvent être plus approfondis, plus complets, et par conséquent plus justes et plus sûrs. C'était donc un malheur intellectuel que le coup porté aux revues par la révolution qui se faisait dans la presse ; un événement préjudiciable aux lecteurs, comme aux écrivains.

Le journalisme à quarante francs entraîna un autre inconvénient. Le roman-feuilleton y supprima de fait la critique en prenant la place matérielle qu'elle occupait ; il remplit le champ de bataille où il aurait fallu descendre pour le combattre. Sauf le jour réservé au feuilleton dramatique, où MM. Janin, Rolle, et quelques autres écrivains de mérite continuèrent à écrire, la critique cessa d'exister. Il n'y eut plus de police dans la littérature. Ce goût délicat des choses de l'esprit, qui avait fait la gloire de Feletz, d'Hoffmann, de Geoffroy, de Dussault, et, dans un autre camp, de M. Viennet, d'Étienne et de quelques autres écrivains, disparut. Le *Journal des Débats*, à cause de ses traditions plus spécialement littéraires, et quoiqu'il sacrifiât d'une manière fâcheuse à l'idolâtrie du feuilleton-roman, n'abandonna pas complétement la critique. Deux ou trois autres journaux, en raison de leurs principes religieux ou politiques, comme la *Gazette de France*, l'*Univers*, le *National* et la *Quotidienne*, résistèrent seuls à la contagion. Encore furent-ils, pour la plupart, plus ou moins atteints par l'épidémie régnante.

L'avénement du journal à quarante francs changea donc toutes les conditions de la presse périodique. La dignité du journalisme fut considérablement amoindrie; les idées politiques passèrent sur le second plan du tableau, et laissèrent le premier plan à l'industrialisme. Les symboles politiques devinrent moins nets, parce qu'il fallait que l'éclectisme un peu vague de la rédaction répondît aux besoins divergents des lecteurs appartenant à des partis d'origines diverses et souvent opposées. Les lecteurs s'accoutumèrent, de leur côté, à s'abonner à un journal, non plus par communauté d'opinion, mais par un attrait de curiosité. Cette habitude, née des progrès de l'indifférence politique, l'augmenta encore. Les lecteurs ne demandèrent plus aux écrivains de défendre leurs convictions, ils leur demandèrent d'amuser leurs loisirs. Le feuilleton-roman fut une clef qui ouvrit la barrière des camps politiques aux idées ennemies, et le foyer de la famille à l'immoralité. On reçut, sous la bande de son journal, le mauvais livre qu'on n'aurait point osé introduire chez soi sous la forme d'un volume, et l'on accueillit, en alléguant le prétexte littéraire du feuilleton, la politique qui, dans d'autres temps, aurait blessé les sentiments et les idées du lecteur. Le scepticisme, l'indifférence et la corruption y gagnèrent tout ce qu'y perdirent le public et la presse elle-même plus répandue, mais moins honorée; d'autant moins honorée que, peu à peu, le goût du luxe, le scepticisme croissant et les amorces dont le pouvoir dispose, avaient créé, au sein du journalisme, une tribu nomade d'écrivains dont le talent vénal s'enrôlait successivement au service des opinions contraires qui les prenaient à leur solde. Parmi ces mercenaires de la pensée qui n'étaient pas tous sans valeur littéraire, quelques-uns se distinguaient par l'abondance de leur style, qui fleurissait pour toutes les causes; d'autres par leur fougue et leur violence, car, chose étrange, il y a des hommes qui trouvent le moyen d'avoir de la passion sans avoir de conviction. La presse, compromise par l'indignité de ces écrivains, perdait peu à peu son autorité, et, brillante encore par les talents, fléchissait par la déchéance des caractères.

On a vu qu'un des hommes qui portèrent le plus haut le sentiment de la dignité de la presse avait compris, dès les premiers moments où cette révolution commença à s'opérer dans son sein, les périls dont elle la menaçait. Armand Carrel s'éleva avec colère contre ces innovations : où d'autres voyaient un progrès, il signala une décadence morale et intellectuelle et l'annonça avec tant d'emportement et d'amertume, qu'il en résulta une rencontre où il succomba. L'issue de cette lutte funeste était une image de l'influence que devait exercer sur le journalisme ancien l'apparition du journalisme nouveau.

LIVRE CINQUIÈME

RELIGION

I

PHASES DIVERSES DU MOUVEMENT RELIGIEUX.

Il était impossible que la Révolution de 1830, dont le contre-coup se faisait sentir dans toutes les sphères intellectuelles, n'exerçât point une action plus marquée encore dans la sphère des idées religieuses, où l'école gallicane et l'école romaine, animées par leurs luttes, étaient en présence, et où, en outre, le catholicisme et le philosophisme allaient se livrer de nouveaux combats. Tous les esprits, en effet, demeurèrent vivement et justement frappés du déchaînement des passions populaires contre le clergé et la religion; la Révolution eut, dans ses premiers jours, un caractère aussi irréligieux qu'antimonarchique : le calvaire du Mont-Valérien dévasté, l'Archevêché démoli, Saint-Germain-l'Auxerrois profané et mis au pillage le 13 février 1831, les croix abattues du faîte des églises, les prêtres obligés de quitter leur costume, la licence impie des théâtres et de la presse, annoncèrent assez que la victoire des trois jours avait été, aux yeux de la multitude comme aux yeux des adversaires plus lettrés de la religion, remportée sur le catholicisme au moins autant que sur la royauté traditionnelle. Déjà, sur la fin de la Restauration, les chrétiens perspicaces voyaient venir cet orage. Aussi la pensée que M. d'Eckstein avait indiquée le premier en fondant le *Catholique* s'était-elle généralisée ; une *Association pour la défense de la religion catholique* s'était formée, sous l'influence de M. de La Mennais, qui donnait la haute impulsion à toute l'école, et cette association avait fait paraître, le 10 mars 1829, le *Correspondant*, destiné à servir de lien entre les membres de l'association, en même temps qu'à défendre les idées et les intérêts catholiques, attaqués par toutes les armes de l'histoire, de la philosophie, du théâtre, du roman, du journal. La devise de cette feuille, à la fois religieuse, politique, philosophique et littéraire, était tout entière dans ces mots : *liberté civile et religieuse*[1]. Le principe du grand mouvement qui allait se développer était là.

Il y avait, dans la réaction irréligieuse des premiers temps de la Révolution de 1830, une indication précieuse pour les esprits : c'est qu'il fallait ôter un prétexte aux mauvaises passions, en évitant le mélange inopportun des questions spirituelles et temporelles qui avait eu lieu quelquefois sous la Restauration, et que la liberté de l'Église et celle du clergé, désintéressé des questions politiques et rattaché plus étroitement au souverain pontife, devaient être inscrites sur le programme des hommes dévoués à la religion. Seulement, comme il arrive toujours, à côté du but à atteindre, il y avait un écueil à éviter. Il ne fallait pas rompre la solida-

1. Le *Correspondant*, dans lequel écrivaient MM. de Carné, Cazalès, l'abbé Foisset et M. Riambourg, avait inscrit, parmi les articles de son symbole, la royauté traditionnelle ; car ses fondateurs disaient dans son premier numéro, en exposant les doctrines du nouveau journal : « Que veut-il? La royauté comme un pieux souvenir, comme une ancre de salut. La royauté... ce mot sacré n'a pas besoin de commentaire quand il est prononcé par des bouches catholiques. » (*Correspondant*, 10 mars 1829.)

rité du catholicisme avec la politique du gouvernement, pour tomber dans l'excès opposé, et l'allier d'une manière étroite avec la politique de l'opposition.

Dans ce temps de passion qui n'admettait guère la mesure, on devait plus d'une fois heurter l'écueil avant d'atteindre le but. D'ailleurs l'homme qui exerçait, à cette époque, un ascendant presque souverain sur le mouvement des idées religieuses en France, M. de La Mennais, avait, dans le caractère et dans l'esprit, quelque chose d'impérieux et d'excessif qui le poussait aux partis extrêmes.

Nous aurons donc successivement à raconter les brillants développements de l'école religieuse de M. de La Mennais et la manière éclatante dont elle intervint dans la politique, ses services et ses excès, la chute du maître et la dispersion de l'école; l'époque de transition qui suivit, la formation d'une école nouvelle, née des débris de la première, son épanouissement à la tribune, dans la presse, dans les lettres, dans les arts.

II

DÉVELOPPEMENT DES IDÉES DE M. DE LA MENNAIS.

Dans les derniers temps de la Restauration, M. de La Mennais et une partie de cette jeunesse ardente qui, dans l'école catholique, le reconnaissait pour chef, avaient rompu, dans le fond du cœur, avec la monarchie traditionnelle. Le même écrivain qui, en 1820, disait à Joseph de Maistre, après la publication de son livre *du Pape* : « En défendant l'autorité du saint-siége, vous défendez celle de l'Église, et l'autorité même des souverains, et toute vérité et tout ordre[1], » croyait, sur la fin du règne de Charles X, que l'autorité de l'Église ne pouvait s'établir que sur les ruines de l'autorité des souverains, et il appelait les révolutions politiques qui devaient bouleverser l'Europe, comme pouvant seules frayer la voie au triomphe du catholicisme. Sans doute les tendances de quelques ministres de la Restauration, les vives polémiques de M. de La Mennais contre M. Frayssinous, devenues plus vives encore contre M. Feutrier; les ordonnances de 1828 sur les petits-séminaires, concessions stériles qui autorisaient les accusations sans désarmer les haines, contribuaient à pousser M. de La Mennais et son école vers la nouvelle position politique qu'ils tendaient à prendre ; cependant, pour lui au moins, cette nouvelle phase résultait au fond, logiquement, des prémisses qu'il avait posées dans sa philosophie, quand il avait proclamé l'infaillibilité du genre humain comme la source unique de certitude, le seul titre légitime d'autorité. Il y avait un levain révolutionnaire dans cette doctrine, quoiqu'elle fût tempérée alors par l'obéissance que M. de La Mennais professait envers le saint-siége, accepté comme l'interprète divinement autorisé de l'infaillibilité du genre humain. L'esprit de l'auteur était logiquement conduit à subir l'influence de tous les grands courants d'idées qui s'établiraient, et dans lesquels il entreverrait cette autorité générale qu'il croyait infaillible, et par là il se trouvait exposé à une tentation dangereuse, celle de plier les doctrines immua-

---

1. Dans une lettre à la date du 5 février 1820. Voici le passage *in extenso :*

« En défendant l'autorité du saint-siége, vous défendez celle de l'Église, et l'autorité même des souverains, et toute vérité et tout ordre. . Vous devez donc compter sur de nombreuses contradictions ; mais il est beau de les supporter pour une telle cause. L'opposition des méchants console le cœur de l'homme de bien ; il se sent plus séparé d'eux, et dès lors plus près de Celui à qui le jugement appartient et à qui restera la victoire. »

bles de la religion, suivant le souffle si variable des entraînements humains, en prenant pour régulatrices ces marées intellectuelles qui montent et redescendent. Avec cette disposition d'esprit, il ne pouvait manquer d'être frappé du mouvement des idées libérales qui, sur la fin de la Restauration, emportait la généralité des intelligences, non-seulement en France, mais sur presque tous les points de l'Europe.

Une seule autorité, l'infaillibilité du genre humain ; une seule expression de cette autorité, l'infaillibilité du pape : tels étaient donc, déjà vers la fin de la Restauration, les deux symboles de M. de La Mennais. Dès lors la légitimité royale n'existait plus à ses yeux ; la royauté traditionnelle lui apparaissait comme un obstacle, son pouvoir comme une révolte contre la puissance séculière de l'Église. Mais, tant que la Restauration dura, les conséquences de cette doctrine, qui fermentaient dans les profondeurs de cette intelligence superbe, ne se produisirent point complétement. Dans sa conversation, dans sa correspondance intime, il laissait bien percer le revirement qui s'était opéré dans ses idées et la conviction où il était qu'il fallait que le mouvement religieux entrât dans les mêmes voies que le mouvement politique qui emportait les intelligences, mais cette pensée ne reçut point alors son expression solennelle et publique. Les précédents de M. de La Mennais le retenaient. Toutes ses amitiés le rattachaient à l'école monarchique ; c'est là qu'il avait excité l'enthousiasme le plus vif et trouvé les attachements les plus sincères. Il fallait, pour achever de le faire sortir de la réserve où il se renfermait encore, qu'un événement considérable pesât sur lui et que l'objection qui tourmentait son esprit devînt plus pressante. Cette objection, la voici : Puisque la raison générale est la base de toute certitude, en d'autres termes, puisque le genre humain est infaillible, et que l'Église est l'expression permanente de cette infaillibilité, il faut donc que l'Église marche et parle avec le genre humain; si, en effet, le genre humain était d'un côté et l'Église de l'autre, la doctrine de M. de La Mennais cesserait d'être applicable : or, le mouvement démocratique dominant les intelligences, l'Église, pour conserver son rôle, doit s'allier à la démocratie. L'événement qui devait donner à cette objection un caractère assez pressant pour déterminer la volonté de M. de La Mennais ne se fit point attendre : ce fut la Révolution de 1830.

On comprend quelle impression produisirent cette révolution et ses conséquences sur un esprit disposé comme l'était celui de cet écrivain. Toutes ses prévisions semblaient réalisées. La monarchie traditionnelle, sur le front de laquelle il croyait avoir lu une prédestination de ruine, tombait en trois jours; cette grande race de rois, qu'il avait condamnée, était emportée en exil; les idées démocratiques, dont il avait annoncé le triomphe, triomphaient en effet, et la victoire qu'elles venaient de remporter en France semblait être le gage du succès qui les attendait dans tout le reste de l'Europe civilisée. C'était le temps où toutes les nations s'agitaient à la nouvelle de la chute du trône de Charles X. De l'autre côté des Alpes, de l'autre côté des Pyrénées, de l'autre côté du Rhin, de l'autre côté de la Vistule, de sourds craquements se faisaient entendre. L'Italie, l'Espagne, la Belgique, les provinces rhénanes, la Pologne, se levaient à la fois. L'Europe semblait en travail d'une révolution universelle. M. de La Mennais crut que le moment était venu de montrer à tous que le mouvement des idées catholiques était en harmonie avec le mouvement des idées générales. Ses derniers scrupules tombèrent, les derniers liens qui le rattachaient au passé se rompirent. Il semblait qu'en voyant cette couronne de tant de siècles brisée sous les pavés des barricades et abandonnée aux insultes de la rue l'ancien écrivain du *Conservateur* amnistiât ses propres oublis et ses propres abandons.

Sa pensée, qui jusque-là s'était surtout produite sous sa face religieuse, allait se manifester complétement, cette fois, sous sa face politique. Alors parut ce journal dont le titre présomptueux était une usurpation des prérogatives de Dieu, qui lit seul dans les temps qui ne sont point encore ; nous voulons parler de l'*Avenir*.

FONDATION DU JOURNAL L'AVENIR. — MM. LACORDAIRE, GERBET, DE MONTALEMBERT, DE COUX, ETC.

Le journal l'*Avenir*, fondé le 16 octobre 1830 [1], avec le concours de l'abbé Gerbet, de l'abbé Henri Lacordaire, de l'abbé Rohrbacher, du comte de Coux, du comte Charles de Montalembert, de MM. Daguère et d'Ault-Duménil, fut le manifeste politique de M. de La Mennais, l'expression pratique de sa philosophie. Les deux dogmes dont elle se composait s'y montrèrent à découvert et furent poussés à l'extrême. L'autorité religieuse y fut proclamée comme la seule souveraineté légitime ; l'autorité royale, fondée sur la tradition historique, fut traitée de tyrannie, attaquée, accusée, comme un obstacle à la souveraineté du genre humain personnifiée dans l'Église. En outre, partout où il y avait une révolution, une querelle ouverte entre les peuples et les gouvernements, ce journal se montra favorable à l'esprit de renversement [2]. Il chercha à fiancer

---

[1]. Voir le mémoire présenté au souverain pontife, Grégoire XVI, par M. de La Mennais.

[2]. C'est l'époque où M. de La Mennais écrivait ces lignes : « Si vous essayez de nous donner des fers, nous les briserons sur vos têtes. »

le catholicisme, si l'on peut s'exprimer ainsi, avec la révolution, non-seulement en France, mais dans tout le reste de l'Europe. En même temps, il prenait la direction des intérêts comme des idées de l'Église, et proposait au clergé français l'abdication du budget ecclésiastique, résultat du concordat signé avec le pape, la suppression des concordats, et il engageait ainsi l'Église, sans son congé et sans son aveu, dans les questions les plus hautes et les plus délicates. Encore un peu de temps et la papauté, qui, au point de vue de son influence pratique, est une force d'opinion, se trouvait, sinon de droit, au moins de fait, dans les mains de M. de La Mennais.

C'étaient là les défauts de l'*Avenir*, ses entraînements, ses torts, dont quelques-uns devaient attirer les censures de l'autorité infaillible qui veille à Rome sur les dangers de l'Église. Mais, à côté de ces défauts et de ces torts, quelle puissance dans la foi ardente et sincère, les pensées élevées, les nobles sentiments, et aussi dans les aperçus hardis, l'inspiration éloquente et le style plein de verve, d'éclat et de chaleur de cette jeune tribu d'écrivains qui, formés à l'école de M. de La Mennais, mêlaient les idées les plus justes aux idées erronées, les intentions les plus droites à des illusions généreuses, et, en cédant dans l'ordre politique au torrent révolutionnaire, luttaient intrépidement contre lui quand il venait battre les assises de la religion; nobles enfants de l'Église qui oubliaient un peu trop, en cédant à la pente de leur temps, que ce n'est pas aux enfants de conduire leur mère, mais qui devaient un jour la consoler, par leur obéissance et par leurs services, des excès d'un zèle pur dans son principe, quoique trop ardent et trop présomptueux! Là se signalèrent surtout, sous la conduite de M. de La Mennais, deux jeunes esprits, deux amis venus, l'un de la démocratie, l'autre de l'aristocratie, et réunis dans le sein du catholicisme, M. l'abbé Lacordaire et M. de Montalembert.

Dans toute la fougue de sa puissante nature, M. l'abbé Lacordaire, sorti d'une famille bourgeoise de la Bourgogne, avec des opinions démocratiques exaltées par son éducation, et la séve puissante qui débordait d'un talent que la méditation et l'étude n'avaient pas encore mûri, suivait la pente impétueuse de son intelligence et de son caractère, qui le précipitait vers la démocratie. La Révolution bouillonnait dans ses idées et dans son style. L'invective ardente, la protestation passionnée, le défi violent et hardi, coulaient comme une lave enflammée de la plume redoutable de ce tribun sacré. Quand il priait, qu'il adjurait le clergé de renoncer au budget ecclésiastique pour être libre, et qu'il sommait presque les évêques de ne point accepter de la main du pouvoir les collègues qu'il voudrait leur donner, on aurait dit un Tiberius Gracchus du sanctuaire, haranguant les plébéiens de Rome[1]. Les lois de

---

[1] « Les ministres de l'État n'ont ouvert la bouche que pour nous menacer, s'écriait-il ; ils n'ont étendu la main que pour abattre nos croix ; ils n'ont signé d'ordonnances ecclésiastiques que pour sanctionner les actes arbitraires dont nous étions victimes ; ils ont laissé debout les agents qui violaient nos sanctuaires, qui y faisaient pourrir des morts devant Dieu ; ils ont souffert qu'on fît de notre habit, sur tous les théâtres, le vêtement de l'infamie, tandis que leurs lieutenants généraux nous ordonnaient de le porter, sous peine d'être arrêtés comme des vagabonds sortis de leurs bagnes : voilà les motifs de sécurité qu'ils nous présentent ! voilà les hommes de qui vous consentiriez à recevoir vos collègues dans la charge de premiers pasteurs ! L'épiscopat qui sortira d'eux est un épiscopat jugé. Qu'il le veuille ou non, il sera traître à la religion, il sera parricide. Que craignez-vous ? n'êtes-vous pas évêques ? Dieu sait que nous donnerions nos vies pour obtenir d'être sauvés par vous. Toutefois nous ne nous abandonnerons pas nous-mêmes, nous userons de toutes les ressources que les lois de l'Église nous permettent, sans oublier les droits suprêmes du saint-siège apostolique ; mais, pour obéir aux conciles et à notre conscience, nous protesterons contre ceux qui auraient le courage d'accepter le titre d'évêque de la main de nos

la hiérarchie et du respect disparaissaient devant ce zèle impétueux qui prenait son mandat dans son ardeur et sa confiance, et la Révolution entrait dans l'Église menacée d'être gouvernée de bas en haut, comme les sociétés humaines. Mais, en même temps, quelle piété, quel zèle, quelle verve, quel sentiment vrai, quoique excessif dans l'expression et égaré sur les moyens pratiques, de la nécessité de l'indépendance de l'Église, de la dignité du clergé, ce patrimoine moral de tous les catholiques! Quels courageux combats pour la liberté d'enseignement! Quelle foi ardente et profonde dans l'avenir du catholicisme, dont quelques utopistes, un pied déjà dans la tombe, se chargeaient de prononcer l'oraison funèbre! Quel amour et quel dévouement pour le saint-siége! Quel talent plein de promesses pour le jour où il deviendrait maître de lui-même!

Il y eut une circonstance où le pressentiment du rôle d'éloquence que pourrait remplir ce jeune homme se présenta aux esprits. Trois rédacteurs de l'*Avenir*, MM. Lacordaire, de Montalembert et de Coux, invoquant l'article 69 de la Charte qui garantissait la liberté d'enseignement, avaient ouvert une école libre. Cette école ayant été fermée, au nom de la loi, par un commissaire de police, un procès fut intenté aux trois maîtres de l'école libre; commencé devant la police correctionnelle, le procès se termina devant la Cour des pairs, par suite de la mort du père de M. de Montalembert, qui, intervenue pendant le débat[1] et avant l'abolition légale de l'hérédité de la pairie, investissait son fils de

---

oppresseurs. Nous porterons, pieds nus, cette protestation, s'il le faut, à la ville des apôtres, aux marches de la confession de saint Pierre, et l'on verra qui arrêtera sur la route le pèlerin de Dieu et de la liberté. » (*Avenir* du 25 août 1830, article signé H. Lacordaire.)

1. M. le comte de Montalembert était mort le 21 juin 1831. Les prévenus comparurent devant la Cour des pairs dans l'audience du 19 septembre 1831.

son droit, et le rendait justiciable de la Chambre haute devant laquelle il devait conduire ses coaccusés, en raison de l'indivisibilité du délit. M. Lacordaire s'était chargé de répliquer à M. Persil, qui remplissait les fonctions de procureur général ; il surprit et captiva un auditoire difficile et, de plus, fatigué et prévenu, en accablant son violent et agressif adversaire de la supériorité d'une passion vraie et tout intellectuelle sur une passion banale et toute physique, et de l'ascendant de la grande logique des principes sur les chicanes et les arguties d'un zèle réquisitorial. L'émotion fut générale lorsque le jeune orateur, après avoir démontré que le ministère public s'était trompé sur la date réelle, la valeur légale, la valeur morale du décret qu'il avait invoqué pour l'empêcher, lui et ses amis, de profiter du bénéfice de la Charte, résuma sa plaidoirie. L'impression ne fut pas moins vive lorsque M. Lacordaire, poursuivant l'Université de ses véhémentes invectives, s'écria : « La France veut la liberté de la famille, l'inviolabilité du foyer domestique, et l'Université arrache les fils à leurs pères au nom de la science qu'elle ne leur donne pas et de la vertu qu'elle leur ravit. Faut-il s'étonner qu'elle soit en butte à la haine commune, et que je n'en puisse parler qu'avec un accent d'imprécation ? Nous tous qui parlons, qui écrivons, nous tous, à cette barre et dans la France, nous tous qui sommes de ce temps, est-ce que nous ne sommes pas aussi de l'Université ? Est-ce que nous n'avons pas éprouvé ses bienfaits ? Est-ce que nous ne connaissons pas le ventre de notre mère ? » Enfin un long mouvement se fit sur les bancs de la pairie, lorsque M. Lacordaire opposa à l'allégation du ministère public que « le décret avait force de loi, puisqu'il avait été exécuté sous l'Empire, » cette énergique protestation : « En effet, sous l'Empire ! il y avait alors tant de liberté et de courage civil, que l'exécution d'une volonté impériale lui donnait nécessairement la force de loi, c'est-à-dire le caractère du consentement de la nation! Non, si la doctrine du ministère public était vraie, s'il était possible qu'en France un décret exécuté devînt une loi, par cela seul qu'il est exécuté, il faudrait fuir notre patrie et aller demander aux civilisations les plus abjectes un peu de cette liberté qui ne se perd jamais tout entière, si ce n'est chez les peuples où l'on parle de la violence comme d'une chose sacrée et où l'ordre du maître s'appelle une loi, pourvu que l'esclave ait répondu : J'obéis[1]. » C'est ainsi que, dans le jeune écrivain de l'*Avenir*, s'annonçait un orateur. Son succès fut immense ; c'était le premier rayon d'une éloquence qui devait éclairer bien des yeux.

Avec autant d'ardeur et d'impétuosité que M. Lacordaire, mais avec quelque chose de moins rude, M. de Montalembert, aussi libéral que son ami et plus jeune encore, mais moins démocrate que lui, entrait dans ces luttes naissantes de la presse quotidienne, exalté par la jeunesse, le talent et l'espérance, devant laquelle les perspectives s'ouvrent si longues et si belles quand on a vingt ans. Rien ne lui paraissait au-dessus des forces du grand écrivain auquel il donnait le nom de maître et de père. Comme un soldat dont la responsabilité est couverte par l'autorité du génie et de la gloire de son général, il se précipitait, le cœur ardent et la conscience tranquille, dans cette mêlée intellectuelle, semblable à un fils des croisés, ainsi qu'il devait le dire un jour, combattant les fils de Voltaire. Le monde à changer, toutes les nationalités catholiques à rétablir, la république du moyen âge, moins l'empereur, à réédifier par la liberté à peu près illimitée de la presse, avec le pape

---

1. *Procès de l'école libre,* publié par l'Agence générale pour la défense de la liberté religieuse (1831). Voir, à la page 165, le discours de M. Lacordaire.

au sommet, arbitre souverain entre les peuples de la terre et dictateur pacifique connaissant des querelles de peuple à peuple et de peuple à gouvernement, l'héroïque Pologne à tirer de son grand tombeau, la plaintive Irlande à consoler et à relever, le schisme d'Orient à pacifier, qu'est-ce que cela dans un temps de révolution et dans une époque de la vie où l'imagination, en possession de toute la vigueur de son élan, dévore le temps et l'espace, et arrive sur les ailes de la pensée, qui ne connaît point d'obstacles, à tous les buts qu'elle se marque ?

C'est ainsi que s'expliquent à la fois la verve, l'éclat, l'énergie de la polémique de M. de Montalembert dans l'*Avenir*, et le caractère excessif des ses idées, l'âpreté, l'amertume et la violence, quelquefois sans mesure, de ses expressions. Cet esprit hardi, dans la confiance présomptueuse de sa prime jeunesse, ne voyait rien d'impossible, et ce talent, dans sa fougue, s'irritait contre les objections, dans lesquelles il croyait voir des obstacles malveillants. Mais, au milieu de ces défauts d'une riche nature, se révélaient les qualités précieuses d'un esprit élevé qui avait le goût des nobles choses, d'une imagination ardente qui colorait tous les sujets qu'elle touchait, d'un talent plein de vie, et de plus heureux dons encore, une foi profonde, un dévouement filial à l'Église, la résolution de consacrer à Dieu tous les présents qu'il en avait reçus. Aujourd'hui même, on ne lit point sans attendrissement les lettres qu'il écrivit dans l'*Avenir* sur le catholicisme en Irlande[1] ; et le cœur ne

---

1. *Avenir* des 1er, 15, 18 janvier 1831. La lettre sur le clergé catholique en Irlande est surtout remarquable par la ferveur de l'enthousiasme et la poésie des descriptions. Jamais le dévouement des Irlandais au catholicisme, et le dévouement des prêtres catholiques à leur troupeau, n'ont été plus éloquemment célébrés. On reconnaît ici la trace évidente de l'influence exercée par O'Connell sur le mouvement des idées catholiques en France.

saurait rester froid au contact de l'indignation et de la douleur profondes avec lesquelles le jeune écrivain déplorait, dans ces paroles toutes frémissantes des émotions de son âme chrétienne, la croix renversée du faîte de nos églises : « Il s'est trouvé, dans ce monde de misère et de crime, un symbole de gloire et de vertu; dans ce monde où la force s'est installée avec l'esclavage, un symbole d'éternelle justice et de sainte liberté; dans ce monde de perpétuelle douleur, un symbole d'éternelle consolation. Celui qui s'est dit le fils de l'homme a légué l'instrument de son supplice à l'humanité, et, pendant dix-huit siècles, l'humanité s'est prosternée devant ce legs sacré... Et maintenant il s'est trouvé un peuple qui s'est proclamé le pontife de la civilisation, le libérateur des nations, le maître de l'avenir, et ce peuple a brisé la croix : ce peuple, c'est le peuple de Paris!... Naguère, au seul bruit des profanations que cette croix divine subissait dans une lointaine contrée, l'Europe entière s'ébranlait, et neuf fois un débordement d'héroïsme et de dévouement alla inonder l'Orient et proclamer le règne et la victoire du Christ. Aujourd'hui, c'est à peine si on lui accorde quelques pleurs, c'est à peine si deux ou trois journalistes s'émeuvent pour la défendre... Nous rentrons avec une ardeur nouvelle, une ardeur sanctifiée par la douleur, dans la carrière où notre conscience nous a lancés. S'il nous eût été donné de vivre au temps où Jésus vint sur la terre, et de ne le voir qu'un moment, nous eussions choisi celui où il marchait couronné d'épines et tombant de fatigue vers le Calvaire; de même nous remercions Dieu de ce qu'il a placé le court instant de notre vie mortelle à une époque où la sainte religion est tombée dans le malheur et dans l'abaissement, afin que nous puissions la chérir dans notre humilité. Nous ramassons avec amour les débris de sa croix, pour lui jurer un culte éternel; on l'a brisée sur nos temples, mais nous la mettrons dans le sanctuaire de nos cœurs[1]. »

C'est ainsi que M. de Montalembert laissait attendrir aux émotions de son âme son style ordinairement plus irascible et plus amer, tandis que M. l'abbé Lacordaire, son ami, défendait la liberté de la presse, célébrait avec lui la Pologne victorieuse, la consolait mourante, ou la pleurait morte. M. l'abbé Gerbet, écrivain d'avenir comme eux, essayait de poser les bases des sociétés humaines, et, avec un dogmatisme dédaigneux qui n'admettait point l'objection, il excluait la *légitimité* de l'ordre gouvernemental et ne lui accordait qu'un caractère légal soumis à toutes les vicissitudes humaines, comme si elle était le résultat d'un contrat révocable par le consentement mutuel des parties et au besoin susceptible d'être *cassé* par la force, c'est-à-dire par les révolutions [2]. Parfois aussi cet ardent esprit, cédant au mirage de son imagination, développait les idées de son maître et de son ami, M. l'abbé de La Mennais, sur le moyen âge, l'âge présent et l'âge futur, et annonçait que, pour les peuples aînés, comme il les appelait, le

---

1. *Avenir* du 21 février 1831.
2. « L'ordre légal peut cesser de la même manière qu'il a été établi, c'est-à-dire par voie de consentement. Ainsi, dans l'ancienne monarchie, le roi et les États généraux auraient pu changer l'ordre légal de succession au trône. Il peut cesser en second lieu par voie de procès ou de guerre Si deux nations ne s'accordent pas sur l'observation d'un traité, elles en appellent, s'il y a lieu, à une puissance médiatrice. De même, dans un ordre social où l'on reconnaîtrait, comme dans le moyen âge, un arbitre entre les peuples et les rois, leurs dissensions pourraient être déterminées par les moyens juridiques ; mais partout où il n'existe pas un tribunal, un médiateur, un arbitre, pour mettre fin aux contestations particulières ou nationales, la force en décide. » (*Avenir* du 20 octobre 1830.)
La première assertion est en contradiction formelle avec tous les monuments de notre histoire. Les États généraux, qui datent de la troisième race, ont quelquefois réglé l'ordre de succession d'après la loi salique, comme un tribunal applique une loi existante, mais ils ne l'ont jamais changé. La seconde était l'introduction du principe révolutionnaire, de l'appel à l'insurrection, dans toutes les sociétés politiques.

temps de la jeunesse étant fini, « on allait voir commencer un autre âge, et avec lui un régime nouveau, dans lequel la vertu ne serait plus fondée sur l'ignorance du mal et de l'erreur, mais sur la connaissance de la vérité et de l'amour, du bien et du mal ; de sorte que le développement de l'intelligence dilatant la sphère d'activité de l'amour, le principe de la charité universelle recevrait une application proportionnée à l'agrandissement même de la raison, et l'unité humaine serait consommée, autant qu'elle peut l'être dans les limites de l'ordre terrestre. » M. de Coux, dans une suite d'articles remarquables, tentait la réconciliation de l'économie politique avec le catholicisme, en prouvant que la religion, qui avait créé les sociétés modernes, pouvait seule leur assurer, avec la vie morale, la vie matérielle.

Au-dessus de tous ces talents et de tous ces noms planait l'autorité du nom, du talent, de la philosophie, de la politique, de la pensée dominatrice et souveraine de M. de La Mennais. Pour ces hommes groupés autour de lui, c'était un maître, c'était un père. « Le maître l'a dit, » telle était la parole qui tranchait toutes les difficultés ; aux yeux des jeunes hommes de l'*Avenir*, l'infaillibilité du genre humain résidait, tant que le saint-siège n'avait point parlé, dans le talent inspiré et initiateur de M. l'abbé de La Mennais. Au fond, il était à lui seul l'*Avenir*, car ce qu'il n'écrivait pas, il l'inspirait. Quel était donc le fond de la doctrine religieuse, philosophique, politique de M. de La Mennais ?

Il croyait à l'avénement d'un nouvel âge religieux, et ce que M. l'abbé Gerbet avait écrit sur ce point n'était que l'émanation d'une de ses chimères. L'abolition des concordats, celle du budget ecclésiastique, la liberté de la presse illimitée, non-seulement la distinction du spirituel et du temporel, mais leur séparation absolue, étaient les moyens que proposait le célèbre écrivain pour arriver plus tôt à cette phase. Il croyait à une nouvelle philosophie [1]; dans cette philosophie, le fini, qui est l'objet de la science, l'infini, qui est l'objet de la foi, devaient se trouver réunis et conciliés : « Une science catholique encore à créer, selon M. de La Mennais, sortirait des notions certaines de la foi, et ramènerait les divers ordres de connaissances à l'unité, en montrant que, animées en quelque manière de la même vie, dépendant des mêmes principes, les moins élevées ont leur raison et leur fondement dans les plus hautes, et en unissant ainsi de nouveau ce qu'unit à jamais la nature des choses, la croyance et la conception, Dieu et l'univers. » Il croyait à l'avénement d'une nouvelle société politique. La liberté devait être le fond de cette société. « Comme dans la famille, il vient une époque où, par la nécessité même des choses, l'enfant qui a crû en intelligence devient naturellement libre de la même liberté que le père ; il vient également une époque où, par la même nécessité, les peuples qui ont aussi crû en intelligence deviennent naturellement libres comme les pères de la grande famille. C'est le temps de leur royauté, et ce temps est venu pour les peuples chrétiens [2]. »

1. M. de La Mennais travaillait dès lors à un ouvrage dont le cadre était immense, et où les principes de cette philosophie nouvelle étaient développés ; ouvrage tristement continué et achevé plus tard sous l'empire des doctrines déplorables qui dominèrent son intelligence déchue, mais dont quelques parties cependant conservèrent une assez forte empreinte des convictions catholiques, point de départ de l'esprit de l'auteur ; on peut citer, comme exemple, un traité contre le divorce publié dans une des feuilles de la démocratie extrême. La prétention de M. de La Mennais était d'appliquer les idées fondamentales de son système à l'universalité des connaissances humaines, et de renouveler ainsi toutes les sciences. Le bel ouvrage de M. Gerbet sur le *Dogme générateur de la piété catholique* et le *Cours d'économie politique chrétienne* de M. de Coux furent conçus d'après cette pensée. Elle pouvait avoir de belles applications, et elle aurait été juste, si elle n'avait pas été poussée à l'extrême, et si, au lieu du système particulier de M. de La Mennais, il s'était agi de l'ensemble des idées catholiques.
2. *Avenir* du 28 juin 1831.

Quel sera, à cette époque, le rôle des gouvernements, le système selon lequel ils seront organisés ? « Le gouvernement ne sera qu'un simple agent régulateur placé, par la délégation nationale, à la tête d'un système d'administrations libres, pour les concentrer et en former un tout harmonique et vivant... Le pouvoir, semblable, au fond, à celui du maire, et seulement exercé dans une sphère plus étendue, n'aura point, par conséquent, d'autre principe immédiat que la volonté de ceux qui le délèguent... Alors se réalisera de soi-même, et sans qu'il puisse en être autrement, ce qu'on regardait comme des prétentions exorbitantes de l'Église. La liberté enfantera la foi. Les peuples, politiquement constitués de manière que, jouissant d'une pleine indépendance dans l'ordre spirituel, ils administreront leurs affaires par des agents de leur choix, il est clair que le gouvernement n'exercera aucun pouvoir spirituel quelconque, et que le peuple entier n'obéira, dans cet ordre, qu'à l'Église et à son chef, et leur obéira librement. La liberté de pensée et de conscience constituera, par l'unité de la foi, le règne du Christ, non-seulement comme pontife, mais comme roi, puisque son vicaire sera de fait la seule puissance temporellement spirituelle, alors existante et reconnue, puissance qui, selon sa nature, n'aura que des sujets volontaires. La liberté s'alliera tellement à cette haute souveraineté, qu'elles seront le fondement et la condition l'une de l'autre, et ne pourront ni exister ni être conçues séparément [1]. »

Voilà la chimère de gouvernement que M. de La Mennais présentait aux imaginations catholiques fortement ébranlées, au nom d'un rationalisme encore chrétien, pendant que d'autres rationalistes offraient aux esprits d'autres chimères qui n'étaient guère plus

1. *Avenir* du 29 juin 1831.

irréalisables. Malheur cependant à qui se trouvait avec une objection sur le chemin de cette intelligence hautaine! Elle enseignait, elle dogmatisait plus qu'elle ne discutait, et ses répliques s'élançaient comme des invectives, quand elles ne tombaient pas d'en haut comme des anathèmes. Le père Ventura, esprit non moins vif et non moins bouillant que M. de La Mennais, ayant osé attaquer ses théories, se retira tout meurtri de cette rencontre violente et injurieuse des deux côtés. La polémique presque tout entière de l'*Avenir* se monta bientôt à ce ton de colère, de dédain et d'aigreur. Parmi tant de qualités de style qu'eurent ses écrivains, il y en eut une qui leur manqua presque toujours : l'onction qui touche le cœur de ceux dont on combat les idées, parce qu'elle laisse subsister le sentiment de charité que tout chrétien doit à ses frères. Ils eurent trop souvent le tort d'avoir orgueilleusement raison quand ils eurent raison, et souvent aussi le malheur d'avoir orgueilleusement tort.

Cette polémique fut ardente et presque universelle. L'*Avenir*, en effet, avait à combattre les écrivains du gouvernement qui n'admettaient point ses doctrines, les écrivains de la révolution qui les repoussaient, car la révolution, née de la philosophie sceptique du dix-huitième siècle, ne pouvait vivre en paix avec une école qui combattait si vaillamment la philosophie sceptique, une partie des écrivains religieux qui les signalaient comme un danger pour le catholicisme, les écrivains de l'ancienne école monarchique, qui rejetaient avec indignation cette provocation continuelle à déserter leur cause malheureuse et leur drapeau vaincu. L'honneur politique se soulevait contre cette propagande faite au nom de la religion, et les rapports s'aigrissaient de jour en jour, car l'*Avenir* revenait sans cesse, dans ses polémiques avec les journaux de droite, à cette pensée d'un parti catholique se constituant en répudiant les doctrines légitimistes, et il fallait qu'il y revînt, car on ne trouvait guère alors d'hommes religieux que parmi les légitimistes. On comprenait que M. Lacordaire, homme nouveau et appartenant aux opinions démocratiques, combattît cette persistance dans des idées qui n'étaient point les siennes ; M. de Montalembert, de son côté, était trop jeune pour avoir des engagements personnels avec l'ancien gouvernement, quoique les traditions de sa famille fussent dans ce sens, et d'ailleurs leur langage était ordinairement plus mesuré et plus doux ; mais que M. de La Mennais, l'ami de Joseph de Maistre, le compagnon des luttes monarchiques de Chateaubriand et de Bonald dans le *Conservateur*, jugeât, avec cette dureté et cette exagération d'injustice[1], une royauté malheureuse qui avait pu commettre des fautes, mais dont le gouvernement était doux et paternel, c'était là ce qui révoltait bien des âmes ; qu'il demandât une liberté à peu près illimitée, après avoir trouvé le gouvernement de la Restauration trop faible et trop désarmé, c'était une inconstance de doctrine qu'on cherchait en vain à s'expliquer.

Cependant l'*Avenir* marchait au milieu de ces contradictions en excitant des sympathies et des réprobations

---

1. « Voilà ce qu'on a gagné, durant ce période de dissolution qu'on appelait la Restauration, à chercher, dans la volonté prépondérante d'un seul, la sûreté qu'on aurait pu si aisément trouver dans la pleine jouissance des droits ou dans l'égale liberté de tous. Considérez l'usage que le pouvoir a fait et qu'il fera toujours, tandis qu'il ne sera qu'un pouvoir purement humain, de l'autorité, arbitraire au fond, que lui confiaient et la politique de l'habitude et la politique de la peur. Qui n'a pas été meurtri par ses fers ? Qui ne s'est pas plaint de son oppression ? oppression stupide, qui, atteignant tous les intérêts et toutes les opinions, parce que tout ce qui n'était pas servile lui paraissait menaçant, ne profitait qu'à quelques hommes vendus, et pesait sur tout le reste sans relâche comme sans distinction. Dans l'enfer légal qu'on nous avait fait, nous ressemblions à ces malheureux que Dante a peints se traînant et haletant sous des chapes de plomb, et comme eux nous n'apercevions devant nous que cette éternité. » (*Avenir.*)

également passionnées. Une partie du jeune clergé était sous le charme, parce qu'il s'attachait surtout à ce qu'il y avait d'intelligent et d'élevé, dans la polémique de *l'Avenir*, en faveur des libertés religieuses, de la liberté d'enseignement, de l'union du sacerdoce français avec l'Église romaine se resserrant par l'abandon des idées particulières, et du rôle prépondérant et nouveau qu'il donnait aux idées catholiques en les réconciliant avec les tendances de l'époque. Mais, en même temps, un grand nombre d'esprits s'étonnaient de ce mélange de théocratie et de démocratie, de chaire et de club, de christianisme et de révolution. Comment, disaient-ils, M. de La Mennais pouvait-il allier ces intérêts antipathiques et ces principes incompatibles? Qu'y avait-il de commun entre les idées catholiques et les idées révolutionnaires? Comment ce beau génie consentait-il à descendre jusqu'à une alliance qui n'était qu'une complicité? On reconnaissait son style toujours brillant, énergique, sa dialectique véhémente et hautaine, sa phrase armée en guerre; son talent le suivait dans cette transformation intellectuelle, mais la plupart des esprits ne pouvaient comprendre cette évolution d'idées.

Elle s'explique cependant quand on va au fond de la doctrine de l'auteur de l'*Essai sur l'indifférence*. Il était sous le joug d'un faux principe dont son esprit tirait les conséquences avec une inflexible logique. De l'autorité religieuse, dépositaire de l'infaillibilité divine, il avait voulu faire l'expression de l'infaillibilité humaine : il avait nommé le pape premier ministre de la souveraineté populaire. Dès lors il était condamné à faire tourner la chaire immuable de saint Pierre au gré des vents de l'opinion. L'infaillibilité religieuse, n'étant que le reflet de l'infaillibilité humaine, devait changer et varier comme elle, céder à tous les entraînements de l'esprit humain, et marcher devant les révolutions pour les conduire. M. de La Mennais était conséquent avec lui-même en plaçant le catholicisme dans le mouvement où il croyait voir la généralité des idées. La raison générale tournait, selon lui, à la démocratie, dans l'Europe civilisée, qui est la tête de l'humanité ; donc le pape devait être démocrate. La révolution envahissait le monde intellectuel ; donc le pape devait être révolutionnaire. Voila, en peu de mots, l'explication des erreurs de l'*Avenir*.

Pendant quelque temps, ce journal exposa, avec une verve remarquable, ces thèses hardies qui, pour la plupart, n'étaient au fond que le développement du principe philosophique posé dans le second volume de l'*Indifférence*. Il ne se conciliait pas la révolution, mais il la réjouissait. La démocratie religieuse, qui débordait dans ses colonnes, ouvrait un sillon parallèle à celui que traçait la démocratie politique. Il semblait que le catholicisme lui-même allait être renouvelé. Bientôt des doutes s'élevèrent, des réclamations surgirent, de graves protestations éclatèrent. L'orthodoxie de l'*Avenir* fut mise en doute, et un mémoire, signé par un grand nombre d'évêques français, fut présenté au pape.

La route que le chef des écrivains qui avaient adopté ce journal pour organe avait à suivre semblait toute tracée. Il avait placé l'infaillibilité divine et humaine dans le souverain pontife ; il avait proclamé que, même au temporel, les rois relevaient de sa souveraineté ; le devoir des écrivains qui professaient ces maximes de soumission absolue était de les pratiquer et de subordonner leurs idées à l'autorité du chef de l'Église. Il n'y a point de belle parole, en effet, qui vaille un bon exemple. On espéra que ce bon exemple serait donné par M. de La Mennais, quand on apprit qu'il partait pour Rome avec deux des principaux rédacteurs de l'*Avenir*, pour développer devant le pape la doctrine de la nouvelle école.

MM. DE LA MENNAIS, LACORDAIRE ET DE MONTALEMBERT A ROME. SUSPENSION ET FIN DU JOURNAL L'AVENIR.

Le 15 novembre 1831, les fondateurs de l'*Avenir* annoncèrent que le journal demeurerait suspendu jusqu'à ce que le pape eût prononcé sur ses doctrines et ses tendances, mises en suspicion, et trois d'entre eux, MM. de La Mennais, Lacordaire et de Montalembert, partirent pour Rome. L'union de ces trois écrivains, dont les destinées devaient être si différentes, était alors si étroite que MM. Lacordaire et de Montalembert donnaient le nom de père à M. de La Mennais, qui leur rendait le doux nom de fils. Le plus jeune des trois voyageurs était le plus inquiet ; M. de Montalembert répéta souvent pendant cette longue route : « Si nous étions condamnés, que ferions-nous? » Question pleine d'anxiété, à laquelle M. de La Mennais répondait avec une imperturbable confiance : « Nous ne pouvons pas être condamnés. »

Les pèlerins traversèrent Lyon, qui échappait à peine aux convulsions de la guerre civile ; les lecteurs de l'*Avenir*, nombreux et fervents dans cette ville, leur donnèrent un banquet. M. de La Mennais qui, pensant que le pouvoir spirituel suffisait à tout, s'inquiétait peu du pouvoir temporel, ne cacha point, non plus que ses compagnons de route, son admiration pour les ouvriers de Lyon, qui avaient vaincu une armée, pour leur devise pendant le combat : *Vivre en travaillant ou mourir en combattant*, et pour leur bonne conduite après la victoire. Arrivés à Rome, les écrivains de l'*Avenir* trouvèrent un bienveillant accueil chez le cardinal de Rohan, qui leur fit, en sa qualité de cardinal français, les honneurs de la ville éternelle avec une gracieuse bonté, trop oubliée ou trop méconnue par M. de La Mennais dans ses récits, et chez le cardinal Pacca, qui se chargea de les présenter au Saint-Père, mais à condition que, dans cette audience, il ne serait point question de l'*Avenir*. En revanche, le cardinal Pacca promit de remettre au souverain pontife un mémoire apologétique rédigé presque en entier par M. l'abbé Lacordaire [1], et dans lequel les idées développées par le journal l'*Avenir* étaient exposées, motivées, en même temps qu'on y trouvait l'énumération des résultats obtenus par sa polémique et par les efforts de l'Agence religieuse, qui était une de ses annexes, et pour ainsi dire son pouvoir exécutif [2]. Ce mémoire insistait fortement sur les graves inconvénients de la solidarité qui s'était établie entre le trône et l'autel pendant la Restauration. « La pratique des devoirs religieux était, disait-on, devenue chaque jour plus rare, parce que, dans l'état des esprits, elle impliquait une sorte d'abandon de la cause nationale. Les nombreuses réimpressions de Voltaire, Rousseau et autres n'eurent pas d'autres causes. Le nombre des communions pascales, qui s'élevait à Paris, sous l'Empire, à quatre-vingt mille, était réduit au quart sur la fin de la Restauration. Le même fait se reproduisait dans toute la France, de sorte que l'on peut dire que la Révolution de 1830, qui a arrêté cette décadence progres-

---

1. C'est M. de La Mennais qui le déclare lui-même dans les *Affaires de Rome*.

2. L'*Agence générale pour la defense de la liberté religieuse* avait succédé à l'*Association pour la défense de la religion catholique*, et le seul fait de cette succession indique la marche et le progrès des idées. L'*Association pour la défense de la religion* n'avait qu'un objet, défendre la religion contre la révolution; l'*Agence* en avait en outre un second, défendre la liberté de l'Église contre le pouvoir. Cette agence rendit de véritables services par l'énergie avec laquelle elle lutta pour les droits de l'Église. Ce fut elle qui entreprit la défense des Trappistes de la Meilleraye.

sive, a été sous ce rapport un événement heureux. »
La conséquence que M. de La Mennais tirait de cet
exposé, dans lequel il insistait fortement sur la situation
difficile où s'étaient trouvés la religion et le clergé après
la Révolution de 1830, c'est qu'il fallait que la religion
observât la neutralité dans les questions politiques. Il
ne s'apercevait point qu'au lieu de l'observer, il s'était
jeté dans le mouvement des idées révolutionnaires par
la polémique de l'*Avenir*. Ainsi les faits qu'il invoquait
ne motivaient pas la conduite qu'il avait tenue, la ligne
qu'il avait suivie ; car si une réaction éclatait contre les
idées démocratiques, le catholicisme, engagé par l'*Avenir*
dans une alliance étroite avec ces idées, subirait le contre-coup de cette réaction.

Les trois rédacteurs de l'*Avenir* attendirent pendant
quelque temps, en Italie, la réponse à ce mémoire mêlé
de vérités et d'erreurs, et dans lequel, à côté de l'intuition clairvoyante de la convenance et de l'opportunité qu'aurait une action séparée en faveur des libertés
religieuses et des intérêts catholiques, de la part du
clergé, on rencontrait des appréciations erronées sur
les questions politiques et sociales qui s'agitaient.

Le 3 février 1832, une lettre écrite par le cardinal
Pacca, au nom du pape, avertit les trois rédacteurs de
l'*Avenir* que le Saint-Père, tout en rendant justice à
leurs bonnes intentions, n'approuvait pas les tendances
générales de la rédaction de l'*Avenir*, et qu'il les engageait à ne pas le continuer dans cet esprit. Quoi qu'en
ait pu dire depuis M. de La Mennais, cette lettre était
assez explicite pour que M. l'abbé Lacordaire déclarât,
à l'instant même, qu'il se tenait pour suffisamment
averti, et qu'il allait partir pour la France, décidé à ne
pas continuer une publication qui n'avait point l'approbation du Saint-Siége. C'était là un bel exemple de
soumission donné par un homme dans toute la fougue

de la jeunesse, d'un caractère indépendant et passionné, et que les tendances fortement démocratiques de son origine, de son éducation et de ses idées ne semblaient point avoir préparé à ce sacrifice de volonté. M. de La Mennais ne fut pas si prompt dans l'obéissance. Il alléguait qu'il était venu à Rome pour être jugé, et qu'il voulait un jugement. M. l'abbé Lacordaire persista dans sa résolution, et, regardant l'affaire comme terminée, il quitta l'Italie où il laissa M. de La Mennais et M. de Montalembert qui, plus jeune que son ami, et n'étant pas comme lui revêtu du sacerdoce, subissait d'une manière plus absolue l'empire de son illustre maître. Cependant l'état d'exaltation où il le voyait, depuis la lettre du cardinal Pacca, commençait à l'effrayer. Il profita de son séjour en Italie pour satisfaire sa curiosité de voyageur et ses goûts pour l'art, tandis que l'abbé de La Mennais acceptait, dans le couvent de S. Andrea della Valle, l'hospitalité empressée que lui offrait, sans rancune pour les duretés de sa polémique, le père Ventura, alors supérieur général des Théatins. La rencontre de ces deux noms suffit pour rappeler les richesses inépuisables de l'Église ; les flambeaux ne manquent jamais : quand l'un s'éteint, un autre s'allume. « Je n'oublierai jamais, dit M. de La Mennais [1], les jours paisibles que j'ai passés dans cette pieuse maison, entouré des soins les plus délicats, parmi ces bons religieux. La vie du cloître, régulière, calme, intime, et pour ainsi dire retirée en soi, tient une sorte de milieu entre la vie purement terrestre et cette vie future que la foi nous montre sous une forme vague encore, et dont tous les êtres humains ont en eux-mêmes l'irrésistible pressentiment. Lorsque, après les courses de la journée, je revenais, le soir, partager la frugale colla-

---

1. *Affaires de Rome.*

tion du P. Ventura, les heures s'écoulaient inaperçues en des entretiens où son âme aimante, son esprit actif, fécond, pénétrant, savait répandre un charme inexprimable. »

Au mois de juillet 1832, M. de La Mennais avertit M. de Montalembert qu'il allait quitter l'Italie, et l'invita à se préparer à retourner avec lui en France. Il ajouta que, puisqu'il n'avait pas reçu un jugement formel des doctrines de l'*Avenir*, il se regardait comme libre d'agir à sa guise. A son passage à Florence, il se présenta chez l'internonce, et là, brusquement, sans préambule, il lui notifia plutôt qu'il ne lui communiqua l'intention où il était de faire reprendre à son journal ses publications interrompues : « Puisque l'on ne veut point me juger, je me tiens pour acquitté, » ajouta-t-il. Ce fut une scène étrange. L'internonce, étonné, étourdi, effrayé de cette déclaration faite à Florence par un homme qui arrivait de Rome, n'en croyait ni ses oreilles ni ses yeux. Sans doute il en écrivit aussitôt à Rome. En effet, cette scène se passait du 16 au 20 juillet 1832, et le 30 août M. de La Mennais qui, après avoir traversé Venise avec M. de Montalembert, était arrivé à Munich, où M. Lacordaire était venu le voir, reçut l'encyclique du 16 août 1832 et une lettre du cardinal Pacca ; les écrivains de l'*Avenir* étaient donc réunis et reçurent ensemble le coup.

Le pape Grégoire XVI condamnait d'une manière générale plusieurs des doctrines développées dans l'*Avenir*, sans toutefois indiquer ce journal et le nom de l'illustre écrivain qui le dirigeait. Le cardinal Pacca, dans sa lettre écrite à M. de La Mennais, pour mieux préciser ce blâme, s'exprimait ainsi : « Le Saint-Père, en remplissant un devoir sacré de son ministère apostolique, n'a pas voulu cependant oublier les égards qu'il aime à avoir pour votre personne, tant à cause de vos grands talents que de vos anciens mérites envers la religion. L'encyclique vous apprendra que votre nom et les titres mêmes de vos écrits, d'où l'on a tiré les principes réprouvés, ont été tout à fait supprimés. Mais comme vous aimez la vérité et désirez la connaître pour la suivre, je vais vous exposer franchement et en peu de mots les points principaux qui, après l'examen de l'*Avenir*, ont déplu davantage à Sa Sainteté. Les voici.

« D'abord elle a été très-affligée de voir que les rédacteurs aient pris sur eux de discuter, en présence du public, et de décider les questions délicates qui appartiennent au gouvernement de l'Église et à son chef suprême, d'où a résulté nécessairement la perturbation dans les esprits, et surtout la division parmi le clergé, laquelle est toujours nuisible aux fidèles.

« Le Saint-Père désapprouve aussi et réprouve même les doctrines relatives à la liberté civile et politique, lesquelles, contre vos intentions sans doute, tendent de leur nature à exciter et propager partout l'esprit de sédition et de révolte de la part des sujets contre leurs souverains. Or cet esprit est en ouverte opposition avec les principes de l'Évangile et de notre sainte Église, laquelle, comme vous savez bien, prêche également aux peuples l'obéissance et aux souverains la justice.

« Les doctrines de l'*Avenir* sur la liberté des cultes et la liberté de la presse, qui ont été traitées avec tant d'exagération et poussées si loin par MM. les rédacteurs, sont également très-répréhensibles et en opposition avec l'enseignement, les maximes et la pratique de l'Église. Elles ont beaucoup étonné et affligé le Saint-Père ; car si, dans certaines circonstances, la prudence exige de les tolérer comme un moindre mal, de telles doctrines ne peuvent jamais être présentées par un catholique comme un bien ou comme une chose désirable.

« Enfin ce qui a mis le comble à l'amertume du Saint-Père est l'acte d'union proposé à tous ceux qui, *malgré le meurtre de la Pologne, le démembrement de la Belgique et la conduite des gouvernements qui se disent libéraux, espèrent encore en la liberté du monde et veulent y travailler.* Cet acte, annoncé par un tel titre, fut publié par l'*Avenir*, quand vous aviez déjà manifesté solennellement, dans le même journal, la délibération de venir à Rome avec quelques-uns de vos collaborateurs, pour connaître le jugement du Saint-Siége sur vos doctrines, c'est-à-dire dans une circonstance où bien des raisons auraient dû conseiller de s'arrêter. Cette observation n'a pas pu échapper à la profonde pénétration de Sa Sainteté ; elle réprouve un tel acte pour le fond et pour la forme ; et vous, en réfléchissant un peu, avec la profondeur ordinaire de votre esprit, à son but naturel, vous verrez facilement que les résultats qu'il est destiné à produire peuvent le confondre avec d'autres unions plusieurs fois condamnées par le Saint-Siége.

« Voilà la communication que Sa Sainteté me charge de vous faire parvenir dans une forme confidentielle. Elle se rappelle avec une bien vive satisfaction la belle et solennelle promesse faite par vous à la tête de vos collaborateurs, et publiée par la presse, *de vouloir imiter, selon le précepte du Sauveur, l'humble docilité des petits enfants, par une soumission sans réserve au vicaire de Jésus-Christ.* Ce souvenir soulage son cœur ; je suis sûr que votre promesse ne manquera pas. De cette manière, vous consolerez l'âme affligée de notre Très-Saint Père, rendrez la tranquillité et la paix au clergé de France, qui, vous ne l'ignorez pas, est en proie à des divisions lesquelles ne peuvent que devenir dangereuses aux fidèles et à l'Église ; et vous ne ferez que travailler à votre solide célébrité selon Dieu, en imitant l'exemple du grand homme et du prélat, modèle de votre nation, dont le nom sera à jamais cher et précieux à l'Église, et qui fut bien plus illustre après son acte glorieux qu'il ne l'était auparavant. Vous l'imiterez sans doute, ce noble exemple, vous en êtes digne. Je vous en félicite d'avance. »

Après la lecture de l'encyclique et de cette lettre si catégorique, les trois écrivains de l'*Avenir* restèrent consternés. Quoi ! ces principes auxquels ils avaient cru de bonne foi, comme à des corollaires des vérités catholiques, étaient condamnés ! Quoi ! leurs efforts pour jeter l'Église dans le mouvement des idées de leur siècle étaient blâmés par le saint-siége auquel ils réservaient un rôle si grand !

Il était arrivé au fondateur de l'*Avenir* ce qui devait infailliblement lui arriver : le chef de l'Église avait refusé de le suivre dans la voie où il voulait le conduire. La plus sainte et la première des autorités légitimes ne pouvait donner la main à l'anarchie, ni livrer la barque de saint Pierre au flot de la démocratie qui montait. Comment le catholicisme, cette puissance qui crée et qui conserve, aurait-il consenti à devenir l'instrument de toutes les destructions que lui dicterait, dans ses caprices ou dans ses passions, la trompeuse infaillibilité de ce que M. de La Mennais appelle la raison générale ? Les paroles du Christ ne vieillissent pas plus que sa doctrine. Quand M. de La Mennais vint tenter l'Église avec les séductions de son talent et de ses promesses, et lui montrer, du haut de la montagne, les peuples prêts à marcher derrière elle si elle voulait entrer dans la voie des révolutions, l'Église répondit par ce mot : « Rendez à César ce qui est à César, comme à Dieu ce qui est à Dieu. »

Cette réponse ruinait tout le système de M. de La Mennais. Cependant il avait promis, en secouant l'obéissance due aux pouvoirs de la terre, d'observer l'obéissance due au pouvoir du ciel. Comment aurait-il refusé de se soumettre à cette autorité, qu'il avait reconnue comme unique et souveraine, lorsque les paroles par lesquelles il avait proclamé l'infaillibilité de l'Église retentissaient encore ? Il était pris au piége de son propre système. Ce pouvoir qu'il avait voulu élever sur les ruines de tous les pouvoirs, afin de faire prévaloir ses propres doctrines, les condamnait. Quelque parti que prît M. de La Mennais, son orgueil avait à en souffrir. Nier l'infaillibilité du jugement de l'Église ? c'était se donner un sanglant démenti à soi-même. Abjurer ses erreurs ? il fallait un de ces héroïques efforts dont peu d'esprits sont capables, parce qu'il y a peu d'esprits assez hauts pour ne pas être vains.

Cet effort héroïque, on crut un instant que M. de La Mennais aurait le courage de le faire, et le christianisme, dont son génie avait été l'ornement, se préparait, comme le cardinal Pacca le lui avait annoncé, à se faire une gloire de son repentir, en plaçant son nom, déjà si fameux, auprès de celui de Fénelon. Quoique un murmure s'élevât dans le cœur des rédacteurs de l'*Avenir*, à la lecture de l'encyclique, il n'y eut pas en effet d'hésitation dans leur conduite. Ils partirent de Munich résolus à se soumettre, et, aussitôt arrivés en France, ils firent publier une déclaration pour annoncer que l'*Avenir*, provisoirement suspendu depuis le 15 novembre 1831, ne paraîtrait plus, et que l'*Agence générale pour la défense de la liberté religieuse* était dissoute [1].

---

1. Voici le texte de cette déclaration :
« Les soussignés, rédacteurs de l'*Avenir*, membres du conseil de l'Agence pour la défense de la liberté religieuse, présents à Paris, convaincus, d'après la lettre encyclique du souverain pontife Grégoire XVI, en date du 15 août 1832, qu'ils ne pourraient continuer leurs travaux sans se mettre en opposition avec la volonté formelle de celui que Dieu a chargé de gouverner son Église, croient de leur devoir, comme catho-

III

SOUMISSION, HÉSITATION ET RUPTURE DE M. DE LA MENNAIS. PAROLES D'UN CROYANT.

Un cri de joie et d'admiration s'éleva dans la catholicité ; les ennemis de la religion eux-mêmes ne purent se défendre d'exprimer leur respect pour une si rare abnégation. Malheureusement, malgré cette obéissance publique, il s'élevait dans un de ces cœurs, en apparence unanimes pour obéir, une protestation cachée. Ce que demande l'Église, ce n'est pas seulement l'obéissance extérieure, c'est la soumission intérieure de l'intelligence et de la volonté. Or il y avait une réserve au fond de la soumission de M. de La Mennais : il renonçait bien à son action, mais il ne renonçait pas à ses idées. Enseveli dans la retraite, il se taisait et restait immobile; mais on eût dit que cette menaçante immobilité couvait quelque chose d'étrange, et il y avait des voix qui faisaient parler son silence.

Déjà, avant son arrivée en France, une parole qui lui était échappée avait inquiété ses deux compagnons de voyage, MM. Lacordaire et de Montalembert. Ils

---

liques, de déclarer que, respectueusement soumis à la suprême autorité du vicaire de Jésus-Christ, ils sortent de la lice où ils ont loyalement combattu depuis deux années. Ils engagent instamment tous leurs amis à donner le même exemple de soumission chrétienne.

« En conséquence :

« 1° L'*Avenir*, provisoirement suspendu depuis le 15 novembre 1831, ne paraîtra plus.

« 2° L'*Agence générale pour la défense de la liberté religieuse* est dissoute à partir de ce jour. Toutes les affaires entamées seront terminées, et les comptes liquidés dans le plus bref délai possible.

« Paris, le 10 décembre 1832.

« F. DE LA MENNAIS, ETC., ETC. »

montaient avec lui à pied, selon l'habitude du temps, qui ne connaissait point notre rapidité actuelle, la côte de Strasbourg, lorsque M. de La Mennais se retournant brusquement : « Comment pourrions-nous faire, s'écriat-il, pour échapper à l'encyclique ? » Ses deux compagnons étonnés lui répondirent qu'il n'y avait point à y échapper, mais qu'il fallait s'y soumettre, et M. de La Mennais ne remit point la conversation sur ce sujet. Cependant, après son arrivée à Paris, M. Lacordaire, qui eut quelques entretiens avec lui, fit plus d'une fois part à M. de Montalembert des tristes impressions qu'il en rapportait ; l'amertume débordait des paroles de leur ancien maître : « Ça va mal, » disait M. Lacordaire à son ami aussi affligé que lui. En avril 1833, M. de Montalembert traduisit le *Livre des Pèlerins polonais* d'Adam Mickiewicz, et fit paraître sa traduction. Ce livre, lu par le jeune traducteur à M. de La Mennais, fit une impression profonde sur son esprit et exerça une influence littéraire remarquable sur son talent. Il est impossible de ne point reconnaître dans le *Livre des Pèlerins polonais* le principe générateur de la langue que M. de La Mennais allait bientôt parler dans les *Paroles d'un Croyant* : le mélange d'inspiration biblique et évangélique et de violence révolutionnaire, de mysticisme et de démocratie, de poésie et de politique, de prière et de malédiction, de paraboles touchantes et de cris de colère, s'y trouve avec la division par versets, et c'est à cette source que l'auteur de l'*Indifférence* l'a puisé [1]. On y découvre la couleur, le mouvement, le

---

1. Voici quelques passages de ce livre. Il débute ainsi :
« Au commencement était la foi en un seul Dieu, et la liberté était dans le monde Et il n'y avait point de lois, il y avait seulement la volonté de Dieu ; il n'y avait ni maîtres ni esclaves, il n'y avait que des patriarches et leurs enfants.
« Mais ensuite les hommes renièrent leur Dieu unique et se firent

sentiment, le rhythme de cette nouvelle prose qu'on allait de tout côté proclamer sans précédent. Dès ce moment, les *Paroles d'un Croyant* furent dans la pensée de M. de La Mennais ; et, en effet, M. de Montalembert, qui était demeuré avec lui dans les rapports les plus tendres, étant allé le visiter à la Chesnais, en juillet 1833, M. de La Mennais lui lut les morceaux les plus importants de son nouvel ouvrage. « Ce livre est écrit avec un admirable talent, lui dit son jeune auditeur, mais vous ne pouvez le publier après votre soumission. » C'était la première fois que M. de Montalembert, que son âge et sa qualité de laïque mettaient vis-à-vis de M. l'abbé de La Mennais dans une position d'infériorité et de déférence, osait accepter une discussion contre son illustre maître. Il partit pour l'Allemagne sans emporter une promesse formelle. M. de La Mennais avait dit : « Nous verrons. »

Cependant le pape qui, placé au sommet du catholicisme, comme une vigie, voit de loin les vagues se

---

des idoles ; ils sacrifiaient en leur honneur des victimes sanglantes, et ils guerroyaient en l'honneur de leurs idoles.

« C'est pourquoi Dieu infligea aux idolâtres la plus lourde peine, c'est-à-dire la servitude. »

Après avoir raconté comment la venue du Christ avait émancipé les nations, Adam Mickiewicz continue ainsi : « La liberté en Europe s'étendait peu à peu, mais incessamment et régulièrement ; des rois, la liberté venait aux grands, et ceux-ci, devenus libres, répandaient la liberté sur la noblesse, et de la noblesse la liberté passait aux villes, et dans peu elle devait descendre sur le peuple, et toute la chrétienté devait être libre, et tous les chrétiens comme des frères devaient être égaux entre eux.

« Mais les rois corrompirent tout.

« Car les rois étaient devenus mauvais, et Satan était entré en eux, et ils se dirent dans leurs cœurs : « Voyons ! voilà que les nations ac-
« quièrent de la sagesse et des richesses, et vivent dans l'aisance, de
« sorte que nous ne pouvons les châtier, et que le glaive se rouille dans
« nos mains ; et les nations grandissent en liberté à mesure que notre
« pouvoir s'oublie, et aussitôt qu'elles seront devenues libres, notre pou-
« voir aura cessé. »

« Alors les rois, ayant renié le Christ, firent des dieux nouveaux, des

soulever et les orages se former, s'apercevait que l'unité
ne se rétablissait pas dans le clergé français, que les esprits ne revenaient point à la concorde. Il savait d'où
était venue l'impulsion dont il continuait à reconnaître
la trace ; c'était pour lui un droit, un devoir de pourvoir à ce danger, en s'adressant à l'auteur de cette
perturbation intellectuelle, qui pouvait seul y mettre
un terme. Il remplit ce devoir, usa de ce droit, en
demandant à M. de La Mennais une adhésion assez
explicite à la doctrine de l'encyclique pour faire disparaître à la fois toutes les équivoques et tous les doutes.
Des négociations longues et multipliées eurent lieu
dans l'hiver de 1833 à 1834, d'abord par l'intermédiaire
de Mgr de Rennes, évêque diocésain de M. de La Mennais, ensuite par celui de Mgr de Quélen, archevêque de
Paris ; et M. de La Mennais consentit à signer une déclaration dans laquelle il s'engageait à suivre la doctrine
contenue dans l'encyclique, et à ne rien écrire comme
à ne rien approuver de contraire [1] ; mais il mit verba-

---

idoles, et les exposèrent à la vue des nations, et ordonnèrent de les
adorer et de combattre pour elles.

« Et ainsi les rois firent pour les Français une idole et la nommèrent
Honneur; et c'était cette même idole qui du temps des païens se nommait le veau d'or.

« Et aux Anglais le roi fit une idole qu'il nomma la *Souveraineté
des mers et du commerce*, et c'était la même idole qui se nommait autrefois Mammon.

« Et aux Espagnols le roi fit une idole qu'il nomma *Prépondérance
politique*, et ce fut la même idole que les Assyriens adoraient sous le
nom de Baal...

« Et les peuples adoraient leurs idoles.

« Et le roi dit aux Français : « Levez-vous et combattez pour l'honneur. »

« Et ils se levèrent et combattirent cinq cents ans.

« Et le roi d'Angleterre dit aux Anglais : « Levez-vous et combattez
« pour Mammon. »

« Et ils se levèrent, etc. »

1. « Ego infra scriptus, in ipsa verborum forma quæ in brevi summi
pontificis Gregorii XVI, dato die 5 octob. an. 1833, continetur, doctrinam
encyclicis ejusdem pontificis litteris traditam, me unice et absolute sequi
confirmo, nihilque ab illa alienum me aut scripturum esse, aut probaturum.

« Lutetia Parisiorum, die 11 decembr. an. 1833. »

lement à cette déclaration une réserve expresse, « celle de ses devoirs envers son pays et envers l'humanité ».

C'était au fond tout réserver, car M. de La Mennais restait juge de la limite où, ses devoirs envers son pays et envers l'humanité commençant, son devoir d'obéissance envers l'Église s'arrêterait.

L'événement prouva bientôt la dangereuse étendue que M. de La Mennais donnait à cette réserve. Tout à coup le bruit se répandit qu'un nouvel ouvrage du grand écrivain allait paraître. Ce bruit arriva jusqu'aux oreilles de l'archevêque de Paris, qui s'en émut dans l'intérêt de l'Église et dans celui de M. de La Mennais, auquel il portait une tendre amitié. Il lui écrivit aussitôt pour lui demander à lui-même ce qu'il fallait penser de cette rumeur, qui le présentait comme à l'instant de lever l'étendard contre l'Église. « Accoutumé, lui disait-il, à traiter avec vous d'une manière aussi franche que cordiale, je me hâte de vous demander le mot de ce que je viens d'apprendre, de ce qui me paraît une énigme et peut-être une calomnie, d'après ce que vous m'avez dit plus d'une fois. On m'annonce donc, on me confie à l'oreille et sous le plus grand secret, que mécontent de la conduite peu mesurée de tels et tels, et de nouvelles poursuites en cour de Rome dont vous auriez été l'objet, vous seriez malheureusement décidé à lever de nouveau l'étendard; qu'un ouvrage, brochure de deux cents pages, déposé chez un imprimeur de Paris, va être sous peu jeté dans la circulation avec un grand scandale. C'est à vous, loyal Breton, que je m'adresse pour savoir ce que je dois croire de ces murmures, et s'il y a seulement une apparence qui les justifie. Votre réponse me rendra plus ferme à repousser les accusations. Jusqu'ici j'affirme à tous ce que vous m'avez dit : que *vous étiez résolu à garder un absolu silence sur les matières de religion*. Vous me rendrez un véritable service en me donnant là-dessus un petit mot d'éclaircissement. Je vous le demande en ami qui vous est et qui vous sera toujours bien sincèrement et bien tendrement dévoué [1]. » Cette lettre se terminait par ces belles paroles : *Vir obediens loquitur victoriam.*

A cette lettre si amicale et si tendre de Mgr de Quélen, M. de La Mennais répondit en invoquant la réserve qu'il avait faite, lorsqu'il avait adhéré à la doctrine de l'encyclique. « Je n'écrirai désormais, disait-il, ainsi que je l'ai déclaré, que sur des sujets de philosophie, de science et de politique. Le petit ouvrage dont on vous a parlé est de ce dernier genre. Il y a un an qu'il est composé, et par sa forme, qui exclut tous les raisonnements suivis, il est particulièrement destiné au peuple. Ce qui m'a presque soudainement décidé à le publier, c'est l'effroyable état dans lequel je vois la France d'un côté et l'Europe de l'autre s'enfoncer tous les jours. Il est impossible que cet état subsiste; une pareille oppression ne saurait être durable, et, comme vous le savez, je suis convaincu que rien ne pouvant arrêter désormais le développement de la liberté politique et civile, il faut s'efforcer de l'unir à l'ordre, au droit, à la justice, si l'on ne veut pas que la société soit bouleversée de fond en comble. C'est là le but que je me suis proposé. J'attaque avec force le système des rois, leur odieux despotisme, parce que le despotisme qui renverse tout droit est mauvais en soi, et parce que, si je ne l'attaquais pas, ma parole n'aurait pas l'influence que je souhaite pour le bien de l'humanité. Je me fais donc peuple, je m'identifie à ses souffrances et à ses misères, afin de lui faire comprendre que, s'il n'en peut sortir que par l'établissement d'une véritable liberté, jamais il n'obtiendra

---

[1]. Cette lettre de M. de Quélen à M. de Lamennais porte la date du 20 avril 1834.

cette liberté qu'en se séparant des doctrines anarchiques, qu'en respectant la propriété, le droit d'autrui, et tout ce qui est juste. Je tâche de remuer en lui les sentiments d'amour fraternel et la charité sublime que le christianisme a répandus dans le monde pour son bonheur. Mais, en lui parlant de Jésus-Christ, je m'abstiens soigneusement de prononcer un mot qui s'applique au christianisme déterminé par un enseignement dogmatique et positif. Le nom même d'Église ne sort pas de ma bouche une seule fois. Deux choses néanmoins, à mon grand regret, choqueront beaucoup une certaine classe de personnes qui probablement ne démêleront pas clairement mes intentions. La première, c'est l'indignation avec laquelle je parle des rois et de leur système de gouvernement ; mais qu'y puis-je ? je résume des faits et je ne les crée pas. Le mal n'est pas dans le cri de la conscience et de l'humanité ; il est dans les choses, et tant mieux si elles sont reconnues et senties comme mal. La seconde est l'intention que j'attribue aux souverains, tout en se jouant du christianisme, d'employer l'influence de ses ministres pour la faire servir à leurs fins personnelles ; mais c'est encore là un fait évident, un fait que personne ne conteste, et je ne dis pas qu'ils aient réussi dans cet abominable dessein [1]. »

On découvre ici le subterfuge par lequel M. de La Mennais avait trompé le chef de l'Église et le sophisme par lequel il s'était abusé lui-même, quand il avait souscrit l'engagement de ne rien enseigner, de ne rien approuver de contraire à la doctrine de l'encyclique. Il s'imaginait que, pour rester dans les limites de cet engagement, il lui suffirait de parler aux populations au nom du christianisme au lieu de leur parler au nom de

---

1. Cette lettre, écrite à la Chesnais, porte la date du 28 avril 1834.

l'Église. De sorte que M. de La Mennais s'établissait à côté du Saint-Siège, ou plutôt en face du Saint-Siége, comme l'interprète du christianisme; qu'il donnait au peuple un enseignement directement contraire à celui de la papauté ; que, tandis que celle-ci prêchait la soumission aux puissances légitimes, il se croyait en droit de prêcher la révolte. Il exhortait donc les peuples à la désobéissance au nom même de la religion, et il appelait cela obéir parce qu'il ne prononçait pas le nom de l'Église. C'était une obéissance nominale, couvrant une révolte réelle. Il était déjà bien loin des sentiers de l'obéissance évangélique, car à cette époque il avait écrit à M. de Montalembert, qui venait de voir la traduction des *Pèlerins polonais* censurée à Rome, pour l'exciter à engager la lutte : « Le vin est tiré, il faut le boire, » disait-il. Heureusement pour M. de Montalembert que ce jeune écrivain avait rencontré au delà du Rhin « la chère sainte Élisabeth », comme on l'appelle dans l'Allemagne catholique, et que, tout entier à sa dévotion pour cette pure et poétique mémoire dont il s'occupait exclusivement, il résista au génie tentateur qui voulait l'entraîner dans sa chute.

Au fond, le système de M. de La Mennais n'avait point produit sa conséquence dernière; le fatal principe de l'infaillibilité de l'humanité n'était pas au bout de ses sinistres enfantements. Il restait à en tirer une suprême déduction. Si c'était le genre humain qui était infaillible, l'Église cessait de l'être, du moment qu'elle n'était plus l'écho de ce que M. de La Mennais croyait être la conviction, la volonté du genre humain. Il n'y avait pas de milieu, il fallait sacrifier l'Église ou le système. M. de La Mennais allait sacrifier l'Église. Dans la dernière conférence qu'il avait eue avec lui à la Chesnais, M. Lacordaire l'avait prévu. « Cet homme n'est pas de bonne foi, » dit-il en le quittant pour ne plus le revoir.

Tout à coup les ténèbres que l'auteur avait épaissies autour de lui s'illuminèrent de tristes clartés, et l'on vit sortir de son silence ce manifeste de guerre, lancé cette fois contre l'autorité religieuse aussi bien que contre l'autorité politique, livre de colère et de révolte, dans lequel on trouve des pages retentissantes encore des harmonies du ciel, et des beautés de style semblables à des gouttes de rosée semées sur un lac de bitume, pures et suaves inspirations qu'on dirait écrites avec les larmes que les anges versèrent sur la chute du grand écrivain.

M. de La Mennais avait longtemps hésité avant de prendre ce parti extrême. Le livre était depuis plusieurs mois composé, il en avait lu des fragments à M. de Montalembert et à quelques autres amis, et il le gardait encore comme un homme qui, au moment de s'embarquer sur la vaste mer, recule à la pensée de donner le coup d'aviron qui doit l'éloigner du rivage qu'il ne reverra plus. Malheureusement il vint à Paris, où la renommée de son ouvrage l'avait précédé. Les hommes du parti démocratique, vers lequel l'entraînait la pente logique de ses idées, l'entourèrent au moment même où ses anciens amis, effrayés de ses tendances nouvelles, s'éloignaient de lui : les chefs du parti révolutionnaire avaient hâte d'enlever cette puissante colonne à l'Église. On exerça sur son esprit la pression de cette atmosphère parisienne à laquelle les plus fortes têtes ont de la peine à résister; il céda, et laissa publier l'écrit qui devait exercer une si triste et si décisive influence sur sa destinée.

Lorsque les *Paroles d'un Croyant* parurent, l'affliction fut grande parmi les admirateurs et les amis de M. de La Mennais. Enfin elle était dite, cette fatale parole dont les esprits sagaces avaient aperçu le germe dans les publications antérieures du célèbre écrivain.

M. de La Mennais portait la main sur l'arche sacrée. L'orgueil avait éteint cette grande lumière : l'ancien champion du saint-siége se tournait contre l'autorité qu'il avait si longtemps défendue. Qu'était devenue cette obéissance si pompeusement annnoncée? Quoi ! M. de La Mennais ne se soumettait donc à l'autorité du saint-siége qu'à condition que le saint-siége subirait la tyrannie de sa pensée! Il voulait être le Richelieu de l'Église et faire servir sa divine souveraineté à la souveraineté d'un système humain! Le pape n'avait point approuvé la politique de l'*Avenir* : dès lors tout était dit; la plume de M. de La Mennais se croisait avec le bâton pastoral du souverain pontife, comme avec le sceptre des rois. Dans un livre dont il avait emprunté le cadre à l'Écriture sainte et le fond au *Contrat social*, étrange apocalypse de l'erreur, toute bariolée de prières et de blasphèmes, on le voyait développer les doctrines que Luther lui-même avait condamnées chez les anabaptistes de Munster. Il amalgamait ensemble la religion de toutes les obéissances et la secte de toutes les révoltes, et, invoquant je ne sais quel mysticisme politique, il voulait établir sur la terre la fraternité par la haine et la paix par le glaive. Certes, ceux-là avaient été déjà bien coupables qui, violant la majesté royale, avaient placé l'ignoble emblème des passions démagogiques sur le front auguste de Louis XVI. M. de La Mennais venait de faire quelque chose de pis : les *Paroles d'un Croyant*, c'était le bonnet rouge posé sur la croix de Jésus-Christ.

Tel fut l'effet que produisit ce livre, qui n'avait guère de modèle dans le passé que les prédications de Thomas Munzer, et d'analogue dans le présent que le *Livre des Pèlerins polonais*, moins violent cependant et moins excessif. La chrétienté tout entière était dans l'attente. Dans cette circonstance solennelle, quel parti prendrait le saint-siége? La foudre remonterait-elle jusqu'à ce front qui semblait dominer les nuages, tant la place que son talent lui avait faite était haute? Rome ne reculerait-elle point devant la perte de ce grand écrivain?

L'Église n'a ni les vains ménagements ni les hésitations tremblantes de la faible humanité. Certes, s'il est un spectacle digne d'admiration, c'est celui de cette éternelle fixité de principes, et de cette inaltérable pureté de doctrine, au milieu des opinions qui s'altèrent et qui changent. Indulgente pour le repentir, l'Église est inflexible pour ceux qui persistent dans leurs égarements. Qu'importent à ses yeux le talent et même le génie, si le talent et le génie s'écartent de la vérité qui est leur but, pour aller au mensonge, qui est leur écueil? Fondée sur la parole éternelle de Dieu, plus forte que toutes les puissances, elle porte autour d'elle des regards sévères et vigilants. Quand elle aperçoit sur les plaines du temps quelque naufrage qui se prépare, sa voix s'élève pour avertir; et quand on refuse de l'entendre, elle retentit une seconde fois pour condamner. La gloire lui demande en vain grâce pour l'erreur, et le coupable s'abrite inutilement sous les ailes du génie; ces considérations, si puissantes aux yeux des hommes, sont vaines devant ceux de l'Église, qui a prié sur le néant de toutes les gloires. L'Église n'hésita pas plus pour M. de La Mennais qu'elle n'avait hésité pour ceux qui s'étaient égarés avant lui. Sa voix s'éleva triste, mais sévère. Elle plaignit l'homme, mais condamna la doctrine. Les arrêts de l'Église ne ressemblent en effet en rien à ceux de la justice humaine; sa sévérité est toujours mêlée de miséricorde, et, à côté de l'arrêt qui descend sur celui qu'elle condamne, il y a toujours une prière qui s'élève pour lui vers le ciel.

AFFAIRES DE ROME.
LE LIVRE DU PEUPLE. — M. DE LA MENNAIS PERDU POUR L'ÉGLISE.

Les amis de M. de La Mennais conservaient encore un espoir. Jusque-là il n'avait point encouru la censure publique de l'Église. Cette censure produirait sur lui une impression profonde. A tout prendre, son dernier ouvrage n'était que le coupable délire d'une intelligence malade ; ce n'était point sa raison, c'était son imagination qui avait parlé. Il rentrerait en lui-même en entendant la grande voix de l'Église condamner ses erreurs. Aucun avertissement ne lui manquait. Depuis la seconde encyclique, le vide se faisait autour de lui. M. l'abbé Lacordaire avait publiquement marqué sa séparation par une réponse véhémente, trop véhémente peut-être, adressée à son ancien maître ; M. l'abbé Gerbet, par un écrit plus mesuré et plus doux. A son retour en France, en 1835, M. de Montalembert trouva M. de La Mennais isolé de tous ses amis, plus que jamais aigri contre l'Église, et déjà entré dans la familiarité des républicains. Il conserva avec lui des rapports qu'on croyait pouvoir être utiles dans l'occasion, et c'est ainsi que, fidèle à d'anciennes habitudes, M. de La Mennais lui communiqua son manuscrit sur les *Affaires de Rome*. Tout en reconnaissant que les documents étaient authentiques, M. de Montalembert signala l'inexactitude de l'exposition des faits, et déclara qu'étant partie au procès il s'opposait, autant qu'il était en lui, à une publication de nature à égarer l'opinion, et qu'il considérerait comme un acte de déloyauté. M. de La Mennais répondit qu'il réfléchirait, et, trois mois après, au mois de décembre 1836, il publia les *Affaires de Rome*. Ce fut le signal de sa rupture définitive avec le dernier de ses élèves et de ses amis qui eût conservé des rapports avec lui ; à son tour, M. de Montalembert, qui avait vu avec douleur tous les dogmes catholiques tomber, l'un après l'autre, dans cette intelligence rebelle, le quitta pour ne plus le revoir.

La publication des *Affaires de Rome* était un acte décisif. Un long intervalle avait séparé cette déclaration de principes de l'arrêt prononcé par l'Église. Cet intervalle n'avait servi qu'à creuser, dans l'esprit de l'homme égaré, l'abîme de son système. Cette fois, il ne s'agissait plus du rêve d'une imagination malade, de la sombre poésie d'une intelligence enivrée de ses propres fantômes ; ce n'était plus le cri de souffrance de l'orgueil éclatant en paroles qui n'ont point été suffisamment méditées. M. de La Mennais avait dormi sur sa blessure, il avait vécu des jours et des nuits avec sa mauvaise pensée, et il venait rompre avec l'Église.

Dans les *Affaires de Rome*, le faux principe, source des erreurs de M. de La Mennais, se développe jusqu'à sa conséquence dernière. La voix fatale qui lui crie : « Marche ! » depuis les premiers pas qu'il a faits dans la mauvaise voie, il a continué à la suivre jusqu'à ce qu'il soit tombé. Comme elle lui criait : « Marche encore ! » il s'est relevé pour aller tomber plus loin d'une chute plus fatale, d'une chute systématique et raisonnée. Il est conséquent jusqu'au bout avec son erreur ; il se perd avec une inexorable logique. Cette infaillibilité du genre humain qu'il invoquait autrefois pour l'Église qu'il voulait défendre, c'est encore elle qu'il invoque contre l'Église qu'il prétend accabler.

Toute la première partie des *Affaires de Rome* est consacrée à exposer à ce vague et incertain concile du genre humain, qu'on place partout pour ne le trouver nulle part, les pièces de ce grand procès qu'il a soutenu contre Rome, le procès d'une vie contre dix-huit siècles, d'un homme contre Dieu. On voit, dans cette longue correspondance, la patience de l'Église et l'insistance de M. de La Mennais, les efforts de celle-là pour calmer cet esprit impétueux qui ronge le frein, et la ténacité de l'écrivain qui veut faire prévaloir la dictature de sa pensée. L'Église cherche à clore ce pénible débat ; M. de La Mennais le prolonge. Il ne peut se décider à convenir qu'il a failli.

Dans cette exposition, écrite avec beaucoup d'art, M. de La Mennais cherche à mettre tous les torts du côté de la papauté. Il avait fait tout pendant la Restauration, disait-il, pour dégager le catholicisme de l'impopularité qui pesait sur la royauté française; tout fait, après la chute de celle-ci, pour ménager une bonne position aux intérêts catholiques, en les associant avec les idées politiques qui excitaient en France une sympathie universelle. Quoiqu'il eût le sentiment des services importants qu'il avait rendus, il s'était empressé, au premier doute élevé sur l'orthodoxie de l'*Avenir*, de se présenter à Rome avec deux de ses principaux collaborateurs, MM. Lacordaire et de Montalembert, afin de soumettre humblement au pape sa conduite, sa doctrine, ses paroles, ses idées. Il n'avait pu obtenir le jugement qu'il invoquait, et ce n'était qu'en déclarant qu'il allait retourner en France pour reprendre ses travaux qu'il avait fini par arracher au cardinal Pacca une lettre improbatrice de plusieurs des doctrines de l'*Avenir*, et une communication officielle qui lui faisait savoir sur quels point il avait encouru le blâme du souverain pontife. Alors il avait souscrit toutes les déclarations qu'on lui demandait, toutes les adhésions qu'on pouvait désirer, et il avait exprimé la ferme résolution de ne plus s'occuper de questions religieuses. Tel est le thème que développe M. de La Mennais dans les *Affaires de Rome*.

On dirait, au premier abord, qu'il raconte plus qu'il

ne raisonne, et qu'il expose plus qu'il ne plaide : c'est là que brille l'art de l'écrivain. Il a tous les dehors de l'impartialité, et les esprits inattentifs, c'est-à-dire le plus grand nombre, sont exposés à donner raison à un homme dont le ton paraît si calme et l'esprit si soumis, qui s'incline devant tous les arrêts, et ne rappelle les services qu'il a rendus à l'Église que pour regretter qu'on l'empêche de lui en rendre de plus grands encore. Mais lorsque, sans s'arrêter à la surface, on va au fond des choses, on découvre bien vite l'artifice de cette exposition, dont la douceur affectée avait pu séduire au premier abord, et dont les inexactitudes se trouvent suffisamment rectifiées par le récit que nous avons fait plus haut sur les renseignements les plus authentiques. Entre Rome et M. de La Mennais, quelle était la question en litige? La plus grande question qui puisse se rencontrer au monde, celle de la conduite du clergé, de l'Église, de la chrétienté tout entière dans les temps modernes. Qui la conduirait? Comment la conduirait-on? Serait-ce la papauté? Serait-ce le rédacteur de l'*Avenir?* Serait-ce avec les idées de M. de La Mennais? Serait-ce avec les idées de Rome?

Les idées de M. de La Mennais n'étaient ni bien neuves ni bien originales, malgré les splendeurs de son style; il rajeunissait tout simplement les idées révolutionnaires du dix-huitième siècle en faisant sur elles le signe de la croix. Il supposait que les torts ne viennent jamais des peuples et qu'ils viennent toujours des gouvernements; que les peuples sont tous capables des libertés les plus étendues; que malgré la terrible sentence historique burinée par Vico sur le front des peuples conquis, quand les nationalités périssent, tout le monde est coupable, excepté la nation qui perd ce bien précieux, toujours par le crime des conquérants, jamais par sa propre faute. Il résultait de cette doctrine qu'il fallait établir dans toute l'Europe des gouvernements démocratiques, que nulle part la conquête n'avait sa raison d'être, et qu'il était possible, opportun de restaurer partout les gouvernements nationaux.

Qu'était-ce au fond que cette doctrine? Une utopie impraticable ; le plus souvent, hélas ! comme le disait Joseph de Maistre, « les peuples ont les gouvernements qu'ils méritent, » et, comme Bonald le faisait remarquer, « quand ils ne savent pas garder ces gouvernements, ils perdent leur nationalité ». Il ne suffit pas de déclarer les peuples libres, il faut qu'ils aient les vertus qui sont les conditions de la liberté. Ce n'est point faire assez que d'aider les nations à secouer le joug étranger ; il faut qu'elles deviennent capables de porter le joug moral de la religion, du droit, du devoir, de la loi, de la justice, qui les préserve d'un moins noble joug. Sans cela, tous les efforts qu'on pourrait faire n'aboutiraient qu'à des révolutions sanglantes et stériles. Il ne s'agit pas de savoir si les gouvernements sont imparfaits, faillibles, mêlés d'abus ; les gouvernements humains offriront toujours ce caractère : il s'agit de savoir si les peuples qu'on veut affranchir ou délivrer sont capables d'avoir des gouvernements plus parfaits, moins faillibles et employant pour faire régner l'ordre matériel des procédés moins abusifs. Le plus mauvais de tous les gouvernements, en effet, vaut mieux que l'anarchie, cette détestable maîtresse ; et si c'est pour couronner celle-ci qu'on les détrône, on aura desservi l'humanité et la liberté elle-même, au lieu de les servir ; car l'anarchie a un héritier présomptif inévitable et fatal, le despotisme. Voilà ce qu'avec son inexpérience de théoricien n'avait point vu M. de La Mennais. Il croyait que tout le mal était dans les gouvernements, et que tout irait bien dès qu'ils seraient changés. De là sa pensée d'entraîner l'Église dans une croisade révolutionnaire contre tous les trônes de l'Europe.

Rome n'avait pas voulu accepter ce système fondé sur un faux principe ; car si ce principe était vrai, il ne serait pas vrai que l'humanité fût, comme le catholicisme l'enseigne, imparfaite et déchue. Elle avait donc blâmé M. de La Mennais, repoussé son plan de conduite et exigé qu'il adhérât à son arrêt. M. de La Mennais s'était soumis, il est vrai, à cette décision, avait signé les déclarations qu'on lui imposait, mais en se réservant de prêcher, en son propre nom, les doctrines qu'il voulait auparavant développer au nom de l'Église. C'est ce qu'il appelait renoncer à traiter les questions religieuses. Au fond, en paraissant tout céder, il ne cédait rien. Il voulait en effet continuer à parler ; et à qui s'adresserait-il ? Au clergé, aux chrétiens. Or, quelle doctrine leur prêcherait-il dans un style nourri des saintes Écritures et affectant une forme sacrée ? Précisément ces doctrines révolutionnaires que condamnait l'Église et avec lesquelles il prétendait réconcilier le catholicisme. Il ne les prêchait plus au nom de l'Église, il est vrai, mais contre son avis, contre ses idées, contre son commandement. Il deviendrait le compétiteur de Rome par laquelle il n'avait pu réussir à se faire accepter comme interprète. Il exercerait sur la chrétienté une pression morale, pour que celle-ci pesât à son tour sur la papauté. C'est ce que Rome ne pouvait souffrir. Elle ne devait point admettre que M. de La Mennais, écrivain religieux, revêtu du sacerdoce, accrédité par ses travaux antérieurs, cherchât à entraîner la chrétienté dans des voies autres que celles où le pasteur universel des âmes voulait la conduire. Il fallait qu'il se tût ou qu'il parlât comme l'Église.

Il préféra parler contre elle. La seconde partie des *Affaires de Rome* est le manifeste religieux de M. de La Mennais, comme l'*Avenir* était son manifeste politique. Par l'*Avenir*, il rompait d'une manière définitive avec la royauté ; par son nouvel ouvrage, il rompt d'une manière complète avec Rome. Il lui déclare qu'elle a cessé d'être l'âme des peuples et la tête de la chrétienté. Il abolit d'une seule parole la perpétuité de l'Église, place le pontificat d'un côté et le genre humain de l'autre, et, cédant encore une fois à son système favori, il prononce la condamnation du saint-siége au nom du genre humain. La papauté dépouillée de sa puissance matérielle a vu, selon lui, toute l'influence morale lui échapper. Rome n'est plus qu'un grand tombeau placé à la porte des nations qui passent sans y jeter les yeux ; c'est l'immobilité de la mort au milieu du mouvement de la vie, et la chaire de saint Pierre n'est plus qu'un trône tremblant de vétusté, sur lequel on s'endort en rêvant de la puissance qu'on a perdue. M. de La Mennais prononce ainsi l'arrêt de mort de la papauté, sans admettre, quoi qu'elle fasse et quoi qu'il arrive, aucun appel contre sa sentence : si, dans la lutte engagée entre la démocratie et la royauté, les rois triomphent, les peuples maudiront la papauté et lui reprocheront « d'avoir rattaché au ciel des fers qui flétriraient et meurtriraient la race humaine ». Mais si, comme M. de La Mennais n'en doute pas un moment, la démocratie triomphe, il ne restera plus à la papauté, excommuniée du genre humain, qu'à « se creuser une tombe à l'écart avec le tronçon de sa crosse brisée ».

Triste erreur d'un esprit qui, préoccupé de son vain système, prend ce flot qu'on appelle un siècle pour le mouvement général des âges ! Comme si la religion pouvait devenir une politique ! Comme si la fixité pouvait varier ! Comme si l'éternité pouvait se soumettre aux vicissitudes du temps ! Qu'importe que la mobilité des opinions humaines entraîne, pendant une de ces journées de l'éternité qu'on appelle une époque, le genre humain dans les voies où le saint-siége ne marche pas devant lui ? A travers tous ces vains sentiers où les hommes s'égarent, il n'y a qu'une seule route ouverte par la main de Dieu dans le sein des âges : c'est la route que suit l'Église, à qui Dieu a départi son infaillibilité. Ces sentiers taillés dans le roc, et où l'humanité s'engage en les prenant pour des issues qui donnent sur l'avenir, vont se perdre au bout de quelques pas dans des ravins ou dans des abîmes. Alors il faut revenir au chemin dans lequel continue à marcher l'Église, entourée ou solitaire, suivie ou abandonnée. Tous ces systèmes nouveaux, c'est-à-dire toutes ces erreurs qui naissent autour d'elle, toutes ces idées qui lui enlèvent un moment le pouvoir, ne tardent pas à disparaître. L'erreur a le sort de toutes les usurpations ; son règne est à courte échéance : la vérité seule est éternelle. Ne dites point que Rome soit isolée au milieu du genre humain ; Rome est la capitale du temps comme la capitale de l'espace. Les siècles comme les nations se pressent autour d'elle, et dans vos pauvres calculs du présent vous oubliez les richesses de son avenir comme celles de son passé. Esprit téméraire qui ordonnez à la reine des âges de se prosterner devant un siècle, ou plutôt esprit orgueilleux qui auriez voulu que l'Église s'agenouillât devant vous. Car il faut dire la vérité enfin : cette prétendue infaillibilité du genre humain n'était au fond que l'infaillibilité d'un homme, comme la souveraineté populaire n'est que la souveraineté de celui qui sait flatter les passions de la place publique ; docteur, vous avez beau épaissir les rangs et grossir la multitude : derrière le genre humain, nous voyons l'individu qui se dessine ; derrière la souveraineté populaire, vous cachez mal votre propre souveraineté. Vous vouliez autrefois que le genre humain fût gouverné par l'Église ; mais à la même époque vous vouliez que l'Église fût gouvernée par vos idées.

La preuve en est que, dès que l'Église n'a point voulu accepter le joug de vos erreurs éloquentes, vous l'avez rejetée comme on rejette un instrument rebelle à la main qui l'emploie.

Ainsi l'orgueil, ce funeste écueil des hautes intelligences, est le fond de l'erreur de M. de La Mennais, comme le fond de toutes les autres erreurs de son temps ; et ce grand mot d'infaillibilité du genre humain cache en réalité l'infaillibilité d'une intelligence enivrée d'elle-même. Dès le principe des égarements de M. de La Mennais, c'est l'orgueil qui l'aveugle. Il veut que la souveraineté temporelle soit exercée par l'Église au nom de l'infaillibilité du genre humain, parce que le sentiment de sa propre valeur lui insinue qu'il tient dans ses mains une des plumes les plus éloquentes et les plus habiles de l'Église, et que l'humanité se laisse conduire par l'habileté et l'éloquence. C'est donc, à son insu peut-être, une pensée personnelle, une pensée d'influence individuelle appuyée sur les masses, qui le fait rompre avec le trône.

Dans la seconde phase, dans la phase religieuse de l'insurrection intellectuelle de M. de La Mennais, il arrive au même dénouement, parce qu'il part du même principe. C'est toujours au nom du genre humain qu'il parle, parce qu'il connaît l'influence des grands talents sur les hommes, et qu'il a la conscience de son talent ; il rompt avec le saint-siége, parce que le saint-siége ne veut pas se soumettre à l'infaillibilité du genre humain, représenté par la plume que M. de La Mennais a voulu changer en sceptre, en la consacrant à toutes les doctrines dominantes et à toutes les opinions en faveur. Qu'à cette cause principale soient venues se joindre des causes accessoires ; que la supériorité incontestable de M. de La Mennais lui ait suscité des ennemis et des envieux, cela est possible, probable même ;

la supériorité, dans ce monde, est à ce prix. Mais cette circonstance ne change rien au fond des choses, et d'ailleurs le génie devrait moins s'émouvoir du bruit que la jalousie fait autour de lui et que la postérité ne distingue pas du retentissement de sa renommée.

Nous avons raconté ce grand naufrage, sujet à la fois de tristesse et de crainte. L'orgueil est entré dans cette intelligence, et il y a fait tous les ravages que l'on a vus. D'abord, dans le second volume de l'*Essai sur l'indifférence*, il pose le principe de l'infaillibilité du genre humain, qui est la souveraineté populaire du royaume des idées, souveraineté qui ouvre les voies à l'usurpation individuelle. A l'aide de ce principe, l'orgueil exclut de l'esprit de M. de La Mennais l'élément monarchique et l'y remplace par l'élément révolutionnaire. C'est alors que, la Révolution de 1830 venant à éclater, l'ancien écrivain du *Conservateur* arbore son nouveau drapeau politique dans l'*Avenir*. Quand cette transformation est accomplie, les hommes prévoyants annoncent à M. de La Mennais qu'il n'en restera pas là, et que l'autorité religieuse périra dans le naufrage de ses croyances, qui a déjà emporté l'autorité politique. M. de La Mennais continue à marcher, et l'Église résistant à l'impulsion qu'il veut lui donner, il proteste d'abord contre elle par les *Paroles d'un Croyant;* puis, dans les *Affaires de Rome*, la cite devant le tribunal au nom duquel il a déjà condamné la royauté. L'orgueil et l'élément révolutionnaire déjà introduits dans son esprit en ont retranché l'élément catholique, et, de toutes les croyances de M. de La Mennais, il n'en reste plus que deux debout : sa croyance en lui-même et sa croyance au genre humain; ou plutôt il ne lui reste que l'orgueil qui, s'agrandissant à mesure qu'il dévore cette intelligence, domine les ruines qu'il a faites et menace de ses tristes, mais inflexibles regards, la chrétienté dont il vient de déserter le drapeau.

Le second volume de l'*Indifférence*, le journal l'*Avenir*, les *Paroles d'un Croyant*, les *Affaires de Rome*, voilà donc les étapes de la route qui conduisit M. de La Mennais, poussé par l'orgueil qui précipitait sa marche sur la pente d'un principe erroné, vers des abîmes intellectuels.

Dans cette seconde période, son talent d'écrivain ne l'abandonne que peu à peu, et ne disparaît jamais entièrement. L'ouvrage même où il expose les causes de sa séparation avec le saint-siége[1] contient de belles descriptions écrites avec cette poésie de style qui n'a rien de recherché, parce qu'elle est le reflet de la vivacité des impressions produites par le spectacle des beautés de la nature. La manière de M. de La Mennais se rapproche de plus en plus de celle de Jean-Jacques Rousseau; on dirait que le tumulte intérieur de ses idées et de ses sentiments le rend plus sensible encore aux splendeurs sereines et reposées de ces grands paysages qui se déroulent sous ses yeux pendant son itinéraire de Paris à Rome, soit qu'il descende le Rhône en se dirigeant vers Avignon, la ville papale; soit que, naviguant d'Antibes à Gênes, il voie se lever successivement sur son passage Cocoletto, où naquit Christophe Colomb; Lucques, Pise, Florence, Sienne, avec leurs souvenirs. Il fait lui-même la réflexion, et l'on peut croire ici qu'il parle d'après sa propre expérience, que les cœurs les plus malades trouvent un peu de paix en s'appuyant sur le sein de la nature que Dieu a faite si calme et si belle. On entrevoit encore, dans le tableau qu'il trace d'un couvent de Camaldules situé à quelques milles de Tivoli, et non loin de l'ancien Tusculum, au milieu d'un magnifique

---

1. *Affaires de Rome*.

paysage embelli par la transparence de l'air, l'abondance des eaux et la fraîcheur de la verdure, que la vie cénobitique lui est un moment apparue avec cet attrait qu'elle exerce sur les âmes fatiguées, et que l'ange des bonnes pensées lui a suggéré l'idée, malheureusement repoussée, d'ensevelir sa gloire, ses inquiétudes et les révoltes de son esprit dans une de ces pieuses solitudes où l'on meurt au monde pour vivre en Dieu[1].

Cependant, dans sa nouvelle manière d'écrire, il y a, depuis la chute de cet esprit rebelle, quelque chose de plus violent et de plus amer. Le fiel déborde de son cœur et de son intelligence, et le vers dans lequel M. de Lamartine définit l'homme s'applique merveilleusement à cet ange tombé, dont le style se souvient aussi des cieux. Plus il va, plus cette décadence est sensible. Les *Paroles d'un Croyant* conservent encore des traces nombreuses de l'influence de ses premières croyances, qui échauffent et attendrissent son talent. Dans les *Affaires de Rome*, sauf quelques passages descriptifs, on remarque une teinte chagrine et morose, un esprit de dénigrement qui a laissé son cachet sur le style. Dans le *Livre du peuple*, l'imitation du style

---

1. « Nous arrivâmes chez les Camaldules vers le soir, à l'heure de la prière commune ; ils nous parurent tous d'un âge assez avancé et d'une taille au-dessus de la moyenne. Rangés des deux côtés de la nef, ils demeurèrent, après l'office, à genoux, immobiles, dans une méditation profonde ; on eût dit que déjà ils n'étaient plus sur la terre ; leur tête chauve ployait sous d'autres pensées et d'autres soucis ; nul mouvement, d'ailleurs, nul signe extérieur de vie ; enveloppés de leurs longs manteaux blancs, ils ressemblaient à ces statues qui prient sur les vieux tombeaux. Nous concevons très-bien le genre d'attrait qu'a pour certaines âmes, fatiguées du monde et désabusées de ses illusions, cette existence solitaire. Qui n'a point aspiré à quelque chose de pareil ? Qui n'a pas, plus d'une fois, tourné ses regards vers le désert, et rêvé le repos en un recoin de la forêt, ou dans la grotte de la montagne, près de la source ignorée où se désaltèrent les oiseaux du ciel ? Cependant telle n'est pas la vraie destinée de l'homme ; il est né pour l'action, il a sa tâche qu'il doit accomplir. » (*Affaires de Rome*.)

biblique sent l'affectation, et l'inspiration est remplacée par la manière ; le goût littéraire lui-même est choqué du contraste du fond avec la forme, et de cette malédiction perpétuelle enveloppée dans une langue artificielle qui n'est plus que la contrefaçon irrespectueuse de la langue des bénédictions, de la langue évangélique. On arrive ainsi aux *Amschaspands et Darvans*[1], allégorie mystique et révolutionnaire, où tout est forcé, les idées, les sentiments, le style. Ce talent, naguère si naturel, expire dans la fantaisie, la recherche, l'affectation et une laborieuse et fatigante obscurité. M. de La Mennais, qui a cessé d'être le grand écrivain du catholicisme, n'est pas devenu le grand écrivain de la Révolution, parce que son style conserve une teinte biblique qui répugne aux instincts et aux traditions du parti révolutionnaire, fils de la sophistique du dix-huitième siècle. La Révolution se félicite plus de l'avoir ôté à l'Église que de l'avoir conquis.

Quelquefois même il éprouve d'étranges mécomptes. Appelé en 1834, par quelques-uns des accusés conduits devant la Cour des pairs après l'insurrection d'avril et qui l'ont chargé de leur défense, il se trouve en dissentiment complet d'opinion avec plusieurs des chefs de l'école purement démocratique, qui veulent que l'apologie de la loi agraire fasse partie de la défense commune des inculpés : c'est ainsi que le socialisme fait acte de présence en face de la république purement politique. Un peu plus tard, nous le verrons vivement attaqué, au nom du parti philosophique, par M. Lerminier, qui lui demande une abjuration plus complète et plus éclatante de ses anciennes croyances, et il aura le malheur d'être protégé par Mme George Sand.

Ces détails servent à mesurer la profondeur de la

---

1. Publié en 1843.

chute de ce grand esprit, et ses nouvelles amitiés disent mieux que toutes les paroles combien il est éloigné de ses anciennes idées. C'est le suicide intellectuel le plus éclatant peut-être qu'on rencontre dans l'histoire. Dès lors il n'y a plus à parler de M. de La Mennais à propos de la littérature religieuse ; c'est un astre éteint dont la place est vide. Il cherche à trouver une position intellectuelle sur le sol inconsistant de la politique humanitaire. L'infaillibilité du peuple a remplacé pour lui celle de l'Église [1]. Un christianisme vague et indéterminé se reflète dans sa politique, qui ne manque point d'élévation, parce qu'elle est spiritualiste, mais qui manque de précision. C'est un républicanisme universel mêlé de socialisme, la fusion de toutes les nationalités dans l'unité du genre humain, le libre échange pour le commerce, la liberté illimitée de la presse, de l'enseignement, de l'association, la perfectibilité infinie de l'homme et des sociétés, le bien-être et le bonheur universels. Séduisante mais dangereuse utopie qui naît de l'oubli d'un des grands dogmes du catholicisme, la déchéance de l'homme, son imperfection incurable sur cette terre, les passions, les vices, l'ignorance, corrupteurs redoutables de l'entendement et de la volonté de l'homme, et

1. M. de La Mennais prit part à la rédaction de plusieurs journaux, entre autres à celle du *Monde* en 1837. Il disait dans un article intitulé: *Une exposition sommaire de nos principes politiques* : « La puissance populaire, irrésistible lorsqu'elle veut fermement user d'elle-même, prendra un rapide accroissement. Une sagesse prévoyante ouvrirait au peuple une voie pacifique vers ce but ; car il ne saurait s'en détourner, et aucun des obstacles qu'on essayerait de lui créer ne l'arrêterait longtemps, et ne l'arrêterait qu'au prix d'effroyables malheurs peut-être. Ne barrez point sa route, et vous n'aurez rien à redouter de lui. On craint sa violence, on a tort. Il n'est violent que contre l'injustice manifeste, méditée, opiniâtre. Instinctivement attaché à l'ordre, qui ne peut être troublé sans qu'il souffre, il en respecte l'apparence même, et quand il se lève pour combattre, c'est qu'une voix qui ne trompe point, la voix de Dieu, lui a dit : « Tu le dois. » (*Politique à l'usage du peuple,* œuvres complètes de M. de La Mennais, tome IX.)

exilant de son séjour ces félicités qu'on rêve en vain pour lui, et qui ne sont pas de ce monde.

Nous devons nous séparer ici de M. de La Mennais, ou plutôt c'est lui qui nous quitte. Il va où le mènent son orgueil et l'inflexible logique de son esprit appuyé sur le principe de l'infaillibilité du genre humain : à la démocratie pure, à la république, à l'utopie humanitaire. Laissons donc sa destinée s'accomplir ! Triste destinée qu'il s'était faite lui-même, malgré l'Église et contre l'Église qui, après avoir tout essayé pour prévenir sa chute, l'attendit jusqu'au dernier jour, les mains pleines de ces miséricordes qu'elle ne refuse jamais au repentir, et qu'il devait contrister par sa mort après l'avoir affligée par les égarements des dernières années de sa vie. Hélas ! la chute est bien profonde à qui tombe de si haut ! Dieu, qui exerça sa miséricorde envers la faute de l'Homme, laissa cours à sa justice contre la faute de l'Ange ! Ce fut en vain que les anciens amis de M. de La Mennais, les lecteurs de ses premiers écrits, qui lui devaient peut-être ces croyances qu'il avait perdues, demandèrent jusqu'à la fin à Dieu de daigner se souvenir de cet ouvrier de la première heure, qui, fatigué avant la fin de la journée, avait quitté la charrue pour dévaster le champ naguère encore fécondé par ses mains. Dieu, à qui ils demandaient de les consoler par un nouvel exemple de sa miséricorde, voulait les instruire et les effrayer par un redoutable exemple de sa justice. Celui qui avait dit qu'il apprendrait au monde ce que c'était qu'un prêtre, et qui avait voulu tout réunir et tout confondre dans l'Église, devait fermer sa vie sur ces tristes paroles : « Point de prêtre ! point d'Église ! »

IV

TEMPS D'ARRÊT ET RENAISSANCE DU MOUVEMENT RELIGIEUX.

En se séparant de l'Église, M. de La Mennais ne devint pas chef de secte, comme Luther ou Calvin ; il demeura seul : cette jeune et ardente tribu intellectuelle qui l'avait aidé, au journal l'*Avenir*, dans le développement de ses idées, ou qui, au dehors, les avait accueillies, ne le suivit pas dans sa séparation. Chose remarquable ! à partir du dix-huitième siècle, les erreurs qui s'élèvent dans le sein de l'Église catholique ne prennent plus la forme religieuse, mais la forme philosophique : il semble que le protestantisme, ce dernier-né de l'erreur, ait épuisé le sein jusque-là si déplorablement fécond de l'hérésie. M. de La Mennais ne sera donc pas chef de secte ; il ne sera pas même chef d'école, car il n'est pas suivi dans ses égarements par ses anciens disciples, qui demeurent noblement soumis à l'Église. Mais le passage de M. de La Mennais dans l'école catholique doit cependant se faire longtemps sentir, et cette influence, fâcheuse sur plusieurs points, aura, sous d'autres rapports, des conséquences salutaires quand le mouvement des idées religieuses reprendra son cours avec des guides plus prudents et plus soumis à l'autorité du saint-siége. Quelques années s'écouleront avant que ce mouvement se manifeste au dehors, et cette espèce de halte s'explique d'elle-même.

Un silence profond avait suivi la chute éclatante de M. de La Mennais ; son école s'était dispersée. M. de Montalembert, écarté de la tribune par des raisons de santé ou de famille, voyageait loin de la France ; M. l'abbé

Lacordaire, devenu aumônier de la Visitation, se livrait tout entier aux devoirs de son ministère et à l'étude ; M. l'abbé Gerbet s'occupait de travaux théologiques. Depuis l'issue de la courte mais impétueuse campagne de M. de La Mennais, la haute influence était revenue à M. de Quélen, le vénérable archevêque de Paris, qui avait grandi par la persécution et par son courage épiscopal à braver tous les périls, ceux du choléra comme ceux de l'émeute [1]. Ce fut lui qui, le premier, donna

1. M. le comte Molé, successeur de M. de Quélen à l'Académie française, a redit (séance du 30 décembre 1840) dans les belles pages qui suivent les grandes journées de la vie du saint évêque : « Les caractères de la trempe du sien refusent de s'expliquer tant qu'on les menace, acceptant en quelque sorte la calomnie tant qu'elle a pour cortége le danger ; il ne fit rien alors pour se justifier de ce dont personne ne l'accuse aujourd'hui, et attendit en silence que la Providence lui donnât l'occasion de mettre au grand jour des vertus dont les pauvres et les affligés resteraient jusque-là les seuls témoins. Au mois de février 1832, le choléra éclate parmi nous. Aussitôt l'archevêque reparaît à l'Hôtel-Dieu pour la première fois ; il reparaît au milieu des malades, des mourants entassés par la contagion. On le vit transporter des cholériques dans ses bras, et si l'un d'eux lui crie : « Retirez-vous de moi, je suis un des pillards de l'archevêché ! » on l'entend répondre : « Mon frère, c'est une raison de plus pour moi de me réconcilier avec vous et de vous réconcilier avec Dieu. » C'est dans les salles de l'Hôtel-Dieu qu'il conçut cette œuvre admirable des orphelins du choléra. Il fallait pour la fonder demander à la charité de nouveaux efforts, de nouveaux sacrifices. M. de Quélen, qui ne s'était montré dans aucune église, voulut s'acquitter lui-même de cette mission. On annonça qu'il prêcherait à Saint-Roch pour les orphelins du choléra. Toutes les classes de la population parisienne accoururent. De longues files de voitures et des flots pressés de piétons assiégeaient les avenues du saint lieu où la voix du prélat allait rompre un silence gardé depuis si longtemps. Que cette scène, dont tant de personnes conservent encore la mémoire, se fût passée au temps de Vincent de Paul ou de Charles Borromée, nous ne trouverions pas de pinceaux assez éclatants pour en consacrer le souvenir. Laissons au passé ses gloires, mais n'amoindrissons pas le temps présent ; l'avenir lui rendra cette justice et n'oubliera pas cet archevêque de Paris rompant son ban, sortant de la retraite où la violence et la persécution l'avaient forcé de s'enfermer, pour demander à tous les pères, à toutes les mères, d'adopter tant d'enfants auxquels le fléau venait d'enlever ceux que la nature leur avait donnés. Serait-il vrai qu'il y aurait, pour tous les hommes dont la vie mérite qu'on la raconte, un moment ou une journée où ils arrivent aussi haut qu'il leur est donné d'atteindre, où ils sentent, au plus intime

l'impulsion à l'éloquence religieuse et au mouvement renaissant des idées catholiques en fondant les conférences de Notre-Dame.

Dieu lui fit accueillir la pensée d'appeler M. l'abbé Lacordaire dans la chaire du haut de laquelle il devait exercer une influence si grande et si imprévue. Ce jeune prêtre, entouré de la juste estime de tous les catholiques de France, depuis sa noble conduite dans l'affaire de M. de La Mennais, s'occupait obscurément, on l'a vu, des devoirs de son ministère. Cependant, en 1833, il s'était essayé, mais sans succès, dans la chaire de Saint-Roch; MM. de Montalembert, Lerminier, Ampère, Sainte-Beuve, et toute la jeunesse littéraire de l'époque, attirés par le début dans l'éloquence sacrée d'un homme qui, dans le procès de l'école libre devant la Cour des pairs, s'était montré si éloquent, déclarèrent à l'unanimité l'échec aussi complet que possible, et crurent M. Lacordaire inhabile à l'éloquence de la chaire. Celui-ci, avec la persévérance du talent et du zèle, persista à se destiner au ministère de la parole, et, dès l'année suivante, il avait ouvert, dans la chapelle du collége Stanislas [1], des conférences qui devinrent le sujet des entretiens de tout Paris. Les hommes les plus éminents dans les assemblées politiques, le barreau, les lettres, accoururent bientôt à ces conférences, et se pressèrent derrière les écoliers qui n'avaient pas voulu céder leur place. L'accent convaincu de l'orateur, sa parole hardie et inspirée, la

---

comme au plus parfait de leur âme, une sainte estime d'eux-mêmes qui ne pourrait être surpassée? Tel, croirions-nous alors, aurait été pour M. de Quélen le moment où, descendant de la chaire, il vit cette foule l'entourer, l'étouffer, pour ainsi dire, sous l'abondance de ses offrandes; les femmes se dépouiller de leurs bijoux lorsque leur bourse était épuisée, et le pauvre lui-même livrer le denier dont il allait apaiser sa faim. Trente-trois mille francs furent ainsi versés dans ses mains. »

1. Rue Notre-Dame-des-Champs, n° 12.

nouveauté de cette éloquence, qui trouvait des effets inattendus en parlant, selon les élans de son cœur et les saillies vigoureuses de son esprit, de Dieu et de la vérité catholique, devinrent un attrait pour les auditeurs les plus divers. Dans cette petite chapelle d'enfants, où les gens du dehors se glissaient par tolérance, on vit un jour réunis MM. de Chateaubriand, Berryer, Lamartine, Odilon Barrot, Victor Hugo. Au sein de cette époque sceptique, chacun voulait entendre le catholicisme s'affirmer par la bouche de cet enfant du siècle, qui, dans une langue contemporaine de son auditoire, trouvait le chemin des esprits et des cœurs, en laissant parler ses sentiments et ses pensées. M. l'abbé Lacordaire avait commencé humblement, comme jadis M. Frayssinous, dans une bien étroite enceinte. Comme lui aussi, il devait continuer ses succès dans une chaire plus élevée.

Parmi les auditeurs enthousiastes des conférences de la chapelle du collége Stanislas se trouvait Frédéric Ozanam qui, dès 1831, avait fondé, avec quelques-uns de ses camarades d'étude, jeunes et fervents comme lui, la conférence de Saint-Vincent-de-Paul. Cette imagination si vive, ce cœur si pieux, ce talent plein d'élan, ne pouvait manquer d'être vivement frappé de cette parole qui (l'orateur l'a dit lui-même) « supplie plus qu'elle ne commande, épargne plus qu'elle ne frappe, entr'ouvre l'horizon plus qu'elle ne le déchire, et traite avec l'intelligence et lui ménage la lumière, comme on ménage la vie à un malade tendrement aimé. » Il se rendit, avec plusieurs de ses camarades, chez M. de Quélen, et lui demanda, au nom de la jeunesse chrétienne qui déjà se réunissait dans la conférence de Saint-Vincent-de-Paul, d'appeler M. Lacordaire à prêcher à Notre-Dame. L'archevêque de Paris, qui appréciait le talent et aimait le caractère du jeune prêtre, accueillit avec empressement cette demande. Il s'agissait, il est vrai, dans le premier moment, de faire entendre successivement, pendant le carême, les orateurs chrétiens les plus accrédités, et M. Dupanloup, déjà connu, et plusieurs autres, avaient été désignés concurremment avec M. Lacordaire. Mais le prélat comprit bien vite combien cette espèce d'oligarchie intellectuelle, introduite dans la même chaire pendant la station du carême, nuisait à la suite et à l'unité de l'enseignement, et, en 1836, M. Lacordaire fut seul chargé des conférences.

ÉLOQUENCE SACRÉE : LE P. LACORDAIRE, LE P. RAVIGNAN.

M. Lacordaire fit une révolution dans l'éloquence de la chaire, afin d'arriver à en faire une dans l'âme de ses auditeurs. On commençait, dans le clergé, à entrevoir la nécessité de modifier gravement, non pas le fond de l'enseignement catholique, immuable de sa nature, mais la manière de le donner, et un prédicateur qui a obtenu de grands succès dans la chaire chrétienne [1] écrivait à cette époque même : « La société, que la prédication ne doit jamais perdre de vue, puisqu'elle a pour but de la convertir ou de la conserver au christianisme, est telle en nos jours, que, pour toutes choses, elle cherche plus l'utilité que la vérité, et qu'elle les trouve assez certaines quand elle les trouve avantageuses. Elle se meut dans le fond de lumière et de civilisation que le christianisme a produit, sans songer même qu'il existe, sans réfléchir à son autorité si légitime en droit, si légitime par ses bienfaits. Il est

---

1. M. l'abbé de Guerry. *De la prédication au dix-neuvième siècle.* Écrit le 5 février 1833.

nécessaire qu'il se révèle, puisqu'il est oublié et ignoré. Que du haut des chaires sacrées il fasse donc jaillir de son sein toute sa beauté, tous ses rayons d'utilité, et ainsi toute sa divinité ! N'est-ce pas à cette manière de considérer le christianisme qu'est dû le succès de certains ouvrages en notre temps : le succès des *Études historiques* de M. de Chateaubriand, des poésies de M. de Lamartine, du *Dogme générateur de la piété catholique*, de l'abbé Gerbet, des *Mémoires sur mes prisons*, et des *Devoirs des hommes*, de Sylvio Pellico? Cette manière d'enseigner est plus forte pour perdre l'erreur, quelque puissante qu'elle soit, qu'une réfutation ouverte et directe. Le soleil songe-t-il à se disputer avec les ténèbres? Il paraît, elles fuient. L'état actuel de la société présente une ressemblance frappante avec celui de la société romaine, à la suite des premières et si terribles persécutions. Aujourd'hui comme alors, toutes les écoles qui s'étaient élevées contre le christianisme sont décréditées. La prédication doit donc faire aujourd'hui ce qu'elle fit à cette époque, enseigner comme elle enseigna, reconstruire les croyances et les mœurs comme elle les construisit. La société ne veut plus de négations, elle en est lasse. »

Dans ce petit nombre de lignes, M. l'abbé de Guerry a résumé les principaux traits de la situation qui donna tant d'à-propos et tant de puissance à l'éloquence de M. Lacordaire. Il fut puissant sur son temps parce qu'il était de son temps. Il connaissait, non par ouï-dire, mais par expérience, l'état des âmes auxquelles il s'adressait ; il avait passé par là lui-même ; il n'avait pas toujours été catholique ; il l'était devenu, laborieusement devenu, par la réflexion, par le besoin d'affirmer quelque chose, par l'étude des aspects du catholicisme les plus propres à frapper une intelligence engagée dans les voies, dans les idées, dans les passions de sa génération. Il avait donc appris le chemin qu'il fallait prendre pour retourner à la vérité catholique, en le faisant pour son propre compte ; c'était un bon guide, précisément parce qu'il avait été autrefois égaré. La route que l'on sait le mieux, n'est-ce pas toujours celle sur laquelle on s'est retrouvé après s'y être perdu? On en connaît tous les détours, tous les détails : un accident de terrain, un arbre mort, un monticule, un fossé, une pierre moussue, rien n'échappe. Dès que cet enfant du siècle prit la parole, chacun de ses auditeurs se dit : « Voilà un homme que je comprends et qui me comprend. Comment a-t-il donc lu dans mon âme cet ennui qui l'accable, ce besoin qui l'agite, ce vide, ces aspirations? D'où vient qu'il me répond sans que je lui aie parlé? »

C'est qu'il s'était d'abord répondu ainsi à lui-même, et qu'avant de convertir les autres il avait dû se convertir le premier. Il a connu les doutes, les angoisses, les misères de sa génération ; il a même conservé quelques-uns de ses défauts ; il s'occupe de ce dont elle s'occupe. il parle sa langue, il éprouve ses émotions ; s'il est en communion avec la vérité par la grandeur de sa foi et de sa science, il est en communion avec son auditoire par son éducation, les penchants de son cœur et de son esprit, et le secret de sa puissance est dans le double mouvement de cette éloquence qui tantôt descend jusqu'au niveau des faiblesses de son auditoire, tantôt s'élève et l'élève avec lui jusqu'à Dieu. Il importe de ne pas l'oublier, la génération qui a lu Chateaubriand et Bonald, et entendu Frayssinous au début du siècle, a vieilli ; une autre génération s'est levée et le souffle de l'esprit voltairien et antireligieux, accrédité, pendant la Restauration, par les chefs et les docteurs de l'opposition, l'a touchée. Pour la plus grande partie de la jeunesse, le travail accompli sur le seuil du dix-neuvième siècle, par ceux que le P. Lacordaire a appelés, dans son beau langage, « les témoins de Dieu, » est à refaire.

Pendant les conférences de 1836, l'église de Notre-Dame présenta d'une manière plus frappante encore que depuis cette époque l'aspect nouveau qu'elle a toujours conservé dans une certaine mesure, toutes les fois que le père Lacordaire s'y est fait entendre. Regardez cet auditoire, accouru deux heures d'avance de tous les points de Paris pour s'assurer des places dans cette vaste nef devenue trop étroite. Il n'offre pas cette physionomie uniformément recueillie qu'on trouve ordinairement dans les églises, où des chrétiens convaincus viennent s'édifier et s'exciter à appliquer les principes de leur foi, en écoutant la parole de Dieu. Rien de plus divers que l'expression de ces figures : ici le recueillement de la piété ; là, l'indifférence ; plus loin, la curiosité. Tandis que, parmi les auditeurs, le plus petit nombre prient, d'autres se distraient des ennuis de l'attente en lisant, qui un livre, qui un journal ; plusieurs tournent le dos à l'autel, la plupart semblent étrangers dans cette église où on les a présentés à leur naissance, mais dont ils avaient oublié le chemin. Qu'est-ce donc que cette assistance ? C'est la société même, c'est le siècle. Il vient chercher ici ce qu'il cherche partout, des émotions, un intérêt ; il veut juger un homme qu'on dit éloquent, singulier, un orateur puissant, original, plein de mouvements inattendus. Notre-Dame est aujourd'hui un forum plutôt qu'une église. Le catholicisme y est sans doute avec l'orateur, avec le clergé qui l'écoute, et un certain nombre de jeunes chrétiens ravis d'entendre une parole si sympathique aux idées de leur génération et à l'enthousiasme de leur âge. Frédéric Ozanam est là, vous pouvez en être sûr, avec toute la conférence de Saint-Vincent-de-Paul[1] ; mais le paganisme y est aussi, sceptique, blasé, dénigrant, avec son ennui, son sensualisme pratique, qui cependant ne peut satisfaire ses immenses aspirations vers un idéal inconnu. Le catholicisme dans la chaire, le paganisme dans la plus grande partie de l'église, voilà l'aspect des conférences de M. Lacordaire à leur début, et c'est pour cela qu'elles furent utiles et fécondes.

Patience! La parole que Dieu a dite à ses premiers apôtres : « Je vous ferai pêcheurs d'hommes, » n'est ni une promesse vaine, ni une promesse circonscrite dans une génération; c'est une promesse certaine et éternelle. Ce jeune apôtre, debout dans la chaire de Notre-Dame, est aussi un pêcheur d'hommes; si l'on veut savoir ce qu'il vient faire ici, il vient jeter le filet divin. Dieu le destine à relever en France ce grand ordre des Frères prêcheurs, dont il écrivit plus tard l'histoire. Dans cette histoire, on rencontre un frère, Jourdain de Saxe, second général de l'ordre, dont ses contemporains disaient, tant son éloquence avait de surprise et de séductions : « N'allez pas aux sermons du frère Jourdain, c'est une courtisane qui prend les hommes; » on en dira bientôt autant du P. Lacordaire. Parmi ces jeunes hommes qui l'écoutent, il y en aura, chaque jour, quelques-uns qui, venus souriants et curieux, s'en retourneront pensifs, en méditant le long des quais qu'ils suivent lentement, après avoir attendu à la porte de la vieille église, pour saluer du regard le jeune orateur qui vient d'éveiller, par sa parole sympathique, des échos endormis dans leur âme; la prochaine fois peut-être leur heure sera venue, et celui

---

1. « La société de Saint-Vincent-de-Paul, dit M. Édouard Dufresne dans son intéressante biographie d'Ozanam, eut le mérite de donner l'élan à cet enthousiasme; elle eut le mérite non moins appréciable de la persévérance. » (*Annales catholiques de Genève*, novembre 1853.)

qu'ils étaient venus juger, les jugeant à son tour pour les absoudre, les relèvera après les avoir enfantés à la vie spirituelle.

On comprend que ce n'est point par les procédés des sermonnaires ordinaires, que le P. Lacordaire pouvait obtenir de pareils résultats avec un auditoire ainsi composé : des instructions sur les vérités de la foi, envisagées comme des axiomes acceptés par tous, ou sur les règles de la vie chrétienne, recommandées au nom du principe d'autorité, auraient laissé ces esprits sceptiques dans leur indifférence ou leur dédain. Le P. Lacordaire n'est point, à parler vrai, un sermonnaire; c'est un apologiste des premiers siècles de l'Église qui, sorti lui-même d'une société païenne, revient lui parler, dans sa langue qu'il n'a point oubliée, de ses misères sociales et intellectuelles, qu'il a connues, et du remède qu'il a trouvé. Saint Paul annonçant aux Athéniens le Dieu inconnu ; Justin, Athénagore, Minutius Félix et les apologistes venus des écoles philosophiques à l'Église, donnent une plus juste idée de ce genre d'enseignement et d'éloquence. Quand cet ambassadeur du christianisme auprès des générations nouvelles paraît dans la chaire, il s'établit bientôt un courant sympathique entre lui et son auditoire. Son geste expressif, sa voix vibrante, son débit dramatique, l'accent de ses paroles où l'on sent palpiter son cœur, où se réfléchissent les mouvements rapides de son intelligence, l'expression mobile et puissante de sa physionomie où tout est vie, enthousiasme et conviction, le frémissement de tout son être, le mettent aussitôt en communication avec l'assemblée, qui réagit sur lui comme il agit sur elle. Quoiqu'il parle seul, il y a dans son éloquence l'action et la variété d'un dialogue, parce qu'il devine, parce qu'il sent cet interlocuteur invisible et muet qu'il rencontre dans l'âme de ceux qui l'écoutent, et qu'il a naguère rencontré dans son âme. Cette génération se trouve sans défense contre lui, parce qu'elle le reconnaît pour un des siens, à sa langue, au tour un peu expressif de son esprit, à la pente de ses idées vers la démocratie, à tout ce que le prédicateur a conservé de l'ancien rédacteur de l'*Avenir*. Ne chicanons pas la parole de la vie, au nom d'un goût littéraire trop délicat, sur le choix des procédés oratoires à l'aide desquels elle prend les âmes. Les défauts mêmes du P. Lacordaire profitent à la cause de la vérité : cette hardiesse à tout dire, ce goût des choses nouvelles, ces pointes d'une imagination fougueuse à laquelle il se laisse emporter, les licences qu'il prend avec son auditoire et son sujet, ces formes de langage qui éveillent l'attention en étonnant l'esprit, tous ces inconvénients de ses qualités font tomber des préventions et des barrières que la vérité ne rencontre plus devant elle, quand elle sort, puissante et irrésistible, de la bouche de l'orateur sacré. Laissez ce talent mûrir dans la méditation, et le P. Lacordaire aura le rare honneur d'avoir transformé une grande partie de la génération de son temps.

A la fin du carême de 1836, le P. Lacordaire, malgré les vives instances de Mgr de Quélen, quitta la chaire de Notre-Dame de Paris « pour aller chercher dans la solitude de Rome un recueillement et une préparation dont il croyait avoir besoin[1]. » Ce ne fut qu'en 1843, après un entr'acte de sept ans, que, dans la plénitude de son talent et de son autorité, il reprit avec un succès nouveau ses conférences à Notre-Dame. Renfermé, durant ce long intervalle, dans la solitude du monastère de Viterbe, le restaurateur de l'ordre de Saint-Dominique en France médita profondément sur

---

[1]. Ces paroles sont textuellement extraites d'une lettre écrite par le P. Lacordaire lui-même au *Correspondant*, en mars 1858, à l'occasion de la mort du P. Ravignan.

le catholicisme, et c'est ainsi qu'acheva de se construire dans son intelligence l'édifice de la vérité religieuse, toujours identique par son essence et ses dogmes, mais conçu dans l'ordonnance la plus propre à agir sur la société moderne.

Pendant qu'il méditait ainsi, la chaire de Notre-Dame ne restait pas vide, et l'Église tirait un autre glaive du fourreau. Le P. Ravignan venait mûrir et récolter la moisson semée par le P. Lacordaire, et bientôt un auditoire aussi nombreux accourait à ses conférences. La véhémence de la dialectique, l'ironie qui presse, l'onction qui pénètre, l'énergie qui prend de vive force les âmes, voilà les caractères de son talent et de son style. Une conviction profonde comme la foi, ardente comme la charité, respire dans l'autorité de son geste animé, de son cœur ému, de son attitude à la fois imposante et suppliante qui semble demander aux âmes qu'elle exhorte grâce pour elles-mêmes. Un jésuite et un dominicain ! Dieu qui, comme un bon père, raille quelquefois avec une douce ironie les défauts de ses enfants, en venant à leur secours, choisit ces deux instruments pour panser les plaies de tant d'âmes, dans un siècle où l'ordre de Saint-Ignace et celui de Saint-Dominique avaient été l'objet des plus vives préventions. « La chaire chrétienne a toujours été une des gloires de la France, même sous le point de vue intellectuel et littéraire, s'écriait à cette époque un digne appréciateur de ces deux éminents orateurs [1]. Eh bien ! quel est le phénomène qu'elle vous présente aujourd'hui ? Deux hommes rivaux par l'éloquence, mais profondément unis par leur affection réciproque, par le

---

1. M. de Montalembert, *Discours sur la liberté des ordres monastiques*, prononcé à la Chambre des pairs dans la séance du 8 mai 1844.

but de leurs travaux, par l'analogie des révolutions de leur vie : l'un dont la parole bondit comme un torrent impétueux, entraîne et terrasse par des élans imprévus et invincibles; l'autre qui, comme un fleuve majestueux, répand les flots de son éloquence toujours harmonieuse et correcte : l'un qui domine et ébranle l'enthousiasme, portant jusqu'au fond des cœurs les plus rebelles des éclairs de foi, d'humilité et d'amour; l'autre qui persuade et émeut, autant par le charme que par l'autorité de son langage, et qui redresse les intelligences en purifiant les âmes : tous les deux, le dominicain et le jésuite, enchaînant successivement, d'année en année, au pied de la plus haute des tribunes, des milliers d'auditeurs attentifs, charmés, surtout étonnés de s'y trouver, rendent ainsi à la chaire française un éclat, une popularité et une gloire qu'elle n'avait pas connus depuis Massillon. »

C'est ainsi que le P. Ravignan et le P. Lacordaire, tous deux venus du siècle, celui-là des parquets de la Restauration qu'il avait servie et aimée, celui-ci des rangs de cette fougueuse jeunesse qui, sous le charme des idées démocratiques, regardait la Restauration comme un obstacle à la marche de la société vers son avenir, se rencontraient au pied de la croix, et se succédaient dans la chaire pour catéchiser leur époque. Un jour vint où l'on vit le P. Ravignan, qui, depuis plusieurs années, instruisait du haut de la chaire de Notre-Dame la génération contemporaine, monter à cette chaire pour remplir une mission qui demandait un autre genre d'éloquence. Le mercredi 26 février 1840, il fut appelé à prononcer l'oraison funèbre de M. de Quélen, archevêque de Paris. Ce jour-là, Notre-Dame offrait un spectacle plein d'enseignements : une foule immense se pressant dans la vaste enceinte, un silence profond régnant dans la nef, à chaque instant de nouveaux venus traversant les rangs pour se rapprocher de la chaire; toutes les professions, toutes les conditions représentées, les gloires des camps, les illustrations de la tribune et des lettres, les puissances de la politique, la jeunesse des écoles, le peuple enfin aggloméré dans les galeries latérales, tel était l'aspect de Notre-Dame dès neuf heures du matin, quoique l'orateur sacré ne dût pas monter en chaire avant midi. En présence de cette multitude respectueuse envahissant silencieusement le sanctuaire, le souvenir d'une autre multitude revenait involontairement à l'esprit : celle-là, ivre de colère, le blasphème à la bouche, se ruait au sac et au pillage de la maison de Dieu; c'était aussi l'archevêque de Paris qu'elle venait chercher, mais elle venait le chercher pour le mettre à mort. Et maintenant, huit ans à peine passés, comme si ce peuple contenait deux peuples, une multitude non moins nombreuse se pressait aux portes de la cathédrale pour prier où l'autre avait blasphémé, pour entendre l'éloge de l'archevêque mort, là où l'archevêque vivant n'avait échappé qu'à grand'peine aux bras meurtriers. Il y avait là un contraste aussi éloquent que les voix les plus éloquentes, l'expiation égalait l'outrage, et, avant même que le P. Ravignan fût monté en chaire, l'oraison funèbre de M. de Quélen était déjà commencée. Ainsi tombent les calomnies! Ainsi les passions n'ont qu'un temps, et les saintes vies peuvent attendre avec confiance ce jour de la justice où les jugements du temps font place à ceux de l'éternité !

Telles étaient les réflexions dont les âmes étaient naturellement remplies, quand le P. Ravignan monta en chaire, et, par une de ces fortunes d'éloquence que le talent rencontre seul, son discours funèbre se trouva être le résumé des pensées qui se remuaient dans les âmes. En présence de cette foule, qui méditait sur le contraste des persécutions auxquelles la vie de M. de Quélen avait été en butte, avec les honneurs rendus à sa mort, il prit pour texte cette parole de l'Écriture : « *O mors, bonum judicium tuum!* O mort, ton jugement est bon ! » C'était une belle parole que celle-là, prononcée en face de la grande ville entourant de ses hommages, comme d'une suprême expiation, le cercueil de son archevêque, dont les vertus avaient été si longtemps méconnues pendant sa vie. La division adoptée par le P. Ravignan ne fut pas moins heureuse. La gloire de M. de Quélen avait été dans l'accord de deux vertus qui, considérées au point de vue humain, paraissent incompatibles, la fermeté et la douceur : Caton, près de mourir, frappera violemment un esclave au visage, parce que c'est sa volonté qu'il accomplit et que tout obstacle l'irrite ; le Christ, du haut de sa croix, bénira ses bourreaux parce qu'il accomplit la volonté de Dieu : c'est ainsi que la fermeté chrétienne est inflexible sur les points où Dieu ne lui permet pas de fléchir, mais que son inflexibilité est douce, parce que Dieu, qui commande la fermeté, ne prescrit pas moins la douceur. Le P. Ravignan loua donc M. de Quélen d'avoir été mesuré avec force et fort avec mesure, et ces deux vertus respirèrent dans tout son discours, où il évita tout ce qui pouvait remuer les passions qu'il condamnait, en prouvant à ses auditeurs qu'il possédait quelque chose au-dessus du talent qui avait souvent produit de si grands effets d'éloquence, la raison chrétienne qui sait y renoncer.

Ce serait une curieuse étude littéraire que de rapprocher l'oraison funèbre de Mgr de Quélen par le P. Ravignan du remarquable discours prononcé sur le même sujet par M. le comte Molé, le jour de sa réception à l'Académie française. Ce parallèle mettrait en saillie les différences que peuvent apporter dans l'éloquence, s'inspirant du même sujet, les différences de situations, d'auditoires, de circonstances : là, un prêtre de Jésus-Christ qui s'inspire de la miséricorde de la religion et de la mansuétude évangélique de l'archevêque mort, pour jeter à demi le voile sur les excès qu'il rappelle, louer la victime sans accuser ses persécuteurs, et ne faire entendre dans la maison de Dieu que des paroles de concorde, d'oubli et de paix ; ici, un homme d'État qui vient, au nom de la société, devant le premier corps littéraire de l'Europe, déplorer hautement des excès contre la religion qui sont aussi des excès contre l'ordre public, rappeler et flétrir des crimes, et raconter les déplorables scènes qui firent éclater les saintes vertus auxquelles il rend hommage ; l'un et l'autre, du reste, dans leur rôle : l'homme de la chaire lorsqu'il évite tout ce qui ressemble à une récrimination, l'homme d'État lorsque, par l'énergie du blâme, il repousse l'idée d'une coupable tolérance pour de tels attentats.

Le P. Ravignan et le P. Lacordaire, en montant à la chaire de Notre-Dame et en l'occupant avec tant d'honneur pendant plusieurs années, avaient fait plus que de beaux discours, ils avaient fait un acte. De toutes les haines que la Révolution avait inoculées à la France, la plus ardente était la haine des ordres religieux et surtout celle de l'ordre de Saint-Ignace-de-Loyola et de l'ordre de Saint-Dominique. — « Je vous montrerai ce que c'est qu'un prêtre, » s'écriait, dans une de ses plus vives colères, M. de La Mennais, au temps de la Restauration. Le P. Lacordaire et le P. Ravignan firent mieux après la Révolution de 1830 : ils montrèrent à la France ce que c'est qu'un dominicain, ce que c'est qu'un jésuite. Entre une chanson calomniatrice de Béranger et un roman diffamateur d'Eugène Sue, ils se levèrent devant la génération nouvelle et dirent : « Nous voici ! »

On les écouta, on les admira, bientôt on les aima. Devant cette apparition de la réalité, les fantômes s'évanouirent, et la liberté de l'Église et la liberté de l'enseignement devinrent possibles pour un avenir prochain.

LITTÉRATURE SACRÉE : SAINTE ÉLISABETH DE HONGRIE. L'ART CHRÉTIEN : M. RIO. — ENSEIGNEMENT CATHOLIQUE : LE CARDINAL GOUSSET. — M. DUPANLOUP. — M. BAUTAIN. — MM. OZANAM, LENORMANT, ETC.

Le mouvement était général dans l'école catholique. Le clergé se recrutait en hommes éminents. M. Bautain, l'un des élèves préférés de M. Cousin, arrivait dans l'Église avec la méthode rationnelle, comme les premiers apologistes venus de l'école platonicienne, et il écrivait ses beaux livres. M. Dupanloup, qui devait donner une impulsion si puissante à l'éducation et à l'enseignement et comprendre et expliquer d'une manière si remarquable, dans son admirable *Traité sur l'Éducation*, les devoirs du clergé et des hautes classes sur ce point, commençait avec éclat, à la Sorbonne, son cours d'éloquence sacrée. En même temps, il attirait les regards comme écrivain par l'abondance et l'élévation de ses idées, l'émotion soutenue de son accent, l'activité d'un intelligence qui épuise les sujets qu'elle étudie, et la riche facilité d'un style noble et pur dont les flots semblent couler d'une source toujours ouverte sans être jamais tarie [1]. L'abbé Cœur, ingénieux, coloré et abondant, l'abbé de Guerry, véhément et impétueux, l'abbé Combalot qui, par sa fougue intrépide à tout hasarder, son zèle ardent et son originalité puissante, rappelait le petit père André sans l'imiter, montaient en même temps dans la chaire.

1. Voir le *Discours préliminaire* qui précède le *Christianisme mis à la portée des gens du monde*, les lettres et écrits polémiques, la *Vie de madame Acarie*, et les autres écrits de Mgr Dupanloup.

Monseigneur Gousset, archevêque de Reims, après avoir été pendant quatorze ans professeur de théologie morale au grand séminaire de Besançon, prenait avec une haute supériorité la tête des études théologiques, et contribuait puissamment au progrès toujours croissant des idées romaines. Son *Code civil commenté dans ses rapports avec la théologie morale* précéda la *Justification de Liguori*, qui donna le branle au mouvement. Sa *Théorie morale*, qui produisit une vive impression dans toute la catholicité, exerça sur l'esprit du clergé français une influence marquée qui fit tomber les restes de la sévérité janséniste.

Cette renaissance générale des idées catholiques avait un contre-coup dans les études historiques, scientifiques et archéologiques. La *Sainte Élisabeth de Hongrie*, de M. de Montalembert, écrite avec tant d'amour et avec cette science de détails, cette richesse de coloris qui rappelle les vitraux du moyen âge, et cette grâce un peu mystique qui rappelle ses tendances intellectuelles, devenait l'expression de ce retour vers les traditions et vers le sentiment de l'art catholique, et lui donnait une impulsion nouvelle. La belle et ardente introduction de ce charmant livre, pieuse légende racontée au sein d'une époque sceptique par un pèlerin éloquent, revenu d'un voyage sur les terres du passé, avec cette foi surabondante et naïve de nos aïeux qui, loin de discuter les miracles, se plaisaient à voir et à saluer partout ces témoignages de l'inépuisable bonté de Dieu, est un monument élevé à la gloire du treizième siècle, et pour ainsi parler, la basilique dans laquelle vient s'encadrer la touchante et poétique chapelle dédiée « à la chère sainte Élisabeth. » Le même écrivain, dans divers opuscules [1], commença une guerre ardente en faveur

---

1. *Du vandalisme et du catholicisme dans l'art.*

des monuments religieux que le roman de M. Victor Hugo sur Notre-Dame de Paris avait signalés à l'attention, et dont il fallait expliquer les beautés transcendantes au public élevé dans le culte des beautés moins idéales de l'art grec.

Nul écrivain n'avait creusé plus profondément ce sujet que M. Rio, dans un ouvrage au succès duquel nuisit son titre un peu obscur [1]. En étudiant la peinture chrétienne en Italie comme une forme de la poésie, il retraça avec une rare sûreté de jugement la naissance, la grandeur et la décadence de cette école mystique du quatorzième siècle que le naturalisme, c'est-à-dire le matérialisme toujours croissant des idées et des mœurs, finit par étouffer. Rien de plus intéressant que les détails donnés par M. Rio sur les travaux du bienheureux frère Jean de Fiesole, surnommé *Angelico* à cause de son angélique piété, et qui marque le développement le plus élevé de l'école mystique, dans cet heureux temps où le christianisme se retrouvait sous le pinceau des artistes, parce qu'il régnait dans leur âme, et où frère Jean de Fiesole, *il Beato*, comme on l'appelle encore aujourd'hui à Florence, ne pouvait retenir ses larmes chaque fois qu'il peignait le crucifiement de Notre-Seigneur. Giotto, Giottino, Agnolo, Gaddi, le grand Orgagna, auteur du *Triomphe de la mort* au Campo-Santo de Pise, et du *Paradis* à Sainte-Marie-Novella ; frère Angelico, Pérugin, et enfin Vitale, Jacopo Avanzi, et Lippo Dalmasio, quelle école pourrait offrir une suite de talents aussi élevés et aussi purs ?

A la même époque, le catholicisme s'introduisait dans l'enseignement public avec M. Lenormand, dont l'érudition archéologique faisait autorité, et qui, suppléant

---

1. *De la poésie chrétienne dans son principe, dans sa nature et dans ses formes.* (Paris, 1836.)

alors M. Guizot dans sa chaire d'histoire à la Sorbonne, donna le beau spectacle d'un savant illustre qui, conquis, après un travail de trois ans, au catholicisme par l'élévation de son intelligence et la loyauté de son caractère, vint confesser la vérité religieuse du haut de la chaire où il professait la science historique. Ce fut une joie pour la jeunesse catholique, mais en même temps un scandale pour une autre jeunesse qui fréquentait les cours alors fort suivis de MM. Michelet et Quinet, qui, dans les dernières années du gouvernement de Juillet, cherchaient au Collége de France les succès d'une éloquence tribunitienne plutôt que la gloire moins bruyante mais plus solide attachée à l'accomplissement de leur mission professorale. Dans cette époque de polémique universelle, il y eut des manifestations violentes contre le converti de la Sorbonne, dont le cours fut troublé. Déjà le cours d'éloquence sacrée de M. Dupanloup avait été interrompu par de jeunes fanatiques du philosophisme qui, apôtres peu tolérants de la tolérance, ne voulaient pas souffrir que le professeur parlât, selon sa conscience, de Voltaire, l'homme qui a parlé le plus librement de tout homme et de toute chose. Au milieu du tumulte qui couvrait les paroles de M. Lenormand, on entendit tout à coup une voix indignée réclamer, au nom de la liberté, le respect dû à la manifestation des opinions sincères. C'était un jeune collègue de M. Lenormand, un catholique fervent, un savant déjà éminent, Frédéric Ozanam, dont la voix, sympathique à la jeunesse, rappelait les perturbateurs au respect de la dignité de l'intelligence et au respect d'eux-mêmes.

Le moment est venu de parler de cet homme qui, enlevé si jeune à ses travaux, à sa famille, à son pays, comme un de ces laboureurs diligents qui ont achevé de bonne heure leur sillon, a cependant marqué glorieusement sa place dans les luttes de son temps. Il ne nous a été donné qu'une fois de rencontrer Frédéric Ozanam, et c'était dans les dernières années de sa vie [1]; cette rencontre nous laissa des souvenirs que nous trouvons consignés dans un carnet de voyage. Nous étions alors en plein Morbihan, dans la gracieuse petite ville d'Auray, située à deux pas de Sainte-Anne-d'Auray où toute la Bretagne se rend en pèlerinage, et du Champ-des-Martyrs où l'on va visiter les ossements blanchis des victimes de Quiberon ; nous attendions la voiture publique qui devait nous conduire à Landevant, chez un de nos collègues, M. de Kéridec [2]. Un propriétaire du pays, M. de Bains, vint courtoisement nous offrir une place dans une voiture qu'il avait louée pour se rendre à Lorient avec sa femme et ses amis, M. et Mme Ozanam. Nous acceptâmes avec empressement cette offre obligeante, et nous passâmes ainsi trois ou quatre heures dans la compagnie de Frédéric Ozanam, que nous voyions pour la première fois et que nous ne devions plus revoir. Il nous frappa par sa physionomie intelligente et l'expression délicate, souffrante et mélancolique de ses traits. Nous devisâmes de toutes choses, et surtout des affaires générales du temps, comme des voyageurs qui ne se sont jamais vus, mais qui se connaissent de noms, et entre lesquels il y a des questions réservées et des convictions communes ; car, si M. Ozanam n'avait point mes opinions politiques, j'avais toutes ses croyances religieuses. En parlant de l'éducation des enfants et de la prudence infinie de conduite et de langage qu'elle impose aux parents, il me dit : « Les devoirs que Dieu nous donne envers nos enfants sont des préservatifs pour nous-mêmes. » Les heures s'écoulèrent vite et agréablement, du moins

---

1. Au mois de septembre 1850.
2. Membre de l'Assemblée législative de 1849.

pour l'un des deux interlocuteurs. Pendant que nous conversions ainsi, Mme Ozanam et Mme de Bains, son amie, tenant sur leurs genoux leurs enfants, deux jolies petites filles de cinq ou six ans, les berçaient au son d'une pieuse mélopée bretonne qu'elles murmuraient à voix basse, et Frédéric Ozanam détournait les yeux, dans les instants de silence, pour jeter un doux regard sur son enfant endormi.

C'était un chrétien fervent, un esprit élevé mais triste et un peu inquiet, un caractère ardent et prudent à la fois, un cœur doux et tendre, un homme d'érudition et d'éloquence, une âme de feu dans un corps d'argile, glaive dévorant qui use le fourreau. Il avait commencé par une œuvre qui le peint tout entier, la fondation de la société de Saint-Vincent-de-Paul. Il a raconté lui-même comment, jeune étudiant encore, il fut amené, pour répondre au défi des saint-simoniens, à fonder avec quelques camarades cette œuvre qui devait prendre de si grands et de si rapides développements [1]. Ozanam

---

1. « Nous étions alors envahis par un déluge de doctrines philosophiques hétérodoxes, qui s'agitaient autour de nous, et nous éprouvions le besoin de fortifier notre foi au milieu des assauts que lui livraient les systèmes divers de la fausse science. Quelques-uns de nos jeunes compagnons d'étude étaient matérialistes, quelques-uns saint-simoniens, d'autres fouriéristes, d'autres encore déistes. Lorsque nous, catholiques, nous nous efforcions de rappeler les merveilles du christianisme, ils nous disaient tous : « Vous avez raison si vous parlez du passé : le chris« tianisme a fait des prodiges ; mais aujourd'hui le christianisme est « mort. Et, en effet, que faites-vous? » Nous nous dîmes : Eh bien ! à l'œuvre! Mais que faire pour être vraiment catholique, sinon ce qui plaît le plus à Dieu? Secourons donc notre prochain comme le faisait Jésus-Christ, et mettons notre foi sous la protection de la charité. Nous nous réunîmes tous les huit dans cette pensée... Je me rappelle que, dans le principe, un de mes bons amis, abusé un moment par les théories saint-simoniennes, me disait avec un sentiment de compassion : « Mais qu'es« pérez-vous donc faire? Vous êtes huit jeunes gens, et vous avez la « prétention de secourir les misères qui pullulent dans une ville comme « Paris! Et quand vous seriez encore tant et tant, vous ne feriez pas « grand'chose. Nous, au contraire, nous élaborons des idées et un sys« tème qui réformeront le monde et en arracheront la misère pour tou-

en fut le propagateur le plus actif, et donna à ces réunions chrétiennes quelque chose de cordial qui permit aux hommes de toutes les opinions de se réunir sur le terrain neutre de la charité. La charité et la science, voilà Frédéric Ozanam tout entier. Assistant à vingt ans à une leçon de Théodore Jouffroy, qui avait attaqué le catholicisme à l'aide d'une citation inexacte, Ozanam, qui surveillait, avec une érudition précoce, cette guerre injuste faite à la religion, objet de ses affections et de son respect, écrivit une lettre au professeur pour faire appel à son savoir et à son honneur. Jouffroy, qui avait été chrétien, touché de cette protestation courageuse et éloquente d'un adversaire inconnu, eut la loyauté de rétracter publiquement son erreur. C'est ainsi qu'Ozanam, nourri de fortes études, contrôlait l'enseignement public avant d'enseigner lui-même.

Il put bientôt se présenter au concours de l'agrégation de la Faculté des lettres de Paris ; il obtint la première place à toutes les épreuves, et il étonna ses juges par la profondeur de son érudition autant que par l'éclat de ses improvisations ; M. Cousin, si bon juge dans ces matières, s'écria en l'applaudissant : « Monsieur Ozanam, on n'est pas plus éloquent que cela [1]. » D'abord suppléant Fauriel dans la chaire de littérature étrangère à la Sor-

---

« jours. » Vous savez, messieurs, à quoi ont abouti les théories qui causaient cette illusion à mon pauvre ami. Et nous, qu'il prenait en pitié, au lieu de huit, à Paris seulement nous sommes deux mille, et nous visitons cinq mille familles, c'est-à-dire environ vingt mille individus, c'est-à-dire le quart des pauvres que renferment les murs de cette immense cité. Les conférences, en France seulement, sont au nombre de six cents ; et nous en avons en Angleterre, en Espagne, en Belgique, en Hollande, en Suisse, en Allemagne, en Amérique, et jusqu'à Jérusalem. » (Discours prononcé en 1853 par Frédéric Ozanam, devant la conférence de Florence.)

Ce fragment a été cité par M. Ampère dans la remarquable étude qu'il a consacrée à Ozanam, dont il était l'ami. (Notice biographique sur Frédéric Ozanam.)

1. Biographies d'Ozanam, par M. Ampère et par M. Dufresne

bonne, puis son successeur après sa mort, Frédéric Ozanam conquit bientôt l'attention sympathique de son auditoire. Il était, chose rare, érudit et orateur. Il étudiait profondément les questions, puis, après avoir vécu avec elles, il donnait l'essor à sa vive imagination dont le travail n'avait pas alourdi les ailes, et sa parole poétique et colorée traduisait à la fois les découvertes de son esprit et les émotions de son cœur. Nul n'a mieux compris le moyen âge, nul ne l'a mieux expliqué qu'Ozanam, qui, par les tendances de sa nature, le tour un peu démocratique de ses opinions, ressemblait à un de ces républicains catholiques des cités italiennes dont il a si bien compris l'histoire. Il fallait surtout l'entendre dans une de ses belles leçons sur l'histoire littéraire de l'Italie au treizième siècle, lorsque, dans l'hiver de 1844, il rendait toute son ampleur à la grande figure du Dante, en montrant le théologien sous le poëte, et qu'il groupait autour de l'analyse puissante de la *Divine Comédie* ses belles études sur Pierre Damien, saint Dominique et saint François d'Assise, pour arriver jusqu'aux plus grands théologiens de cette époque bénie de Dieu, saint Thomas d'Aquin et saint Bonaventure.

C'est ainsi que ce noble esprit, à la fois érudit, orateur et poëte, se préparait à des travaux plus importants, mais que Dieu ne lui permit pas d'achever. Il voulait, en effet, écrire « l'histoire littéraire des temps barbares, l'histoire des lettres, et par conséquent de la civilisation depuis la décadence latine et les premiers commencements du génie chrétien jusqu'à la fin du treizième siècle [1]. » Il avait même achevé l'introduc-

---

[1]. Voir dans sa biographie, publiée par les *Annales catholiques de Genève*, la lettre intéressante qu'il écrivait à ce sujet à M. Foisset, rédacteur du *Correspondant*. Les fragments achevés ont été réunis dans les *Œuvres complètes d'Ozanam*, publiées depuis par les soins de M. Ampère, au moyen d'une souscription.

tion du premier volume de ce grand ouvrage, et, dans un fragment de cette introduction [1], rappelant la plus chère pensée de son esprit et la plus chère affection de son cœur, Dante, ce génie dominateur du moyen âge, et l'épouse chrétienne qui était l'ornement de ses joies, la consolation de ses épreuves, il s'exprimait ainsi : « Je veux faire aussi le pèlerinage des trois mondes et m'enfoncer d'abord dans cette période des invasions, sombre et sanglante comme l'enfer. J'en sortirai pour visiter les temps qui vont de Charlemagne aux croisades, comme un purgatoire où pénètrent déjà les rayons de l'espérance. Je trouverai mon paradis dans les splendeurs religieuses du treizième siècle. Mais, tandis que Virgile abandonne son disciple avant la fin de sa course, car il ne lui est pas permis de franchir la porte du ciel, Dante au contraire m'accompagnera jusqu'aux dernières hauteurs du moyen âge où il a marqué sa place. Trois femmes bénies m'assisteront aussi : la vierge Marie, ma mère et ma sœur [2]. Mais celle qui est pour moi Béatrix m'a été laissée sur la terre pour me soutenir d'un sourire et d'un regard, pour m'arracher à mes découragements, et me montrer, sous sa plus touchante image, cette puissance de l'amour chrétien dont je vais raconter les œuvres. »

Il ne faut pas oublier que, pendant qu'Ozanam jetait cet éclat dans la chaire professorale, M. Nicolas écrivait, avec un succès mérité et l'approbation de l'épiscopat tout entier, une des plus complètes et des plus utiles apologies du christianisme. Citons aussi M. de Cazalès, nom illustre dans les annales de l'éloquence politique, qui acquérait un nouvel éclat au service des idées religieuses, et M. de Carné, son ami, marchant,

---

1. M. Ampère a cité ce fragment dans son étude sur Ozanam.
2. Sa mère et sa sœur étaient mortes dans les sentiments d'une haute piété.

depuis la *Revue européenne*, dans les mêmes voies, avec un esprit qui inclinait vers les études historiques. M. l'abbé Gerbet composait deux beaux livres dans les heures que sa santé affaiblie lui permettait de donner au travail. Le *Dogme générateur de la piété catholique*, titre long et un peu obscur, cachait plutôt qu'il ne révélait un ouvrage profond, plein de pensées transcendantes et d'aperçus ingénieux, qui, fouillant dans les traditions primitives et constantes de l'humanité, y trouve le besoin comme le pressentiment du mystère catholique qui étonne le plus la raison de l'homme et satisfait le plus sa nature, faite à la fois pour la vie pratique et la vie mystique, le mystère de l'Eucharistie, ce chef-d'œuvre de l'amour divin, cette réalisation miséricordieuse de la présence divine parmi les hommes, dans l'homme même, et qui est l'âme de la vie religieuse ou du culte, l'âme de la vie sociale, l'âme de la vie intérieure, croyance sublime hors de laquelle on tombe sur le versant des idées panthéistes qui affirment que tout est Dieu, ou sur celui des idées sceptiques selon lesquelles Dieu n'est rien. Le sujet de *Rome chrétienne* avait été déjà touché avec bonheur par M. de La Gournerie, mais M. l'abbé Gerbet l'envisageait à un nouveau point de vue, car la pensée fondamentale de son livre était, comme il le dit lui-même, de recueillir, dans les réalités visibles de Rome chrétienne, l'empreinte et, pour ainsi dire, le portrait de son essence spirituelle. « J'ai regardé la cité matérielle, continue-t-il, par un certain endroit où, pour employer une expression de Bossuet, les lignes se ramassent de manière à produire une expression de la cité intelligible. » En même temps, M. l'abbé Maret écrivait son remarquable *Essai sur le panthéisme*, acte d'accusation jeté contre les tendances volontaires ou involontaires de la philosophie moderne, et plus tard sa *Théodicée*.

Toute une jeunesse pleine de séve se levait derrière ces écrivains : M. de Falloux réservé à d'autres et de plus grands succès à la tribune ; M. Audren de Kerdrel, brillant élève de l'École des chartes, qui devait déployer les dons heureux d'une parole facile dans les assemblées politiques; M. de La Villemarqué, qui attachait par de beaux travaux son nom à la langue de sa province natale; M. de Champagny, M. de Blanche, historien de Balmès, et mort jeune comme lui; M. Aurélien de Courson, fondateur de la *Revue armoricaine*.

Ainsi l'épanouissement des idées catholiques était général; il s'étendait à toutes les branches de la littérature. Le mouvement pénétrait à la fois par la poésie, l'art, la philosophie, l'histoire, comme par l'éloquence sacrée. Une grande partie de la jeunesse était profondément remuée par les idées religieuses. Le récit de ce mouvement, qui se manifesta dans les sphères purement intellectuelles, devait être la préface et l'explication nécessaire du mouvement aussi vif qui, vers la même époque, éclata dans une sphère plus voisine des faits, et produisit, à la tribune et dans la presse, des luttes éloquentes, en mettant en lumière des talents remarquables dans l'art de parler et d'écrire.

V

QUESTIONS RELIGIEUSES DANS L'ORDRE POLITIQUE.
LIBERTÉ DE L'ENSEIGNEMENT.
LIBERTÉ DE L'ÉGLISE. — Mgr PARISIS ET SES ÉCRITS
PÉRIODIQUES.

Dans les premiers temps qui suivirent la chute de M. de La Mennais, l'attitude du clergé catholique, vis-à-vis du nouveau pouvoir, avait été celle d'une neutralité circonspecte, sans hostilité, mais sans complaisance;cette situation, prise sous l'influence de Mgr de Quélen, se prolongea jusqu'en 1837. Vers cette époque, le renouvellement de plusieurs siéges épiscopaux permit au nouveau pouvoir de tenter de se rapprocher du clergé; il avait cru de bonne heure qu'il pourrait trouver une force morale de ce côté; dans le choix des nouveaux évêques, il avait été guidé par cette pensée, et il avait cherché le savoir et la piété unis à des dispositions bienveillantes pour le nouvel établissement politique. Il y avait là un assez grave péril, car si l'alliance étroite du clergé avec le gouvernement de la Restauration avait eu de fâcheux résultats, il était à craindre qu'une alliance nouvelle avec le pouvoir qui tenait sa place ne fût encore plus préjudiciable à la religion, dans une époque si sujette aux changements. Sa puissance consiste en effet dans son indépendance; la croix qui, lorsqu'elle se présente seule, commande les respects et obtient les sympathies de tous, devient suspecte quand on y attache la cocarde d'un parti. Il y avait une question qui devait devenir la pierre d'achoppement entre le pouvoir et le clergé, appuyé par tous les écrivains religieux : c'était la question d'enseignement.

On a vu que l'*Avenir* et ses rédacteurs avaient soulevé, dès l'origine, cette question. Elle avait été posée, en 1836, dans les Chambres, à l'occasion de la première loi présentée par M. Guizot, alors ministre de l'instruction publique, pour mettre la législation en harmonie avec l'article 69 de la Charte qui promettait la liberté d'enseignement. Mais, à cette époque, le clergé, aspirant plutôt à s'assurer son indépendance intérieure qu'à se ménager une action sur les idées de la génération nouvelle en obtenant sa libre part dans l'éducation nationale, fit passer avant tout la question des petits séminaires. Tous les efforts des évêques furent dirigés en ce sens, et ils se bornèrent à réclamer pour l'autorité épiscopale le droit exclusif de diriger ces établissements, indépendamment de tout contrôle universitaire. Dans cette loi de 1836, il n'y avait aucune exception contre les ordres religieux : M. Vatout provoqua l'insertion d'un article d'exclusion contre les congrégations non autorisées. La position connue de l'auteur de l'amendement auprès du gouvernement[1] donna de l'importance à cet amendement, qui fut voté après une vive discussion ; la loi, adoptée à la Chambre des députés, ne fut point portée à la Chambre des pairs, et la question de l'enseignement demeura encore sans solution.

Des esprits commencèrent à s'en préoccuper vivement dans les années suivantes, et M. Villemain, ministre de l'instruction publique en 1839, montra un esprit plein de tempérament et de conciliation dans les conférences qu'il eut avec M. de Montalembert à ce sujet. Le ministère du 12 mai étant tombé, et le ministère présidé par M. Thiers ayant pris sa place, M. Cousin, nouveau ministre de l'instruction publique, témoigna des dispositions aussi conciliantes. Mgr de Quélen venait de mourir, et Mgr Affre, qui le remplaçait, était favorable à ces tentatives faites pour créer une bonne entente entre l'Église et le gouvernement. Le temps de ces deux ministères s'écoula en négociations sincères des deux côtés, mais nécessairement stériles : à cette époque, l'heure de la transaction n'était pas encore venue, et la guerre sortait de la situation entre les catholiques, qui demandaient la liberté

---

1. M. Vatout était bibliothécaire de la liste civile, et fort avancé dans l'intimité du chef de l'État.

de l'enseignement, et le ministre de l'instruction publique, quel qu'il fût, qui, chef de l'Université, voulait maintenir sa prérogative et son ascendant. Le principe de la liberté d'enseignement fit des progrès secrets dans les esprits durant les années 1840, 1841 et 1842, et la brochure de M. de Montalembert sur les *Devoirs des catholiques* vint achever, en 1843, de mettre le feu à la question.

C'est ainsi qu'on entra dans cette lutte, où plusieurs esprits élevés qui avaient déjà paru ou devaient paraître avec éclat, soit dans les assemblées politiques, soit dans les polémiques de la presse, conquirent leur première renommée. C'est l'époque où M. de Montalembert se réunit à Mgr Parisis, M. Dupanloup, M. de Brézé, M. le marquis de Barthélemy, M. de Vatimesnil, M. Delavau, M. de Falloux, MM. de Riancey, pour entrer dans cette voie avec une ardeur et une suite qui exercèrent une grande influence sur le mouvement religieux. Dès lors le rapprochement auquel le gouvernement avait songé, et qui menaçait de replacer le clergé sous le coup d'une solidarité politique qui pouvait lui devenir préjudiciable, s'arrêta. Il se forma un grand courant d'opinions, que la tribune politique et la presse rendirent, de jour en jour, plus puissant, et auquel les évêques donnèrent une haute impulsion en prenant ouvertement part à la polémique. Mgr le cardinal de Bonald commença à écrire ses mandements, Mgr Affre lui-même, qui devait mourir si noblement comme une victime expiatoire de nos troubles civils, écrivit une lettre à M. de Montalembert pour appuyer de son concours les efforts communs. Bientôt on ne se contenta plus de la polémique, on voulut y joindre une action plus efficace : c'est alors que le comité des pétitions pour la liberté d'enseignement fut fondé. On imitait, en France, pour obtenir la liberté de l'enseignement, ce qu'avait fait en Angleterre Daniel O'Connell pour obtenir un soulagement aux maux de son Irlande. En même temps, deux nouveaux journaux, l'*Univers*, qui avait pris la place de la *Tribune catholique*, destinée à recueillir les épaves de l'*Avenir*, et l'*Union catholique*, furent consacrés, pendant les années 1842 et 1843, à développer sous toutes ses faces cette grande question de la liberté de l'enseignement, devenue le drapeau de tout le clergé français appuyé par tous les hommes religieux.

Il est remarquable qu'on prenait la route à l'endroit où M. de La Mennais s'était fourvoyé et qu'on employait à un meilleur usage les armes dont il s'était servi. L'*Univers* et l'*Union catholique* [1] remplissaient, dans cette nouvelle campagne, le rôle qu'avait rempli l'*Avenir* dans la première; le comité pour les pétitions tenait la place de l'*Agence religieuse*. Seulement, au lieu de jeter le clergé dans les questions politiques sur lesquelles il n'était pas appelé à prendre un parti, au lieu de vouloir le donner pour complice à toutes les révolutions démocratiques, on concentrait son action sur une question religieuse à laquelle son devoir comme son droit l'obligeait à s'intéresser, car il s'agissait de l'enseignement donné aux générations nouvelles, c'est-à-dire de l'avenir religieux du monde.

Les choses étaient ainsi préparées, lorsqu'en 1844 une nouvelle loi d'enseignement présentée par le ministère de cette époque, où M. Villemain tenait le portefeuille de l'instruction publique, vint donner une nouvelle activité à la lutte. Elle atteignit un degré de vivacité qu'elle n'avait pas atteint jusque-là. Les hommes religieux, qui craignaient par-dessus tout le monopole universitaire, avaient le sentiment de leurs forces, et le

---

1. L'*Union catholique* fut fondue, peu de temps après, avec l'*Univers*.

clergé, sûr de ne pas être abandonné dans cette question, prit la parole avec une hauteur et une fermeté qui irritèrent vivement le gouvernement. Les rapports étaient déjà très-relâchés; on en vint presque à une rupture. Du côté du gouvernement, on évoqua ces lois qui interdisent les rapports non autorisés entre les évêques, comme les coalitions de ces ouvriers mutins qui s'entendent pour faire augmenter arbitrairement leurs salaires. Faute de pouvoir se réunir, les évêques avaient ouvert entre eux une correspondance suivie; on prétendit que cette correspondance constituait ce qu'on appela « un concile écrit, » et que par là même elle devenait un délit. C'est ainsi que la question de la liberté de l'enseignement mit les esprits sur le chemin de la question de la liberté religieuse.

Il s'agissait en effet de savoir si les évêques, institués pour former une Église, c'est-à-dire une réunion, devaient vivre dans l'isolement et attendre, pour se consulter entre eux, l'autorisation du pouvoir temporel, ce qui aurait subordonné l'accomplissement du devoir épiscopal à l'arbitraire d'une volonté séculière. Cette grave question, qui se rattachait aux intérêts les plus élevés, amena, en 1844, la fondation du comité de la liberté religieuse. Dès lors, les proportions du mouvement s'agrandirent encore. Ce comité, formé de pairs, d'écrivains, de députés, devint une sorte de directoire qui s'efforça d'agir, non plus seulement sur les idées, mais sur les faits [1].

---

[1]. On remplirait plusieurs pages des titres des écrits publiés par ces divers comités sur les questions à l'ordre du jour : liberté d'enseignement, liberté de l'Église, question liturgique, rapports de l'Église et de l'État, empiétements. Mgr Parisis, M. l'abbé Dupanloup, qui adressa, en 1844, au duc de Broglie, deux lettres presque prophétiques, MM. de Montalembert, de Riancey, Laurentie, Beugnot, de Vatimesnil, Lenormand, prirent une grande part à cette polémique soutenue dans des lettres épiscopales où les projets de lois étaient examinés, des livres,

Nul écrivain n'aborda les questions difficiles qui s'élevèrent alors d'un esprit plus résolu et d'un style plus lucide que Mgr Parisis, évêque de Langres. Lorsque le moment fut venu d'examiner, dans le passé, si l'Église avait empiété sur l'État ou l'État sur l'Église, si, dans le présent, la tendance à l'empiétement existait chez celui-là ou chez celle-ci, ce fut lui qui tint la plume. Il aborda, avec non moins de fermeté, une autre question encore plus délicate, celle du silence et de la publicité. L'épiscopat doit-il ou ne doit-il pas renoncer à se servir de cette arme redoutable des temps modernes? Les ennemis de la religion lui conseillent unanimement le silence, premier préjugé légitime en faveur de la publicité. De grands malheurs, le schisme de l'Orient et celui d'Angleterre, se sont consommés à l'aide du silence de quelques fractions de l'épiscopat, second préjugé légitime en faveur de la publicité. Les pertes qu'a faites l'Église de France, depuis cinquante ans, se sont toujours consommées pendant le silence des évêques, troisième préjugé légitime en faveur de la publicité. A ces préjugés légitimes viennent se joindre des raisons déterminantes : 1° les questions

---

des brochures, des mémoires, des plaidoyers, des pétitions, des articles de journaux. En même temps, de très-vives polémiques s'engageaient au sujet du *Manuel du droit public ecclésiastique*, publié par M. Dupin. Ces polémiques, élucidant la matière, faisaient ressortir deux ordres de questions bien distinctes, ordinairement confondues dans la question gallicane : questions des règles selon lesquelles l'autorité du pape peut s'exercer en France, sans blesser, dans les affaires mixtes, les droits de la souveraineté temporelle; questions des rapports du clergé français avec le pouvoir temporel au dedans, avec le pouvoir spirituel au dehors. Les questions du premier ordre sont du ressort des concordats, et intéressent la liberté civile et politique et non la liberté religieuse. Il est impossible de nier que, dans le second ordre, l'obligation imposée aux évêques de ne point se réunir, se rendre à Rome, ou correspondre avec le Saint-Siége sans autorisation, comme celle de faire enseigner dans leurs séminaires la partie théologique de la déclaration de 1682, au lieu d'être des libertés religieuses, soient des libertés prises contre l'Église.

dans lesquelles les évêques sont intervenus sont religieuses et non politiques ; 2° les questions religieuses sont graves et même décisives pour la religion en France ; 3° dans des questions où la ruine de la religion est en cause, c'est, pour les évêques, un rigoureux devoir d'intervenir ; 4° de ce que le danger vienne des lois ou des puissances, ou de ce qu'on n'ait pas l'espoir de le détourner tout à fait pour le moment, il ne s'ensuit nullement que les évêques ne doivent pas le repousser ; 5° la forme du gouvernement constitutionnel exige plus que jamais que l'action des évêques par la parole soit publique ; 6° c'est surtout par la parole écrite que les évêques sont obligés de défendre publiquement les intérêts de la religion dans les questions qui les occupent ; 7° les évêques ont de droit divin le pouvoir de faire publiquement usage de la parole quand ils le croient nécessaire aux intérêts de l'Église[1].

Telles étaient les propositions que Mgr Parisis développait avec une grande force de logique et une clarté remarquable de style en 1845. En suivant cet ordre d'idées, il fut conduit à envisager la position de l'Église sous les gouvernements rationalistes. D'abord il établit que, jusqu'à la Révolution de 1789, l'État se déclarant soumis à l'Église en tout ce qui concernait le dogme, la morale, et même les points essentiels de la discipline, l'action de l'État sur toutes les matières religieuses, qui se trouvait par là même subordonnée de droit à l'autorité catholique, n'était pas censée pouvoir favoriser l'erreur : « Ceci explique comment l'État aurait pu prendre alors une part souveraine à la direction de l'enseignement sans inspirer des alarmes aux fidèles. » Il démontre ensuite que, depuis la Révolution de 1830, la situation est changée ; le prince ré-

---

1. *Du silence et de la publicité.*

gnant et sa famille sont catholiques, l'État ne l'est plus. Non qu'il ne puisse plus avoir de rapports avec l'Église, mais il ne vit plus dans son sein, il est placé exclusivement dans le siècle, et c'est là le vrai sens de ce mot : la France est sécularisée, c'est-à-dire que, comme nation, elle est régie, non plus par l'autorité de la foi divine, mais par ce que l'Évangile appelle la prudence du siècle, sous un gouvernement rationaliste. L'auteur part de là pour conclure que, sous un gouvernement rationaliste, l'Église a le droit, au point de vue civil comme au point de vue divin, d'élever sans obstacle des écoles libres, sans que ce gouvernement puisse avoir aucun droit légitime, soit d'action, soit de direction sur cet enseignement, soumis seulement à l'application des lois de haute police[1].

C'est ainsi qu'en parcourant les anneaux de cette chaîne logique le docte écrivain finit par se trouver en face d'une question d'ensemble qui dominait tout le débat : c'est l'*accord de la doctrine catholique avec la forme des gouvernements modernes*[2].

Il fallait, en effet, répondre à deux ordres d'adversaires. Ceux du camp opposé disaient aux évêques : « Vous n'aimez pas nos libertés civiles, vous ne pouvez les aimer d'aucune manière. Vous voudriez, comme autrefois, une religion d'État, un culte d'État, une censure de la presse, un gouvernement absolu, tout cet ancien régime que nous avons aboli sans vous et malgré vous. » Parmi les catholiques mêmes, il y en avait qui leur disaient : « Non, vous n'êtes pas imposteurs, mais vous êtes imprudents; vous faites

---

1. *Des gouvernements rationalistes et de la religion révélée*, par Mgr Parisis. (Décembre 1846.)
2. *Cas de conscience à propos des libertés exercées ou réclamées par les catholiques, ou accord de la doctrine catholique avec la forme des gouvernements modernes*, par Mgr Parisis, évêque de Langres (1847).

fausse route. Toutes ces libertés sont, par leur nature, ennemies de toute religion, et notamment du catholicisme ; elles ont été d'ailleurs récemment encore condamnées par plusieurs encycliques. Tous ces gouvernements, auxquels vous voulez vous rattacher, sont révolutionnaires et ne peuvent avoir qu'un temps. L'Église les subit, mais elle ne pourra jamais pactiser avec leurs principes. »

C'est ainsi que Mgr Parisis se posait à lui-même ces graves et délicates objections ; puis il s'écriait : « *Foris pugnæ*, d'un côté ce sont des attaques à notre bonne foi ; *intus timores*, de l'autre des reproches à notre conscience. » Sans se dissimuler la grandeur de la question, ses difficultés, ses périls, il l'abordait cependant, et, après une discussion lumineuse, pleine de nuances délicatement touchées, de réserves prudentes, de distinctions soigneusement indiquées, de précautions infinies de langage, il arrivait à conclure que les évêques, et avec eux les catholiques, pouvaient et devaient se servir des institutions établies, profiter du principe de la liberté et de l'égalité des cultes devant la loi pour réclamer la liberté de l'Église ; du principe de la liberté d'enseignement pour revendiquer, non pas la liberté du mal qui existait par le monopole, mais la liberté du bien qui n'existait pas ; de la liberté de la presse et de la tribune pour défendre librement les intérêts catholiques opprimés ou menacés.

Il appuyait, avec une force incomparable, sur le grand danger de l'Église, danger qui était, selon lui, dans la politique qui partout cherchait à l'envahir, afin d'en faire un instrument de règne. La liberté lui paraissait, dans les temps où nous vivons, préférable à tout autre régime. « L'Église, disait-il, aime incomparablement mieux vivre libre au milieu des scandales que d'être privée de sa liberté dans les points essentiels...

De la tranquillité, des égards, des avantages temporels, quels qu'ils soient, achetés aux prix du mutisme de l'Église, malheur à nous si nous en voulions jamais! Une civilisation qui tiendrait la vérité captive sous les caprices et les calculs du pouvoir matériel, quelque parfaite, quelque bienfaisante même qu'on la suppose à certains égards, ne serait toujours, aux yeux de la foi, qu'un esclavage sacrilége, et, aux yeux de la raison, que la voie à la dernière dégradation humaine [1]. »

Cette belle argumentation reposait sur deux principes. Le premier, c'est que la fin immédiate et particulière des gouvernements civils étant le bonheur de la société considéré dans les biens d'ici-bas, le droit et même le devoir de ces gouvernements pouvait être, non pas de dénier à l'Église ses droits, mais de ne pas lui accorder de priviléges, quand ces priviléges trouveraient la société peu disposée à les supporter, et surtout quand ils pourraient amener des réactions contre l'Église. Le second, c'est que l'Église, destinée à vivre dans tous les temps, dans tous les lieux, sous tous les gouvernements, peut et doit prendre dans les lois établies tout ce qui l'aide à remplir sa mission divine. Après avoir examiné les besoins, les vices, les dangers des sociétés modernes, et comparé la situation de la religion dans les pays où la publicité et la liberté n'existaient pas à sa situation dans les pays de publicité et de liberté, Mgr Parisis arrivait à conclure que, tout bien considéré, la liberté et la publicité valaient mieux, dans les circonstances où nous vivons, pour la vertu et la religion, qu'un régime de silence et de pouvoir absolu, et il terminait en disant : « On peut en conclure formellement que, dans l'intérêt même de la morale et de la foi, nous devons accepter, bénir et

---

1. *Cas de conscience*, pages 138 et 139.

soutenir pour notre part les institutions libérales qui règnent aujourd'hui en France. »

On voit ici comment les idées qui s'étaient produites dans l'*Avenir* avec la fougue de la jeunesse et l'impétuosité de l'inexpérience arrivaient à leur expression raisonnable, après s'être considérablement modifiées, corrigées et tempérées au contact de la sagesse et de la réflexion. Plus de principes absolus ; une appréciation calme et modérée de ce que commandaient et de ce que permettaient les circonstances ; la théorie, toujours dangereuse, remplacée par un examen pratique de la situation de l'Église et de celle du gouvernement ; des réserves de principes faites à côté d'une justification éloquente des errements suivis : tel était, en substance, l'écrit remarquable par lequel Mgr Parisis protégeait et couvrait l'action des catholiques, en montrant l'accord qui pouvait s'établir entre la doctrine de l'Église et la forme des gouvernements modernes.

On arrivait en effet à l'action. Sous la forme de comité de la liberté d'enseignement, puis de comité de la liberté religieuse, où se forma plus tard une section de pétitionnement, l'Agence catholique multipliait ses efforts. A côté de personnages déjà influents, des jeunes gens apportaient l'activité de leur âge et de leur zèle. M. Henri de Riancey, nom et talent d'avenir [1], faisait ainsi avec son frère toute la correspondance, et une maison de librairie connue apportait avec dévouement au comité une organisation matérielle aussi simple qu'active. M. de Montalembert était à la fois le centre et le promoteur le plus zélé et le plus actif de tous ces efforts qui trouvaient

---

[1]. On remarqua le vif et brillant plaidoyer prononcé en 1845 devant la cour d'assises du Calvados, par M. Henri de Riancey, pour la défense de M. l'abbé Souchet, chanoine de Saint-Brieuc, accusé d'avoir excité au mépris de l'Université. M. Thomine des Masures, ancien bâtonnier de l'ordre des avocats de Caen, assistait M. de Riancey.

dans l'*Univers* un puissant instrument d'action ; le *Correspondant* prêtait au même mouvement son influence comme revue : à la même époque, M. l'abbé de Valroger combattait avec beaucoup de science, dans cette revue, le rationalisme contemporain. Tous tendaient au même but. Enfin vint le jour où l'on voulut accroître les forces dont on disposait à la Chambre élective, et alors le comité de la liberté religieuse, se couvrant d'une liberté constitutionnelle, devint un comité électoral qui essaya de peser sur tous les choix. C'est dans ces circonstances que la formule, qui devait exciter tant de controverses, parut pour la première fois, celle des *catholiques avant tout*. Pour ceux qui combattaient cette formule, elle signifiait qu'en l'adoptant on mettait de côté ses opinions politiques pour renfermer son action exclusivement dans les questions religieuses : d'après l'interprétation de la plupart de ceux qui l'adoptaient, elle signifiait, au contraire, qu'ils conservaient leurs opinions politiques et ne renonçaient point à les faire prévaloir, mais qu'en attendant qu'ils pussent le faire ils étaient résolus à s'entendre, même avec des adversaires, pour faire triompher le principe des libertés religieuses. C'est ainsi que, dans les dernières élections qui s'ouvrirent sous l'établissement de Juillet, ils adoptèrent pour tactique, partout où ils étaient en minorité, de porter leurs voix sur celui des compétiteurs qui s'engagerait à voter pour la liberté de l'enseignement et pour les autres libertés religieuses quand elles seraient discutées dans l'Assemblée. C'étaient des espèces d'associations formées pour un objet défini et qui rapprochaient, sur un terrain convenu, des hommes qui, engagés sur une question, se réservaient, dans toutes les autres questions, l'indépendance de leurs opinions et la liberté de leurs votes.

Il était indiqué qu'en présence de ce mouvement d'idées, qui se fortifiait et grandissait par le combat, il serait impossible de faire prévaloir une loi d'enseignement qui maintînt dans son intégrité l'établissement universitaire. Le gouvernement fit une nouvelle tentative en 1846, en présentant une troisième loi d'enseignement par les mains de M. de Salvandy ; cette troisième tentative ne fut pas plus heureuse que les deux premières. Les partisans des libertés religieuses, devenus plus hardis, attaquèrent le projet de loi nouveau avec un ensemble et une vivacité qui firent présager le sort du projet ministériel. La question de la liberté religieuse était devenue une des questions qui préoccupaient le plus vivement l'esprit public et qui avaient le privilége de passionner l'opinion. Dans les conditions où son origine l'avait placé, le gouvernement ne pouvait l'accorder, et cependant il ne pouvait la refuser sans un grave péril, car ces discussions ardentes ajoutaient à l'ébranlement général, et, dans les Chambres et aux élections, il allait rencontrer comme un péril et un obstacle les idées et les intérêts mêmes qui, par leur nature, affermissent le sol social.

LES IDÉES CATHOLIQUES A LA TRIBUNE : M. DE MONTALEMBERT.

Ce tableau du mouvement des idées religieuses dans la sphère la plus voisine des faits nous conduit naturellement à une étude du talent oratoire de M. de Montalembert, qui fut la personnification la plus brillante de ce mouvement dans les luttes parlementaires. En effet, ce fut au service de cette cause que cette nouvelle renommée de tribune naquit et grandit d'année en année ; de même que M. Guizot représenta surtout à la tribune les idées et les intérêts de conservation intérieure et extérieure, M. Thiers les idées et les intérêts démocratiques compatibles avec l'établissement de 1830, M. Berryer les principes traditionnels de la France et sa politique permanente, M. de Montalembert représenta les intérêts catholiques, les idées religieuses.

Il arrivait, on l'a vu, aux premières années de sa jeunesse au moment de la chute de la Restauration, et il avait été élevé à l'école des idées libérales qui prévalurent surtout pendant les derniers temps du règne de Charles X ; il différait seulement de la génération de cette époque par ses convictions profondément catholiques. La première fois qu'il avait paru dans l'enceinte de la Chambre des pairs où il devait siéger, ce fut comme prévenu d'avoir ouvert, avec MM. Lacordaire et de Coux une école libre, et son premier discours avait été un plaidoyer en faveur de la liberté d'enseignement. Devenu l'un des rédacteurs les plus assidus de l'*Avenir* avec M. Lacordaire et sous la direction de M. de La Mennais, il avait déployé, pendant la courte durée de ce journal, un talent de polémique agressive, un élan d'inspiration joint à cette sève d'idées, et à ce mouvement d'un style jaillissant tout coloré par la passion, qui sont les qualités les plus précieuses d'un journaliste. L'ardeur de son âge, les tendances de son éducation, l'impétuosité naturelle de son esprit, devaient le précipiter sur les pentes où l'*Avenir* glissa avec M. de La Mennais ; mais les disciples furent plus sages que le maître ; M. de Montalembert eut, comme M. Lacordaire, l'honneur et le bonheur de s'arrêter à la voix de l'Église que M. de La Mennais refusait d'écouter. Ces beaux talents ne furent donc pas perdus pour la cause de la vérité catholique ; et l'on peut dire que, même au point de vue humain, ils en furent récompensés ; car, tandis que M. de La Mennais compromit sa gloire et son génie par sa désobéissance, MM. de Montalembert et Lacordaire durent le développement de leur éloquence et l'éclat de leur gloire au courage qu'ils eurent d'obéir.

Lorsque M. de Montalembert eut atteint l'âge légalement requis pour prendre part aux discussions de la Chambre des pairs, il entra dans ces discussions avec les avantages d'une éloquence naturelle, pleine de jeunesse, d'éclat et de verve, mais aussi avec quelques-uns des inconvénients de ses premières tendances. On ne sort pas tout d'un coup des courants d'idées qui vous ont entraîné : la politique extérieure et intérieure qu'avait suivie l'*Avenir* fit donc plusieurs fois sentir son mouvement dans les premiers discours du jeune orateur. Pour un homme de cet âge et pour un esprit de cette indépendance, c'était beaucoup que de se soumettre sans arrière-pensée à l'autorité de l'Église; partout ailleurs, il préférait la question de liberté à la question d'autorité; l'expérience seule apprend aux hommes combien ces questions sont étroitement liées, liées à tel point que la liberté n'existe d'une manière étendue et durable que là où l'autorité, incontestable et incontestée, est trop bien protégée par le respect de tous pour alarmer les esprits sur les périls de l'ordre. Les droits des peuples contre leurs gouvernements plutôt que la tradition, la question de principe au nom de laquelle on proclame les nationalités immortelles malgré leur mort plutôt que la question politique dont l'étude approfondie révèle par quels vices et par quelles fautes les nationalités peuvent mourir et à quelles conditions il arrive qu'elles ressuscitent, tels furent, au début, les textes préférés de l'éloquence de M. de Montalembert, quand elle s'appliqua aux affaires générales du pays et à celles de l'Europe.

Il eut donc, à cette époque, quelques points de contact avec l'école démocratique, et il les cherchait plus qu'il ne les évitait. C'était la pente du temps, celle de son âge et de son éducation ; l'enivrement général des espérances qui ouvraient devant les jeunes esprits des horizons de liberté sans bornes agissait sur cette imagination ardente ; avec la généreuse naïveté de son âge, il crut pendant un temps à la sincérité des promesses des révolutions, et il espéra que la liberté religieuse, si justement chère à son cœur profondément catholique, viendrait s'asseoir au banquet des libertés nationales. Rien ne lui coûta pour ôter tout prétexte à la défiance qui pouvait mettre obstacle à ce grand événement, et ce fut sans doute une des causes qui le poussèrent à marquer, d'une manière éclatante, les points sur lesquels il différait avec l'ancienne école monarchique ; il craignait que la liberté d'enseignement et la liberté religieuse ne fussent repoussées comme des idées de parti et comme les idées d'un parti vaincu ; cette appréhension contribua à rendre sa jeunesse quelquefois bien sévère pour la vieille monarchie, dont il ne vit que les fautes, sans les distinguer assez de son principe, et sans tenir compte de la difficulté des circonstances sous l'empire desquelles elles avaient été commises.

On sait comment ces deux grandes questions de la liberté d'enseignement et la liberté religieuse arrivèrent devant les assemblées politiques. Ce sera toujours l'honneur de M. de Montalembert d'avoir attaché son nom à la défense de ces intérêts sacrés ; c'est à leur service qu'il livra ses combats les plus éclatants de tribune et qu'il remporta ses plus belles victoires d'éloquence, victoires stériles quant aux résultats immédiats, mais fécondes pour l'avenir, car les idées justes et saines sont une semence immortelle qui finit tôt ou tard par enfanter sa moisson, et l'avenir qui devait voir prévaloir les idées de M. de Montalembert sur la liberté d'enseignement et les libertés de l'Église n'était pas éloigné.

Ce fut un spectacle plein d'intérêt lorsqu'on vit se lever au milieu de la Chambre des pairs, composée presque exclusivement des débris de tous les régimes, d'hommes blanchis dans les affaires, rompus à la politique, et chez qui l'expérience avait éteint l'enthousiasme, ce jeune homme ardent, enthousiaste, impétueux, qui venait troubler, par l'accent d'une voix passionnée, le calme décent, la réserve élégante et la convenance expérimentée et pleine de savoir comme de savoir-vivre, mais un peu froide; des discussions habituelles, en revendiquant, au nom des générations nouvelles et de celles de l'avenir, les droits et les intérêts de la religion qu'on disait n'avoir de partisans que parmi les vieillards, et de vie que dans le passé! La Chambre des pairs elle-même, malgré les dissemblances d'âge, de tempérament intellectuel, ou peut-être à cause de ces dissemblances, vit, avec une curiosité bienveillante, naître dans son sein cette jeune éloquence dont la primeur rajeunissait sa maturité et donnait à ses séances un intérêt inaccoutumé; dans la nature des sentiments que lui inspira M. de Montalembert, il y eut, bien entendu, en faisant la part de la différence des hommes, des temps et des situations, quelque chose de l'effet que produisit sur Mme de Maintenon, dans sa sage vieillesse, l'apparition du jeune duc de Fronsac, tout brillant d'esprit et d'ardeur, dans sa verte adolescence. Elle se sentit pleine d'indulgence pour les privautés que devait prendre cette éloquence, dont elle se parait comme d'un de ses joyaux les plus précieux, tout en trouvant qu'il était monté de manière à faire sentir, de temps en temps, ses aspérités.

M. de Montalembert comprit ses avantages, et il n'était pas homme à ne point en profiter. La tournure de son caractère et de son esprit le portait plutôt à prendre les libertés qu'on lui refusait qu'à renoncer à celles qu'on lui laissait. Orateur naturel, hardi, plein de provocations et de saillies, fougueux, mais cependant maître de sa fougue, dont il calcule et dirige avec art les élans, spirituel, animé, incisif, d'une familiarité élégante et hautaine, avec une nuance aristocratique dans ses entraînements de tribune, d'une simplicité élevée et toujours littéraire, arrivant facilement dans ses violences jusqu'à l'aigreur, jamais jusqu'à la grossièreté trop éloignée de ses mœurs et de ses habitudes, capable de passion oratoire, et par conséquent s'élevant aux grands accents de l'éloquence, il entra dans la lutte avec cette ardeur que donnent une conviction profonde, un caractère tenace, une jeunesse pleine de séve et un talent puissant consacré à une grande cause. Il avait dit, dans le plaidoyer qu'il prononça à vingt ans devant la Cour des pairs comme prévenu du délit d'avoir ouvert une école libre : « Quels que soient ma reconnaissance et mon respect pour ceux qui ont présidé directement à mon éducation, et que, depuis, la mort ou la disgrâce ont éloignés de l'Université, je ne pus m'empêcher dès lors de déplorer l'ignorance et l'impuissance où les condamnait leur position même : dès lors je ne pus m'empêcher de gémir, comme aujourd'hui, sur le sort de tant d'âmes contemporaines de la mienne ou plus jeunes encore, et livrées si longtemps et de si bonne heure à d'effroyables dangers. Je fis alors avec ma conscience et mon Dieu un pacte solennel ; je me promis de contribuer, pendant toute ma vie et de toute ma force, à la ruine de cet enseignement oppressif et corruptible ; ce pacte solennel, religieux, irrévocable, je commence à le remplir aujourd'hui devant vous... Je me féliciterai toute ma vie d'avoir pu consacrer ces premiers accents de ma voix à demander pour ma patrie la seule liberté qui puisse la raffermir et la régénérer. Je me féliciterai également toujours d'avoir pu rendre témoignage, dans ma jeunesse, au Dieu de mon enfance. C'est à lui que je recommande le succès de ma cause, de ma sainte et glorieuse cause; je la dis glorieuse, car elle est celle de mon pays; je la dis sainte, car elle est celle de mon Dieu[1]. » L'orateur demeura plus tard fidèle au programme du prévenu. Ces paroles, prononcées au début de la carrière de M. de Montalembert, en dominent toute la suite; la liberté d'enseignement, puis la liberté religieuse avec toutes les questions qu'elle soulève, ne cessèrent pas d'être l'objet de ses efforts continuels et le principal aliment de son éloquence.

Ce fut surtout dans les sessions de 1844 et de 1845 que se livrèrent les grands combats pour la liberté d'enseignement et la liberté religieuse, et M. de Montalembert n'eut point affaire à de médiocres adversaires : M. Guizot, avec l'autorité de sa raison et de sa parole gouvernementale; M. Villemain, dont la causerie vive et féconde, pleine d'aperçus ingénieux, de sous-entendus spirituels, de malice et de sel, plaisait à tous, excepté à ses adversaires; M. Cousin, orateur élevé, riche en aperçus et préparé à ces questions par ses polémiques philosophiques : tels furent les antagonistes que rencontra M. de Montalembert. Il engagea vaillamment la lutte et la soutint sans infériorité. Appuyé d'un côté sur l'article de la Charte qui promettait la liberté d'enseignement, et sur les principes antérieurs et supérieurs à toute charte qui mettent la liberté religieuse au nombre des droits fondamentaux et essentiels, il se fit une puissance de la faiblesse même de la minorité qui appuyait ses réclamations dans la Chambre des pairs, et, au nom de cette infériorité numérique qui le laissait faible dans l'action, il revendiqua dans la discussion le droit de tout dire.

1. *Défense de l'école libre devant la Cour des pairs*, insérée au *Moniteur* du 21 septembre 1831.

En attendant qu'on le lui accordât, il le prit. Il dit tout, hardiment, sans hésitation, sans réserve, et, par la prestesse d'une parole vive et alerte, qui arrive à l'improviste au but, pendant qu'on croit qu'elle prend encore son élan, il ne laissa à ses contradicteurs que la consolation de s'étonner qu'on pût dire des choses si hardies, et, pendant qu'ils se donnaient ce plaisir, il ajoutait à leur étonnement par des hardiesses plus grandes encore. Tour à tour sérieux, incisif, véhément, mêlant les saillies naturelles d'un esprit tourné à la raillerie élevée, aux protestations passionnées, personnel au besoin, quelquefois amer, prompt à renvoyer l'épigramme aux interrupteurs après l'avoir aiguisée, et se défendant avec les traits qu'on lui lançait, ajoutant les grâces familières d'une pose dédaigneusement négligée à l'accent d'une voix tour à tour vibrante et mordante, qui semble étreindre les paroles avant de les jeter, et à la distinction d'un geste facile et élégant, on vit l'orateur transporter dans l'éloquence les procédés que Joseph de Maistre avait introduits dans la polémique. Ce talent offensif le prend de haut avec les idées qu'il combat. Il les provoque, les malmène, les frappe sans relâche. Ce n'est point une discussion tranquille, modérée, purement didactique ; c'est la guerre. Cette éloquence armée en guerre est sur la brèche, elle monte à l'assaut, elle s'enflamme de la passion qu'elle exprime et de celle qu'elle combat, elle intéresse ses adversaires eux-mêmes par la rapidité de ses manœuvres, la hardiesse de ses attaques ; elle irrite ou elle satisfait, mais elle ne laisse personne indifférent.

Quand on suit M. de Montalembert dans les grandes discussions de 1844 et de 1845 [1], ce sont là les carac-

---

[1] En 1844, M. de Montalembert prononça trois discours remarquables : le premier, le 16 avril 1844, sur la liberté de l'Église, à l'occasion des critiques dont la conduite de l'épiscopat avait été l'objet à cause de

tères les plus généraux qu'on saisit dans son éloquence. Écoutez-le lorsque, pour répondre aux partisans des quatre articles qui allèguent un décret impérial qui a force de loi, il s'écrie : « J'ai eu de la peine à le croire; cependant je l'ai cherché, je l'ai trouvé ; c'est vrai, il est du 25 février 1810. Mais, en cherchant dans le *Bulletin des lois* ce décret de l'Empire, j'ai trouvé dans le même numéro un sénatus-consulte organique du 17 février 1810, c'est-à-dire huit jours avant, qui porte ce qui suit : *A leur avénement, les papes prêteront serment de ne rien faire contre les libertés de l'Église gallicane.* Eh bien, quand M. le garde des sceaux pourra faire exécuter ce dernier décret, il pourra faire exécuter l'autre. Mais tant qu'il ne fera pas exécuter l'un, je ne vois pas pourquoi il voudrait donner force de loi à l'autre. Du reste, il y a un moyen bien simple de trancher la question : si, comme vous le dites, les quatre articles de 1682, auxquels personne ne pense plus parmi le clergé et les fidèles, sont à vos yeux réellement la loi de la nation, voici un moyen très-simple de le prouver. Je défie M. le garde des sceaux actuel et ses successeurs futurs et possibles, tels que M. Dupin ou M. Isambert, n'importe qui, de trouver, parmi les quatre-vingts évêques de France, cinq prélats qui adhèrent publiquement aux quatre articles. Je dis plus : afin qu'on n'ait pas affaire à ceux qui existent et dont la nomination est consommée, vous avez en ce moment à pourvoir quatre ou cinq

---

l'attitude du clergé dans la question de la liberté d'enseignement ; le second, le 26 avril, sur la question de la liberté d'enseignement, à l'occasion du rapport sur la loi d'enseignement présentée par M. Villemain ; le troisième, le 8 mai 1844, sur la liberté des ordres monastiques, à l'occasion d'un amendement de M. le comte d'Harcourt.

En 1845, M. de Montalembert prononça un discours qui remplit les séances des 14 et 15 janvier, à l'occasion des atteintes portées à la liberté religieuse ; et, sur la fin de la discussion, il adressa une vive réplique à M. Martin (du Nord), alors ministre des cultes.

évêchés ; eh bien, déclarez que vous n'y nommerez pas d'autres prélats que ceux qui adhéreront aux quatre articles. Eh ! vous savez bien que vous n'en trouverez pas ! »

M. de Montalembert disait vrai ; et, en résolvant ainsi par le fait la question de principe, il constatait le résultat véritable et important de la lutte ouverte par M. de La Mennais sous la Restauration et continuée par l'école catholique lorsqu'elle se reforma après la chute de son ancien chef. En même temps, il suivait la pente de son éloquence disposée à la provocation, au défi, et préférait l'action aux paroles, la mise en demeure au raisonnement.

A la fin du même discours, on retrouve la même forme oratoire, avec l'accent de la passion succédant à celui de l'ironie : « On vous dit d'être implacables et inflexibles ! s'écriait l'orateur ; mais savez-vous ce qu'il y a de plus inflexible au monde ? Eh ! ce n'est ni la rigueur des lois injustes, ni le courage des hommes politiques, ni la vertu des légistes ; c'est la conscience des chrétiens convaincus. Permettez-moi de vous le dire, il s'est levé parmi vous une génération d'hommes que vous en connaissez pas. Qu'on les appelle néocatholiques, sacristains, ultramontains, comme on voudra, le nom n'y fait rien, la chose existe. Cette génération prendrait volontiers pour devise ce que disait, au dernier siècle, le manifeste des généreux polonais qui résistèrent à Catherine II : *Nous qui aimons la liberté plus que tout au monde, et la religion catholique plus encore que la liberté.* Nous ne sommes ni des conspirateurs ni des complaisants ; on ne nous trouve ni dans les émeutes ni dans les antichambres ; on nous trouve étrangers à toutes vos récriminations, à toutes vos luttes de cabinet, de partis ; nous n'avons été ni à Gand ni à Belgrave-square ; nous n'avons été en pèlerinage qu'au tombeau des apôtres, des pontifes et des martyrs, et là nous avons appris, avec le respect chrétien et légitime des pouvoirs établis, comment on leur résiste quand ils manquent à leurs devoirs, et comment on leur survit. »

C'était avec cette hauteur, avec cette fermeté et cette éloquence, que M. de Montalembert parlait au nom des intérêts catholiques, et nous ajouterons avec cette confiance présomptueuse dans des libertés bien nouvelles, et ce dédain téméraire de la tradition politique, car ce peu de lignes donnent à la fois une idée des qualités et des défauts de ce remarquable esprit. Il semblait croire que ces libertés politiques, qu'il invoquait pour faire prévaloir les droits religieux des consciences, existaient par elles-mêmes, par leur propre force, sans liaison nécessaire avec la nature et la solidité des gouvernements humains auxquels on les verrait survivre, et ne paraissait pas soupçonner la connexité étroite de la solution du problème de la liberté avec celle du problème de l'autorité. Il oubliait cette parole mémorable de M. Guizot : « Ce que je suis allé chercher à Gand, c'est le gouvernement représentatif; » et les paroles non moins remarquables de M. de Chateaubriand à Belgrave-square, en entendant la voix traditionnelle proclamer, à côté du principe monarchique, les libertés nationales : « C'est un nouvel univers que vous ouvrez devant vous. » Sûr du présent, sans inquiétude pour l'avenir, il s'écriait : « La liberté est notre soleil, il n'est donné à personne d'en éteindre la lumière. La Charte est le sol sur lequel nous nous appuyons, il n'est donné à personne d'arracher le sol de dessous nos pieds. » Il n'entendait pas encore gronder, dans les entrailles de la terre, le volcan de 1848 qui devait emporter et la Charte et le sol; il ne prévoyait pas l'avenir, il ne percevait pas, d'une manière complète, les conditions de l'existence des garanties qu'il réclamait; mais il revendiquait, avec une **merveilleuse éloquence**, les grands principes chers à **tous les hommes** de conviction, à tous les pères de famille **dignes de ce** nom, la liberté religieuse et la liberté d'enseignement.

Parmi les catholiques, tous les esprits éclairés, tous les cœurs droits étaient avec lui quand il s'écriait, dans son second discours[1], avec une clairvoyance cette fois mieux inspirée et plus haute : « Quoi! tout le monde est d'accord pour s'effrayer sur l'avenir d'une société menacée par le matérialisme, quelque brillante, quelque savante, quelque riche qu'on la suppose; tout le **monde** est d'accord pour reconnaître que le seul remède, le seul contre-poids à cet entraînement vers le **mal**, est dans l'instruction morale et religieuse, c'est-à-dire **dans** le christianisme, car tout le monde répète, d'après Portalis, qu'une morale sans dogme est comme une justice sans tribunaux. Il n'est pas de père digne de ce nom qui, jetant les yeux sur ses enfants, ne se sente **effrayé** de leur avenir, de les voir grandir au sein de ces provocations au mal plus ardentes que jamais dans **notre** société actuelle, qui ne désire leur donner des convictions religieuses capables de leur servir à la fois d'abri et de rempart. Il ne s'agit pas de faire une nation de dévots et de saints, d'anéantir les **faiblesses** inhérentes à notre nature déchue; il ne s'agit pas de l'impossible; mais il s'agit de déposer, dans les **jeunes** âmes, certaines semences que les passions puissent bien étouffer pendant un temps, mais qui ne soient pas oblitérées à jamais par un scepticisme précoce. A cette œuvre-là, la science la plus raffinée ne suffira jamais. Les peuples, comme les individus, peuvent être très-savants au sein de la plus profonde corruption et du plus profond abaissement. **La re-**

---

1. Discours prononcé le 26 août 1844.

ligion seule, vous le savez, peut redonner au cœur humain ces deux principes essentiels à toute société, la discipline et l'abnégation : or ce remède souverain et unique de l'éducation religieuse, vous pouvez l'appliquer aux dangereuses maladies de l'état social, sans aucune contrainte, sans aucun détour, sans blesser aucun préjugé, en laissant à ceux qui ont peur de la religion tous les moyens d'en préserver leurs enfants, si bon leur semble. Vous pouvez tout cela en restant fidèles à la lettre et à l'esprit de la Charte. Et vous ne le voulez pas! Pourquoi? parce que vous avez plus peur du remède que du mal, parce que vous avez peur de l'Église, parce que la salutaire indépendance de la foi et de la pensée catholique répugne à votre orgueil philosophique. Vous voulez bien du concours de l'Église, mais vous ne voulez pas de son indépendance. »

Ainsi parlait M. de Montalembert avec une éloquence poignante et pleine d'apostrophes. Il ne défendait pas avec moins d'ardeur, moins de résolution, la cause de la liberté des ordres monastiques[1], nous allions dire avec moins de provocations ; car il est dans la nature de cette éloquence militante, non-seulement de combattre ses adversaires, mais de les provoquer. En repoussant successivement toutes les lois d'enseignement qu'on avait présentées, il arrivait jusqu'à la discussion de l'adresse de 1845, dans laquelle il motivait, par ces paroles éternellement vraies, le prix inestimable que les catholiques attachent à l'indépendance de l'Église : « C'est à nous, laïques, qu'il importe surtout de maintenir la liberté de l'Église dans sa pureté, dans son intégrité. La raison en est toute simple : nous avons un besoin impérieux de savoir libre de tout joug humain, de toute influence humaine,

---

1. Séance du 8 mai 1844.

l'autorité à laquelle nous reconnaissons le droit de faire ployer nos consciences et nos intelligences sous le joug de la loi divine. Que les protestants et les rationalistes se résignent à un autre état de choses, rien de plus simple. La foi des protestants leur donne le droit et la mission de juger l'autorité de leurs ministres. Quant aux rationalistes qui n'usent pas des prêtres ou qui n'en usent que pour se laisser baptiser ou enterrer, que leur importe l'indépendance des relations de ces espèces de fonctionnaires avec le pouvoir temporel? Mais pour nous, catholiques sincères, conséquents et pratiques, il en est tout autrement. Nous ne sommes pas des esprits forts, mais des esprits faibles. Avant d'être pairs, députés, électeurs ou citoyens, nous croyons et nous sentons que nous sommes chrétiens et pécheurs, et que nous avons besoin d'être guéris, consolés et pardonnés par d'autres que nous-mêmes, par des évêques et des prêtres divinement institués pour cela. Obligés donc, par notre foi, d'être docilement soumis, en tout ce qui touche la conscience et la foi, à l'autorité de l'Église, nous avons un intérêt souverain et imprescriptible à ce que cette autorité se présente à nous dans toute la majesté de son indépendance divine. S'il en était autrement, si les catholiques laïques pouvaient soupçonner que ceux qu'ils reconnaissent pour guides, pour conseils, pour docteurs et pour maîtres de la vie spirituelle n'étaient au fond que les instruments, les ministres les créatures, si vous le voulez, d'une puissance humaine, à l'instant leur confiance serait détruite, la racine de leur obéissance tranchée, et ils abandonneraient les pasteurs infidèles et serviles qui les conduiraient imperceptiblement à une nouvelle édition du schisme anglais[1]. »

---

1. Séances des 13 et 14 janvier 1845.

Il y a toujours, dans la carrière des grands orateurs, une journée dans laquelle leur éloquence, surexcitée par une question sympathique et d'un intérêt universel, servie par les circonstances et exaltée par le sentiment d'un grand péril public, trouve son inspiration la plus haute et remporte une de ces victoires décisives qui étendent leur renommée et servent de mesure à leur talent. Cette journée, qui devait avoir une sœur[1] dans la carrière oratoire de M. de Montalembert, prit place le 14 janvier 1848. On approchait d'une crise. Tous les esprits étaient sous l'influence des symptômes avant-coureurs de la catastrophe. Les clairvoyants la signalaient à l'horizon, les aveugles mêmes la sentaient venir. Quelque chose de violent se remuait dans l'atmosphère passionnée où s'agitaient les partis. Des livres étranges, réhabilitant des temps néfastes et des mémoires maudites, apparaissaient, de moment en moment, comme les spectres qui viennent avertir don Juan près de son heure dernière. La France était dans l'ivresse des banquets qui précédèrent la Révolution de Février. Le radicalisme, qui s'agitait partout, s'empara de la Suisse à l'occasion du Sunderbund, qui voulait maintenir la liberté cantonale, et y déploya une violence et un despotisme inattendus.

Ce coup, qui eut un bruyant retentissement dans toute l'Europe, frappa M. de Montalembert plus douloureusement que qui que ce fût au monde : il se sentait atteint dans les deux grandes passions de sa jeunesse, le catholicisme et la liberté. Son talent, exalté par les sentiments dont il était comme oppressé, atteignit d'un seul bond ses plus hautes cimes. Il versa, dans le discours qu'il prononça devant la Chambre des pairs, sa colère, son indignation, ses alarmes prophéti-

---

1. En 1849, dans l'Assemblée législative, à l'occasion des affaires de Rome.

ques, ses douleurs poignantes, les angoisses de son esprit et les bouillonnements de son cœur. Une vérité, qui jusque-là lui avait échappé, venait de lui apparaître : c'est qu'il y a au fond des révolutions un redoutable ennemi de la liberté : le radicalisme, c'est le nom moderne de l'anarchie, le radicalisme qui accomplit, en invoquant les droits et les intérêts des masses, tous les actes de tyrannie, de violence, d'iniquité que peut commettre un pouvoir irresponsable et absolu. Ce jour-là, un grand mouvement se fit dans l'âme de M. de Montalembert, et le trouble y entra. Il ne voyait pas encore, d'une manière claire, la servitude où se trouvent les révolutions les plus modérées, les plus prudentes, vis-à-vis du principe de violence et de force brutale qu'elles ont été obligées d'invoquer à leur avénement ; mais il voyait clairement que la cause de tous les gouvernements libres en Europe était menacée. Il lisait dans les événements de la Suisse la différence profonde du principe des libertés nationales et du principe révolutionnaire; il proclamait cette différence avec cette lucidité merveilleuse dont le talent se trouve doué dans ses heures privilégiées ; il annonçait, il voyait l'ennemi invisible qui allait venir, il criait alerte, comme s'il était déjà sur le seuil de la salle des délibérations, et, six semaines avant le jour où le gouvernement provisoire fit afficher, sur les murs du palais du Luxembourg, l'avis suivant : « *Il est défendu aux ex-pairs de France de se rassembler ici,* » il commençait ainsi son discours : « Je ne ne viens pas parler pour des vaincus, mais à des vaincus ; vaincu moi-même, à des vaincus. »

C'est là ce qui donne un caractère à part au discours de M. de Montalembert sur les affaires de Suisse. C'est un chef-d'œuvre d'émotion et de passion, les deux sentiments qui contribuent le plus à l'éloquence. De cette âme profondément troublée et en même temps surexcitée sortent des cris de douleur, de colère, d'indignation, d'humiliation, des malédictions vengeresses, des accents prophétiques : « Ces fiers vainqueurs, dont on nous fait tant l'éloge, disait-il, savez-vous ce qu'ils ont fait le lendemain de leur victoire ? Ils ont osé écrire, de leur plume sanglante, le nom de saint Vincent de Paul dans un décret d'expulsion, et d'expulsion contre ces sœurs de charité qui sont les filles de saint Vincent de Paul et qui sont l'objet du culte, de l'admiration et du respect du monde entier. Et comment les a-t-on expulsées ? Comme des bêtes fauves, en leur donnant trois fois vingt-quatre heures pour évacuer le canton, sans pensions, sans indemnité, sans pudeur, elles, ces saintes femmes, ces filles non pas de saint Ignace de Loyola, mais de saint Vincent de Paul ! » Puis, au milieu des marques sympathiques de l'indignation générale, l'orateur poursuit : « On ne s'est pas arrêté là. Voyez-vous ces hommes armés qui montent par ce défilé des Alpes que beaucoup d'entre vous ont suivi ? Les voilà qui suivent le sentier escarpé que, pendant tant de siècles, des milliers de chrétiens, d'étrangers, de voyageurs ont foulé avec respect et reconnaissance ; ils sont là où la République française s'est arrêtée avec respect ; là où le premier consul Bonaparte avait laissé, pour sa gloire, le souvenir de votre intelligente tolérance ; là où le corps de Desaix, de votre camarade Desaix, a trouvé un tombeau digne de lui !... Et que vont-ils y faire, ces vainqueurs sans combat ? Il faut le dire, ils y vont pour voler, oui, pour voler le patrimoine des pauvres et des voyageurs, de ces moines du Saint-Bernard que des siècles ont entouré de leur respect et de leur amour. »

Vous reconnaissez l'éloquence : elle anime, elle vivifie tout ce qu'elle touche ; elle ne raconte point, elle montre ; les lieux, les événements, les hommes, tout devient présent à sa voix ; les distances disparaissent, les temps s'effacent, le premier consul Bonaparte, Desaix, la République, passent sur le mont Saint-Bernard ; les vieux généraux qui siégent sur les bancs du Luxembourg retrouvent leur jeunesse pour gravir ces pentes escarpées avec Desaix, leur camarade Desaix ; tous cèdent à l'entraînement de cette éloquence qui fait agir tout le monde parce qu'elle agit, et c'est à l'aide de toutes ces voix, après avoir recueilli les suffrages des vivants qui l'écoutent et des morts illustres qu'il vient d'évoquer, que l'orateur va prononcer l'arrêt de cette victoire odieuse, tyrannique, impie : « Puisqu'on a eu le triste courage, s'écrie-t-il, de venir à cette tribune se moquer des vaincus, qu'on me permette de dire ce que je pense. Oui, la défaite a été honteuse. La vérité m'arrache ce témoignage au détriment même de mes amis ; mais savez-vous quelque chose de plus honteux que cette défaite ? C'est la victoire ! »

C'est ainsi que la parole de l'orateur devient l'écho vibrant de l'âme d'une Assemblée. Ce n'est plus un homme qui parle ; sa voix sort de toutes les poitrines, ses sentiments, ses idées jaillissent de tous les cœurs et de tous les esprits, et l'Assemblée, frémissante de toutes ses émotions, s'écoute elle-même en l'écoutant. Cette éloquence, s'animant par ses propres accents, va s'élever jusqu'à cette divination logique qui fait quelquefois tomber les voiles de l'avenir. « Savez-vous, s'écrie l'orateur, ce que le radicalisme menace le plus ? Ce n'est pas au fond le pouvoir : le pouvoir est une nécessité de premier ordre pour toutes les sociétés ; il peut changer de mains, mais, tôt ou tard, il se retrouve debout sur ses pieds. Ce n'est pas même la propriété : la propriété aussi peut changer de mains, mais je ne crois pas encore à son anéantissement ou à sa transformation. Mais savez-vous ce qui peut périr chez tous les peuples ? c'est la liberté. Ah ! oui, elle périt, et pendant de longs siècles elle disparait. Et pour ma part je ne redoute rien, dans le triomphe du radicalisme, que la perte de la liberté. »

Voilà la raison, la vérité même ; voilà l'expérience se changeant en prévision et prophétisant l'histoire au lieu de la raconter ! Mais, tandis que l'Assemblée interroge du regard les sombres perspectives ouvertes devant elle par la philosophie et la politique, l'orateur reparaît, sa voix s'attendrit, et l'on dirait qu'il va prononcer l'oraison funèbre de cette liberté qui va périr, et mener ce grand deuil. « La liberté, s'écrie-t-il... ah ! je peux le dire sans phrase, elle a été l'idole de mon âme. Si j'ai quelques reproches à me faire, c'est de l'avoir trop aimée, aimée comme on aime quand on est jeune, c'est-à-dire sans mesure et sans frein. Mais je ne me le reproche pas, je ne le regrette pas ; je veux continuer à la servir, à l'aimer toujours, à croire en elle toujours. Et je crois ne l'avoir jamais plus aimée, jamais mieux servie qu'en ce jour, où je m'efforce d'arracher le masque à ses ennemis, qui se parent de ses couleurs, qui usurpent son drapeau pour la souiller, pour la déshonorer. »

Avant ce discours, on estimait M. de Montalembert comme un orateur animé, spirituel, élevé, énergique, incisif ; après ce discours, on le regarda comme un grand orateur. La Chambre des pairs enthousiaste, le ministère qui renonça à répondre, la presse de toutes les nuances, bientôt le public tout entier, confirmèrent ce jugement. C'était justice. Seulement ceux dont la raison sut demeurer assez ferme, contre le charme de cette éloquence, pour tenir compte des principes et des situations, se souvinrent, pendant que M. de Montalembert s'étonnait de ces événements et en accusait le gouvernement, des graves et mélancoliques paroles que M. Guizot lui avait adressées l'année précédente : « Vous avez un noble esprit, un cœur généreux : eh bien ! si vous étiez assis sur le banc où je suis assis, vous ne feriez rien au delà de ce que je fais. » Il y avait une profonde vérité dans ces tristes paroles. M. de Montalembert oubliait la génération des événements lorsqu'il exaltait la Révolution de 1830, qui avait imprimé un ébranlement moral et politique à l'Europe entière, en maudissant le radicalisme devenu maître de la Suisse; il attribuait aux hommes la fatalité logique des situations, lorsque, prenant à partie le gouvernement de Juillet, placé sous le coup d'une double appréhension, de l'appréhension que lui inspirait la Révolution courant au radicalisme, et de l'appréhension que lui inspirait l'Europe effrayée de la Révolution, il lui reprochait d'avoir hésité à intervenir contre des excès qu'il détestait, de peur d'attaquer un principe qui était la raison d'être de ce pouvoir, préoccupé à la fois de la nécessité d'être assez révolutionnaire et du danger de l'être trop. Sans cette espèce de servitude, un esprit de la trempe de M. Guizot n'eût pas hésité. Il y avait donc une lacune, une seule lacune dans cette belle harangue, parce qu'il y avait une lacune dans cette haute intelligence ; les événements, ces précepteurs sévères que nous sommes obligés d'accueillir, car c'est Dieu qui nous les envoie, devaient un jour la combler.

LE JOURNAL L'UNIVERS. — M. LOUIS VEUILLOT.

Le tableau de l'action des idées religieuses pendant cette époque resterait incomplet si on ne la suivait pas dans le journal qui devint un des centres de cette action, et dans les écrits du journaliste puissant dont le talent appartient à l'histoire littéraire de cette époque : il s'agit ici du journal l'*Univers* et de M. Louis Veuillot.

L'*Univers* avait été fondé, on l'a vu, vers 1836, pour

recueillir les débris de la *Tribune catholique*, cette obscure héritière de l'*Avenir;* il n'acquit pas tout d'abord l'influence qu'il devait avoir plus tard, et ses débuts furent laborieux. Mais quand l'*Union catholique* eut disparu et qu'il fut devenu le seul journal quotidien spécialement consacré aux questions religieuses, quand M. Louis Veuillot en fut devenu le rédacteur en chef, quand M. Henri de Riancey, suivi de son frère, lui eut apporté sa plume brillante et facile, vouée à la liberté de l'enseignement, on s'habitua peu à peu à se grouper autour de cette feuille, par suite des facilités que présente le terrain neutre d'un bureau de journal, et de la multiplicité des informations qui, de tous les points de la circonférence, viennent converger vers ce centre commun. Il acquit bientôt une grande autorité par les communications des évêques, les correspondances nombreuses et suivies qu'il eut avec Rome, l'influence des chefs du mouvement religieux qui se mirent en rapport avec un instrument de publicité dévoué à leurs idées, la sympathie de M. de Montalembert qui lui envoya ses discours, celle du P. Lacordaire qui lui envoya ses conférences, et enfin par le concours d'hommes de talent qui, se rassemblant d'année en année, finirent par former le noyau de sa rédaction.

C'est ici le moment de parler de celui qui arriva peu à peu à jouer le principal rôle dans la rédaction de l'*Univers* et qui acquit, dans ces luttes, la renommée d'un polémiste de premier ordre. M. Louis Veuillot ne commença à écrire dans l'*Univers* que vers la fin de l'année 1841. Il a lui-même raconté dans un livre plein d'intérêt, qui contient l'histoire de son intelligence et en partie celle de sa vie [1], l'enchaînement de circonstances et le travail intérieur qui le conduisirent au catholicisme. Ce

---

1. *Rome et Lorette.* Ce livre a eu cinq éditions. La première parut en 1840.

livre, qui pourrait servir à la fois de contraste philosophique et de pendant littéraire à celui dans lequel Théodore Jouffroy raconte comment il perdit la foi de son enfance, fournit des lumières précieuses qui aident à comprendre la nature intellectuelle et le talent d'écrivain de M. Louis Veuillot. S'il n'est pas permis aux regards de pénétrer dans une vie contemporaine qui se ferme, il n'y a plus d'indiscrétion à étudier une vie qui s'ouvre, et l'on peut profiter, dans l'intérêt de la vérité historique et de la vérité littéraire, de confidences que l'on reçoit sans les avoir demandées.

Cet écrivain de tant de talent et de tant d'influence sort des classes populaires. Il a redit, avec cet accent navrant que l'art ne parvient jamais à égaler, les froides et tristes journées de son enfance au foyer de son père, honnête et pauvre ouvrier tonnelier né en Bourgogne, honnête par sa bonne nature, car il n'était pas moins déshérité des biens de la foi que de ceux de la fortune, et, plein des préventions contemporaines contre une religion calomniée, il supportait virilement la vie avec cette résignation stoïque que l'on rencontre quelquefois chez les ouvriers comme chez les sauvages, habitués qu'ils sont à prendre le temps comme il vient et à lutter contre la pauvreté, leur ennemie de chaque jour, avec le travail, leur dur et utile compagnon. La séve de la race bourguignonne, si puissante et si riche dans les grands orateurs et les grands écrivains, comme l'attestent saint Bernard, Bossuet, Buffon, Crébillon, et plus près de nous le P. Lacordaire, l'âpreté vigoureuse des classes populaires, voilà deux éléments qui déborderont dans le talent de M. Louis Veuillot. On en retrouvera un troisième, c'est l'inspiration véhémente d'une rancune démocratique contre ces classes du milieu, aristocratie relative des temps modernes, qui naît dans l'aisance et trouve, dans le capital accumulé par la génération précédente, un moyen facile de conquérir la science et la fortune, ces deux sceptres de notre temps. Seulement le catholicisme a plus tard dominé, dirigé et élevé cette rancune démocratique de M. Louis Veuillot ; sa colère est encore plus disposée à demander compte, en toute occasion, aux heureux du monde de ce qu'ils ne font pas pour l'âme des enfants du peuple que de ce qu'ils ont [1].

M. Louis Veuillot fut donc un démocrate catholique, participant aux idées, aux passions, aux rancunes de la démocratie par ses souvenirs d'enfance, ses affections et ses douleurs de famille, ses souffrances d'esprit, de cœur et de corps. Son père, martyr du travail, est mort à la peine, en élevant sa nombreuse famille, quatre garçons et deux filles, deux bras seulement pour gagner tant de pain ! La société ne lui a donné, à lui pauvre enfant du peuple, aucune éducation religieuse, et le souvenir de sa première communion faite sans préparation, sans intelligence, est pour lui une source inépuisable de douleur, de remords, de colère contre ceux qui l'ont poussé ainsi à la table sainte sans le préparer à cette grande action du chrétien. Placé à treize ans, comme petit clerc, dans une étude de notaire, il eut encore à souffrir du contact de la pauvreté avec la fortune ; aussi, bien jeune au moment de la Révolution de 1830 [2], il nourrissait

---

1. « Ni en bas ni en haut de l'échelle, ni autour de moi, ni au-dessus de moi, je ne voyais rien qui m'enseignât à prier. En prenant de l'âge, je ne découvrais dans la vie que d'injustes oppressions, que des distances iniques et injurieuses, qu'un hasard de naissance, heureux pour d'autres, insupportable pour moi ; hasard qu'il m'était permis de forcer, sans doute, mais enfin que je ne pouvais forcer qu'avec mon seul secours, ce qui rendait permis tous les moyens. Voilà le peuple tel qu'on le fait, voilà le cannibale que l'on affame et que l'on dégage de tout scrupule, en l'abandonnant à l'aiguillon de ses besoins. Je plains ceux que la bête féroce dévorera ; mais, sous les souvenirs de mon passé, ce n'est pas elle que je puis accuser, non, en vérité, je ne le puis. » (*Rome et Lorette*, page 20.)

2. « J'avais dix-sept ans quand je vis les médiocres enfants de la

contre la société cette haine implacable dont les factions socialistes sont animées. « J'avais dix-huit ans, dit-il, quand je vis la bête féroce abattre les croix ; déjà mes anciens compagnons se félicitaient moins, mais j'applaudissais à mon tour. Tout ce qui tombait excitait ma joie ; je me voyais condamné à n'habiter partout que la poudre des grands chemins, et déjà je disais des choses qui allaient les épouvanter. J'avais raison dans ma joie sauvage ; la place que je cherchais m'était préparée [1]. »

Cette place, c'était celle de journaliste. M. Louis Veuillot allait rencontrer la vocation de son talent, mais dans de tristes conditions, comme il a eu la courageuse candeur de le confesser lui-même. Il a peint en effet, avec l'âpreté impitoyable de son esprit, les efforts désespérés que fit, dans la presse, le parti vainqueur pour opposer les journaux aux journaux ; et croyant sans doute avoir acquis le droit de tout dire contre tout le monde, en commençant par tout dire contre lui-même: il a écrit ces lignes : « N'ayant sans doute ni assez de tête ni assez de cœur pour se défendre eux-mêmes, ils prirent des journalistes où ils en purent trouver ; il leur fallut accepter des enfants comme défenseurs de l'étrange ordre social qu'ils venaient d'établir. Oui, ces ogres d'une monarchie et d'une religion se laissèrent, en plus d'un lieu, guider par des enfants, dans le pêle-mêle qui suivit leur triomphe. Du reste, attaqués et attaquants se valaient bien : la justice divine fut impitoyable dans le jeu vengeur qu'elle fit de tout cela. Pour moi, j'avais eu la foi de mes besoins, j'eus facilement celle de mes intérêts ; sans aucune préparation, je devins journaliste. Je me trouvais de la résistance ; j'aurais été tout aussi volontiers du mouvement, et même

---

bourgeoisie s'applaudir d'avoir démoli l'autel et le trône. » (*Rome et Lorette.*)

1. *Rome et Lorette.*

plus volontiers. C'est un aveu dont je ne refuse pas l'ignominie ; je veux bien publier que c'est la religion seule qui m'a fait comprendre le véritable honneur et qui m'a rétabli dans ma dignité. Je dirai encore que j'ai peu d'estime pour ce qu'on appelle une conviction. Toute conviction, à moins qu'elle ne soit religieuse, et dans ce cas la conviction s'appelle une certitude, ou bien la religion n'est pas une religion, toute conviction qui n'est pas une religion est le sophisme spécieux de la passion, de l'entêtement et de l'intérêt. On peut être, il est vrai, de bonne foi sous l'empire de ce sophisme ; il y a, dans toutes les maisons de fous, un individu qui, de bonne foi, croit être le soleil ! »

Ces paroles, écrites en 1841 [1], sont précieuses parce qu'elles achèvent d'éclairer la nature des idées et du talent de M. Louis Veuillot. Il est entré par une mauvaise porte dans la polémique politique, sans études préalables, sans convictions formées ; comme il le dit lui-même, il n'a eu que la foi de ses besoins, puis de ses intérêts. En devenant un croyant sincère en religion, il restera sceptique en politique. Seulement, par cette illusion d'optique qui nous porte à juger les autres au point de vue de notre situation, comme il n'a pas de convictions politiques, il ne les admet chez les autres qu'à titre de passion et d'entêtement. Il y a une lacune dans cette intelligence, et, au lieu de s'avouer cette lacune, elle déclare qu'elle a peu d'estime pour ce qui pourrait la remplir. Que M. Louis Veuillot ait peu d'estime pour les convictions qui ne sont pas des convictions religieuses, cela semble impliquer qu'il n'y a pas, hors du cercle des questions de foi, qui sont, en effet, les premières, des droits et des devoirs. D'abord cette opinion est nouvelle dans l'école catholique : ce n'est pas celle des Pères de

---

1. Nous les prenons dans l'introduction de la seconde édition de *Rome et Lorette*.

l'Église, ce n'est pas celle de Bossuet, ni de Fénelon, ce n'est pas celle de Bonald, ni de Joseph de Maistre, qui tous ont reconnu des droits et des devoirs civils et politiques ; ce n'est pas celle de Suger, de Jeanne d'Arc, de Bayard, de L'Hôpital, de Crillon, de Mathieu Molé, de Cathelineau, d'O'Connell, qui ont revendiqué ces droits, pratiqué ces devoirs. En outre, pour que cette opinion fût soutenable, il faudrait établir qu'une société fondée depuis des siècles n'a pas une manière d'être qui lui est propre, une tradition historique, une forme de gouvernement qui lui convient, à la différence des autres formes de gouvernement qui lui sont nuisibles, un pouvoir et des libertés légitimes, résultats de ses épreuves, de ses luttes, de ses vicissitudes et de ses transactions. Si les vérités contraires à ces assertions sont des vérités de bon sens, ceux qui ont des convictions faites sur ces points ne sont donc ni des entêtés, ni des esprits passionnés, ou des sophistes intéressés ; ils ne croient pas, comme le fou dont parle M. Louis Veuillot, être la lumière, mais ils rendent témoignage à ce qu'ils ont vu à la faveur de la lumière qui éclaire tout homme en ce monde, et ils lui rendent témoignage par leurs paroles, par leurs actes, par leurs sacrifices, même en présence des aveugles qui nient la lumière et les couleurs.

Après avoir dépensé pendant quelques années son talent dans une stérile gymnastique, M. Louis Veuillot était arrivé à un état d'ennui moral et de lassitude intellectuelle bien connu des hommes de ce temps, et dont il ne se rendait pas compte. Son âme faite pour la foi se mourait faute d'aliment : Dieu, qui voulait avoir cette âme, lui faisait sentir son absence. Il avait eu un premier bonheur, le bonheur de rencontrer un véritable ami, et il en eut un second, cet ami se fit chrétien et son affection, agrandie et épurée par la religion, n'aspira plus qu'à faire partager son bonheur à cette chère intelligence dont il devinait le vide et les angoisses parce qu'il les avait éprouvés. Il partait pour Rome; il décida M. Louis Veuillot à l'y accompagner.

C'était là que Dieu l'attendait. Cependant il ne se rendit point sans résistance. La peinture des combats de son âme qui se débattait contre la miséricorde divine, le tableau animé des sophismes de la passion, des intérêts mondains, des souvenirs enivrants, des folles espérances qui, alors que sa raison était déjà convaincue, le retenaient encore sur la pente du mal, celui des bonnes inspirations, des prières, des tentations, des élans et des rechutes qu'il fallut traverser, sont au nombre des plus belles pages de ce livre qui contient beaucoup de belles pages. La lutte fut longue, obstinée, laborieuse, pleine d'alternatives. Enfin la contagion des bons exemples qu'il avait sous les yeux, la prédication, la prière, l'éloquence de Rome, cette ville reine qui parle par la voix de tous ses monuments, « la douceur de son ami qui le touchait encore plus que ses raisons, » aveu remarquable chez le catéchumène et peut-être quelquefois mis un peu en oubli plus tard par le catéchiste, un sermon de Bourdaloue, ligne perdue qui, jetée sur sa route par un hasard providentiel, prit encore cette âme dans le courant des grandes eaux, et, par-dessus tout, la crainte et la grâce de Dieu, déterminèrent la victoire. M. Louis Veuillot tomba à genoux devant un prêtre en prononçant ce mot si humble et si grand : *Peccavi;* il se trouva ainsi relevé dans sa dignité d'homme et dans son talent de publiciste, car, désormais, il allait défendre, avec toute la vigueur de son esprit et toute la véhémence de son caractère, les croyances intimes et sublimes d'une âme en possession de la première des vérités. C'est M. Louis Veuillot lui-même qui nous apprend que la crainte eut une grande part à sa conversion. « La pensée de la mort me glaçait, dit-il, car je ne suis point entré dans le sanctuaire comme un noble enfant du Seigneur par la porte radieuse de l'amour, mais en esclave, et rampant sous les voûtes de la crainte, avec le troupeau des cœurs abaissés [1]. »

Vous connaissez maintenant M. Louis Veuillot tout entier : le voilà peint par lui-même avec ses parties lumineuses et ses parties obscures; tel est l'homme et tel est l'écrivain. C'est un rude chrétien, plein de foi et de zèle, mais aussi dur envers les autres qu'il l'est ici avec lui-même, orateur éloquent au besoin, poëte à ses heures, polémiste toujours, par-dessus tout grand pamphlétaire, puissant satirique, parce que ce Juvénal catholique n'a pas été élevé dans les cris de l'école, mais à l'école de la foi, et que ses hyperboles les plus violentes sont les cris d'une passion véritable qui frappe, flagelle à outrance les ennemis de son Dieu. Il nous l'a dit lui-même, il est plus encore le disciple du Dieu terrible que du Dieu clément; il appuie donc sur le ressort de la crainte bien plus que sur celui de la miséricorde.

Dès qu'il est chrétien, il fait une noble chose, il renonce sans balancer à une position avantageuse et se consacre tout entier à la défense de la vérité religieuse; on ne peut servir à la fois deux maîtres; entre Dieu et l'argent, il choisit Dieu. Sa collaboration à l'*Univers*, tous les ouvrages qui lui ont valu une juste renommée, datent de ce temps.

Après *Rome et Lorette* paraît l'*Honnête femme* [2], livre original, intéressant, animé, écrit tantôt avec la verve de la raillerie la plus poignante, tantôt avec un remarquable sentiment poétique et où les années agitées que M. Louis Veuillot a laissées de l'autre côté de la

1. *Rome et Lorette.*
2. *L'Honnête femme*, 2 vol. in-8 (1844). Une nouvelle édition de cet ouvrage a paru en 1858.

croix projettent leur retentissement. Dans ce roman de
mœurs et de caractères, dominé par une haute pensée
religieuse et où l'analyse, tantôt fine, tantôt profonde
du cœur humain, se mêle au tableau satirique de la
société contemporaine, de la société officielle surtout,
l'auteur, sans perdre de vue son but principal, a peint
au naturel, quoique avec un tour d'esprit pessimiste
expliqué en partie par les rancunes du prisonnier [1], les
travers, les ridicules, les vices administratifs, politiques,
parlementaires du temps. La vie de province avec ses
horizons murés, ses mille petits bruits, ses passions
qui cherchent un aliment, est saisie sur le fait. Chignac,
ce chef-lieu de fantaisie du roman, s'est rencontré sans
doute, en histoire, dans plus d'un département, avec ses
fonctionnaires voltairiens qui ne vont à la messe que
le jour de la fête du chef de l'État, son avocat général
dont la conscience inquiète attend l'inamovibilité de la
magistrature assise pour avoir le courage de ses opinions, ses officiers jetés dans le même moule, endormis par cette espèce de vie végétative qu'on mène dans
les garnisons, fort ennuyés, un peu moins cependant
qu'ennuyeux, galants par système et par oisiveté, montant leur faction devant le grade qu'il s'agit d'escalader,
la tête remplie d'une seule idée : « J'avancerai; » les
capitaines Beniche, Follavoine, le lieutenant Greluche,
le major Barentin, tristes revers de la médaille dont
M. de Vigny, dans *Grandeur et Servitude militaire*, a
peint les deux côtés. Quant au rédacteur en chef de
l'*Éclaireur de Chignac*, plus d'un lecteur se sentira la
faiblesse paternelle de M. Louis Veuillot pour « ce
petit garçon », naïf et moqueur, violent et tendre, nar-

1. M. Louis Veuillot a daté de la Conciergerie la préface de ce livre.
Il avait été condamné à un mois de prison pour délit de presse, à l'oc-
casion de la préface qu'il avait mise en tête de la relation du procès de
M. l'abbé Combalot.

quois, paresseux et actif, spirituel et malin par-dessus tout, peu aimé, mais fort redouté, grâce à sa plume, aussi peu enthousiaste du gouvernement, qu'il sert indocilement et sans goût, que de l'opposition, qu'il flagelle à outrance, mécontent des autres et plus encore de lui-même, et ceux qui ont lu *Rome et Lorette* croiront peut-être retrouver la figure dont ils ont entrevu, à travers des confidences intimes, le profil lointain.

La haute pensée qui domine ce livre, c'est la supériorité de l'honnêteté chrétienne sur l'honnêteté du monde dont les racines peu profondes et peu sûres ne s'appuient que sur des convenances, des conventions, des habitudes sociales, des intérêts de vanité et de positions, sujets à fléchir. Dans son Valère, ce noble gentilhomme chrétien, M. Veuillot a peint la première de ces vertus quelquefois ébranlée, mais soutenue parce qu'elle a son appui dans des croyances positives et fortes; dans Lucile, espèce de Célimène dont l'auteur entr'ouvre l'âme devant le lecteur pour que sa laideur morale serve de contre-poison à sa merveilleuse beauté physique, il a peint la seconde. « J'ai voulu dans un petit cadre, dit-il, montrer en aperçu ce que devient une société qui a chassé Dieu de ses mœurs et de ses lois. Les âmes honnêtes, mais ignorantes, y sont lâches, les âmes droites s'y dévoient, le mal n'y sent plus de scrupule. » Ce roman est un beau livre ; il révèle, dans le talent de M. Veuillot, des nuances délicates et douces que ses écrits polémiques n'avaient point fait pressentir. Quelques lectrices ont pu accuser l'écrivain d'avoir poussé trop loin l'exagération pessimiste dans l'implacable portrait de Lucile, et d'avoir fouillé trop avant dans les bas-fonds de la perversité humaine pour trouver le fumier sous les fleurs. Mais c'était là la condition de la moralité religieuse du livre. Lucile, si elle était moins avilie, restait Célimène, toujours séduisante, même après avoir trompé tout le monde et rompu avec le Misanthrope.

Plus tard vinrent les *Libres penseurs* [1], ardent reflet de la lutte alors engagée, satire poignante de la société officielle, anathème jeté contre la bourgeoisie, aussi violent mais plus élevé par l'inspiration et plus varié dans l'accent que les ïambes d'Auguste Barbier. M. Louis Veuillot, en effet, raille, réprimande, déchire, persifle, adjure tour à tour l'écrivain, le philosophe, le politique, le magistrat, le poëte, l'homme d'argent, le romancier, le journaliste, la femme auteur, le public lui-même. Ce livre des *Libres penseurs* est écrit par un libre diseur qui n'hésite jamais entre deux expressions : la plus violente, violente souvent jusqu'à la grossièreté, est toujours celle de son choix. Nous n'oserions dire, non pas à qui, mais à quoi il compare Henri IV, ce grand roi qui eut le tort, il est vrai, d'affliger par ses mœurs les amis de sa gloire [2]. Paul-Louis Courier, d'injurieuse mémoire, n'eût pas mieux dit [3]. M. Louis Veuillot, inférieur au grand pamphlétaire de la Restauration à un seul point de vue, celui de certaines grâces attiques que l'on ne saurait guère acquérir sans avoir goûté du miel des abeilles de l'Hymette, l'égale

---

1. Le *Lendemain de la victoire*, composé et publié après la Révolution de 1848, fut inspiré par la situation de la France à cette époque. Mais les *Libres penseurs*, publiés après la chute du gouvernement de Juillet, furent composés avant, et se rattachent à la phase littéraire dont nous nous occupons.

2. L'auteur ayant fait disparaitre de la seconde édition de son livre cette comparaison étrange, nous la mentionnons sans la citer.

3. On peut comparer le chapitre dans lequel M. Louis Veuillot rend compte du procès qu'il eut à soutenir en cour d'assises, à cause de l'introduction qu'il avait ajoutée aux débats du procès de l'abbé Combalot, au *Pamphlet des pamphlets*, dans lequel Paul-Louis Courier raconte également les débats d'un procès de presse. C'est là que l'on voit se dessiner d'une manière frappante les analogies et les différences de deux talents.

par sa verve malicieuse et le surpasse en élévation, en énergie, comme par la hardiesse et la vigueur de son vol, l'ampleur de son style et la puissance de ses invectives. Quant à M. de Cormenin, il lui est supérieur par le naturel, la sincérité de la passion, le mouvement des idées, la spontanéité de l'expression, la séve des sentiments. Ce qui met surtout l'avantage du côté de M. Louis Veuillot, c'est que l'on sent, derrière tout ce qu'il écrit, la chaleur d'une grande conviction qui rayonne comme un foyer ardent dans son style.

C'est par là que ses *Libres penseurs* rachètent le caractère excessif de plusieurs jugements, la crudité des expressions, la rudesse inexorable des appréciations. Il y a dans ce livre, à côté de paradoxes véhéments, des vérités terribles, trop généralisées peut-être, et certainement dites inopportunément. Le maître d'école de La Fontaine morigénait son élève à demi noyé: celui-ci, en plein Février, prend à partie son auditoire aux trois quarts englouti dans la gueule du lion populaire, et profitant de ce que l'oreille passe encore : « Je vous l'avais bien dit, s'écrie-t-il, que la bête fauve vous dévorerait! — A qui le dites-vous? Je sens ses dents qui me broient.

« Hé! mon ami, tire-moi du danger,
Tu feras après ta harangue. »

M. Louis Veuillot, peu tourné à la compatissance par le penchant de sa nature, répond à cela qu'il a monté sa garde et fait la patrouille aussi souvent qu'homme de son quartier, et il continue de plus belle sa harangue en mordant jusqu'au sang les vaincus de Février. Néanmoins, c'est un maître livre. Le style en est alerte, vigoureux, incisif, fécond en mots familiers, quelquefois remplis d'une trivialité étrange, mais si bien enchâssés dans le tissu du discours qu'ils passent sans être contestés et ne surprennent qu'après coup. Cette langue de haut goût rappelle un peu la langue sensée, mais un peu trop verte, des servantes de Molière, que cependant M. Veuillot aime peu. On y rencontre des bonnes fortunes d'audace vraiment singulières, des coups de pinceau risqués avec une sûreté de main qui étonne, et le bon sens fréquentant le paradoxe sans se perdre dans cette mauvaise compagnie.

Néanmoins le premier des titres de M. Veuillot est encore l'*Univers*. Il entra dans la polémique religieuse avec cette ardeur de néophyte que donne une conversion récente. Il y a, dans l'Évangile, une belle parabole sur les ouvriers de la huitième et de la dixième heure qui reçoivent, à la fin de la journée, un salaire aussi grand que ceux qui ont commencé leur labeur avec le jour; outre qu'il convient d'admirer et d'adorer la bonté de Dieu qui s'exerce envers eux, au lieu d'imiter ces ouvriers jaloux qui, mécontents de ne recevoir que le salaire promis, critiquent la générosité du père de famille, on peut dire que cette générosité est d'accord avec la justice. On doit le reconnaître en effet, pour répondre à cet appel tardif qui nous arrive vers le midi de la journée, il faut un plus vigoureux effort, et, en général, ces ouvriers de la dixième heure mettent dans leur travail un zèle et une ardeur singulière [1]. Il y eut quelque chose de semblable dans le zèle et dans l'ardeur de M. Louis Veuillot. La nature de son esprit le rendait, on l'a vu, essentiellement propre à la polé-

---

1. Corneille a le sentiment de cette vérité, quand il fait dire par Polyeucte à Néarque :

> Allons, mon cher Néarque, allons, aux yeux des hommes,
> Braver l'idolâtrie et montrer qui nous sommes :
> C'est l'attente du ciel, il nous faut la remplir :
> Je viens de le promettre et je vais l'accomplir.
> Je rends grâces au Dieu que tu m'as fait connaître.
> De cette occasion qu'il a sitôt fait naître.

mique : comme journaliste, il consacra à la religion, qui avait convaincu son esprit et touché son cœur, la puissance d'un talent qui grandit bientôt par la grandeur même de la cause au service de laquelle il l'enrôlait. Il lui consacra ce talent, tel qu'il était, avec ses qualités et ses défauts. M. Louis Veuillot est un écrivain de combat, aimant la bataille parce qu'il trouve dans la bataille l'emploi de ses facultés. Dialecticien véhément, railleur impitoyable, il s'anime au bruit de sa polémique ; les coups qu'il reçoit, dans ces mêlées intellectuelles, excitent ce vaillant soldat au lieu de ralentir son ardeur ; à peine reçus, ils sont rendus avec usure : alors son esprit s'exalte, ses idées bouillonnent, son style se colore, sa phrase court plus rapide et s'aiguise, sa logique passionnée éclate en sarcasmes ; on dirait que ses armes se fourbissent dans le combat au lieu de s'y fausser ; toutes les facultés de son talent arrivent à leur apogée dans cette effervescence intellectuelle, et l'invective sort de ce travail intérieur comme la foudre du nuage où les éléments se rencontrent et se combinent, l'invective éloquente, aiguë et tranchante à la fois, qui transperce, qui frappe en même temps l'homme et l'idée.

Tous ceux qui ont pris part aux luttes de la presse périodique connaissent cette ivresse de la polémique qui finit par exercer son influence sur les natures les plus calmes et les esprits les plus modérés et les plus doux ; c'est quelque chose d'analogue à l'effet que produisent sur le champ de bataille l'odeur de la poudre et le bruit de la trompette qui, selon Job, fait dire au cheval : « Allons ! » Or M. Louis Veuillot n'est point une de ces natures calmes et un de ces esprits modérés et doux qui ne descendent dans l'arène qu'avec une certaine répugnance et ne se laissent entraîner qu'à la longue par les émotions de la bataille. Comme le cheval de Job, il est né pour la guerre ; loin de craindre la mêlée, il la cherche. Le catholicisme, en se rendant maître de cette intelligence, en a dirigé l'emploi, mais il ne l'a pas changée. Comme ces terribles barons du moyen âge, dont le repentir guerroyant se croisait pour la terre sainte, afin de réparer par les armes, aux dépens des infidèles, les fautes naguère commises en Europe les armes à la main, ce fils des croisés, pour rappeler un mot connu, se croise à sa manière et, dans ses véhémentes philippiques, se repent aux dépens des fils de Voltaire, qu'il accable de ses traits acérés et de ses redoutables invectives.

A ce point de vue, la dialectique et le style de M. Louis Veuillot sont de l'école de Joseph de Maistre. Il a son mépris et sa haine pour l'erreur, sa rhétorique véhémente, son dédain amer, sa malédiction éloquente. Cependant il y a entre eux deux différences notables : Joseph de Maistre garde, dans ses plus grands emportements contre l'erreur, quelque chose de sa nature aristocratique et de sa politesse d'homme du monde ; la démocratie coule à pleins bords dans le style de M. Louis Veuillot. C'est un de Maistre démocrate qui parle aussi haut, plus haut peut-être, mais de moins haut que son devancier. Joseph de Maistre avait en outre des convictions politiques arrêtées, des sentiments profonds qui devenaient la règle de sa conduite dans les révolutions, la règle de sa polémique quand il traitait les grandes questions qui se rattachaient aux affaires de son temps, au passé et à l'avenir du monde. Il croyait, en politique, au droit, à la tradition historique, au devoir, à la légitimité. Non-seulement c'était un grand polémiste, mais un philosophe de premier ordre, un publiciste transcendant, un politique plein de perspicacité, qui, du haut de ses principes, jugeait avec une sérénité inaltérable et une admirable équité les événements de son temps, en sachant s'abstraire des passions au milieu desquelles il vivait et des émotions et du trouble que la grandeur des périls que courait l'ordre social en Europe aurait pu jeter dans son intelligence. A ce point de vue, M. Louis Veuillot n'approche point de Joseph de Maistre ; le publiciste, le politique, et même, dans une certaine mesure, le philosophe, mais surtout et plus que tout l'homme ayant des idées faites sur les questions qui divisent les esprits de son temps en matière de gouvernement, manquent à l'écrivain ; il l'a lui-même déclaré : autant ses convictions sont arrêtées, ses principes immuables sur les questions religieuses, autant ses opinions flottent et sont sujettes à changer sur les questions politiques. Aussi est-il exposé à se laisser dominer par les situations, que l'intelligence si ferme de Joseph de Maistre dominait de si haut.

Même dans la sphère des questions religieuses, il ne résiste point assez à la tendance qui entraîne les écrivains de notre temps vers le paradoxe ; il ne se contente point d'accepter, il recherche les questions singulières, les sujets difficiles. C'est sur ce terrain glissant que brille ce hardi lutteur ; c'est dans cette gymnastique périlleuse que ses facultés polémiques se révèlent dans tout leur éclat. Dans ces positions ardues, ce talent agressif a des retours offensifs remarquables ; mais ces avantages littéraires coûtent quelquefois, au point de vue de l'intérêt religieux, plus cher encore qu'ils ne valent.

Aussi, tout en rendant justice aux intentions qui sont au-dessus du soupçon, au talent qui est hors ligne, aux services rendus à la cause religieuse qui sont réels, un évêque dont nous reproduisons les paroles, parce qu'il ne saurait être suspect d'être animé d'une partialité malveillante contre l'école que nous apprécions, a signalé plusieurs conséquences fâcheuses de la polémique de l'*Univers*, et par conséquent de l'écrivain qui en est aujourd'hui la personnification la plus brillante et la plus complète. Voici ses paroles : « L'inopportunité de leurs disputes, dit-il, leur âpreté à les soutenir quand il eût mieux valu les laisser tomber toutes seules, les procédés irritants de leur polémique, en même temps que je les jugeais nuisibles à leur cause, me faisaient craindre qu'en des âmes ainsi échauffées la charité ne demeurât pas toujours suffisamment victorieuse. Je ne me fais pas même difficulté d'avouer que, si cette feuille a été souvent grandement utile dans les questions religieuses, son influence sous un autre point de vue peut être plus sévèrement appréciée. L'intention, louable assurément dans son principe, mais exagérée dans son application, de tenir l'Église en dehors des périls réservés à l'appréciation des événements publics, poussait cette feuille à les accepter tous avec trop de complaisance. Non contente d'imiter l'Église dans le silence, la soumission, le respect et le concours dus à tout pouvoir établi, selon la mesure de l'ordre qu'il maintient et du bien qu'il fait ou seconde, elle eut le tort de provoquer successivement, aux jours de calme comme aux mauvais jours, des solidarités contradictoires avec des pouvoirs qui n'eurent jamais pour leur consécration ni l'élément traditionnel, ni l'élément électif, éléments dont la valeur a partagé les esprits, mais sans l'un ou l'autre desquels on ne peut concevoir pour l'autorité aucun fondement solide. Ainsi ce journal ne tendit que trop souvent à rabaisser la probité à des rapports privés, cette grande idée de la justice qui doit dominer la vie des peuples comme celle des individus. Fatal oubli du sens moral dans son application la plus élevée, qui n'irait à rien moins, s'il prédominait dans le clergé, qu'à le conduire sur ce point à l'indifférence, pour ne pas dire au scepticisme, et bientôt à l'affadissement que tout scepticisme entraîne à sa suite. Voilà le reproche capital que je fais à la rédaction de l'*Univers*, parce qu'en acclamant avec excès tour à tour l'autorité ou la liberté, selon le souffle du moment, ce journal semblait convier le clergé à n'apprécier l'un et l'autre qu'au point de vue de son avantage actuel, en compromettant ainsi la considération du prêtre devant la conscience publique plus délicate pour nous qu'elle ne l'est pour elle-même [1]. »

Il n'y a rien à ajouter à ces paroles épiscopales qui dénoncent, avec autant de force que de clarté, les inconvénients que n'évitèrent pas toujours les écrivains de l'*Univers* dans leur polémique, tantôt favorables à un développement de liberté de nature à satisfaire les aspirations les plus hardies de la démocratie, tantôt disposés à accueillir des idées diamétralement contraires. Sans doute on peut expliquer ces évolutions trop rapides, en disant qu'après tout les sociétés ont les gouvernements qu'elles méritent ; mais cependant on ne saurait sans dommage soulever, à des époques si rapprochées, des thèses si incompatibles. On y perd toujours quelque chose de son autorité, et cette diminution d'autorité se fait sentir lorsqu'on a à défendre les questions mêmes sur lesquelles on est bien résolu à ne jamais transiger. On pourrait dire encore que les irréprochables auraient seuls le droit d'être inexorables pour leur pays et pour leur temps : or, dans une époque et dans une société où tout le monde a erré, qui donc aurait le droit de refuser à ses frères une indulgence dont il a besoin pour lui-même ? Est-ce un procédé filial, enfin, que d'avoir une ambition si peu haute pour sa patrie, que les situations les plus abaissées vous pa-

---

1. Lettre circulaire de M. de Dreux-Brézé, évêque de Moulins, au clergé de son diocèse, écrite à la date du 26 février 1853.

raissent toujours au niveau de ses mérites, et au lieu d'usurper le rôle de la Providence pour signifier hautainement des leçons à notre chère France, ne vaudrait-il pas mieux les recevoir avec elle, en gardant pour soi un peu de cette humilité qu'on lui enseigne?

Sans doute on peut être plus d'une fois tenté de se faire ces questions en relisant les polémiques que soutint l'*Univers*; mais ces imperfections de la nature humaine, qu'on retrouve chez tous les hommes, ne doivent faire oublier ni le mérite de ses rédacteurs comme écrivains, ni leurs bonnes intentions comme catholiques, ni les services rendus par eux à l'école religieuse, ni surtout les services rendus par l'école religieuse elle-même à l'Église.

VI

RÉSUMÉ.

Le résultat capital de la grande polémique que soutint l'école catholique fut de placer et de maintenir le catholicisme et le clergé français dans une voie favorable au progrès des idées religieuses. Mgr Parisis l'a proclamé avec raison, et ce fait important ne saurait être mis en oubli : la liberté civile et politique fut avantageuse à la cause de la liberté de l'Église. « On pourrait, selon nous, soutenir, dit ce prélat, que, dans les circonstances actuelles, tout bien pesé, nos institutions libérales sont les meilleures, et pour l'État et pour l'Église, et pour la morale et pour la foi, et pour l'ordre public et pour la liberté de chacun[1]. »

[1]. *Cas de conscience à propos des libertés exercées ou réclamées par les catholiques*, par Mgr Parisis évêque de Langres. (Pages 312 et 313.)

Le clergé demeura sur son terrain, affranchi de toute solidarité politique, dans la plénitude de sa liberté morale ; non pas dans cette attitude d'opposition révolutionnaire et en même temps de prétentions théocratiques qu'avait voulu lui faire prendre M. de La Mennais, mais dans une union étroite et obéissante avec le saint-siége, et dans une attitude de fermeté et d'indépendance à l'intérieur qui fit tomber bien des ombrages et prévint bien des périls. Ce fut là le résultat de la polémique remarquable soutenue avec éclat par Mgr Parisis pour établir la compatibilité des doctrines de l'Église avec les institutions représentatives et les libertés revendiquées par les sociétés modernes, le résultat de la conduite tenue et du langage adopté par l'épiscopat tout entier comme des discours de M. de Montalembert et des autres orateurs dévoués à la même cause, aidés par les efforts de la presse religieuse. On ne saurait trop admirer la confiance renaissante dans le principe catholique, l'ardeur à accepter le combat contre les doctrines contraires, la certitude de vaincre, le prosélytisme puissant qui furent le caractère de ces luttes.

Comme il faut être juste envers tout le monde, il importe de le reconnaître, c'était la ligne de l'*Avenir*, mais modifiée, corrigée et rectifiée, depuis et d'après les censures du Saint-Siége, qui aboutissait à ce but. Les traces de l'influence fâcheuse de l'esprit excessif de M. de La Mennais continuèrent, il est vrai, pendant longtemps, à être visibles chez plusieurs de ceux qui avaient été ses disciples. Il leur resta de leur commerce avec lui un levain démocratique et un goût trop vif de popularité. Ceux qui avaient marché dans cette voie uniquement dans l'espoir d'obtenir de la démocratie, dont le triomphe leur paraissait probable, des conditions meilleures pour l'Église, furent enclins plus tard, et dans d'autres conditions, à se placer sur le terrain d'une indifférence absolue en matière de gouvernement, qui conduit à une sorte d'athéisme politique devant lequel le droit et l'absence du droit, l'injustice et la justice, quand il s'agit des pouvoirs humains, se confondent dans une étrange égalité. Mais, au milieu de ces erreurs nées du système de M. de La Mennais, une notion plus vraie finit par prévaloir dans la plupart des esprits. Ils comprirent peu à peu qu'il y a une distinction entre les intérêts religieux et les intérêts politiques; que ces intérêts, de nature si différente, doivent agir par des moyens qui leur sont propres, et ne point se confondre afin d'être mieux écoutés.

Alors commence une action plus sage, mieux calculée et plus conforme aux véritables principes. Les questions des libertés religieuses sont soulevées et deviennent l'objet d'une revendication publique et suivie ; la liberté de l'enseignement, cette liberté d'un prix inestimable pour l'Église, puisqu'elle lui permet de préparer à l'avenir des générations chrétiennes et de remplir la première de ses missions, qui est d'enseigner[1], devient l'objet de nombreux écrits, et l'épiscopat français entre tout entier dans cette voie où il est ardemment suivi. Des comités se forment, des associations s'organisent, des pétitions sont signées. On demande pour l'Église la plus utile comme la plus légitime des prérogatives, la liberté de faire le bien. On commence à avoir la perception de la place qu'elle peut prendre dans les sociétés modernes. Sans doute elle ne peut être indifférente en matière de gouvernements, car un gouvernement de droit et un gouvernement de fait sont dans des conditions tout à fait inégales pour faire le bien et empêcher le mal, et pour remplir le grand office des pouvoirs temporels, qui est d'aplanir les sen-

---

1. *Ite et docete.*

tiers difficiles où la vertu grimpe plutôt qu'elle ne marche; mais là où les idées contemporaines, si différentes de celles du moyen âge, circonscrivent son action dans la sphère des influences morales, elle peut, sans intervenir dans les querelles de ce monde, et en se contentant de revendiquer ses libertés religieuses et son droit, qui n'est au fond que la faculté de remplir son devoir, servir puissamment les peuples par les sentiments de modération, de sagesse, de respect pour les droits généraux et privés qu'elle inspire aux gouvernements, comme elle sert ceux-ci par les sentiments d'obéissance, de fidélité et d'honnêteté qu'elle inspire aux peuples. En cultivant sa vigne, l'Église féconde tous les champs d'alentour.

Ce ne fut pas le seul résultat heureux de la voie où était entré le mouvement des idées religieuses. L'ardeur dont les chefs de ce mouvement étaient animés chercha partout des aliments. Ils avaient été naturellement conduits, dans un gouvernement de libres discussions, d'élections, sous un régime où il était vrai de dire que l'opinion était la reine du monde, à employer les deux instruments des gouvernements libres, la tribune et la presse. Le catholicisme ne s'en tient pas aux paroles, il faut des actes, et Dieu a ouvert dans son sein une source inépuisable de bienfaits. Le même mouvement qui produisait de beaux débats au sein des assemblées politiques, des écrits éloquents, une polémique remarquable dans les journaux et ces deux grands courants d'éloquence qui allaient aboutir à la chaire et à la tribune, produisait d'autres fruits. A côté de ces œuvres de l'esprit, la charité, qui échauffe en même temps qu'elle éclaire, enfanta ce qu'on pourrait appeler les œuvres du cœur, celles qui furent consacrées à l'éducation morale et intellectuelle ou à l'assistance des ouvriers. Il semblait que Dieu, qui lit, d'une manière claire, dans l'avenir, ce que le faible regard de l'homme ne peut qu'y soupçonner, eût ainsi disposé les choses pour que les événements redoutables qui se préparaient trouvassent les classes populaires, qui allaient être un moment maîtresses de la situation, réconciliées avec la religion et familiarisées avec le clergé.

Ces œuvres des ouvriers popularisèrent la question de la liberté d'enseignement et celle des libertés religieuses. Comme il arrive quand un grand courant d'idées s'établit, l'impulsion se communiqua, de proche en proche, à toutes les branches des connaissances humaines qui se rattachaient à l'idée catholique. Il y eut un retour remarquable de la science sur le moyen âge. On le comprit mieux. L'histoire de cette époque, mal jugée parce qu'elle avait été mal étudiée, fut refaite à un point de vue nouveau, d'une manière plus complète et plus impartiale. Sa philosophie, sa littérature, ses arts, trouvèrent des appréciateurs plus justes et plus éclairés. Les études archéologiques jetèrent un éclat tout nouveau, les bénédictins reprirent leurs grands travaux historiques. La théologie de ce temps fut réhabilitée, on eut un sentiment plus vrai de sa poésie. A la faveur de tous ces travaux, les préventions que le dix-huitième siècle avait répandues sur le moyen âge achevèrent de tomber. Mais les deux conséquences les plus importantes sans contredit du mouvement général des idées religieuses furent celles que nous avons signalées : les progrès de la liberté de l'Église dans les esprits en France, l'union plus étroite du clergé avec Rome, et la diminution de plus en plus sensible des idées particulières dont le comte Joseph de Maistre et M. de La Mennais avaient déjà ébranlé l'empire.

LIVRE SIXIÈME

PHILOSOPHIE

I

ACCORD POSSIBLE DE LA RELIGION ET DE LA PHILOSOPHIE.

Pour achever de comprendre les polémiques engagées et soutenues dans la presse et à la tribune par le catholicisme et le mouvement toujours ascendant des idées religieuses, il faut étudier parallèlement le mouvement des idées philosophiques. Cette étude est à la fois instructive et affligeante : instructive, parce qu'elle enseigne combien la prétention affichée par la plupart des chefs d'école, de substituer la philosophie au catholicisme, était vaine et impraticable; affligeante, parce qu'il est impossible d'approfondir ce sujet sans comprendre le discrédit où devait tomber, après cette période, la philosophie, ce digne objet des méditations des intelligences élevées.

Il importe, en effet, de ne point proscrire, à cause de l'abus qu'on en a fait, l'usage de cette noble science, chère à saint Augustin, à saint Thomas d'Aquin, comme à Fénelon et à Bossuet. Le catholicisme, contre lequel on a essayé de la tourner, et qui a répondu à toutes ses objections, a quelque chose de plus à faire aujourd'hui, c'est de la défendre, de maintenir la légitimité et le goût des études philosophiques contenues dans leurs justes limites, et de prévenir ainsi l'abaissement du niveau des intelligences. A la fin de sa lutte avec le rationalisme, il faut qu'il défende la raison compromise.

Dire que la philosophie, qui consacre la raison à étudier la vérité et à la démontrer, est mauvaise en soi, ce serait aller contre l'enseignement de l'Église elle-même, dépositaire de la révélation. Tout en établissant l'autorité de la foi, elle veut qu'on admette la valeur de la raison qui vient aussi de Dieu, et c'est un aphorisme théologique que la foi et la raison sont deux rayons d'une même lumière. Saint Thomas d'Aquin, ce grand théologien, qui était en même temps un grand philosophe, a dit : « La lumière, pendant notre voyage terrestre, se donne à nous de deux manières : tantôt en un degré moindre, et comme sous un faible rayon, c'est la lumière de notre intelligence naturelle, qui est une participation de la lumière éternelle, mais éloignée, défectueuse, comparable à une ombre mêlée d'un peu de clarté; tantôt la lumière se donne en un plus haut degré, dans une clarté plus abondante, et nous met comme en face du soleil; mais là notre regard est comme ébloui, parce qu'il contemple ce qui est au-dessus du sens humain, et c'est la lumière de la foi. »

La vraie philosophie doit donc concorder avec la théologie. Cette concordance existe, en tenant compte du degré différent de clarté des deux rayons, quand la philosophie est telle que l'a définie Platon, c'est-à-dire la recherche du bon et du vrai par une âme qui triomphe de l'obstacle que lui opposent la concupiscence et l'orgueil [1]. Il y a donc eu et il y a encore une vraie philosophie qui, soutenue par deux ailes, le goût sublime du vrai, qui élève l'esprit, et l'amour du bon, qui purifie

---

1. Voir la Théodicée de Platon, dans le bel ouvrage publié par le P. Gratry, prêtre de l'Oratoire, sous ce titre : *De la connaissance de Dieu.*

la volonté, cherche la vérité en acceptant toutes les routes, pourvu qu'elles y mènent.

C'est ici que la doctrine développée dans le catéchisme du concile de Trente trouve sa place :

« La grande différence entre la philosophie chrétienne et celle du siècle, y est-il dit, consiste en ce que cette dernière, guidée par la seule lumière naturelle, prenant pour point de départ les choses visibles et les effets de Dieu, ne s'élève à comprendre les perfections invisibles de Dieu que peu à peu, difficilement, après de longs travaux, et parvient ainsi à connaître que Dieu est, et qu'il est cause première et auteur de toute chose. Mais la foi, au contraire, élève et fortifie tellement le regard de notre âme, qu'elle pénètre le ciel sans effort, s'y trouve enveloppée de la lumière de Dieu, peut contempler d'abord la source même de l'éternelle lumière, puis, dans cette source, toutes les choses créées, en sorte que l'âme connaît par expérience, comme le dit le prince des apôtres, qu'elle est appelée à l'admirable lumière de Dieu, et elle tressaille de bonheur et de foi. Dieu habite, dit l'apôtre, une lumière inaccessible que nul homme ne voit ni ne peut voir. Notre âme, pour arriver à la sublimité de Dieu, doit être dégagée des sens. C'est ce qui est impossible en cette vie par les seules forces de la nature. Ce n'est pas, toutefois, qu'en aucun temps Dieu ait laissé l'homme sans témoignage de lui-même ; il a rempli le monde de bien, dit l'Apôtre ; il a donné au ciel la rosée, à la terre sa fécondité, à tout ce qui vit sa nourriture, au cœur de l'homme sa joie. Et c'est là ce qui apprit au philosophe à ne rien attribuer de bas à la majesté de Dieu ; à éloigner de son idée toute matière, tout mélange grossier ; à lui attribuer tout bien et toute vertu en un degré parfait ; à le concevoir comme la source vive et inépuisable de toute bonté, de toute qualité, d'où découlent sur les créatures toutes perfections; à l'appeler sage, ami de la vérité, principe de vérité, et autres noms qui supposent la souveraine et absolue perfection; enfin à le dire immense, infini dans sa force, dans sa grandeur, dans sa puissance et son action. Tels sont les grands traits de la connaissance de Dieu vraiment conformes à la nature de Dieu et à l'autorité des saints livres, que la philosophie a découverts dans la contemplation de la nature (*investigatione cognoverunt*). Et toutefois, sur ce point même, on connaît aussitôt la nécessité de l'enseignement divin, si l'on remarque que la foi non-seulement donne, comme on l'a déjà dit, au plus simple et au plus ignorant, de suite et clairement, les connaissances que les sages n'obtiennent qu'à force de temps et d'efforts; mais encore qu'elle imprime dans l'âme une connaissance plus certaine et plus pure que si l'intelligence y parvenait par le travail de la pensée humaine, outre que la lumière de la foi ouvre aux croyants un autre ordre de connaissance divine que ne saurait donner le spectacle de la nature. »

Nous avons éprouvé le besoin de mettre la philosophie sous cette haute protection, avant de raconter les périls que le rationalisme absolu lui fit courir, et les excès auxquels il l'entraîna, en voulant étendre l'empire de la raison humaine aux dépens de l'autorité de l'Église.

II

PHILOSOPHIE OFFICIELLE. — THÉODORE JOUFFROY.

Il arriva à la philosophie, après la Révolution de 1830, ce qui arriva à toutes les branches de la littérature : les écrivains philosophiques les plus éminents de l'époque précédente quittèrent peu à peu leurs chaires et leurs livres pour entrer dans le monde des affaires. M. Cousin, qui, sous la Restauration, avait marché à la tête du mouvement philosophique et dont le fond des idées avait toujours été spiritualiste et platonicien, malgré de nombreuses évolutions, fut enlevé le premier par la politique à la science. M. Jouffroy devait lui-même subir cette attraction, mais cependant il demeura presque jusqu'à la fin de sa vie dans la carrière de l'enseignement, et, malgré de longues et de fréquentes intermittences, causées tantôt par sa santé, fort ébranlée depuis 1828, tantôt par sa participation aux affaires, il continua à s'occuper de philosophie, avec moins d'ardeur toutefois et moins de suite qu'avant 1830.

Nommé à cette époque professeur adjoint à la chaire d'histoire de la philosophie moderne, il consacra ses leçons à un cours de psychologie morale qui remplit les années 1831 et 1832. En 1833, il entreprit son cours de droit naturel. Nommé en outre, en 1832, professeur au Collège de France, il déroula dans son cours la philosophie de l'histoire, destinée à servir d'introduction à l'histoire de la philosophie ancienne. Sa santé se trouva assez altérée en 1836 par ses divers travaux, pour qu'il fût obligé de descendre de sa double chaire et de se rendre en Italie, où il demeura sept mois. Le rétablissement partiel et momentané de sa santé, après ce voyage, lui permit de composer sa préface de la traduction de Reid. Cependant il détacha de cette préface un morceau important qui devait originairement en faire partie, et qui, remanié et considérablement augmenté par lui, devint en quelque sorte son testament philosophique, et fut publié en 1842, après sa mort, par son ami M. Damiron, sous le titre d'*Organisation des sciences philosophiques*, comme le morceau capital des *Nouveaux Mélanges*. A son retour d'Italie, en 1838, il avait pu reprendre le cours de philosophie moderne à la Faculté, et il avait donné sa démission de professeur au Collége de France. Il consacra ses leçons de cette année 1838 aux prolégomènes de la psychologie, et insista particulièrement sur les questions de méthode. En 1839, il voulut continuer ses leçons, mais, après la première, la force et la santé lui manquèrent. Il ne remonta plus à la chaire d'où il était descendu. En 1841, il était mort.

On peut donc dire que ce fut M. Jouffroy qui, pendant les dix premières années qui succédèrent à la Révolution de 1830, soutint le faix de l'enseignement officiel de la philosophie. Il le soutint, non pas comme il l'aurait voulu, mais comme il le put, avec les défaillances de sa santé, les difficultés de sa position, et les contradictions d'un tempérament intellectuel où les ardeurs novatrices d'un esprit qui aspirait à l'idéal se trouvaient à chaque instant arrêtées par les scrupules et les incertitudes d'un psychologue qui, l'œil toujours tourné vers les phénomènes intimes de ce monde qu'il portait en lui, voulait faire sortir toutes les connaissances humaines, toutes les vérités, de cette observation opiniâtre et de cette infatigable analyse.

C'est ici le moment de faire connaître Théodore Jouffroy comme philosophe, car la Révolution de 1830 l'introduit sur le premier plan du tableau. Mais pour cela il faut rassembler les traits épars de sa physionomie intellectuelle et chercher l'homme sous le professeur.

Cette étude sera d'autant plus utile, qu'autour de la doctrine de Jouffroy nous trouvons toutes les écoles groupées, soit pour l'adopter, soit pour la modifier ou la combattre ; ce philosophe eut, à sa manière, les funérailles d'Achille : les différentes écoles en vinrent aux mains autour de son cercueil. Cette étude sera d'autant plus féconde en enseignements, que Jouffroy a sur les philosophes de son temps un autre avantage : c'est qu'au lieu de présenter *a priori* le système de ses idées, en dissimulant les révolutions intérieures qui se sont accomplies dans son intelligence, il a lui-même écrit l'histoire de ces révolutions, indiqué la manière dont se sont formées ses idées, de sorte qu'on assiste au travail, aux angoisses de la raison philosophique pendant cette période.

Jouffroy avait été l'élève, il était le suppléant, mais non pas le continuateur de M. Cousin. Dans un ouvrage que M. Damiron a publié, mais avec un certain nombre de suppressions et de retouches qui ont altéré le sens de plusieurs passages, Théodore Jouffroy s'est séparé très-résolûment de la philosophie de son ancien professeur. Son éloquence l'avait séduit, mais sa philosophie ne l'avait point satisfait, il l'a dit lui-même dans les termes les plus nets. Il voulait quelque chose de plus précis, de mieux démontré, et surtout de moins mobile.

En arrivant à Paris, et en entrant à l'École normale, Théodore Jouffroy était chrétien ; il possédait donc des solutions claires et complètes sur les objets les plus élevés des connaissances humaines, Dieu et ses attributs, le monde et son commencement, l'homme, sa nature, son origine et sa fin. Il avait perdu sa foi au contact de l'incrédulité de son siècle ; il prétendait trouver dans la philosophie des solutions rationnelles sur toutes ces grandes questions, pour remplacer les solutions catholiques. Celui qui avait cessé de croire sur la parole de l'Église, ne pouvait consentir à croire sur la parole d'un homme ; il voulait donc ardemment, passionnément arriver au fond du problème. C'est dans cette recherche que se consuma sa vie. Il céda quelquefois à la distraction des affaires, d'autres fois à l'épuisement de sa santé, plus tard peut-être au découragement qui vint le prendre après tant d'efforts inutiles ; mais il chercha toujours, c'est-à-dire qu'il ne trouva jamais. En creusant les problèmes, il arriva au tuf de cette philosophie orgueilleuse qui veut tout faire sortir d'elle-même. Tout porte à croire qu'après avoir douté de la religion au début de cette enquête il douta de la philosophie jusqu'à la fin ; de sorte que, dans les dernières années de sa vie, on ne peut guère trouver en lui, sous le vernis des convenances d'un enseignement officiel, qu'un sceptique aux tendances et aux instincts spiritualistes qui, emporté malgré lui vers le panthéisme toutes les fois qu'il veut affirmer, cherche avec découragement et doute avec douleur.

La nature intellectuelle de Jouffroy, singulier mélange d'ardeur et d'impuissance, se reflétait, comme le fait remarquer un homme qui l'a bien connu [1], jusque dans sa constitution physique qui, sous l'apparence de la vigueur, cachait la réalité de la faiblesse. Les proportions de son corps simulaient de loin celles de l'athlète, et, vu de près, ses yeux, la couleur de ses cheveux, la transparence de son teint, sa constitution nerveuse, le faisaient ressembler à une femme. Nous nous souvenons encore de l'avoir aperçu à la tribune où il portait sur son front un sceau d'orgueil et de mélancolie, et les traces de l'habitude de l'observation mêlées à une expression pleine de rêverie ; on a dit, non sans raison, qu'il rappelait à l'esprit le personnage d'Hamlet, tel qu'on se le représente, avec quelque chose de triste et de fatal écrit sur tous les traits de son visage.

C'est à lui-même qu'il faut demander le secret de l'intérêt doux et pénible qu'il inspirait, et de cet attrait qui ne s'élevait point jusqu'à la puissance d'une attraction. Il représenta, dans la philosophie, ce type mo-

[1]. M. Pierre Leroux.

derne du doute devenu à lui-même son propre tourment, que Byron personnifia dans la poésie, et dont Chateaubriand avait offert, dans son *René*, la première révélation. Cédant à une de ces tendances qui est un des caractères de la littérature moderne, il se met lui-même en scène, au commencement de la deuxième partie de son traité intitulé : *De l'organisation des sciences philosophiques*. C'est la confession d'une intelligence malade, la mélancolique histoire d'une âme qui s'est séparée de Dieu et ne l'a plus retrouvé, histoire dans laquelle, hélas! bien des âmes de ce temps retrouveront peut-être la leur. Cette histoire doit faire partie de celle de la philosophie de notre époque. Elle contient plus d'enseignements que l'étude de toutes les théories, car elle ouvre, devant les regards des lecteurs, le sanctuaire d'une intelligence, et les fait assister à ce travail intérieur des idées qui n'a ordinairement que Dieu pour témoin.

HISTOIRE D'UNE INTELLIGENCE SORTIE DU CATHOLICISME POUR ENTRER DANS LE RATIONALISME.

« Ce fut à l'âge de vingt ans, dit Théodore Jouffroy [1], que je commençai à m'occuper de philosophie. J'étais alors à l'École normale, et bien que la philosophie fût au nombre des sciences à l'enseignement desquelles il nous était donné de nous destiner, ce ne furent ni les avantages que cet enseignement pouvait offrir, ni une

---

1. Nous devons à un homme aussi remarquable par l'étendue et la variété de ses connaissances que par son goût pour les lettres, M. de Bourneuf, la communication d'un exemplaire, peut-être unique, des *Nouveaux Mélanges philosophiques*, dans lequel on a rétabli les feuilles huit et neuf, supprimées et remplacées par d'autres feuilles imprimées à nouveau dans les exemplaires mis en vente. C'est dans ce curieux exemplaire que nous puisons nos citations.

inclination prononcée pour ces sortes d'études qui me décidèrent à m'y livrer. Je fus amené à la philosophie par une autre voie. Né de parents pieux et dans un pays où la foi catholique était encore pleine de vie au commencement de ce siècle, j'avais été accoutumé de bonne heure à considérer l'avenir de l'homme et le soin de son âme comme la grande affaire de ma vie, et toute la suite de mon éducation avait contribué à fortifier en moi ces dispositions sérieuses. Pendant longtemps les croyances du christianisme avaient pleinement répondu à tous les besoins, à toutes les inquiétudes que de telles dispositions jettent dans l'âme ; à ces questions qui étaient pour moi les seules qui méritassent d'occuper l'homme, la religion de mes pères donnait des réponses, et à ces réponses j'y croyais, et, grâce à ces croyances, la vie présente m'était claire, et par delà je voyais se dérouler sans nuage l'avenir qui doit la suivre. Tranquille sur le chemin que j'avais à suivre dans ce monde, tranquille sur le but où il devait me conduire dans l'autre, comprenant la vie dans ses deux phases et la mort qui les unit, me comprenant moi-même, connaissant les desseins de Dieu sur moi et l'aimant pour la bonté de ses desseins, j'étais heureux de ce bonheur que donne une foi vive et certaine en une doctrine qui résout toutes les grandes questions qui peuvent intéresser l'homme. Mais, dans le temps où j'étais né, il était impossible que ce bonheur fût durable, et le jour était venu où, du sein de ce paisible édifice de la religion, qui m'avait recueilli à ma naissance, et à l'ombre duquel ma première jeunesse s'était écoulée, j'avais entendu le vent du doute qui, de toute part, en battait les murs et l'ébranlait jusque dans ses fondements. Ma curiosité n'avait pu se dérober à ces objections puissantes, semées comme la poussière dans l'atmosphère que je respirais, par le génie de deux siècles de scepticisme.

Malgré l'effroi qu'elles me causaient, et peut-être à cause de cet effroi, ces objections avaient fortement saisi mon intelligence. En vain mon enfance et ses poétiques impressions, ma jeunesse et ses religieux souvenirs, la majesté, l'antiquité, l'autorité de cette foi que l'on m'avait enseignée, toute ma mémoire, toute mon imagination, toute mon âme, s'étaient soulevées et révoltées contre cette invasion d'une incrédulité qui les blessait profondément ; mon cœur n'avait pu défendre ma raison. La *divinité*[1] du christianisme une fois mise en doute à ses yeux, elle avait senti trembler dans leur fondement toutes ses convictions ; elle avait dû, pour les raffermir, examiner la valeur de ce droit, et avec quelque partialité qu'elle fût entrée dans cet examen, elle en était sortie sceptique. C'est sur cette pente que mon intelligence avait glissé et que peu à peu elle s'était éloignée de la foi. Mais cette mélancolique révolution ne s'était point opérée au grand jour de ma conscience ; trop de scrupules, trop de vives et saintes affections me l'avaient rendue redoutable pour que je m'en fusse avoué les progrès. Elle s'était accomplie sourdement, par un travail involontaire dont je n'avais pas été complice, et depuis longtemps je n'étais plus chrétien que, dans l'innocence de mon intention, j'aurais frémi de le soupçonner, ou cru me calomnier de le dire. Mais j'étais trop sincère avec moi-même et j'attachais trop d'importance aux questions religieuses pour que, l'âge affermissant ma raison, et la vie studieuse et solitaire de l'École fortifiant les dispositions méditatives de mon esprit, cet aveuglement sur mes propres opinions pût longtemps subsister.

« Je n'oublierai jamais la soirée de décembre où le

---

1. Dans les exemplaires mis en vente, on a substitué le mot d'*autorité*, comme moins agressif, à celui de *divinité*.

voile qui me dérobait à moi-même ma propre incrédulité fut déchiré. J'entends encore mes pas dans cette chambre étroite et nue, où, longtemps après l'heure du sommeil, j'avais coutume de me promener; je vois encore cette lune à demi voilée par les nuages, qui en éclairait par intervalles les froids carreaux. Les heures de la nuit s'écoulaient et je ne m'en apercevais pas; je suivais avec anxiété ma pensée qui, de couche en couche, descendait vers le fond de ma conscience, et, dissipant, l'une après l'autre, toutes les illusions qui m'en avaient jusque-là dérobé la vue, m'en rendait, d'un moment à l'autre, les détours plus visibles. En vain je m'attachais à ces croyances dernières comme un naufragé aux débris de son navire; en vain, épouvanté du vide inconnu dans lequel j'allais flotter, je me rejetais pour la dernière fois avec elles vers mon enfance, ma famille, mon pays, tout ce qui m'était cher et sacré; l'inflexible courant de ma pensée était plus fort; parents, famille, souvenirs, croyances, il m'obligeait à tout laisser; l'examen se poursuivait plus obstiné et plus sévère à mesure qu'il s'approchait du terme, et il ne s'arrêta que quand il l'eut atteint. Je sus alors qu'au fond de moi-même il n'y avait plus rien qui fût debout; *que tout ce que j'avais cru sur moi-même, sur Dieu et sur ma destinée en cette vie et dans l'autre, je ne le croyais plus, puisque je rejetais l'autorité qui me l'avait fait croire; je ne pouvais plus l'admettre, je le rejetais*[1]. Ce moment fut affreux, et quand, vers le matin, je me jetai épuisé sur mon lit, il me sembla sentir ma première vie, si riante et si pleine, s'éteindre, et derrière moi s'en ouvrir une autre sombre et dépeuplée, où désormais

---

1. Toute la phrase imprimée en italique a été supprimée dans les exemplaires mis en vente, sans doute afin de cacher la profondeur de l'abîme intellectuel où la perte de la foi catholique avait jeté Théodore Jouffroy.

j'allais vivre seul, seul avec ma fatale pensée qui venait de m'y exiler et que j'étais tenté de maudire. »

Dans ce douloureux et dramatique récit de la mort d'une âme racontée par elle-même, tout est instructif. Cette confession d'un enfant du siècle, qui a perdu Dieu, explique Théodore Jouffroy tout entier, elle explique aussi le mouvement des idées du temps. Ce philosophe avait été chrétien, de là ses aspirations à un idéal élevé et à toutes les solutions spiritualistes. Il avait respiré l'incrédulité du siècle, et c'est à l'École normale qu'il avait cessé d'être chrétien : M. Damiron, qui a nié que la perte des croyances de Théodore Jouffroy ait été amenée par la philosophie, a raison, s'il a seulement entendu dire que ce ne fut pas l'étude de la philosophie proprement dite qui le conduisit au scepticisme; mais il n'a pas assez considéré les dates et les détails donnés par Jouffroy lui-même, s'il a cru pouvoir affirmer que les idées dominantes de la philosophie, répandues dans ce séminaire rationaliste, n'ont pas exercé une influence décisive sur le changement des idées de son ami. En effet, il le dit lui-même : dès l'âge de vingt ans, il était à l'École normale, et il y était entré chrétien, puisqu'il parle des poétiques impressions de son enfance et des religieux souvenirs de sa jeunesse. Ce fut donc là qu'il trouva « ces objections puissantes répandues comme la poussière dans l'atmosphère qu'il respirait », pour parler son langage. Le poison se glissa insensiblement dans son intelligence. Il subit l'influence d'une espèce de *malaria* morale, d'autant plus irrésistible qu'on en est atteint avant de savoir qu'on en est menacé.

Tous ceux qui ont vécu dans de grandes réunions d'hommes, les universités, les assemblées, les salons même, savent combien il est difficile de résister à ce qu'on appelle les influences dominantes, l'esprit régnant. Si vous n'êtes point sans cesse sur vos gardes, si vous ne veillez point sur toutes les issues, les idées et les sentiments dont vous êtes entouré s'introduisent dans votre intelligence ; la place est prise avant qu'on sache qu'elle est assiégée. On a vu par le récit de Jouffroy que ce fut là son histoire. Il était vaincu quand il commença à se défendre, et l'orgueil stoïque qu'il éprouva en se voyant debout sur les ruines de ses croyances acheva sa défaite. La douleur seule qui éclate dans son récit, écrit si longtemps après ce changement, suffirait pour établir, malgré l'affirmation de M. Damiron, qu'il ne retrouva jamais, dans la philosophie rationaliste, ce calme intellectuel et cette sécurité morale qu'il avait perdus avec sa foi catholique. La certitude lui manqua le reste de sa vie. Il n'aurait point retracé avec tant d'amertume, après tant d'années, la perte de ses croyances religieuses, si les idées philosophiques lui avaient rendu plus tard ce qu'il avait alors perdu.

Cette présomption est confirmée et par la suite du récit de Théodore Jouffroy et par toutes les révélations qu'on trouve, dans ses écrits et dans ses paroles, sur l'état intérieur de son âme :

« Les jours qui suivirent cette découverte, dit-il en continuant sa confession, furent les plus tristes de ma vie. Bien que mon intelligence ne considérât pas sans quelque orgueil son ouvrage, mon âme ne pouvait s'accoutumer à un état si peu fait pour la faiblesse humaine ; par des retours violents, elle cherchait à regagner les rivages qu'elle avait perdus ; elle retrouvait dans la cendre de ses croyances passées des étincelles qui semblaient par intervalles rallumer sa foi ; mais les convictions renversées par la raison ne peuvent se relever que par elle, et ces lueurs s'éteignaient bientôt. Si en perdant la foi j'avais perdu le souci des questions qu'elle m'avait résolues, sans doute ce violent état n'aurait pas duré longtemps, la fatigue m'aurait assoupi, ma vie se serait endormie comme tant d'autres, endormie dans le scepticisme ; mais heureusement il n'en était pas ainsi ; jamais je n'avais mieux senti l'importance des problèmes que depuis que j'en avais perdu la solution. J'étais incrédule, mais je détestais l'incrédulité ; ce fut là ce qui décida de la direction de ma vie. Ne pouvant supporter l'incertitude sur l'énigme de la destinée humaine, n'ayant plus la lumière de la foi pour la résoudre, il ne restait que la lumière de la raison pour y pourvoir. Je résolus de consacrer tout le temps qui serait nécessaire, et ma vie, s'il le fallait, à cette recherche ; c'est par ce chemin que je me trouvai amené à la philosophie. »

La philosophie, telle qu'on l'entendait alors, c'est-à-dire le rationalisme, niant et repoussant la révélation religieuse, donna-t-elle, au bout de quelque temps, donna-t-elle, même après une vie d'études, à Théodore Jouffroy, cette victime de l'orgueil rationaliste, les solutions qu'il lui demandait? Cette question nous amène naturellement à l'examen de la philosophie qu'il embrassa et qu'il enseigna.

Il était arrivé au moment où M. Royer-Collard, le chef de la réaction intellectuelle contre la philosophie du dix-huitième siècle, et M. Laromiguière, dernier représentant de cette philosophie épurée par lui, descendaient de la chaire professorale, au moment où M. Cousin y montait. Il a lui-même exprimé, dans les termes les plus vifs, la surprise et la déception profonde qu'il éprouva quand il entra dans le monde de la philosophie, et qu'il eut consulté ses oracles les plus éloquents :

« Mon esprit, en abordant la philosophie, dit-il, s'était persuadé qu'il allait rencontrer une science régulière, qui, après lui avoir montré son but et ses procédés, le conduirait, par des chemins sûrs et bien tracés, à des connaissances certaines sur les choses qui intéressent le plus l'homme. En un mot, mon intelligence, excitée par ses besoins et élargie par les enseignements du christianisme, avait prêté à la philosophie le grand objet, les vastes cadres, la sublime portée d'une religion... Telles avaient été ses espérances; et que trouvait-elle? Toute cette lutte qui avait réveillé les échos endormis de la Faculté, et qui remuait les têtes de mes compagnons d'étude, avait pour objet, pour unique objet, la question de l'origine des idées. Condillac l'avait résolue d'une façon que M. Laromiguière avait reproduite en la modifiant. M. Royer-Collard, marchant sur les pas de Reid, l'avait résolue d'une autre, et M. Cousin, évoquant tous les systèmes des philosophes anciens et modernes sur ce point, les rangeant en bataille en face les uns des autres, s'épuisait à montrer que M. Royer-Collard avait raison et Condillac tort. C'était là tout, et, dans l'impuissance où j'étais alors de saisir les rapports secrets qui lient les problèmes en apparence les plus abstraits et les plus morts de la philosophie aux questions les plus vivantes et les plus pratiques, ce n'était rien à mes yeux. Je ne pouvais revenir de mon étonnement qu'on s'occupât de l'origine des idées avec une ardeur aussi grande, qu'on eût dit que toute la philosophie était là, et *qu'on laissât de côté l'homme, Dieu, le monde et les rapports qui les unissent à l'énigme du passé et les mystères de l'avenir, et tant de problèmes gigantesques sur lesquels on ne dissimulait pas qu'on fût sceptique*[1]. Toute la philosophie était dans un trou où l'on manquait d'air, et où mon âme, récemment exilée du christianisme,

---

1. Les lignes imprimées en italique ont été supprimées dans les exemplaires mis en vente, sans doute parce qu'elles contenaient une censure trop vive de l'enseignement philosophique.

étouffait, et cependant l'autorité des maîtres et la ferveur des disciples m'imposaient, et je n'osais montrer ni ma surprise ni mon désappointement. »

Tous les mots, ici, portent coup, et il n'est pas besoin d'insister sur les mécomptes que trouve, en entrant dans la philosophie rationaliste, cette âme exilée du christianisme, pour parler le langage énergiquement douloureux de l'auteur, qui comprend que la religion est la première et la plus sainte de nos patries. Théodore Jouffroy, forcé de suivre un cours d'études qu'il aurait volontiers quitté, s'habitue plus tard peu à peu à des études qui le conduisaient si loin de son but. Il les compare à un manége où s'exerçait sa raison. Et puis il avait fini par comprendre qu'il avait trop présumé de la philosophie, « en lui demandant si vite les vérités qu'il cherchait, » ce sont ses expressions. Cet esprit qui avait horreur, en sortant du christianisme, de l'état d'incrédulité où il était tombé, avait fini par s'y acclimater; il avait ajourné ses espérances, et s'était résigné à demeurer provisoirement dans l'incertitude, à ne rien affirmer, à ne rien croire sur ces questions essentielles qui sont la vie même de l'âme : l'existence de Dieu, l'origine, la nature et la fin de l'homme, ses destinées futures; il ne faut pas oublier, en effet, la phrase écrite par lui dans sa confession intellectuelle et que le scrupule amical de son éditeur en a effacée : « Je sus alors qu'au fond de moi-même il n'y avait plus rien qui fût debout; que tout ce que j'avais cru sur Dieu et sur ma destinée en cette vie et dans l'autre, je ne le croyais plus. » Seulement il prit, dès ce moment, la résolution de se consacrer à l'enseignement de la philosophie, sans doute pour l'apprendre.

Ainsi cette intelligence d'élite, ce spiritualiste d'instinct, ce déiste de souvenir, admettait que la vérité pour laquelle l'esprit de l'homme est fait, comme ses yeux sont faits pour la lumière, pouvait être une chose d'un accès si difficile qu'il fallait des années d'études pour savoir s'il y a un Dieu ou s'il n'y en a pas, si l'homme a une âme matérielle ou immatérielle, mortelle ou immortelle, capable de bien ou fatalement portée au mal, et par conséquent s'il a des devoirs envers Dieu, envers les autres, envers lui-même! Il remettait à d'autres temps la solution de ces problèmes, solution sans laquelle il est impossible de se conduire; il inclinait à croire qu'il fallait être professeur de philosophie pour y comprendre quelque chose, et il ne voyait pas que, par là même, il faisait le procès du rationalisme impuissant qui veut résoudre à lui seul, et en regardant la tradition humaine et la religion comme non avenues, tous les grands problèmes qui intéressent à un si haut degré le cœur et l'esprit de l'homme!

M. Jouffroy, en effet, pendant tout le cours de ses études philosophiques, n'avait guère appris qu'à apprendre. Il déclare lui-même que ses provisions philosophiques, lorsqu'il fut chargé de professer à son tour « *une science dont il ne savait pas même l'objet* [1] », ne se composaient de résultats approfondis que sur deux questions psychologiques, l'origine des idées, la nature du moi et le passage du moi au monde extérieur. « Jeune comme nous, dit-il, et comme nous nouveau dans l'étude de la philosophie, M. Cousin, en débutant, partageait notre inexpérience *et nos incertitudes* [2]. Ce que nous ignorions, il l'ignorait; ce que nous aurions voulu apprendre, il aurait voulu le savoir. Mais, obligé d'enseigner et ne sachant pas, il avait judicieusement senti qu'il était des questions qui, par leur généralité même, ne pouvaient être vaincues que par la seule force de l'es-

---

1. Ces mots sont supprimés dans les exemplaires mis en vente.
2. Les mots imprimés en italique sont supprimés dans les exemplaires mis en vente.

prit... Telles sont, en effet, toutes les questions qui portent sur l'ensemble de la philosophie et de son histoire. Il les avait donc écartées et ajournées, et s'était replié sur des questions particulières, et, parmi celles-ci, sur le petit nombre de celles qu'avaient commencé à lui aplanir les leçons de ses maîtres. Une fois aux prises avec ces questions, il nous avait fait assister à ses propres recherches, et, jeune comme il l'était, il avait porté dans ces recherches toute l'ardeur, toute l'analyse minutieuse, toute la scrupuleuse rigueur qui sont le propre des débutants... Ce qu'on vient de trouver, on l'enseigne avec une plénitude d'intelligence et cette candeur de conviction qu'on ne retrouve jamais ; et cette conviction, et cette ardeur, et cette vigueur de méthode, passent du maître aux élèves, et c'est alors, et seulement alors, que le maître a des disciples ; plus tard, il ne trouve plus que des auditeurs. L'enthousiasme qu'il n'a plus, il ne lui est pas donné de le communiquer. Ainsi M. Cousin ne nous avait donné que ce qu'il avait pu nous donner ; il n'avait pas choisi, il n'avait pu choisir ; il avait obéi à la nécessité, mais cette nécessité même avait produit des effets que l'enseignement le mieux calculé n'aurait pu donner. En suivant la recherche ardente du maître, nous nous étions enflammés de son ardeur ; les excessives précautions que son *inexpérience* avait répandues dans sa méthode nous avaient appris à fond tout le détail de l'art de poursuivre la vérité et de la trouver. La même *inexpérience* appliquée à l'examen des systèmes nous avait enseigné à pénétrer jusqu'aux entrailles des opinions philosophiques et à les juger profondément. Enfin l'absence de tout cadre, de tout plan, de toute idée faite sur l'ensemble de la philosophie, avait eu pour premier résultat, en nous la laissant inconnue, de la rendre plus séduisante à notre imagination et d'augmenter en nous le désir de pénétrer ses mystérieuses obscurités, et pour second de nous obliger à nous élever par nous-mêmes à ces hauteurs, à nous créer par nous-mêmes notre enseignement, à travailler par conséquent à penser par nous-mêmes, et à le faire avec liberté et originalité. Voilà ce que nous devons à l'*inexpérience* de M. Cousin[1]. Je sortis de ses mains sachant très-peu, mais capable de chercher et de trouver, et dévoré de l'ardeur de la science et de la foi en moi-même. »

La critique la plus ingénieuse ne saurait jeter une plus fine raillerie sur l'enseignement philosophique purement rationaliste que cette louange équivoque, si parcimonieusement mesurée à la médiocrité de ses résultats. Singulier éloge à faire d'un enseignement philosophique, que de dire « qu'il laissait la philosophie inconnue à ceux qui le suivaient », de sorte qu'on emportait, pour toute provision philosophique, « beaucoup d'ardeur, d'enthousiasme et de foi en soi-même, » la seule foi en effet qui reste à ceux qui ont perdu l'autre !

Théodore Jouffroy, devenu professeur à son tour, va-t-il enfin trouver ces solutions si nécessaires qu'il n'a pu obtenir comme disciple ? Dès 1817, il professait[2] à l'École normale où il était chargé d'une conférence, et en 1818 au collège Bourbon où il exerçait les fonctions de suppléant. Or il a lui-même exposé la situation de son âme, telle qu'elle était cinq ans après, en 1822, lorsqu'une assez grave altération de sa santé

---

1. Dans les exemplaires mis en vente, on a remplacé partout le mot d'*inexpérience*, quand il est appliqué à M. Cousin, par le mot de *prudence*. Ainsi on lit : « Les excessives précautions que sa *prudence*...; » et un peu plus loin : « La même *prudence* appliquée à l'examen des systèmes... » Enfin, dans la dernière phrase, on a supprimé le mot, et au lieu de : « Voilà ce que nous dûmes à l'*inexpérience* de M. Cousin, » on a ainsi imprimé la phrase : « Voilà ce que nous dûmes à M. Cousin. »

2. Voir la préface des *Nouveaux Mélanges* de Th. Jouffroy, publiés par M. Damiron, page vj.

et la mort de son père l'obligèrent à demander un congé d'un an comme maître de conférences à l'École normale, et à renoncer à ses fonctions de suppléant au collége Bourbon. Après cinq ans de professorat, où en était donc Théodore Jouffroy sur ces grandes questions qui, il le déclare lui-même, sont la vie de l'intelligence humaine?

Les travaux qui avaient rempli les premières années de sa vie professorale « n'avaient laissé aucune place à l'examen de ces questions générales dont il s'était plaint d'abord de ne point trouver la solution dans l'enseignement de M. Cousin. » Il ajoute qu'il ajournait l'examen de ces questions avec moins de peine, parce que les recherches particulières auxquelles son devoir le condamnait avaient pris à ses yeux un intérêt plus puissant. « *Cet intérêt*, continue-t-il, *était plus pur, s'il est possible, et d'un ordre plus intellectuel; ce n'était pas celui de savoir ce que je deviendrais dans l'autre vie et ce que j'avais à faire en celle-ci;* c'était tout simplement celui de la science, dégagé de tout retour sur moi-même [1]. »

Ainsi l'orgueil de la science, ce vieil ennemi de l'homme, s'était emparé de Théodore Jouffroy. Chose étrange! il avoue lui-même qu'il avait cessé de s'inquiéter de ce qu'il avait à faire dans cette vie, qui s'écoule cependant si vite, et qui devait, hélas! s'écouler plus vite pour lui que pour bien d'autres hommes de sa génération! Le savoir abstrait passait avant le devoir pratique. Et quel était donc l'objet de cette étude passionnée? Précisément le même qui, lorsqu'il sortait du christianisme, lui avait paru si vide et si peu digne d'une préoccupation exclusive : il étudiait le monde psychologique, les faits intérieurs de l'esprit. Dans cette

---

1. Les lignes imprimées en italique ont été supprimées dans les exemplaires mis en vente.

fosse ou, pour parler son langage, dans ce trou où il se plaignait d'abord d'étouffer, il respirait maintenant à son aise, comme les prisonniers dont les yeux s'accoutument à l'absence de la lumière et la poitrine à un air vicié. Cependant, de temps à autre, cette noble intelligence, que Dieu avait faite pour la vérité, éprouvait de ces aspirations irrésistibles vers l'idéal qui l'emportaient loin de cette observation ingrate des faits psychologiques, dans laquelle il consumait sa vie. Cette âme passionnée sentait qu'elle avait des ailes et voulait les déployer. « Quand j'avais quelques heures à rêver, la nuit, à une fenêtre, ou, le jour, sous les ombrages des Tuileries, dit-il lui-même, des élans intérieurs, des attendrissements subits me rappelaient à mes croyances passées et éteintes, à l'obscurité, au vide de mon âme, et au projet toujours ajourné de le combler. »

Ce ne fut qu'en 1822 pourtant, quand la mort de son père et l'état de sa propre santé le ramenèrent dans son pays natal, que Théodore Jouffroy éprouva le besoin impérieux d'aborder enfin ces questions qu'il ajournait depuis cinq ans déjà, et ce furent encore les souvenirs religieux de sa jeunesse chrétienne qui le firent sortir de la torpeur où il était tombé. Il a lui-même tracé le tableau dramatique de l'impression profonde que produisit sur lui l'aspect de ces lieux où il avait eu le bonheur d'être chrétien. « Je me retrouvai, dit-il, sous le toit où s'était écoulée mon enfance, au milieu des personnes qui m'avaient si tendrement élevé, en présence des objets qui avaient frappé mes yeux, touché mon cœur, affecté mon intelligence, dans les plus beaux jours de ma première vie. Mais, en rentrant dans mon âme, ces souvenirs et ces impressions n'y trouvaient plus les mêmes noms. Tout était comme autrefois, excepté moi. Cette église, on y célébrait encore les saints mystères avec le même recueillement ; ces champs, ces bois, ces fontaines, on allait encore au printemps les bénir ; cette maison, on y élevait encore, au jour marqué, un autel de fleurs et de feuillage ; ce curé qui m'avait enseigné la foi avait vieilli, mais il était toujours là, croyant toujours, et tout ce que j'aimais, et tout ce qui m'entourait, avait le même cœur, la même espérance dans la foi. Moi seul l'avais perdue ; moi seul étais dans la vie sans savoir ni comment ni pourquoi; moi seul, si savant, ne savais rien ; moi seul étais vide, agité, privé de lumière, aveugle et inquiet. »

Alors cette âme malheureuse se pose à nouveau les grandes questions que la religion pose et sait résoudre : la destination de la vie humaine ; la question d'une autre vie et celle de sa durée ; le sort qui attend dans cette autre vie, si elle existe, les bons et les méchants; qu'est-ce que l'homme ? est-il âme et corps ? comment ces deux substances unies, et comment séparées? la question de l'existence ou de la non-existence d'un Dieu créateur de l'homme et du monde, ses attributs ; pourquoi l'humanité ? pourquoi son développement et la succession des peuples ? pourquoi la société organisée comme elle est, et quels sont le fondement et l'origine des droits et des devoirs sociaux ?

Ce sont bien là les questions qui doivent être l'objet des études de la véritable philosophie, questions si essentielles, que Théodore Jouffroy, après les avoir posées, s'écrie : « Je me convainquis que si j'avais des réponses à ces questions mon âme rentrerait dans un repos parfait. » Mais il ajoute aussitôt : « Je n'espérais nullement arriver à toutes ces réponses; il me paraissait évident qu'il y avait là plus d'énigmes que la raison ne pouvait en résoudre. » Théodore Jouffroy voyait bien que la philosophie comprenait l'étude de ces questions ; mais il sentait, en même temps, qu'elle en comprenait beaucoup d'autres. De là trois questions préliminaires : quel était l'objet, la méthode, la certitude de la philosophie? « J'avais fait de la philosophie pendant quatre ans, répond Jouffroy, et personne ne me l'avait dit, et jamais je n'avais pu me donner moi-même une réponse sur ces points. »

Aussitôt deux objections, depuis longtemps à l'état latent dans l'esprit de ce pèlerin philosophique, parti depuis tant d'années déjà pour un voyage de découverte à la recherche de la vérité, se lèvent devant lui : d'où vient que de toutes les questions philosophiques qu'il a rencontrées, soit qu'il s'en soit occupé lui-même, soit qu'il en ait pris connaissance dans les livres, il n'y en ait pas une seule sur laquelle il ait trouvé une solution reconnue vraie et acceptée comme telle dans la science, bien que, depuis un grand nombre de siècles, les plus grands esprits s'en soient occupés? A cela deux réponses également embarrassantes entre lesquelles il faut choisir : ou la philosophie est impuissante, ou tant de grands hommes se sont égarés en l'étudiant. Or, même en admettant la dernière explication, moins désespérante que la première, quelles sont les causes qui ont fait échouer, avec une uniformité si fatale, les plus grands esprits de l'humanité devant ces problèmes? Ici vient la seconde remarque, qui constitue la seconde objection : c'est que cette impuissance des plus hautes intelligences se manifeste précisément en face des questions qui intéressent au plus haut degré l'homme, de sorte qu'il ne possède aucune certitude sur les questions essentielles. « La philosophie, continue Th. Jouffroy, en cherchait et ne paraissait sur aucun point encore en avoir trouvé, et la religion n'en offrait que l'apparence, et point du tout la réalité. »

Voici comment il sort de cette difficulté : « Ce fait m'avait tellement étonné, que j'y étais souvent revenu dans mes méditations, et, à force d'y rêver, j'en avais rencontré un autre qui, en rectifiant le premier, avait substitué un autre mystère à celui qui m'avait d'abord frappé. J'avais vu qu'il n'était pas exact de croire que l'humanité fût dans l'ignorance sur les questions qui l'intéressent le plus : car, depuis qu'elle existe, elle porte sans hésitation certains jugements très-uniformes et très-précis, qui impliquent des idées arrêtées très-uniformes et très-précises sur ces questions mêmes. En effet, tout homme distingue et a toujours distingué le bien du mal, le juste de l'injuste, le beau du laid, la réalité du néant. Tout homme croit et a toujours cru à une cause ou à des causes intelligentes qui ont formé cet univers, et à des rapports entre elles et lui. Et que supposent ces jugements et ces croyances? que sont-elles que des manifestations de certaines solutions arrêtées sur la plupart des questions qui intéressent l'humanité et que les religions et les philosophies essayent de résoudre? Et qui est-ce qui accepte ou rejette les religions et les systèmes? Les hommes. Et à quelles conditions peuvent-ils les accepter ou les refuser? A condition qu'il les trouvent vrais ou faux, c'est-à-dire à condition qu'ils les jugent. En les acceptant et en les rejetant, ils témoignent donc qu'ils ont de quoi les apprécier, c'est-à-dire qu'ils ont des idées sur les questions que les religions et les systèmes cherchent à résoudre. Et ces idées sont tellement fixes, tellement certaines et supérieures à ces systèmes, qu'elles ont résisté en philosophie à toutes les erreurs grossières dans lesquelles les philosophes sont successivement tombés. »

C'est ainsi que Théodore Jouffroy arrive à l'idée d'une raison commune, d'un sens commun qui représente un troisième système de solutions fondé sur une troisième autorité qui vient, dit-il, se placer simplement à côté des systèmes religieux et des systèmes philosophiques, dans l'histoire et le spectacle de l'humanité.

Ici la préoccupation du psychologue est visible. Ce fond commun d'idées justes, de notions vraies sur les questions essentielles, qui existe en effet et dont se compose la raison générale, il suppose que chaque homme se les ait formées, à lui seul, indépendamment des idées transmises et par le seul secours de sa raison individuelle. On ne peut raisonnablement l'admettre en principe ; pourquoi et comment, en effet, le commun des hommes aurait-il des notions vraies sur les questions les plus hautes et les plus difficiles, tandis que les intelligences les plus élevées tomberaient dans les plus monstrueuses erreurs, si la raison individuelle avait été, pour le commun des hommes, la seule source de ces notions? En outre, personne n'ignore que les choses ne se passent point ainsi ; le commun des hommes ne se fait point de ces idées, ne se forme point ces notions transcendantes ; il les reçoit toutes faites de la tradition, et, le plus souvent, de la tradition religieuse, qui a presque partout conservé le dépôt plus ou moins altéré des vérités essentielles communiquées à l'homme dans cette première révélation qui remonte au berceau du monde.

Est-ce à dire que la raison de chaque homme ne joue aucun rôle dans la perception de ces vérités? Non sans doute. Autant vaudrait dire que l'œil ne joue aucun rôle dans la perception de la lumière. Dieu a mis dans l'homme un œil intérieur qui perçoit la lumière intellectuelle, comme l'œil du corps perçoit la lumière physique. Les notions de la raison générale, du sens commun sur ces vérités essentielles, transmises de génération en génération, résultent de la conformité de celles-ci avec cet œil intérieur. Dieu, en même temps qu'il nous parle au fond de notre âme, autant que nous n'y mettons pas d'obstacle, nous parle au dehors par cette tradition du genre humain qui n'est qu'un débris de la révélation primitive. La différence qu'il y a entre le sens commun et le rationalisme, c'est que le premier reçoit la lumière, comme elle lui vient et de quelque côté qu'elle lui vienne, de la parole intérieure comme de la parole extérieure, et que le second ne veut la recevoir que d'une manière exclusive, et la repousse quand elle vient autrement, pour tenter de se créer sa lumière, d'être sa lumière à lui-même, malgré cette belle parole de l'Évangile du Verbe qui marque la limite infranchissable à l'esprit de l'homme : « Il n'était pas la lumière, mais il était venu pour rendre témoignage à celui qui était la lumière. »

Faut-il donc borner l'action de la raison à cette adhésion naturelle, et, pour ainsi dire, spontanée, que l'âme de l'homme donne aux vérités essentielles transmises de génération en génération? On a vu que telle n'était pas l'opinion de la théologie la plus autorisée; celle qui résulte du catéchisme du concile de Trente. La raison humaine, et par conséquent la philosophie, peut faire mieux, elle peut aller plus haut et plus loin; seulement elle doit renoncer à l'ambition du rationalisme, qui est de tout trouver par lui-même, selon cette parole si catégorique de Th. Jouffroy : « Je n'ai jamais bien appris et bien compris que ce que j'ai découvert. »

Arrivé là, Théodore Jouffroy commence à chercher l'objet de la philosophie, et, après bien des tâtonnements, bien des égarements dont il a lui-même tracé le tableau, il finit par conclure de l'inutilité de ses recherches que c'est en étudiant successivement les diverses parties dont elle s'occupe qu'il acquerra la notion du lien général qui les rattache les unes aux autres, la notion de l'unité de la philosophie. Cette conclusion admise, il est ramené à son point de départ, à l'étude de celle de ses branches qui, déjà depuis cinq ans, occupe exclusivement ses instants, la psychologie ; il se rejette dans l'observation intérieure des phénomènes de la vie intellectuelle, des opérations et des lois de l'esprit. C'est donc de la psychologie qu'il essaye de faire sortir la philosophie tout entière. De 1822 à 1828, il consacre six ans à ce labeur ; il y avait donc onze années qu'il était en chemin pour retrouver les solutions qu'il avait perdues en perdant la foi catholique. Au moins les avait-il retrouvées ?

Pour la psychologie, l'éminent élève de Royer-Collard et de Reid avait, sans nul doute, fait faire des progrès à cette science ; par l'exactitude sévère et la précision rigoureuse de ses observations, il a marqué profondément la distinction de la vie physiologique et de la vie psychologique ; mais la morale, la logique, l'esthétique, la philosophie de l'histoire, la religion naturelle, se trouvaient-elles assises, ainsi que le droit naturel, civil et politique, sur des bases plus solides et plus incontestablement démontrées après les travaux de Jouffroy qu'avant ces travaux ? En un mot, la philosophie avait-elle acquis la situation d'une science incontestée ? Théodore Jouffroy n'avait pas craint de dire, en parlant des grands esprits qui l'avaient précédé dans cette étude, qu'ils y avaient échoué parce que la méthode leur avait manqué. « La destinée de la philosophie semble avoir été, depuis deux mille ans, dit-il, d'attirer et de fatiguer, par un charme et une difficulté également invincibles, les plus grands esprits qui aient honoré et qui honorent l'espèce humaine. Assurément le cercle de ses incertitudes s'est agrandi, des questions nouvelles ont été ajoutées à celles qu'elle agitait à son berceau, on a vu le nombre de ces questions varier selon les époques ; mais les nouvelles venues n'ont pas eu une meilleure fortune que les anciennes. En entrant dans le domaine de la philosophie, elles ont semblé subir la propriété commune de tous les problèmes qu'il embrasse, celle de devenir inabordables aux efforts de l'intelligence et à jamais insolubles pour elle. En sorte que si l'on demande compte à la philosophie de ce qu'elle a fait depuis qu'elle existe, elle pourra bien répondre qu'elle a mis en lumière un nombre toujours plus grand de questions, elle pourra bien ajouter qu'elle a enfanté et porté à une perfection de plus en plus grande les différents systèmes qui peuvent aspirer à l'honneur de les résoudre ; mais qu'elle ait résolu une seule de ces questions qu'elle a mises en lumière, qu'elle ait tellement démontré un seul des systèmes qu'elle a enfantés pour les résoudre et tellement réfuté les autres, que l'un ait définitivement triomphé et que les autres aient disparu, voilà ce que la philosophie ne peut pas répondre [1]. Et cependant ces questions, Pythagore et Démocrite, Aristote et Platon, Zénon et Épicure, Bacon, Descartes, Leibniz, Malebranche, Locke et Kant les ont agitées ! »

Les travaux de Jouffroy changèrent-ils cette situation?

INSUFFISANCE DE LA PHILOSOPHIE ÉCOSSAISE PROCLAMÉE PAR LES MAITRES DE LA SCIENCE ET PAR JOUFFROY LUI-MÊME.

Ce que pensait Théodore Jouffroy de la philosophie, après les travaux de tant de grands hommes, en se montrant aussi sceptique à son égard qu'à l'égard de la religion, les esprits les plus élevés de l'école philosophique nouvelle le pensent encore après les travaux de Jouffroy. M. Cousin disait, en face même du tombeau qui s'ouvrait pour le recevoir : « De peur de s'égarer sur les pas mêmes du

---

1. Ces aveux deviendront le point de départ de la *Philosophie positive* de M. Auguste Comte, que nous trouverons à la fin de cette période philosophique.

génie dans la haute métaphysique, il oubliait un peu trop les instincts sublimes et le dogmatisme immortel de l'esprit humain, et se plaisait à demeurer sur le ferme terrain de la psychologie. Lorsque, il y a plusieurs années, nous conduisions M. Laromiguière à sa dernière demeure, j'étais du moins soutenu par la pensée que mon vénéré maître avait rempli toute sa carrière, et que ce qu'il y avait de meilleur en lui vivrait dans un livre consacré. Mais, ici, toute consolation manque devant cette tombe qui engloutit tant d'espérances. La mort arrête Jouffroy au milieu de sa carrière, et il me renvoie à moi-même la tâche que je lui avais confiée. »

Ainsi, des espérances, voilà tout ce que Jouffroy avait donné à la philosophie. Dira-t-on que M. Cousin a pu diminuer involontairement la valeur des travaux philosophiques de Th. Jouffroy, par suite d'une espèce de rancune scientifique, nourrie par lui contre son ancien élève qui, devenu maître à son tour, avait rompu avec la doctrine de son premier professeur? M. de Rémusat, dont les sympathies pour Th. Jouffroy ne sont pas douteuses, lui aura, dans ce cas, restitué la gloire qui lui appartient d'avoir réussi là où Aristote et Platon, Zénon, Épicure, Bacon, Descartes, Leibniz, Malebranche, Locke et Kant avaient échoué ; d'avoir, en un mot, fondé la philosophie sur des bases incontestées.

Non, car voici comment M. de Rémusat, dans un article où son amitié pour Th. Jouffroy perce à chaque ligne, résume son opinion définitive sur le rôle que l'éminent psychologue a rempli dans la science. « Nous avons loué hardiment ; s'il fallait juger, nous serions plus timides. Nous ne pouvons dire que la philosophie de M. Jouffroy nous satisfasse complétement. Quoiqu'il ait su donner à ses principes une fécondité inespérée, il nous paraît cependant être resté en deçà des vérités certaines, et il n'a pas égalé le connu au connaissable.

En vain s'est-il efforcé d'exclure, ou plutôt de restreindre le doute inséparable des connaissances d'un être borné tel que l'homme, il a laissé encore au doute une part plus grande qu'il ne faut, et sa défiance envers la philosophie nous paraît excessive. Bornons-nous à dire que, comme les Écossais ses maîtres, mais avec plus d'étendue, de force et de profondeur que ses maîtres, M. Jouffroy nous paraît avoir établi une excellente philosophie d'introduction, et que toutes les fois que, dans l'avenir, on reviendra aux questions préliminaires de la science, surtout à l'examen des fondements, des procédés et de l'objet de la psychologie, son nom se présentera naturellement [1]. »

Ainsi l'opinion de M. de Rémusat se rapproche de celle de M. Cousin. Il ne voit point en Jouffroy, malgré ses préventions amicales, un initiateur à la philosophie nouvelle ; sa philosophie ne lui paraît être qu'une philosophie d'introduction. Au fond, il ne lui accorde guère que des titres psychologiques.

Faisons mieux, demandons à Théodore Jouffroy s'il est complétement satisfait des solutions philosophiques qu'il a trouvées, si le doute qui est entré dans son intelligence, le jour où la foi catholique en est sortie, a été enfin vaincu par tant de recherches et tant de travaux. Il a répondu directement à cette question en étudiant le problème qu'il pose ainsi lui-même : La vérité humaine est-elle la vraie vérité ? « Au-dessus de toutes les sciences humaines, dit Jouffroy [2], plane un doute, car il est possible que ce qui nous paraît vrai ne le soit pas. »

Cette phrase contient le scepticisme tout entier, que Jouffroy croyait avoir vaincu. S'il est possible que la vérité humaine ne soit pas la vérité, il n'y a plus ni vé-

---

1. *Passé et Présent*, par M. de Rémusat.
2. Voir son mémoire *De l'organisation des sciences philosophiques*, dans les *Nouveaux Mélanges* publiés par M. Damiron en 1842.

rité, ni certitude pour l'homme, par conséquent il n'y a pour lui ni repos ni sécurité. On trouve, dans les derniers écrits de Jouffroy, plus d'une parole qui vient corroborer cet aveu de scepticisme. Dans les dernières pages du morceau qu'il a intitulé, dans ses premiers *Mélanges : Du problème de la destinée humaine*, voici comment il s'exprime : « Il y a nécessairement dans la vie de l'humanité des époques de crises, et ces époques sont celles où ses lumières la forcent à se détacher du dogme reçu pour en créer et embrasser un autre ; or, sans rien attaquer et sans rien défendre, avec respect pour le passé et sympathie pour l'avenir, je dirai qu'en fait l'humanité se trouve aujourd'hui dans une partie de l'Europe, et spécialement en France, dans un de ces formidables intervalles que nous venons de signaler... L'humanité, assise sur les débris qu'elle a accumulés, ressemble à un maître de maison le lendemain d'un incendie : la veille, il avait un foyer domestique, un abri, un avenir, un plan de vie ; aujourd'hui, il a tout perdu, et il faut qu'il relève ce que la fatalité de la fortune a détruit. Comment y parvenir? Il est évident qu'il n'y a qu'un moyen, c'est de poser de nouveau l'éternel problème et de rechercher la nouvelle solution qu'il attend. Quelle sera cette solution future? Je l'ignore ; quant à la question de savoir si cette solution sera religieuse ou philosophique, peut-être ne sera-t-il pas impossible de le prévoir. Ce qui distingue la solution religieuse, c'est de tirer son autorité du ciel et de s'envelopper de formes plus ou moins symboliques. Croyez-vous que, dans l'époque actuelle, une solution puisse être proposée à l'acceptation des masses parce qu'elle est révélée? Quant à moi, j'incline fortement pour la négative. Je le dis parce que je le crois, et en reconnaissant d'ailleurs tout ce que suppose de lumières et de prévoyance l'illusion même de ceux qui espèrent et entreprennent davantage¹ ; il ne reste donc, selon moi, pour venir au secours de la société menacée, qu'une seule voie, un seul moyen : c'est d'agiter philosophiquement ces redoutables problèmes dont il lui faut nécessairement une solution ; c'est d'en chercher franchement, par les procédés rigoureux de la science, une solution rigoureuse aussi qui puisse soutenir les regards sévères de cette raison aux mains de laquelle la civilisation a fait passer le sceptre de l'autorité. Vous connaissez maintenant les motifs qui, dans un moment et dans un pays comme celui-ci, m'ont engagé à poser, dans toute son étendue, le problème de la destinée humaine, et à l'aborder avec l'arme mâle et sainte de la science. Je ne vous promets de ce problème ni des solutions complètes ni des solutions incontestables. Je ne suis qu'un ouvrier à la tâche immense que j'ai tracée. Après quinze années d'inquiètes méditations sur l'origine de la destinée humaine, je suis arrivé à des convictions sur beaucoup de points, à des doutes raisonnés sur les autres. Ces convictions et ces doutes, je vous les dirai ; leurs motifs, je vous les exposerai. Heureux si ces solutions ébauchées peuvent servir un jour à construire l'édifice, et, en attendant, porter dans votre âme un peu du calme qu'elles ont répandu dans la mienne². »

Ainsi, après tant d'efforts et de si longues études, voilà où en était arrivé Jouffroy. Il cherchait encore la solution future, car il déclarait qu'il ignorait ce qu'elle serait. Il pensait qu'elle serait philosophique et non religieuse, c'est-à-dire que la philosophie remplacerait la religion. Il ne promettait de donner au problème de la desti-

---

1. Jouffroy a fait ici allusion aux saints-simoniens, dont les prédications occupaient beaucoup les esprits à cette époque ; on était en 1832 quand il s'exprimait ainsi.
2. Voir, dans les premiers *Mélanges* de Th. Jouffroy, le *Problème de la destinée humaine*.

née humaine ni des solutions complètes ni des solutions incontestées, mais seulement des solutions ébauchées.

On est donc fondé à dire que Th. Jouffroy, après avoir perdu les solutions catholiques des grandes questions qui occupent à si juste titre et à un si haut degré l'esprit humain, n'en trouva pas les solutions philosophiques. Quelque chose de plus! après avoir nié l'autorité de la foi, il diminua celle de la raison elle-même, en déclarant à tort qu'il n'y avait eu aucune vérité philosophiquement démontrée jusqu'à lui, ce qui serait un grave préjugé contre la raison humaine prévenue d'impuissance pendant tant de siècles. Il se sépara donc de la religion, et il affaiblit la philosophie. Il lui refusa, en effet, au nom de la raison philosophique, ce que la raison catholique lui accorde, car l'Église enseigne qu'il y a des vérités, qu'elle appelle les préambules de la foi, qui, non-seulement peuvent être démontrées, mais ont été démontrées philosophiquement, et elle met au nombre de ces vérités l'existence de Dieu, la spiritualité et l'immortalité de l'âme, et le libre arbitre de l'homme. Elle blâme ceux qui proclament l'impuissance absolue de la raison, comme ceux qui veulent que la raison, dans sa toute-puissance, découvre les vérités de tous les ordres sans aucun secours divin. Il y a, dans la philosophie écossaise poussée jusqu'à son dernier perfectionnement par Jouffroy, une vue utile, en ce qu'elle a rappelé, au nom du sens commun, cette vérité élémentaire que, dans les faits premiers, les principes premiers, il y a, de la part de l'esprit humain, une adhésion spontanée et raisonnable, sans être raisonnée, à leur évidence, ce qui est une foi naturelle. Mais Jouffroy a amoindri ce service, en laissant planer le doute du scepticisme sur la réalité des vérités perçues par l'esprit humain, et, en cela, il a affaibli la certitude rationnelle, la certitude philosophique. Il a affaibli encore la philosophie, en repoussant la tradition philosophique comme la tradition religieuse, en voulant tout faire partir de sa raison individuelle, de son effort personnel, séparé de l'effort traditionnel du genre humain. Il l'a affaiblie enfin, comme le fait remarquer avec raison M. de Rémusat, en voulant arbitrairement la renfermer dans la psychologie, et en faisant de l'observation psychologique, devenue le point de départ de toutes ses solutions, la base exclusive de la philosophie dont l'élan a été ainsi comprimé et le vol raccourci.

Le Dieu de sa jeunesse, qu'il avait quitté, visita, sur la fin, cette âme souffrante et désolée. Un écrivain distingué[1], qui l'a bien connu, et que nous allons tout à l'heure rencontrer professant avec éclat, dans une chaire officielle, la philosophie panthéiste dont il devait plus tard reconnaître le néant, a écrit de lui : « Jouffroy disait sur la fin de sa vie : Le christianisme verra mourir bien des doctrines qui ont la prétention de lui succéder. Tout ce qui a été prédit de lui s'accomplira. La conquête du monde lui est réservée et il sera la dernière des religions. » A l'époque où Jouffroy prononçait ces paroles, c'est-à-dire en 1830, dans sa première leçon de morale, il pensait encore que la philosophie suffirait un jour à l'homme, lorsque, dans les siècles futurs, le christianisme aurait achevé l'éducation de l'humanité. Cette illusion se dissipa après la nouvelle phase d'études qui remplirent pour le philosophe les années qui s'écoulèrent depuis 1830 jusqu'à sa mort. Le vénérable prêtre à qui il fut donné de converser avec Théodore Jouffroy, déjà étendu sur le lit d'où il ne devait pas se relever, a ainsi constaté le retour de cette intelligence malade à la religion qu'elle n'avait jamais pu remplacer. « Théodore Jouffroy est mort en préférant un bon acte de foi

---

1. M. Lerminier, dans son article sur Victor Cousin. Voir la *Revue contemporaine* du 15 février 1854.

chrétienne à tous les systèmes qui ne mènent à rien[1]. »

Nous avons voulu aller au fond de ces paroles un peu vagues, et nous avons interrogé le vénérable prêtre qui les a écrites ; voici son récit, tel que nous l'avons transcrit aussitôt après l'avoir entendu. M. Martin de Noirlieu, curé de Saint-Louis-d'Antin, fut appelé, sur la fin de la vie de Théodore Jouffroy, par Mᵐᵉ Jouffroy ; il préparait leur jeune fille à sa première communion, ce fut une occasion de voir le père. Il causa longtemps avec le philosophe malade et revint plusieurs fois le voir. Jouffroy, qui, attaqué de la phthisie qui le conduisait au tombeau, était d'une maigreur extrême et d'une grande faiblesse, le remercia avec effusion du service qu'il rendait à sa fille. Il se reporta lui-même par la pensée, dans le cours de la conversation, à l'époque heureuse où il faisait sa première communion, parla avec attendrissement du bon curé qui la lui avait fait faire ; plusieurs fois, pendant cet entretien, ses yeux se mouillèrent de larmes. Dans la dernière visite que fit l'abbé de Noirlieu au malade, la conversation tomba sur un ouvrage violent et amer récemment publié par M. de La Mennais, désormais séparé de l'Église. « Tenez, monsieur le curé, dit Théodore Jouffroy, un bon acte de foi vaut mieux que tout cela, il met l'âme plus en paix avec elle-même. » Le curé, dont la visite avait été longue, craignit de fatiguer le malade, dont la faiblesse était extrême ; il se retira en lui disant : « Je reviendrai bientôt. — Oui, je vous en prie, venez, monsieur le curé, » répondit le malade. Le lendemain Jouffroy, se sentant altéré, demanda une tasse de tisane et la but en penchant la tête en arrière. Il ne la releva pas, il était mort[2] !

1. *Exposition et défense des dogmes principaux du christianisme*, par M. l'abbé Martin de Noirlieu, page 412.
2. Je trouve ce récit inscrit sur mon carnet à la date du 24 juin 1855, et daté du château de Douaville, où je rencontrai M. l'abbé Martin de Noirlieu chez M. le marquis de Barthélemy, à l'époque de la visite pastorale de Mᵍʳ l'évêque de Versailles, qui s'arrêta au château.

III

LE PANTHÉISME DANS L'ENSEIGNEMENT OFFICIEL. — M. LERMINIER.

Il était impossible que cet enseignement philosophique satisfît les intelligences. Il aurait fallu pour cela qu'elles consentissent à revenir au point où elles en étaient avant que M. Cousin ouvrît à la pensée humaine plus d'horizons qu'il n'en pouvait remplir. L'éclectisme avait été la philosophie dominante de l'époque antérieure; il ne pouvait avoir pour héritier la philosophie écossaise qui l'avait précédé. Aussi, même à l'époque où Th. Jouffroy occupait encore la chaire, on vit se manifester dans l'enseignement officiel une tendance à donner pour héritière à l'éclectisme une autre philosophie, tendance qui devait se manifester avec plus d'énergie hors de cet enseignement.

Il y avait alors un professeur qui s'était tenu sur le second plan dans la période précédente, et que la Révolution de 1830 poussait vers le premier. Ce professeur, ancien rédacteur du *Globe*, avait une parole abondante, facile, colorée avec un peu d'emphase, une action véhémente, et quelque chose d'athlétique dans l'extérieur; selon la tendance du temps, il faisait de la philosophie plutôt encore en tribun qu'en professeur; c'était M. Lerminier. Cet esprit distingué devait plus tard reconnaître honorablement ses erreurs, et terminer sa vie par une mort chrétienne [1], mais il s'égarait alors dans

---

1. M. Lerminier devait, vingt ans plus tard, écrire ces belles paroles : « Attribuer à la raison, sans contact avec une puissance supérieure, les faits primitifs de l'histoire du monde, est une affirmation pure, pour laquelle il n'y a ni démonstration ni preuves possibles, affirmation altière, que pose le rationalisme dans l'exaltation de son orgueil, nous le savons par expérience, mais qu'il ne maintient pas sans efforts, nous

les sophismes d'un système qui, à travers des obscurités de langage qui en voilaient le fond, ne pouvait aboutir qu'au panthéisme. Le panthéisme, en effet, tel devait être le véritable héritier de l'éclectisme dans la période qui s'écoula de 1830 à 1848. Après avoir dit que la vérité était partout, il ne restait plus qu'une chose à dire, c'est que tout était la vérité, que tout était Dieu.

Avant d'arriver à cette grande question du panthéisme qui domine toute la philosophie de cette époque, il importe de donner une notion sommaire des opinions qui, développées par M. Lerminier dans ses cours, et plus tard dans ses livres, exercèrent, au moins pour un temps, une assez grande influence sur les idées.

Le christianisme est une des journées de l'humanité; cette journée, à son avénement, fut un progrès, parce qu'elle était une aurore; maintenant qu'elle arrive au soir, elle serait, si elle se prolongeait, un obstacle, parce qu'elle retarderait une plus éclatante lumière; le christianisme continua les philosophies et les théologies de l'antiquité en les épurant ; la philosophie moderne doit, à son tour, continuer le christianisme en le perfectionnant : telle est la pensée fondamentale de la philosophie de M. Lerminier, exposée dans ses *Études de philosophie et d'histoire* [1].

l'avons aussi éprouvé, en face des faits considérables et obscurs qui viennent la déborder de tous côtés. Oui, pendant longtemps, nous avons cherché l'unité de l'histoire dans l'omnipotence de la raison humaine ; et si nous rencontrions des faits qui ne se prêtaient pas à cette simplicité artificielle et ne se laissaient pas ouvrir par cette clef, nous passions outre, dans l'espoir, en y revenant plus tard, d'en trouver enfin l'explication dans ce rationalisme dont nous étions comme enivrés. Cependant, à force d'interroger l'histoire des croyances, des idées et des lois humaines, et de l'étudier dans un temps si fécond en leçons vivantes, nous avons senti s'écrouler dans notre esprit cette orgueilleuse et fragile hypothèse, et c'est à travers ses ruines que nous cherchons aujourd'hui à nous frayer une route vers la vérité. » (Lerminier, *Revue contemporaine*, 15 février 1854.)

1. Publiées en 1836.

Lorsqu'il veut substituer la science à la foi, le philosophe au prêtre, et qu'il prêche son rationalisme idéaliste avec ce ton d'inspiration qui n'appartient qu'à la prédication des vérités révélées, il rappelle, dans une certaine mesure, Julien, ce dévot païen qui, cherchant à emprunter à la religion nouvelle sa discipline, ses dogmes et jusqu'à ses mystères, jeûnait en l'honneur de Jupiter comme les Pères de l'Église jeûnaient en mémoire du Christ. A chaque page, on trouve la trace de la pensée secrète qui pousse l'auteur à cette imitation. S'il parle de la papauté, c'est avec une humeur jalouse qui laisse voir que le professeur au Collége de France regardait le successeur de saint Pierre comme l'usurpateur d'une puissance désormais dévolue aux chaires philosophiques. Quelquefois il se posait familièrement à côté de Bossuet, et là où ce grand évêque a dit : « Sortons du temps et du changement pour aspirer à l'éternité, » le professeur s'écriait : « Marchons dans le temps vers l'éternité ! » Le voisinage des apôtres eux-mêmes ne le troublait point. Saint Paul a donné des enseignements apostoliques aux femmes, M. Lerminier leur en donnait à son tour pour rectifier ceux de saint Paul, et l'on pouvait s'apercevoir de l'influence que la doctrine saint-simonienne exerçait sur sa philosophie. « Saint Paul, dit-il, n'oublie jamais de recommander aux femmes le silence ; donc elles parlaient. Les femmes étaient alors aussi fort remuées. Il y avait chez elles un mouvement insurrectionnel. Aujourd'hui l'insurrection est plus sensible encore ; mais nous donnerons aux insurgées un conseil contraire à celui de saint Paul, nous leur dirons de parler. »

Accepter le christianisme dans le passé, le repousser dans le présent, le remplacer dans l'avenir, voilà le résumé du système philosophique de M. Lerminier, et, sur ce point, il ne s'éloignait pas de la pensée de

Jouffroy, qui aspirait aussi à créer une religion philosophique. Il voulait perfectionner le christianisme. Mais le perfectionner, c'est le changer, et le changer, c'est le détruire. S'il n'est pas vrai pour l'avenir, il est faux dans le passé. Dans le temps comme dans l'espace, la vérité catholique est une et absolue comme Dieu même dont elle est l'expression. Quelle est donc cette vérité progressive par laquelle M. Lerminier proposait de combler le vide immense que la religion chrétienne laisserait en se retirant?

Ici les doutes commencent. A l'entendre, « Descartes est le fondateur du système intellectuel dont la France a doté l'esprit humain ; Fénelon, Pascal, Bossuet l'ont continué, et, après eux, Voltaire, Rousseau, Diderot, Boulanger, Saint-Simon, Condorcet et Benjamin Constant. » Qu'est-ce à dire? Bossuet et Diderot, ce sont l'affirmation et la négation. Si la philosophie française professe à la fois les doctrines de deux hommes séparés par l'infini, elle n'en professe aucune, car elle affirme et elle nie à la fois, elle aspire à l'absurde. Si elle marche à la fois avec Pascal et Voltaire, au lieu de marcher à l'avenir, elle marche au chaos.

Il faut chercher le véritable sens de la philosophie de M. Lerminier, non pas dans, mais sous cette définition. La pensée première de son système revient trop souvent pour qu'il soit possible de la méconnaître. S'agit-il de M. de La Mennais, M. Lerminier s'écrie : « Le système de l'auteur de l'*Indifférence* a commencé par l'autorité de la tradition pour aboutir à l'autorité de la pensée. Tout a conquis M. de La Mennais à l'idéalisme, à la philosophie, à l'humanité. » Dans le chapitre intitulé *Débats sur le christianisme*, la même pensée se reproduit : « Au milieu de notre respect pour le christianisme, nous plaçons au-dessus de lui le génie de l'humanité. » Quelques pages plus loin, la pensée devient plus claire : « La conscience est l'instinct de l'homme et du genre humain, la voix secrète qui parle toujours et ne se laisse jamais étouffer, le démon de Socrate et de l'humanité, le cri du peuple et le cri de Dieu ; la conscience est fatale, sublime, immortelle. Mais, à côté de la conscience, il y a la science, réflexion de l'homme et de l'humanité, œil toujours ouvert et pénétrant. Par la conscience, le genre humain devine et pressent ce qu'il ne sait pas ; par la science, il comprend ce qu'il a fait et ce qu'il doit faire encore. De l'union et de l'accord de la conscience et de la science peut sortir seulement la vérité nouvelle dont a soif le monde. » Enfin, dans un morceau sur le scepticisme, le professeur s'écrie : « Servez l'humanité, vous tous qui êtes ses membres et devez être ses soldats, croyez à tout ce qui est, à Dieu comme à l'homme, à la terre comme au ciel, au bonheur comme à l'immortalité. Arrachez de votre cœur l'égoïsme comme un dard empoisonné. Alors, par un effet naturel, vous serez délivrés du scepticisme, vous croirez à ce que la science et ses développements, à ce que l'humanité et ses destinées ont d'infini. »

Il faut ramener ces métaphores oratoires au sens logique. On a vu, dans les leçons de M. Lerminier, les mots d'humanité et d'idéalisme revenir à chaque phrase. Il loue M. de La Mennais de s'être laissé conquérir à l'idéalisme ; il met le génie de l'humanité au-dessus du génie chrétien ; enfin il ne voit que deux sources à la vérité nouvelle dont a soif le monde : la science, c'est la connaissance ou l'idée poussée jusqu'au dernier degré de perfectionnement ; la conscience, c'est-à-dire le sentiment. L'idée et le sentiment, c'est tout l'homme. Le système philosophique de M. Lerminier, c'est donc la domination intellectuelle de l'homme substituée à celle de Dieu. Il ne détrônait pas précisément le Créateur, mais il introduisait dans la philosophie les doctrines qui prévalaient alors en politique ; il faisait de Dieu une espèce de monarque qui règne et ne gouverne pas. Sans doute l'éloquent professeur ne lui prodiguait pas l'injure ; il traitait la majesté éternelle avec les égards qu'on accorde aux majestés déchues ; mais on ne saurait dire si ce respect ironique ne ravalait pas davantage l'intelligence divine que les invectives de l'école sceptique ou athée. Ce système donne à Dieu l'infini pour vêtement, comme aux rois à qui on a ôté l'autorité on laisse le sceptre, la couronne et la pourpre, vaines décorations d'une puissance dont la réalité est ailleurs ; mais il asseoit, dans une immobilité forcée, ce Dieu fainéant, et lui commande d'attendre l'humanité en qui il place le mouvement, l'action et la vie. Pilate aussi avait écrit sur le bois de mort auquel les Juifs attachèrent le Christ : « Jésus, Nazaréen, roi des Juifs. » C'est l'image de la royauté dérisoire que cette philosophie nouvelle laisse à Dieu. Sous ces hommages apparents, on découvre les clous aigus et les épines cuisantes de la Passion, et ce simulacre de trône, c'est la croix que le panthéisme, cet antique ennemi de la vérité rajeuni par l'Allemagne, va relever. Les religions ne sont, aux yeux de cette philosophie, que des espèces de chartes, utiles tant que le génie de l'humanité ne s'élève pas au-dessus, mais condamnées d'avance à être déchirées par le progrès des siècles comme un cadre vieilli. M. Lerminier a exprimé textuellement cette pensée. « Le christianisme, dit-il, remplit un rôle social que la philosophie ne saurait encore accomplir. Il sert de vérité à ceux dont l'intelligence ne pourrait recevoir une parole plus scientifique et plus réfléchie ; il est vrai eu égard à ceux auxquels il s'adresse, et par conséquent il est bon. » Mais les intelligences capables de recevoir une parole plus scientifique et plus réfléchie que la parole du Christ, que les Pères appelaient le lait des faibles et le pain des forts, où trouveront-elles donc leur nourriture? aux leçons de la philosophie nouvelle. L'Évangile éternel était prêché, en ce temps-là, au Collége de France.

Quelles sont donc ces doctrines transcendantes? Les redites de toutes les écoles philosophiques de l'antiquité ; la perfectibilité humaine poussée jusqu'à l'infini ; la science, la conscience, l'homme tirant toute sa lumière de lui-même, la souveraineté de ses idées.

La science! la conscience! la raison! l'idéalisme! Qu'est-ce à dire? Le docte professeur établissait-il que la science, cette conscience acquise de l'ignorance humaine sur tant de points importants, était devenue un guide infaillible? La maîtresse d'égarements dont les ténèbres épouvantaient Pascal marchait-elle environnée de lumières à côté de M. Lerminier? Que savons-nous par nous-mêmes, quand nous nous isolons de la source de toute lumière par un rationalisme exclusif et arrogant? Que pouvons-nous savoir et comment savons-nous ce que nous savons, quand nous rejetons orgueilleusement l'autorité, la tradition? L'homme, que M. de Bonald appelait un peu fastueusement une intelligence servie par des sens, n'est-il point, dans cette vie, encore plus dominé que servi par ces serviteurs tyranniques qui posent de tout côté des bornes autour de lui? Le temps, ce mouvement de quelques vagues dans la mer sans rivage de l'éternité, a fait marcher les connaissances physiques ; mais si l'on en excepte les grandes vérités révélées au monde par le christianisme, et la lumière qu'ont projetée ses plus illustres docteurs sur celles auxquelles les philosophes de l'antiquité étaient arrivés, à l'aide de l'observation de la nature et des vestiges de la tradition primitive, par l'induction et le raisonnement, les sciences philosophiques ont fait peu de pas depuis

Cicéron, cet écho romain de la sagesse du divin Platon. La philosophie de M. Lerminier apprenait-elle quelque chose de nouveau à ses disciples, sur Dieu et ses attributs, l'homme, son origine, sa nature, sa destinée, l'intelligence et la matière, le vice et la vertu, la vie et la mort? Non, il se contentait de dire que la conscience est nécessaire, fatale, sublime, immortelle, qu'elle est la voix du peuple comme la voix de Dieu.

On peut dire qu'à un certain point de vue M. Lerminier, par sa philosophie idéaliste et instinctive, continuait le dix-huitième siècle, en cherchant à signer un compromis entre l'école de Voltaire et celle de Rousseau. À leur exemple, il refusait de s'avouer que le dernier effort de la raison et du sentiment est d'amener l'homme à reconnaître qu'au-dessus des vérités qu'il peut atteindre il y en a d'autres qu'elle entrevoit, mais qu'elle ne peut posséder que par le secours direct de Dieu ; de sorte que la foi, loin d'être l'ennemie de la raison, supplée à son insuffisance, et ravit l'âme humaine à des hauteurs où elle ne pourrait jamais arriver. C'est ce que Platon appelle le sommet de l'intelligible, et saint Thomas d'Aquin le second degré de l'intelligible divin. Privé de ce secours, le sentiment qui veut sortir des limites où sa mission s'arrête se perd dans le labyrinthe de mille aspirations confuses, et la raison, en voulant appliquer à des objets d'une hauteur infinie une logique propre aux objets d'une nature inférieure, prend ses fantaisies pour des réalités.

L'autorité manquait à cette philosophie, qui ne voulait reconnaître aucune autorité. Lorsque M. Lerminier disait à ses auditeurs, en n'invoquant que la raison et le sentiment : « Arrachez de votre cœur l'égoïsme comme un trait empoisonné, alors vous serez délivrés du scepticisme, » chacun de ses auditeurs lui répondait intérieurement : « Commencez par me délivrer du scepticisme, car c'est le scepticisme qui me rend égoïste. » Le christianisme est conséquent quand il commande à l'homme d'aimer tous les hommes en Dieu, qui est leur créateur et leur père; non-seulement sa parole est logique, mais elle est efficace, parce qu'elle a une sanction. Mais quand M. Lerminier voulait enflammer les hommes de son temps d'un enthousiasme banal pour l'humanité, et qu'il leur disait de demander de la foi au dévouement et du dévouement à la foi, cette parole tombait dans le vide, et la morale de l'intérêt faisait chaque jour de nouveaux progrès. Il avait beau crier à ses disciples de croire « à tout ce qui est, à Dieu comme à l'homme, à la terre comme au ciel, au bonheur comme à l'immortalité ; » ce panthéisme de la crédulité ne trouvait point d'intelligences disposées à l'accueillir. L'homme, quand il ne sait ni ce qu'il est, ni d'où il vient, ni où il va, n'est qu'une ombre entre deux inconnus ; le bonheur n'est nulle part; Dieu, dans les théories panthéistes, n'est qu'une abstraction, un pur néant, et si la terre, au lieu d'être une route, est un but, pourquoi croirait-on au ciel ?

C'est en vain que M. Lerminier montrait, dans l'avenir, l'humanité triomphante, heureuse, environnée de lumière, pour la faire marcher dans le présent. On a tant de fois payé les misères actuelles de l'humanité par ces promesses d'un magnifique avenir, qu'elle s'émeut assez peu de ces programmes philosophiques. Du reste, ce procédé n'était pas nouveau. M. Lerminier, qui avait pris la science à Voltaire et le sentiment à Jean-Jacques, prenait ce système de la perfectibilité indéfinie de l'humanité à Diderot et à Bernardin de Saint-Pierre qui, annonçant à l'histoire qu'elle allait se changer en églogue, faisait couler des fleuves de lait et de miel dans ses horoscopes sociaux, au moment où, la main déjà levée sur l'époque, Robespierre, dont le cœur contenait tant d'arrêts de mort, s'apprêtait à ouvrir les veines de la France.

Chose remarquable! M. Lerminier, si faible devant la raison catholique, se trouva fort contre M. de La Mennais qui, depuis qu'il avait quitté le roc inébranlable de la doctrine de l'Église, marchait dans le vide. Une polémique, qui fut un des événements intellectuels de ce temps, s'éleva dans un recueil périodique[1] au sujet de la nouvelle position prise par l'auteur de l'*Essai sur l'indifférence* dans le *Livre du peuple*. Après avoir démontré ce qu'il y avait d'équivoque et de faible dans cette situation intermédiaire entre l'école religieuse et l'école rationaliste, M. Lerminier terminait, par ces paroles inexorables, un examen plein d'une cruauté polie : « M. de La Mennais, quand il a écrit l'*Indifférence*, a laissé le catholicisme au même point qu'à la mort de Bossuet ; aujourd'hui il écrit le *Livre du peuple* à l'école de Rousseau. Il est temps qu'il soit lui-même. »

Ce ne fut pas la plus sévère épreuve de M. de La Mennais. Tandis que M. Lerminier l'attaquait, Mme Sand, qui avait déjà écrit quelques-uns de ses romans où la morale est si peu respectée, entreprit de le défendre. Elle le défendit en demandant grâce pour lui, et en promettant qu'il ne s'arrêterait pas en si beau chemin. Le bouclier étendu sur la tête de l'écrivain déchu lui meurtrit plus cruellement le front que l'épée dirigée contre lui. Entre cette sommation à bref délai et cette demande d'un sursis, entre cette voix professorale qui exige une éclatante et prompte déclaration en faveur du rationalisme panthéiste, et cette voix plus douce et plus conciliante qui réclame un peu de temps pour une intelligence fatiguée de la longue route qu'elle a faite, depuis qu'elle est sortie des terres du christianisme,

---

[1] La *Revue des Deux-Mondes*.

c'est encore le défenseur de M. de La Mennais qui traitait le plus durement cette pauvre gloire, égarée si loin de l'autel sur les marches duquel elle naquit. Tout le plaidoyer de Mme Sand, en effet, consistait à rappeler les liens qui unissaient M. de La Mennais au catholicisme, brisés, les principes naguère défendus par lui, maintenant abandonnés, et tant de gages déjà donnés au panthéisme qui peut bien attendre, quelques jours encore, cette recrue sous ses drapeaux qui ne l'auront pas vainement attendue. M. de La Mennais est le client, Mme Sand l'avocat, mais M. Lerminier, qui les domine tous deux, puisqu'il représente la logique du panthéisme que Mme Sand reconnait, que M. de La Mennais ne peut plus combattre depuis qu'il a détruit son terrain intellectuel, demeure le juge [1]. C'est ainsi que, même dans l'enseignement officiel, la doctrine de M. Lerminier le prouve, le panthéisme, cet héritier présomptif de l'éclectisme confus et mal défini, qui avait dominé dans l'époque antérieure, commençait à se montrer; mais il se présentait d'une manière plus hardie hors de cet enseignement, et aspirait ouvertement à dominer les idées, et, par les idées, la société elle-même.

---

1. M. de La Mennais, dans ses *Esquisses d'une philosophie*, arriva en effet au panthéisme : « Il n'existe, dit-il dans cet ouvrage, il ne peut exister qu'une seule substance primordiale, l'être, la substance subsistant sous deux modes : l'un, absolu et nécessaire, qui est Dieu ; l'autre relatif et contingent, qui est la créature ; d'où il suit que la nature de Dieu est essentiellement différente de celle de la créature, bien que la substance de la créature ne soit radicalement que la substance de Dieu. Créer, pour Dieu, c'était limiter sa propre substance. »

Cette erreur primordiale domine tout le système. M. de La Mennais est conduit à nier la chute originelle, l'incarnation, la rédemption, et toute révélation inconciliable avec la doctrine de l'unité de la substance divine répandue dans la création.

IV

ORIGINE ET DESTINÉES DU PANTHÉISME.

Le système panthéiste arrivait d'Allemagne ; c'était une influence d'outre-Rhin. Mais l'Allemagne et Hégel, son dernier et son plus puissant interprète, ne l'avaient point inventé; il venait de plus haut et de plus loin. Il devient ici utile d'exposer l'origine de cette doctrine, qui devait jouer un si grand rôle dans les controverses philosophiques de ce temps. Un écrivain de l'école catholique[1], qui attaqua corps à corps, à cette époque, l'école panthéiste, et remonta, pour l'atteindre, jusqu'à ses origines les plus lointaines, le fait avec raison venir de l'Inde. Il est impossible de douter que l'émanation, qui est un des caractères spéciaux du panthéisme, ne soit un système indien. C'est le fond de la théologie brahminique, et toutes les théogonies, toutes les cosmogonies, renfermées dans les Védas et le code Manou, en portent également l'empreinte.

La théologie indienne montre tous les êtres sortant de Brahm pour rentrer en lui. Brahm, la substance première et infinie, l'être indéterminé, lorsqu'il sort de son sommeil divin, donne d'abord naissance à Maya, la matière, l'illusion, source de tous les phénomènes et de toutes les existences individuelles. Après Maya, ou avec elle, sort du sein de Brahm la Trimourti, qui se compose de Brahma le créateur, de Vichnou le conservateur, et de Siva le destructeur des formes. De l'union

---

[1]. *Essai sur le panthéisme dans les sociétés modernes*, par H. Maret, prêtre (1840). Nous empruntons beaucoup de détails et d'idées à ce beau travail.

de Brahm, qui contenait le type des êtres, avec Maya, principe de l'individualisme, résulta la création tout entière, qui fut d'abord condensée en deux grands êtres originaires ou typiques : Mahabhouva, qui est la condensation des âmes et des éléments subtils; Pradjapati, qui est la condensation des éléments grossiers. Voici comment le monde fut créé, d'après le *Rig-Véda*, le premier des livres sacrés : « Alors il n'y avait ni être, ni non-être, ni monde, ni ciel, ni rien au-dessus, ni quoi que ce soit qui fût pour le bonheur de quelqu'un, enveloppant ou enveloppé, ni eau, ni chose profonde et terrible ; la mort n'était point encore, ni l'immortalité, ni la distinction du jour et de la nuit, mais *Lui* respira en soufflant seul avec *Elle* qui habitait en lui. Rien de ce qui a existé depuis n'existait autre que lui. » Les livres sacrés ajoutent que la création et la destruction des mondes doivent être considérées comme la vie et la mort de Brahma.

Ainsi les diverses phases de la création seraient les âges de Dieu; la divinité n'aurait point une personnalité intelligente : ce serait une force infinie, mais inerte, dont le développement commencerait avec le créé et le fini; la vie de la création serait le réveil de Dieu; principes essentiellement panthéistes que l'on retrouve dans toutes les théories modernes.

On peut ajouter à cela que la philosophie Védanta, qui est regardée dans les Indes comme parfaitement orthodoxe, c'est-à-dire en harmonie complète avec la lettre et l'esprit des Védas, est le système le plus rigoureux de panthéisme qui ait jamais paru. Cette philosophie, créée par Vyasa, à une époque qui se perd dans le lointain des temps, fut conduite à son dernier perfectionnement vers l'ère chrétienne.

D'après la philosophie védanta, la science des sciences se résume en ces mots : « Brahma seul existe, et tout ce qui n'est pas Brahma n'est qu'une illusion ; Brahma est comme une masse d'argile dont tous les êtres particuliers sont les formes, comme l'araignée éternelle, qui tire de son sein le tissu de la création, comme l'océan de l'être, à la surface duquel apparaissent et s'évanouissent les vagues de l'existence. Encore toutes ces images sont-elles imparfaites : les êtres divers ne peuvent tout au plus être conçus que comme des noms multiples de Brahma, et ces noms sont aussi vides, aussi mensongers que des noms puissent l'être. En d'autres termes, il n'y a qu'une existence réelle, une substance unique, sans distinction, sans forme, sans nom, l'unité pure, où le connaissant et le connu sont identiques. » Suivant les propres paroles de l'Oupnekat : « Lorsqu'on est complètement purifié, on arrive par une série de cieux jusqu'au trône de lumière, où est assis le Créateur, et où le contemplateur s'assied aussi et répond au Créateur qui l'interroge : « Je suis le temps, le passé, le présent et l'avenir ; je suis émané de celui qui est la lumière par lui-même ; tout ce qui est, qui fut, qui sera, émane de moi ; vous êtes l'âme de toutes choses ; et tout ce que vous êtes, je le suis. »

Jamais la confusion du fini et de l'infini, de l'absolu et du relatif, du parfait et de l'imparfait, du créateur et du créé, ne fut poussée plus loin ; jamais l'universalité des êtres ne fut plus clairement divinisée, ou plutôt encore jamais on ne rencontra une négation plus complète de la pluralité des êtres que dans ces paroles où le créé dit à l'incréé : « Je suis ce que vous êtes, et vous êtes ce que je suis. »

Quel chemin les idées panthéistes suivirent-elles dans le temps et dans l'espace, lorsqu'elles sortirent de l'Inde, leur berceau, pour venir jusqu'à nous ?

C'est en Grèce qu'on trouve la première étape de l'erreur voyageuse. La Grèce a jeté une brillante avant-garde sur le chemin de l'Inde, en peuplant de ses colonies l'Asie-Mineure ; ces colonies deviennent un lien entre l'Orient et la Grèce, un canal d'idées aussi bien qu'une route de commerce. Les idées orientales ont dès lors une voie ouverte ; elles s'y précipitent et font leur avénement dans l'école de Pythagore. La monade pythagoricienne produisant la dyade et enfantant avec elle la tryade, qu'est-ce autre chose que l'unité absolue avec ses émanations, l'identité de substance qui est le fond de la doctrine panthéistique ?

L'école pythagoricienne creuse ces prémisses qui deviennent un abîme où tout finit par disparaître, et tout périt, tout, jusqu'au problème même dont on cherche la solution, jusqu'à l'esprit qui la poursuit. Xénophane descend plus profondément dans cet abîme que Pythagore. Il regarde la production comme attentatoire à l'unité et à l'identité de la substance absolue, et il la nie. Tout est, a été et sera ce qu'il est, ce qu'il a été, ce qu'il sera, voilà sa formule. Il immobilise l'existence absolue, il lui retire sa fécondité, parce que produire c'est changer ; enfin, s'arrêtant au premier terme que rencontre l'esprit, comme la pensée qui conçoit précède les objets qu'elle conçoit, il concentre l'existence absolue dans la pensée.

Aussitôt Parménide se présente pour tirer la conclusion. Posant, d'une main audacieuse, l'idéalisme panthéistique, il déclare que la pensée seule est une réalité, et que tout ce qui n'est pas la pensée n'est qu'une illusion, de sorte que le monde entier retourne au néant. Zénon, pour défendre ce paradoxe, attaqué par le sens intime et l'expérience, systématise la logique ; il déploie ses différents modes d'arguments comme une armée ; le raisonnement bat en brèche la raison. Les philosophes d'Élée s'attachent de plus en plus à leur assertion que la pensée et l'objet de la pensée ne sont qu'un, et que la réalité, Dieu, l'univers, s'identifient dans l'unité de l'être, qui n'a lui-même d'existence que dans la pensée.

Cette débauche d'idéalisme suscite, par contre-coup, une débauche de sensualisme dont Leucippe et Démocrite sont les promoteurs. La matière nie la pensée, comme la pensée a nié la matière. Il semble qu'on soit près d'assister au naufrage de l'intelligence humaine, lorsque Socrate paraît, et, tirant son époque des bourbiers du sensualisme et des brouillards de l'idéalisme panthéistique, essaye de la ramener aux notions de la morale, écrites dans tous les cœurs, et aux intuitions primitives du sens commun.

La philosophie suit, pendant quelque temps, l'impulsion imprimée par Socrate. Les écoles de Platon, d'Épicure, d'Aristote, d'un autre Zénon, sont le résultat de cette impulsion. Pendant toute cette phase, le panthéisme demeure endormi. L'avénement du christianisme le réveille. En présence de cette glorieuse affirmation descendue du ciel, tout le monde sent le besoin d'affirmer. L'orientalisme ancien, assoupi dans les colléges des prêtres, étend la main sur cette vérité nouvelle et cherche à l'encadrer dans ses erreurs séculaires. C'est alors qu'on voit les gnostiques qui, avec leurs Œnones, ressuscitent le système des émanations, qu'ils considèrent comme le principe des choses, dont la fin consistera, suivant eux, dans l'absorption générale qui aura lieu, à la fin des temps, au sein du plérome, sorte de chaos divin où dort le Père inconnu. Un Valentin et un Manès cherchent à enter ces rêveries orientales sur les dogmes chrétiens.

Symptôme significatif! l'ancien panthéisme religieux devient une hérésie du christianisme. L'erreur, ainsi qu'une branche morte, cherche à s'enter sur la religion du Christ, comme sur un tronc vivace, pour lui demander la séve qui féconde.

Au même moment, les néoplatoniciens de l'école d'Alexandrie, au moyen d'une transaction opérée entre toutes les erreurs des diverses écoles, s'efforcent de produire une affirmation philosophique, comme les gnostiques ont voulu produire une affirmation religieuse. C'est sur le terrain du panthéisme qu'ils donnent rendez-vous à cette grande famille de songes, sortie de cette longue nuit où l'intelligence humaine a été tenue captive pendant tant de siècles. Le christianisme, qui n'a rencontré devant lui en religion que les Védas ne rencontre en réalité devant lui en philosophie que le système des védantistes. On a, il est vrai, brodé les variantes de l'hellénisme sur ce fond ; un éclectisme accommodant y a joint des traits empruntés à toutes les erreurs ; pour faciliter la coalition qu'il médite, la philosophie s'est rapprochée même de la mythologie qu'elle a tant méprisée jusque-là, afin de lui emprunter cette formule et cette vertu religieuse qui manquent à un système purement humain, de même que la mythologie s'est rapprochée de la philosophie, afin de lui demander une organisation logique, une codification méthodique de ses contradictions, une explication spécieuse de ses absurdités. Mais le fond de tout cela, comme on peut le voir par les doctrines de Plotin et de Proclus, les chefs de l'école néoplatonicienne, c'est le panthéisme, qui seul a les bras assez larges pour serrer contre son sein ce monde d'erreurs. L'unité absolue et l'identité également absolue de la substance sont la base de ce système ; l'émanation éternelle s'y retrouve comme l'absorption finale, et ces deux principes panthéistiques sont mêlés aux vérités divines que le christianisme révélait. Ainsi la philosophie panthéistique attirait à elle le christianisme et prétendait l'absorber, à l'aide des néoplatoniciens, comme le panthéisme religieux prétendait l'absorber à l'aide des gnostiques.

Le christianisme, récemment descendu de la croix, se débarrassa de ces deux adversaires par la seule puissance de l'impulsion qu'il avait reçue, et continua sa course victorieuse. Le panthéisme resta sur le coup, et les invasions barbares qui suivirent anéantissant toutes discussions philosophiques, il ne donna plus signe de vie jusqu'au règne de Charlemagne.

Vers cette époque, il jeta une étincelle dans les écrits de Scot Érigène, pour rentrer aussitôt dans les ténèbres. Au onzième siècle, les études philosophiques ayant repris leur cours, le panthéisme leva encore une fois la tête dans les opinions d'Amaury de Chartres et de David de Dinant, son disciple. Mais ce fut surtout au quinzième et au seizième siècle, au milieu du mouvement immense d'idées auquel donnèrent lieu les grandes révolutions religieuses, qui prirent leur source peut-être dans l'étude enthousiaste du génie antique, qu'on vit le panthéisme se formuler d'une manière claire et hardie. Deux hommes se présentèrent comme ses champions : on les appelait Jordano Bruno et Spinoza.

Leur doctrine, c'était le panthéisme indien, exposé dans des termes scientifiques, mais au fond identiquement le même. L'unité de la substance, l'affirmation de l'absolu, la négation du relatif, la confusion de l'objet et du sujet, rien n'y manquait.

Le panthéisme avait instinctivement senti que, du moment où le protestantisme entreprenait de renverser le catholicisme de son trône, ce trône lui appartenait. Mais, pour que cette conséquence logique descendît dans les faits il fallait des siècles. Spinoza et Jordano Bruno ne firent point école ; la négation protestante devait vivre sa vie avant de leur céder la place.

Cette place, ils l'occupent aujourd'hui dans la personne de Kant et de Fichte, Schelling et Hégel, ses disciples. Kant, le plus modéré des trois, est l'analogue de

Pythagore. Comme lui, il ne reconnaît au fond qu'une seule substance, qu'il appelle le *sujet;* il admet bien, il est vrai, l'*objet* comme étant le principe et la matière de nos sensations, mais il le subordonne entièrement à l'autre principe. C'est le sujet, le *moi* pensant qui fournit la forme de l'espace, et qui par conséquent paraît créer la matière; c'est encore le sujet qui, par le pouvoir magique de ses notions, fait naître les substances et les causes.

Il arriva en Allemagne ce qui était arrivé en Grèce. Fichte parut après Kant, comme Xénophane après Pythagore. Le sujet dévora l'objet, comme le Saturne italique ses enfants, comme Brahm, la substance première et infinie, absorbe ses propres émanations; l'idéalisme panthéistique, qui ne connaît rien de réellement existant en dehors de la pensée, fit une seconde fois son avénement. Cette loi fut étendue à Dieu lui-même, et, un jour, Fichte ouvrit sa leçon par cette parole, qui montre jusqu'à quel excès il poussait la conviction que les objets de nos idées, loin d'en être la cause génératrice, n'en sont que l'ombre : « Messieurs, nous allons aujourd'hui créer Dieu[1]. » Alors Schelling se montra avec la philosophie de la nature. L'opération accomplie par Fichte sur l'objet, il l'accomplit sur le sujet. Il lui dispute l'existence, il l'anéantit. Kant avait conclu à l'existence de l'objet, contenue dans celle du sujet qui la dominait et en quelque sorte la causait. Fichte avait retranché l'objet et n'avait laissé exister que le sujet : Schelling retranche à son tour ce dernier terme. Que reste-t-il donc? l'existence, l'existence inconditionnelle, absolue, sans relation, sans variété, sans multiplicité, une, toujours une, n'ayant qu'une substance

---

1. Cité par Mgr l'évêque de Chartres, dans sa lettre du 28 février 1846, publiée par les journaux du temps.

sans mode, n'étant qu'une essence sans manière d'être.

Ne reconnaissez-vous pas à ces traits le chaos panthéistique de l'Inde? Les phases mêmes de la philosophie allemande ne vous dénoncent-elles pas son origine panthéistique? Les deux principes de Kant s'absorbant dans l'unité intellectuelle de Fichte, celle-ci se réduisant encore, et, par une dernière abstraction, aboutissant à l'unité pure et simple, ne sont-ce pas les Védas n'est-ce pas le védantisme tout entier, et ne reconnaissez-vous pas à ces traits Brahm, l'éternel, l'infini, l'immuable et l'immobile, le seul réel, de qui tout vient, ou plutôt de qui tout semble venir, car tout est en lui, il est tout, tout est lui?

Hégel, qui exerça la principale influence sur nos écoles philosophiques, et qui mourut en 1831, en possession d'une influence incontestée en Allemagne, avait pris soin, il est vrai, dans son enseignement officiel, de cacher la résurrection de la doctrine indienne sous les voiles d'une phraséologie obscure. L'époque où il vivait l'obligeait à ces ménagements, car il occupa successivement la chaire de philosophie à Iéna et à Berlin, dans un temps où le roi de Prusse luttait contre le mouvement rationaliste qui emportait les ministres de l'Église protestante loin des croyances du christianisme [1] : de là la sollicitude prudente avec laquelle le célèbre professeur enveloppait sa pensée dans des formes bibliques de nature à faire illusion aux esprits inattentifs et à rassurer le gouvernement. Mais cependant, quand on étudie de près sa doctrine, il n'est pas possible de se méprendre sur ses véritables principes. Hégel a écrit cette phrase : « L'être et le néant sont la même chose, » et il a appelé son système. *système de l'identité de l'identique ou*

---

[1]. Voir les *Études historiques et politiques sur l'Allemagne contemporaine*, par M. l'abbé E. de Cazalès.

du non identique, ou *système de l'identité*. Cette formule contient le panthéisme tout entier. On y retrouve la traduction fidèle de ces aphorismes de la philosophie védanta : « Il n'y a qu'une existence réelle, une substance unique, sans distinction, sans forme, sans nom, l'unité pure, où le connaissant et le connu sont identiques. »

En outre, Hégel avait laissé une école qui mit à nu le fond panthéistique de son système et appliqua ses principes à la théologie. Un de ses disciples les plus remarquables, Strauss, auteur d'une *Vie de Jésus*[1] dans laquelle il nie la divinité et presque l'existence du Sauveur du monde, qui n'est à ses yeux qu'un tissu de légendes fabuleuses et poétiques, démontra, au nom de la gauche hégélienne, à la droite de la même école, non-seulement qu'il est impossible de concilier le système d'Hégel avec le christianisme, mais que la croyance à la personnalité de Dieu, à l'immortalité de l'âme dans l'homme individuel, et à l'existence d'un autre état pour lui après la mort, était incompatible avec la philosophie hégélienne[2].

1. Cet ouvrage parut en 1835 et fut traduit en français.
2. Un des esprits les plus pénétrants et les plus lucides de ce temps, M. de Rémusat, dont le nom fait autorité dans les questions philosophiques, et qui publia dans cette période son livre sur Abailard et ses *Essais de philosophie*, a résumé ainsi la doctrine des chefs de la philosophie allemande ; avec une nuance de bienveillance de plus dans l'expression, c'est au fond le jugement de l'école catholique sur la portée de cette philosophie : « Kant est l'auteur du grand mouvement de la philosophie allemande. C'est lui qui, plus résolûment qu'aucun autre, a réalisé cette idée des modernes, que l'esprit de l'homme en lui-même, isolé de tout ce qu'il réfléchit, de tout ce qu'il atteint, de tout ce qu'il suppose, est l'objet pur de la philosophie. La science, ainsi comprise, est tout à la fois étroite et profonde. Elle donne sur la raison une certitude absolue, et le doute absolu sur tout le reste. Si le monde est problématique, si l'esprit humain seul ne l'est pas, l'existence du monde dépend tout entière de l'esprit humain, et la raison crée tout ce qu'elle conçoit. C'est là du moins ce que Fichte a tiré du kantisme, Fichte, ce stoïcien patriote qui ne croyait qu'à l'âme, et construisait sur le fondement de l'indépendance spirituelle toute la morale et toute la politique. Mais si la pensée produit tout ce qu'elle comprend, tout ce qui existe n'existe

V

INTRODUCTION DU PANTHÉISME EN FRANCE. — SON INFLUENCE LATENTE DANS LA PLUPART DES ÉCOLES PHILOSOPHIQUES.

Les rapports intellectuels entre l'Allemagne et la France étaient trop étroits, et les routes frayées par Mme de Staël à la philosophie allemande et foulées avec tant d'éclat par M. Cousin rendaient le commerce des idées trop facile pour que le panthéisme ne pénétrât pas chez nous. L'éclectisme de l'école de la Restauration, qui avait fini par aboutir à une espèce d'indifférence philosophique, lui avait préparé les voies. M. Cousin lui-même parut un moment préconiser la philosophie d'Hégel. Il écrivait en effet, en 1833 : « Les premières années du dix-neuvième siècle ont vu paraître ce grand système. L'Europe le doit à l'Allemagne, et l'Allemagne à M. Schelling. Ce système est le vrai, Schelling l'a mis au monde, mais il l'a laissé rempli de lacunes de toute espèce. Hégel, venu après Schelling,

que conformément à la pensée, et le monde est identique à l'intelligence; la description de l'idéal coïncide avec la description du réel, et la philosophie naturelle a pour type la philosophie de l'esprit humain. C'est ce que M. de Schelling a osé penser, et ce qu'il a tenté d'établir avec la double puissance de la méthode et de l'imagination, habile comme un philosophe de la Grèce à mêler la physique à la poésie. C'est le même système de l'identité universelle qu'Hégel a revêtu des formes rigoureuses d'une immense déduction, déguisant l'hypothèse sous une apparence algébrique, et créant de toute pièce une philosophie romanesque et démonstrative. Ainsi : « L'idée ne garantit qu'elle-même, » disait Kant. Fichte ajoute : « L'idée seule garantit l'être. — L'être reproduit l'idée, « continue M. de Schelling. — L'idée est l'être, » conclut Hégel. Voilà comment un idéalisme sceptique a renouvelé, sous nos yeux, le panthéisme de Spinoza. » (*Discours prononcé, le 17 mai 1845, devant l'Académie des sciences morales.*)

développa et enrichit ce système, mais en lui donnant, à plusieurs égards, une face nouvelle[1]. »

Si M. Cousin lui-même, qui a développé avec tant d'éloquence la philosophie platonicienne, et qui est resté si profondément spiritualiste, c'est là sa gloire, se laissa un moment séduire par le panthéisme, on peut juger de l'influence qu'il exerça sur des esprits moins délicats, moins préparés par l'étude à le repousser, et plus ardents.

C'est une chose remarquable que la transmission qui nous fut faite du panthéisme par l'Allemagne. Ainsi cette patrie de la négation protestante devint le berceau où l'erreur la plus antique du monde chercha à renaître. Privée de l'affirmation de la vérité, l'Allemagne se réfugia dans la seule affirmation qu'ait produite l'erreur, et cette exilée du monde de la révélation n'eut d'autre refuge que le chaos.

Examinez l'enchaînement des causes. Le protestantisme anglais, poussé par de vigoureux logiciens de conséquence en conséquence, fait place, chez les esprits les plus audacieux, au scepticisme absolu et à l'athéisme des libres-penseurs, et en France, chez ce peuple au génie expérimentateur, les diverses écoles adoptent audacieusement ces doctrines dans le système de Voltaire, dans celui du baron d'Holbach et d'Helvétius. Une grande bataille se livre entre ces négations téméraires et l'affirmation catholique. Le catholicisme triomphe encore une fois par ses martyrs. Les erreurs sorties de la souveraineté de l'inspiration individuelle proclamée par le protestantisme anglais ne sont pas plus heureuses que leur mère. Le scepticisme et l'athéisme, qui nous viennent des libres-penseurs, échouent dans la tentative qu'ils font, en 1793, pour organiser et pour appliquer à la société leurs théories. Pendant les premières années

---

1. Préface des *Fragments philosophiques*. Édition de 1833.

du dix-neuvième siècle, la philosophie reste en désarroi, elle éprouve un interrègne. Le christianisme se relève par sa propre force ; il rentre dans la société comme dans son bien, et il n'a pas de peine à chasser devant lui le scepticisme et l'athéisme, qui viennent de trouver leur perte au sein même de leur victoire, dont les déplorables conséquences les ont déshonorés. L'erreur va-t-elle enfin avouer sa défaite et se retirer du champ de bataille? Non, car le duel de l'erreur contre la vérité ne trouvera sa fin qu'à la fin des temps.

Qu'arrive-t-il donc? De même que la protestante Angleterre avait enfanté le scepticisme et l'athéisme pour dernières conséquences, et avait envoyé ces deux systèmes dans notre France, ce pays de l'action intellectuelle, de même l'Allemagne protestante enfante le panthéisme, et fournit à l'erreur expirante en France ce dernier moyen de présenter le combat à la vérité catholique.

Alors le spectacle qui avait étonné le monde, au commencement de l'ère chrétienne, se renouvelle : toutes les erreurs que le christianisme a vaincues, dans une existence de dix-huit siècles, renaissent de leurs cendres pour demander un dernier jugement. Cette innombrable famille comprend instinctivement que le terrain du panthéisme est seul assez large et assez vague pour contenir ses enfants, et c'est là qu'elle se place. Après mille transformations inutiles et impuissantes, le Protée de l'erreur retourne à sa forme primitive, et le catholicisme, âgé de près de deux mille ans, se retrouve en face du panthéisme, qu'il a vaincu en descendant de la croix.

Quelque chose de plus : le panthéisme moderne, comme le panthéisme ancien, ouvre son sein nuageux au christianisme, où il cherche à l'absorber, et l'on voit des philosophes imiter ces empereurs qui mettaient le

Christ au nombre de leurs dieux. Mais ce n'est pas une place dans l'Olympe philosophique que le christianisme réclame. Il ne veut qu'un temple, pour arriver à ce temple mille routes, mais une seule porte, et dans ce temple un seul Dieu : les panthéons ne sont pas plus de son goût en philosophie qu'en religion. Semblable à ces vierges chrétiennes, qui savaient aussi bien résister aux tentations du plaisir couronné des roses de Pœstum qu'aux dents des lions et des panthères, la vérité catholique, qui avait vaincu les morsures du scepticisme et de l'incrédulité dans le dernier siècle, ne repoussa pas avec moins de courage, dans ce siècle-ci, les embrassements du panthéisme qui cherchait à l'attirer dans ses bras pour l'étouffer.

Depuis les védantistes indiens jusqu'à nos jours, le panthéisme n'a point fait un pas ; il se présente avec les mêmes affirmations. Lorsque l'on presse les formules obscures des écrivains contemporains qui sont plus ou moins profondément entrés dans les voies du panthéisme, on retrouve la même doctrine : l'infini confondu avec le fini et l'absorbant dans son essence au lieu de le comprendre seulement dans sa puissance, le fini à son tour devenu le seul mode d'existence et l'éternelle floraison de l'infini ; la vérité, c'est-à-dire Dieu, variable, mobile, progressive, au lieu d'être immuable, éternelle, absolue. De telle sorte que, lorsqu'on pénètre sous les surfaces du panthéisme moderne, il semble que l'on déroule les bandelettes d'une de ces momies qui, traversant les âges sans en éprouver le contact, nous présentent un visage sur lequel les siècles ont passé sans en changer les traits fondamentaux [1].

Ce système, par sa confusion même, a une appa-

---

1. Voir l'*Histoire de la philosophie allemande*, par M. Barchou de Penhoën, 2 vol.

rence de profondeur qui séduit : il a la sombre majesté du chaos. L'athéisme qu'il recèle dans ses flancs ténébreux choque moins que l'athéisme dogmatique de d'Holbach, précisément par ce qu'il a de vague et d'indéterminé. On est réellement athée en professant le panthéisme, mais on peut être athée sans le savoir, ce qui aide bien des gens à le devenir. Dire que Dieu n'a pas une vie qui lui soit propre, une intelligence séparée des œuvres où elle se manifeste, une personnalité distincte de toute éternité, immuable et infinie ; prétendre que le fini, en d'autres termes le créé, est le développement de l'infini, et que la vie de l'humanité et le mouvement de la nature sont la vie de Dieu, c'est diviniser tout ce qui n'est pas Dieu, c'est détruire la réalité divine par le système qui prétend l'élargir, en même temps que la réalité créée par le système qui prétend la diviniser, c'est anéantir l'être lui-même à force de vouloir le simplifier et le subtiliser, et de là cette formule d'Hégel : « L'être et le néant sont la même chose. » Mais, de prime abord, on n'apercevait pas les résultats de cette doctrine, qui conduit ses partisans, par la logique de l'absurde, au renversement des lois de la raison humaine, comme dernier progrès du rationalisme, de même que la doctrine révolutionnaire conduit au renversement de toute liberté, au nom du principe de la liberté illimitée. On céda d'autant plus volontiers à l'attrait du panthéisme qu'en détruisant Dieu il a l'air de l'admettre, et qu'en anéantissant le principe spirituel de l'homme il a l'air de ne pas le nier. Par cela même en effet qu'il confond tout, il admet tout, et c'est là un de ses plus puissants attraits.

C'est par là que, sous la forme d'une hérésie, il s'était introduit dans la religion même. Il ne faut donc pas s'étonner que, dans la philosophie, les esprits les plus élevés ne se soient pas toujours tenus en garde contre les tendances panthéistes, par suite de l'extrême difficulté qu'on éprouve à concilier l'existence de l'infini avec celle du fini, et l'omnipotence et la prescience de Dieu avec la liberté de l'homme. Certes, quand Molinos disait : « L'anéantissement, pour être parfait, s'étend sur le jugement, actions, inclinations, désirs, pensées, sur toute la substance de la vie; » et ailleurs : « C'est à ne considérer rien, à ne désirer rien, à ne faire aucun effort que consiste la vie, le repos et la joie de l'âme ; quand il ajoutait : « L'âme doit être morte à ses souhaits, efforts, perceptions, voulant comme si elle ne voulait pas, comprenant comme si elle ne comprenait pas, sans avoir d'inclination, même pour le néant; » et plus loin : « Revêtez-vous de ce néant, faites-en votre aliment et votre demeure. Abîmez-vous dans le rien, ce Dieu sera votre tout [1], » c'était le panthéisme qui, sous la forme du faux mysticisme, pénétrait dans la religion, et l'on comprend la sainte colère dont fut saisi Bossuet à cette vue, et la grande polémique qu'il commença contre Fénelon un moment abusé. Mais le catholicisme reconnaît une autorité qui prononce sans appel sur les débats qui s'élèvent dans son sein; cette autorité approuva Bossuet, releva Fénelon, et, chassant l'erreur du sein de l'Église, ferma l'issue par laquelle elle était entrée.

Malheureusement cette autorité n'existe pas en philosophie. Peu à peu le panthéisme gagna du terrain. Son influence est visible dans la plupart des esprits et des écrits philosophiques de ce temps. Jouffroy y touche dans son scepticisme. M. Cousin lui-même, on l'a vu, ne s'en est pas toujours gardé. M. Lerminier céda à cette attraction puissante qui entraînait Empédocle

---

1. Voir l'*Instruction sur l'état d'oraison*, livre III, et le *Guide*, livre III. Molinos.

penché sur les gouffres de l'Etna. M. Pierre Leroux marcha plus avant encore dans cette philosophie dont on trouve les traces dans l'histoire, la poésie et toute la littérature de ce temps, comme on pourrait les signaler dans la politique et dans les mœurs.

SYSTÈME DE M. PIERRE LEROUX.

En dehors de l'enseignement officiel, M. Pierre Leroux exerça une véritable influence sur le mouvement des idées philosophiques. Sa vaste et indigeste érudition, la variété de ses connaissances et la multiplicité de ses travaux, la roideur de sa polémique contre l'éclectisme qui dominait la philosophie officielle, sa double lutte contre M. Cousin et l'école catholique, la verve et la vigueur de sa dialectique quand il était sur un bon terrain, tout contribua à son ascendant, jusqu'à un certain mysticisme de paroles qui lui donnait un air de profondeur quand le vague de ses idées nuisait à la clarté de son exposition. Ajoutez à cela qu'on l'apercevait dans un lointain toujours favorable aux renommées. Il était le philosophe d'un parti qu'on n'avait pas encore vu à l'œuvre, le révélateur d'une doctrine qui avait, comme toutes les émanations du panthéisme, quelque chose de vague et d'indéfini qui plaisait aux imaginations. Un moment engagé dans l'école saint-simonienne, il s'en était séparé à temps, à l'heure même où elle se jetait dans les excès qui la perdirent. La philosophie nouvelle le mettait en avant comme un de ses penseurs les plus profonds [1], la démocratie comme une de ses

---

1. Dans l'*Encyclopédie nouvelle*, qu'il dirigea, ce fut lui qui traita toutes les grandes questions religieuses et philosophiques.
Les articles sur *Abailard*, les *Alexandrins*, l'*Arianisme*, *Arnaud de Bresse*, *Saint Athanase*, *Saint Augustin*, *Roger Bacon* et *François Bacon*, le *Baptême*, *Saint Benoît*, *Saint Bernard*, le *Bien*, le *Bonheur*, *Bossuet*, le *Christianisme*, le *Ciel*, etc., ont été écrits par M. Leroux, et contiennent

espérances, et il fallut que des événements inattendus vinssent placer l'homme et sa doctrine dans une lumière éclatante, pour que ce prestige s'évanouît [1].

M. Pierre Leroux le prenait de très-haut avec le christianisme, et, en même temps, il affectait, quand il parlait de lui, un ton de supériorité conciliante. Le tort du christianisme, à ses yeux, c'était de se présenter comme la religion éternelle et complète, tandis que, suivant ce philosophe, il n'était qu'une secte et qu'une face passagère de la vérité religieuse. Pour justifier cette assertion, il alléguait que le catholicisme avait une date et qu'il damnait, de l'autre côté de la croix, tous ceux qui n'avaient point été dans le judaïsme ; de ce côté-ci, tous ceux qui n'étaient pas extérieurement dans le sein de l'Église orthodoxe ; enfin qu'il ne pouvait faire autrement sans devenir inconséquent, attendu que la mort de Jésus-Christ cesserait d'avoir été nécessaire si l'on pouvait être sauvé avant cette mort, et qu'on ne peut faire mourir un Dieu sans nécessité. Il en concluait que le catholicisme était convaincu d'insuffisance, d'injustice et d'inhumanité, et que, bien qu'il présentât quelques traits de la vérité, il ne pouvait être accepté comme la vérité même [2].

M. Pierre Leroux, en raisonnant ainsi, montrait clai-

---

sa doctrine sur les principales questions de la philosophie. Il a achevé de la développer dans la *Revue indépendante*, et il l'a pour ainsi dire condensée dans un écrit court et substantiel, intitulé : *Du progrès continu*.

1. La Révolution de 1848, qui fit entrer M. Pierre Leroux à l'Assemblée constituante et l'année suivante dans la Législative.

2. Ces allégations sont présentées dans un écrit intitulé : *Dialogues sur le Christianisme*. M. Pierre Leroux suppose qu'un chrétien et un philosophe, cherchant la vérité de bonne foi, viennent à s'entretenir d'une façon amicale et sincère sur le chapitre de la religion. Le chrétien des dialogues, assez semblable à ces confidents de tragédie qui ne parlent que pour amener la réplique, a encore plus de complaisance que de bonne foi.

rement qu'il n'avait point étudié assez profondément le catholicisme, cette religion qu'on n'attaque guère que parce qu'on l'ignore. Le catholicisme ne commence point avec la croix, il commence à l'origine du monde, avec les premières révélations de Dieu à Adam, et ces révélations forment le fond commun de lumières que les âges suivants obscurcirent, mais qu'ils ne purent éteindre. Viennent ensuite les patriarches, qui reçoivent des communications qui servent d'anneau jusqu'à la loi mosaïque ; la loi mosaïque est à son tour une transition jusqu'à la loi chrétienne, qui est le perfectionnement de toutes les lois, l'accomplissement de toutes les prophéties. Une telle religion ne peut donc être qualifiée de secte, ce qui veut dire partie, puisqu'elle est tout ce qui est vrai depuis le commencement. Le catholicisme, c'est l'ensemble des manifestations de la vérité, qu'elle nous soit révélée par le Verbe fait chair, ou par ce même Verbe illuminant, comme le dit l'Évangile de saint Jean, tout homme venant dans ce monde. Il n'est pas exact que le catholicisme damne tous ceux qui, de l'autre côté de la croix, n'étaient pas dans le judaïsme. Saint Augustin a dit en propres termes, sans être désavoué par l'Église : « Puisque les saints Livres hébreux nous montrent, dès le temps d'Abraham, certains hommes qui n'étaient ni de sa race selon la chair, ni du peuple d'Israël, ni d'aucune société avec ce peuple, lesquels ont néanmoins participé à ce sacrement, pourquoi ne croirions-nous pas qu'il y a eu aussi dans les autres nations, en divers lieux et en divers temps, d'autres hommes semblables, quoique nous ne trouvions pas que ces livres en fassent mention ? » Le même saint docteur ajoute : « Il n'importe en rien que l'objet de l'adoration soit adoré selon les convenances des temps et des lieux, pourvu que ce qui est adoré soit saint. De quelques cérémonies sacrées que se soient servis ceux qui ont eu de bons sentiments, ils ont suivi la volonté de Dieu[1]. » Bossuet a dit dans le même sens : « En ôtant aux infidèles, qui n'ont jamais ouï parler de l'Évangile, la grâce immédiatement nécessaire à croire, rien n'empêche qu'on leur accorde celle qui mettrait dans leur cœur des préparations plus éloignées, dont, s'ils usaient comme ils doivent, Dieu leur trouverait, dans les trésors de sa science et de sa bonté, des moyens capables de les amener, de proche en proche, à la connaissance de la vérité. » Bourdaloue, ce théologien sévère, ce strict défenseur du dogme, professe la même doctrine, en s'appuyant sur saint Jérôme et sur saint Paul : « Il faut, chrétiens, dit-il, et cette pensée n'est pas de moi, mais de saint Jérôme, il faut bien établir dans notre esprit une vérité à quoi nous n'avons jamais peut-être fait toute la réflexion nécessaire : que dans le jugement de Dieu il y aura une différence infinie entre un païen qui n'aura pas connu la loi chrétienne et un chrétien qui, l'ayant connue, y aura intérieurement renoncé, et que Dieu, suivant les ordres mêmes de sa justice, traitera bien autrement l'un que l'autre. On sait qu'un païen à qui la loi de Jésus-Christ n'aura pas été annoncée ne sera pas jugé suivant cette loi, et que Dieu, tout absolu qu'il est, gardera cette égalité naturelle de ne pas le condamner par une loi qu'il ne lui aura pas fait connaître. C'est ce que saint Paul enseigne en termes formels : *Qui sine lege peccaverunt, sine lege peribunt.* »

Les mêmes textes établissent que le catholicisme n'a pas mis au nombre de ses dogmes la damnation de tous ceux qui, de ce côté-ci de la croix, ne sont point extérieurement et visiblement dans le sein de l'Église catho-

---

1. C'est à ce sujet que Fénelon disait à un théologien de son temps : « Oserez-vous soutenir, contre saint Augustin, que Dieu damne éternellement presque tout le genre humain, pour ne pas avoir fait des actes surnaturels par des forces naturelles? »

lique, apostolique, romaine. En effet, en disant que le païen qui n'avait pas connu la loi ne serait pas jugé par la loi, saint Paul n'a point parlé de la date de sa naissance, il a parlé de l'ignorance involontaire où il a été au sujet de la loi, quelle qu'en ait été d'ailleurs la cause, soit dans l'espace, soit dans le temps, et c'est dans ce sens que se sont prononcés saint Augustin, saint Jérôme, Fénelon, Bossuet et Bourdaloue, s'appuyant sur la justice de Dieu, qui ne permet point que l'on soit puni pour avoir ignoré ce que l'on n'a pu connaître.

Il y a quelque chose de plus : les catholiques ne considèrent pas comme nécessairement damnés tous ceux qui se trouvent compris dans les communions séparées de l'Église. Saint Augustin dit positivement dans sa quarantième lettre adressée à Glorius : « Il ne faut pas mettre au rang des hérétiques ceux mêmes dont les erreurs sont pernicieuses, pourvu qu'ils ne les défendent pas opiniâtrément, et l'on doit faire particulièrement cette justice à ceux dont les erreurs ne sont point le fruit de leur présomption et de leur témérité, et qui, ne s'y trouvant engagés que par le malheur qu'ont eu leurs pères de s'y laisser séduire, se mettent en peine de chercher la vérité, prêts à revenir dès qu'elle leur apparaîtra. » Nicole a présenté, avec l'approbation générale, les véritables principes, quand il a dit : « On ne prétend nullement que tous ceux qui sont hors la communion extérieure de l'Église romaine soient exclus du salut. On prétend, au contraire, qu'elle a des membres qui lui appartiennent réellement dans toutes les communions ; car tous les enfants baptisés, qui en font toujours une partie si considérable, sont les enfants de la vraie Église, parce que c'est elle qui les a régénérés, quoique par le ministère des pasteurs hérétiques ou schismatiques ; tous ceux qui n'ont point participé par leur volonté et avec connaissance au schisme et à l'hérésie font partie de la véritable Église. L'Église romaine ne les excuse qu'aussi longtemps que leur bonne foi et leur ignorance les excusent devant Dieu, sans déterminer jusqu'où cela s'étend, et, comme ils ne sauraient le savoir eux-mêmes, elle ne les distingue pas dans la pratique. »

On voit jusqu'à quel point M. Pierre Leroux s'est mépris sur les doctrines du catholicisme afin d'arriver à lui contester les caractères d'une religion perpétuelle et universelle. Il ne s'est pas moins mépris en affirmant que, sous peine d'inconséquence, le catholicisme devait avoir le caractère partiel et partial qu'il lui attribue. L'Église enseigne en effet que, quoique la mort du Dieu fait homme ait une date dans le temps et remonte seulement au commencement de notre ère chrétienne, les effets du sacrifice s'étendent des deux côtés de la croix, de sorte qu'il est vrai de dire que Jésus-Christ est mort pour tous les hommes dans l'espace comme dans le temps, et que, pour qu'ils entrassent dans le ciel, il était nécessaire qu'il mourût.

Le système philosophique par lequel M. Pierre Leroux essayait de remplacer le catholicisme n'était qu'une variante brodée sur le fond du panthéisme ; il l'a surtout développé dans deux livres : le premier est intitulé *De la doctrine du progrès continu*, et le second *De l'Humanité*. En lisant ces ouvrages dogmatiques de M. Pierre Leroux, on est frappé de la différence profonde qui existe entre son style quand il dogmatise, et son style quand il raconte ou qu'il critique : autant il est vigoureux et lucide dans les deux derniers cas, autant il est obscur et diffus dans le premier. Cette remarque a une portée non-seulement littéraire, mais philosophique, car ce vague, cette obscurité du style ont leur source dans le défaut de clarté, de précision et de certitude des idées.

Selon M. Pierre Leroux, « les âmes particulières sont des modifications durables d'une certaine façon et véritablement éternelles de l'âme du monde ». C'est-à-dire que, comme tous les panthéistes, cet écrivain admet l'unité de substance, seulement il y joint la métempsycose, car il ne donne l'immortalité aux âmes qu'en supposant qu'elles passent, en quittant un corps, dans un corps de même nature. Éternelles parce qu'elles sont une modification de Dieu, qui est l'âme du monde, immortelles parce que le monde n'aura pas de fin, les âmes humaines sont, dans ce système, une modification de l'être infini, vivant dans l'humanité et toujours subsistantes sous une forme visible [1]. La vie de l'humanité est le progrès continu et en même temps le progrès indéfini, car le monde n'aura pas de fin, et la vie de l'humanité est en même temps la vie individuelle, puisque chaque âme individuelle ne se sépare de l'humanité, par la mort, que pour y rentrer en s'unissant à un nouveau corps.

Cette doctrine panthéiste de l'unité de substance, jointe à cette autre rêverie de la métempsycose, était nécessaire à M. Pierre Leroux pour fonder sa morale en dehors des dogmes catholiques, sur la doctrine de l'amour de soi. En effet, ces deux hypothèses une fois admises, voici comment il raisonne : puisqu'il y a unité de substance entre nous et les autres hommes, tout le mal que nous faisons aux autres, nous nous le faisons, et le persécuteur souffre des souffrance du persécuté [2]; donc

---

1. Malgré l'obscurité de la phraséologie, le sens de la philosophie de M. Pierre Leroux n'est pas douteux. « La solidarité, dit-il, est seule susceptible d'organisation. Avec elle, la terre n'est plus hors du ciel ; la vie future ne diffère pas par essence de la vie présente. Vivre, c'est avoir l'humanité pour objet. La vie entière est le perfectionnement de l'humanité. Non-seulement nous sommes les fils et la postérité de ceux qui ont déjà vécu, mais au fond et réellement ces générations antérieures elles-mêmes. »

2. Il faut citer les paroles mêmes de M. Pierre Leroux : « Le méchant, dit-il, est atteint lui-même par le mal qu'il fait; il est atteint, dis-je, en vertu du principe même de la vie qui, par l'objectivité néces-

l'homme éclairé par la philosophie fera toujours du bien à ses semblables, par amour de soi et par intérêt ; puisque nous sommes destinés à participer éternellement à la vie de l'humanité par la métempsycose, notre intérêt bien entendu nous pousse à améliorer sans cesse la condition humaine, car c'est notre propre condition que nous améliorons. De là la doctrine du progrès continu et de la tradition humaine qui se déroule par les religions et les civilisations successives. Ainsi la philosophie de M. Pierre Leroux repose sur une doctrine à laquelle répugnent la raison et la conscience, l'unité de substance, qu'il a seulement mitigée par une contradiction flagrante, en admettant la réalité multiple des existences individuelles, et sur une chimère, la métempsycose ; et c'est sur ces deux fondements ruineux qu'il étaye une morale qui n'a pour sanction qu'un sophisme et un rêve.

saire, lie indivisiblement sa subjectivité à celle des autres. On se demande ce que c'est que le mal moral ; ce n'est pas autre chose que le blessement de la loi dont nous parlons. La loi de la vie emportant l'objectivité unie à la subjectivité, le mal moral, c'est-à-dire le mal dans le méchant, est le résultat de la subjectivité, qui s'est blessée elle-même en se blessant dans son objet nécessaire. Le mal fait à l'opprimé passe du même coup à l'oppresseur. L'oppresseur, en effet, est, comme l'opprimé, sensation, sentiment, connaissance, c'est-à-dire homme ; et en blessant l'homme hors de lui il blesse l'homme en lui ; car son semblable est en lui, pour ainsi dire, son semblable est lui. Vous ne vous sentez pas souffrir, dites-vous. Tout entier à la sensation, vous accomplissez la même métamorphose que les compagnons d'Ulysse sous la baguette de Circé. Mais êtes-vous sûr de ne pas souffrir ? Poussez la métamorphose jusqu'au bout, et, devenant tout à fait stupide et complètement insensible, vous voilà le plus pauvre de tous les hommes, car vous manquez de ce que la nature a donné à tous les hommes et vous a aussi donné, le sentiment et l'intelligence. »

Voilà ce que deviennent la précision d'idée, la vigueur de raisonnement, la clarté de style de M. Pierre Leroux quand il dogmatise ! Le panthéisme transpire à travers ces lignes, dans lesquelles l'objet et le sujet, le persécuteur et le persécuté sont confondus. C'est sur ces subtilités que M. Pierre Leroux prétend fonder sa morale ; c'est avec ces fils d'araignée qu'il croit tisser un frein assez fort pour tenir en bride les passions humaines. Il dit au méchant : « Êtes-vous sûr de ne pas souffrir ? » Il y a au contraire des méchants qui jouissent du mal qu'ils font.

VI

EXAMEN DES PRINCIPES ET DES CONSÉQUENCES DU PANTHÉISME.

C'est ici le moment de peser les preuves apportées à l'appui de ces doctrines panthéistes qui ont tenu une si grande place dans les systèmes philosophiques de cette époque.

De même que le fond des doctrines n'a point changé depuis les Védas, les preuves apportées à l'appui des doctrines sont demeurées les mêmes. Semblable à son Brahm, le panthéisme, en paraissant marcher, est demeuré endormi dans cette double immortalité.

Ces preuves appartiennent toutes à la métaphysique. Déduire des nécessités de la science, des idées d'unité, d'absolu, de substance, d'infini, l'identité universelle, la non-réalité du relatif et la seule existence de l'absolu, voilà toute la démonstration des panthéistes. Ces principes contiennent-ils réellement les conséquences qu'ils en tirent? Telle est la question.

« La science, disent les panthéistes, ne saurait être que la connaissance de l'infini, parce que l'infini seul existe. » Cette preuve, comme on le voit, ne repose que sur une pétition de principe et sur une définition arbitraire de la science que chacun est libre de contester. Une affirmation n'est pas une démonstration.

« L'homme, continuent-ils, possède l'idée de l'unité; il la trouve en lui, il la cherche partout; donc il existe une unité suprême ayant seule une existence réelle, un être absolu qui est un, qui est tout. » Ici la conséquence n'est point contenue dans les prémisses. Que l'idée de l'unité, en se manifestant à l'esprit de l'homme, lui révèle une unité suprême primordiale, rien de plus vrai. Mais que cette unité suprême exclue l'existence des unités relatives, c'est ce qui cesse d'être exact. L'unité que nous sommes obligés d'admettre en vertu de l'idée que nous trouvons en nous, ce n'est pas l'unité d'existence, c'est l'unité de causalité, de puissance, de fin ou de but.

Les panthéistes répondent : « Tout ce qui est relatif ne saurait avoir de réalité véritable. » Ceci n'est pas plus exact que ce qui précède. Le relatif, pour ne pas être nécessaire, n'en est pas moins réel. L'absolu, sans doute, est la condition du relatif, seul il existe nécessairement ; mais le relatif existe d'une manière réelle, quoique contingente en face de l'absolu, avec lequel il saurait d'autant moins être confondu qu'il y a une contradiction entre ces deux termes.

L'idée de substance est une de celles que le panthéisme a le plus interrogées pour lui demander des arguments à l'appui de ses doctrines, et là, comme presque partout, il a procédé par des définitions contestables et contestées, desquelles il a tiré des conclusions marquées du même caractère. Spinoza, qui a poussé le plus loin à ce sujet l'argumentation, définissait la substance « ce qui n'a besoin que de soi-même pour être conçu et exister ». Il est clair que, si l'on admettait une semblable définition, la question serait tranchée. Dieu seul n'a besoin que de lui-même pour être conçu et exister, car Dieu seul est absolu et nécessaire. Il s'ensuivrait naturellement qu'il n'y a qu'une seule substance, et que cette substance est Dieu. Mais le raisonnement sur lequel Spinoza appuie cette définition pèche par sa base. Suivant lui, la production d'une substance par une autre répugne au bon sens ; car ou la substance qui produit et la substance produite ont les mêmes attributs, et alors elles ne sont plus distinctes, ou elles ont des attributs différents, et, dès lors, on ne peut pas concevoir que l'une soit la cause de l'autre, puisque la cause ne peut produire ce qu'elle ne renferme pas. Il n'est pas difficile de montrer la faiblesse de cet argument. La cause ne produit sans doute que ce qu'elle renferme, mais elle ne produit pas toujours tout ce qu'elle renferme ; elle ne peut donner que ses attributs, mais elle peut ne donner qu'une partie de ses attributs ; ajoutons qu'elle ne peut les donner qu'ainsi lorsqu'elle est infinie, car l'infini cesserait de l'être s'il créait des êtres qui lui fussent égaux.

Il peut donc y avoir des substances créées, produites par une substance incréée, et distinctes d'elle par le nombre limité et par l'étendue bornée de leurs attributs. On comprend très-bien que la cause intelligente et éternelle puisse créer des substances innombrables, en leur communiquant tel ou tel de ses attributs, et en le leur communiquant à tel ou tel degré, et que, par conséquent, entre la substance créatrice et les substances créées, il y ait une distance immense, une différence incommensurable, celle qui sépare la perfection de l'imperfection, l'infini du fini.

Ici vient se poser le principe des docteurs de la métaphysique panthéistique. « Cet infini est tout, disent-ils, il occupe tout, il renferme tout. Dès lors, où placer le fini? Si le fini est quelque chose que l'infini ne soit pas, celui-ci cesse d'être infini. S'il occupe une place où l'infini ne soit pas, l'infini est borné ; si, au contraire, le fini ne borne point l'infini, s'il n'occupe pas une place en dehors de lui, le fini cesse d'exister. Ces idées sont donc contradictoires, et puisque nous avons la perception de l'infini, nous devons en conclure que le fini n'existe pas. »

A cela une réponse. La manière dont l'infini comprend le fini n'a rien de matériel. Il le comprend par la volonté qu'il a eue de le produire, par la puissance qu'il a de le gouverner, par la faculté qu'il a de le faire tourner à la gloire de ses attributs. Le fini peut avoir une existence distincte de l'infini, précisément parce qu'il a quelque chose de borné qui l'empêche de se confondre avec des attributs sans bornes ; le fini ne limite point l'infini, par la raison qu'il n'est que le résultat créé par l'action de ses attributs, et que ce qu'il possède, il l'a reçu. Pour que l'infini existe avec la manière d'être qui lui est propre, il suffit qu'il ait tout précédé, tout créé, et qu'il domine souverainement ce qu'il a précédé et créé. Il n'importe pas que rien ne soit distinct, il importe que tout soit venu, que tout reste dépendant de lui. L'infini, qu'on y réfléchisse, ne saurait se composer de finis juxtaposés ; l'infini, ce n'est pas l'addition, c'est l'unité.

Il importait de préciser autant que possible les bases métaphysiques sur lesquelles le panthéisme s'appuie, parce que c'est dans cette sphère qu'il se croit invincible, et que là sont scellés les anneaux auxquels ses erreurs sont attachées. Une réflexion se présente ici naturellement, c'est que souvent le fond des principes que le panthéisme pose est juste, tandis que les déductions qu'il en tire sont erronées, et que les extrémités jusqu'auxquelles il les pousse ne peuvent soutenir la discussion. La véritable science est celle de l'infini ; il existe un être absolu et nécessaire ; il y a une substance parfaite qui n'a besoin que d'elle-même pour exister et pour être conçue ; l'homme a la perception de l'infini : si le panthéisme ne poussait pas plus loin ses principes, tout y serait vrai et conforme aux notions que le christianisme nous donne sur les grands mystères qui sont l'éternel aliment de notre intelligence. C'est par ce fond de vérité que le panthéisme remonte si haut et reparaît toujours, car l'erreur ne porte en elle qu'un principe de mort, et l'on ne pourrait expliquer ces continuelles résurrections et cette vitalité extraordinaire, sans un mélange de ces vérités puissantes et immortelles, seules capables de communiquer la vie. Les grandes affirmations du panthéisme sont vraies, car il affirme l'absolu, l'infini, l'unité. Ce sont ses négations qui sont fausses, car il nie le relatif, le fini, la pluralité. Le premier acte du panthéisme est d'affirmer, de là sa vie ; le second de nier, de là sa mort.

En niant le fini, l'homme se nie lui-même ; et comme Dieu, par rapport à l'homme, n'est que l'infini manifesté au fini, Dieu disparaît à son tour, comme la lumière, sans cesser d'exister, cesse d'être visible si l'on éteint le regard où elle se peignait. Étrange résultat du panthéisme, qui va se perdre dans le scepticisme et l'athéisme, mais résultat qui s'explique cependant ! Quand l'homme n'est point soutenu et contenu par la grande main de la révélation, et qu'il s'arrête en face de l'infini, il traverse successivement deux phases : tantôt son esprit, enivré de sa propre force qui lui permet de percevoir, sinon de concevoir l'infini, croit être l'infini lui-même ; tantôt l'impuissance où il est de concevoir cet infini qu'il perçoit le jette dans un tel désespoir qu'il se précipite dans les abîmes où il n'a pu lire et que, comparant sa petitesse à cette grandeur, il va, faible goutte de rosée, se perdre au sein de l'immense océan de l'être. La tête tourne quand on vient à se pencher sur ces gouffres sans fond où tout s'abîme. Cette contemplation ardente use le regard et éteint la pensée. Les oreilles se remplissent de bourdonnements, l'intelligence vacille, et, semblable à l'ioghui, ce solitaire indien qui, à force d'attacher ses yeux sur le soleil, ne sait plus si c'est le soleil qui languit dans ses regards, ou si ce sont ses regards qui s'éteignent sous les ardeurs du soleil, et doute successivement de l'astre et de sa vue, l'esprit humain, plongé dans la contemplation de l'infini, se sent tantôt enivré de sa personnalité jusqu'à avoir besoin qu'une voix sorte de l'abîme avec ces mots : « Je suis Celui qui suis ; » tantôt effrayé de son néant jusqu'à avoir besoin qu'une voix descende de la croix avec cette parole : « Un Dieu est mort pour vous. » Le panthéisme est donc le dernier résultat, l'expression dernière de la faiblesse de la philosophie purement rationnelle et de la nécessité de la révélation.

On pourrait continuer à développer ce sujet, en poursuivant le panthéisme dans ses conséquences pratiques. Contentons-nous de rappeler qu'il a arrêté la vie de l'intelligence dans l'Inde, ce vaisseau immobile qui, depuis des siècles, n'a ni air dans ses voiles ni vagues sous sa quille ; jeté la Grèce dans un scepticisme universel, en la livrant aux sophistes ; déterminé l'extinction du sens moral chez les gnostiques et motivé les abominations auxquelles ils se livraient sous la conduite d'un Marc et d'un Valentin ; qu'enfin c'est lui encore qu'on doit accuser des folies et des excès des saint-simoniens, des fouriéristes et de toutes les sectes socialistes que nous allons bientôt rencontrer.

Quant à son influence sur l'art, sur la littérature, sur l'histoire contemporaine, elle s'est traduite dans un grand nombre d'œuvres intellectuelles. La déification du laid dans l'art et dans la littérature, la justification du mal moral dans l'histoire, l'apologie et même l'apothéose des passions quelles qu'elles soient, voilà ses résultats les plus naturels. Toutes les solutions qu'il donne des problèmes immenses que soulèvent ces trois mots : Dieu, le monde et l'humanité, sont insuffisantes et en contradiction continuelle avec le sens commun, avec la logique des principes et celle des faits.

En politique, il conduit au despotisme et détruit la liberté des individus en niant leur existence distincte, comme il détruit la sécurité de l'État en éteignant toute idée de responsabilité et de devoir chez les individus. Quoi de plus? il n'explique aucun problème, il n'a enfanté, il n'enfante et ne saurait enfanter que le mal ; il a vicié la littérature, perverti l'art, faussé l'histoire, il ment quand il parle du passé, il délire quand il veut régler le présent, il rêve quand il essaye de pénétrer l'avenir.

VII

PHILOSOPHIE POSITIVE : M. COMTE [1].

Il y a une logique dans l'absurde même. Les systèmes les plus contraires au sens commun ont leur raison d'être ; par une sorte de végétation intellectuelle, ils arrivent à leur rang, à leur heure. Après cette espèce d'orgie métaphysique des écoles panthéistes qui avaient compromis l'autorité de la raison humaine, en niant successivement l'existence de Dieu, de la nature, et celle de l'homme, en égalant la négation à l'affirmation, et en réduisant tout à la notion indéfinie et absolue de l'être, que restait-il à faire, si l'on ne voulait point revenir à la philosophie telle que le catholicisme l'admet et la comprend? Il restait à donner la démission de l'esprit humain, abdiquant sa plus sublime prérogative, celle de se connaître et de connaître son auteur. C'est pour accomplir cet acte de désespoir que M. Comte arriva, avec sa *Philosophie positive*, à la fin du cycle philosophique que nous avons parcouru.

[1]. *Cours de philosophie positive*, par M. Auguste Comte, ancien élève de l'École polytechnique, répétiteur d'analyse transcendante et de mécanique rationnelle à cette école, et examinateur des candidats qui s'y destinent. 6 volumes in-8, 1830-1842.

Nous emprunterons l'exposé de ses idées à M. Littré, commentateur précis et lucide de la doctrine obscure, cachée plutôt qu'expliquée dans le livre de l'auteur du système, livre qui serait inabordable pour la plupart des lecteurs.

« Les notions absolues, dit M. Littré, ne sont susceptibles ni de démonstration ni de réfutation. La philosophie, soit religieuse, soit métaphysique, s'occupe de l'absolu, la philosophie positive du relatif. Laissant de côté une enquête sur les causes premières et finales, elle renonce résolûment à une ambition incompatible avec la portée de l'esprit humain, et se place dans l'ordre des questions qu'il est possible d'aborder et de résoudre. Ce caractère, respectivement propre aux notions positives et aux notions absolues, a été saisi et signalé par Voltaire dans son admirable conte de *Micromégas*. L'habitant de Sirius et celui de Saturne demandent aux savants qui reviennent de mesurer un degré près du pôle quelle est la taille de Micromégas, quelle est celle de son compagnon, quelle est la pesanteur de l'air, quelle est la distance de la terre à la lune ; la réponse ne se fait pas attendre, elle est nette, précise, et ne suscite aucune contestation. Mais quand on en vient à la nature de l'âme, alors les philosophes, si bien d'accord auparavant, sont tous d'une opinion différente. Cette scène si vive et si ingénieuse est la figure de la concordance sur les questions positives, de la discordance sur les questions absolues[1]. »

M. Littré dit encore, quelques pages plus loin : « Tout ce que nous pouvons savoir est évidemment renfermé dans les notions géométriques de l'étendue et du mouvement ; dans la connaissance du système céleste auquel nous appartenons ; dans le jeu des agents qui

---

1. *De la Philosophie positive*, par M. Littré, pages 83 et 84 (1845).

gouverne évidemment toutes choses sur notre terre ; dans les combinaisons des éléments chimiques ; dans l'étude de la série des êtres vivants au sommet de laquelle l'homme est placé, et enfin dans les conditions sous lesquelles les sociétés se développent. Au delà de cet ensemble, on ne peut plus imaginer que des spéculations sur l'essence des choses et sur les causes dernières ; mais essence des choses, causes dernières, questions théologiques et métaphysiques, tout cela est en dehors de l'expérience. L'esprit humain, de quelque manière qu'il s'ingénie, n'a aucun moyen d'y atteindre et produit lui-même des causes qui produisent tout[1]. »

Ces paroles, peu équivoques, ne laissent pas l'ombre d'un doute sur la doctrine de M. A. Comte. Écarter, comme hors de la portée du jugement humain, toutes les questions qui ne peuvent pas être étudiées par la méthode scientifique, c'est-à-dire à l'aide de l'observation devenue le point de départ du raisonnement et aboutissant à une démonstration qui produise l'évidence mathématique, voilà le système de l'école positive. Elle se vante d'avoir réconcilié ainsi et réuni la science et la philosophie ; cela rappelle la belle parole de lord Byron sur l'union de l'Angleterre avec l'Irlande : « Oui, l'Angleterre est unie avec l'Irlande, unie comme le requin l'est à sa proie. » Qu'est-ce, en effet, qu'une philosophie qui déclare ne point avoir à s'occuper de l'origine de l'homme, de sa fin, de la spiritualité de l'âme, de son immortalité, du libre arbitre, de la responsabilité, de l'existence de Dieu, de ses attributs, des causes finales, de l'origine du monde, des rapports de Dieu avec le monde et l'homme ? Ce n'est plus une philosophie, c'est le matérialisme et l'athéisme de l'impuissance.

Par une de ces transformations qui étonnent quand

---

1. *De la Philosophie positive*, pages 60 et 61.

on oublie les incroyables raffinements de l'orgueil, ce père de toutes les erreurs, la science aime mieux ici mutiler l'âme humaine et démembrer son immortel domaine en en retranchant l'infini, que de reconnaître qu'il peut exister des connaissances au-dessus de ses procédés ordinaires. C'est ainsi que M. Comte réduit les connaissances humaines à six sciences qu'il range dans l'ordre suivant, en partant de celles qui sont fondées sur les notions les plus compliquées : mathématiques, astronomie, physique, chimie, biologie et science sociale. La science sociale n'est, au fond, qu'un nouveau nom donné à la philosophie de l'histoire. Elle est fondée, en effet, sur l'étude de la marche des destinées de l'humanité dans les différentes sociétés, et la conclusion tirée de cette étude par M. Comte, c'est que la succession des diverses phases qui composent l'histoire de l'esprit humain et celle de l'humanité est fatale.

Après avoir posé ces principes, la *Philosophie positive* prend l'homme sans retour vers son origine, sans préoccupation de sa fin, et travaille à développer ses facultés de manière à lui donner la plus grande somme possible de jouissances morales, intellectuelles et physiques, en ne mettant de limite au droit de l'individu que les droits de ses semblables, qu'il doit respecter. Comme principe d'activité, elle propose le progrès continu et la perspective du bonheur futur dont jouira l'humanité quand elle aura pris son dernier développement. C'est-à-dire que cette doctrine stoïcienne substitue la chimère d'un dévouement sans motif, comme principe d'activité individuelle et sociale, à la chimère du dévouement égoïste, que M. Pierre Leroux prétendait faire naître de la croyance à l'unité de substance et à la métempsycose.

La philosophie de M. Comte a un premier défaut, nous l'avons dit, c'est de ne pas être une philosophie.

Son auteur l'appelle *positive* : il serait plus exact de l'appeler négative, car elle se récuse sur toutes les questions fondamentales ; venue après tant de querelles philosophiques, elle déclare le débat clos, parce qu'elle cesse d'espérer qu'il aboutira à un arrêt.

A ce premier défaut, elle en joint un second, c'est d'être profondément antipathique à l'esprit humain pour lequel elle est faite. MM. Littré et Comte ont beau mettre les causes premières et finales, Dieu, la spiritualité, l'immortalité, la liberté, la responsabilité de l'âme hors de leur philosophie, ils ne mettent pas ces questions hors des intelligences. En fermant les yeux à ces grands problèmes, on ne les supprime pas. Que suis-je? Où suis-je? D'où viens-je? Où vais-je? Ces questions ont toujours été et seront toujours l'occupation de l'esprit de l'homme. C'est en vain qu'on l'invitera à ne point s'en occuper ; elles sont en lui, elles le dominent, elles l'occupent tout entier. Rien ne saurait éteindre dans son cœur le besoin inextinguible d'y trouver des réponses, et l'on a vu Jouffroy y consumer sa vie. Quand M. Littré fait remarquer la prédominance directrice qui a toujours appartenu à la philosophie, soit religieuse, soit métaphysique[1], il signale par là même l'importance de ces problèmes pour lesquels la religion et la métaphysique ont des solutions. Quand il promet la même prépondérance à la philosophie positive qui renonce à les résoudre, il met en avant une conclusion en contradiction flagrante avec ses prémisses. La philosophie positive, qui se tait là où la religion et la métaphysique parlent, ne saurait exercer la même action, puisqu'elle ne satisfait pas les mêmes besoins. Remarquez en outre que la philosophie positive n'assure pas, comme le matérialisme et l'athéisme dogmatique, qu'il n'y a point de

---

1. *De la Philosophie positive*, page 99.

Dieu, point d'âme, point d'immortalité, point de liberté, point de responsabilité. Elle n'affirme pas, elle ne nie pas, seulement elle renonce à s'en occuper, elle ignore ; elle remplace le doute méthodique de Descartes par l'ignorance systématique. Et elle voudrait que l'homme ne s'occupât point de ces questions d'un immense intérêt, que l'ignorance des philosophes positifs n'empêche pas d'exister !

Non contente d'enjoindre à l'homme de résister à l'aspiration invincible de sa nature qui, dans tous les temps, dans tous les lieux, a élevé son esprit vers ces hautes questions, elle lui impose un autre sacrifice non moins impossible ; il devra résister à l'évidence du bon sens, à cette irrésistible induction qui l'entraîne, pour admettre, sur la foi de la philosophie positive qui proscrit tout ce qui n'est pas d'une évidence mathématique, un mystère bien plus inadmissible que ceux qu'elle rejette : c'est que les choses n'ont point été faites pour la fin qu'elles remplissent, l'œil pour voir, l'oreille pour entendre, l'estomac pour digérer, l'oiseau pour vivre dans l'air, le poisson dans l'eau, mais que ces rapports merveilleux se sont établis par hasard ; qu'en un mot les choses sont ainsi parce qu'elles sont ainsi, et que c'est leur manière d'être. Voilà à quelle condition l'homme conquiert le triste droit de ne s'occuper ni de l'immortalité de son âme ni de l'existence de Dieu !

Il faut ajouter, pour dernier trait, que la philosophie positive, dont la première illusion est de ne pas prendre l'homme tel qu'il est, et de lui demander d'agir contre les tendances de son esprit, a une seconde illusion plus singulière que la première, illusion d'esprits élevés, si l'on veut, et de cœurs honnêtes, mais inexplicable cependant : c'est d'attendre de ce roi détrôné qu'elle place sur les ruines des croyances sublimes qui sont la raison d'être de sa grandeur intellectuelle et morale, un dévouement sans motif comme sans bornes pour l'humanité, dont le bonheur futur — autre chimère, car rien n'établit la certitude ou même la vraisemblance de cet âge d'or placé dans l'avenir — doit être la compensation de ses souffrances, de ses labeurs et de ses privations, pendant cette période où les générations ne sont que des fascines qui servent à remplir les fossés pour que l'humanité arrive à ses destinées.

Encore la philosophie positive n'a-t-elle pas l'avantage auquel elle attache un si grand prix, celui de n'affirmer que des choses claires et mathématiquement démontrées. Sa formule générale elle-même est contestable. Lorsqu'elle dit que « l'ensemble des phénomènes est déterminé par la propriété des objets d'où résultent des lois immuables », elle affirme une chose obscure, problématique, et dont la preuve ne saurait être fournie. Qu'est-ce que la propriété des objets? Comment est-on sûr que ce soit bien là ce qui détermine les phénomènes? Comment des lois immuables résultent-elles de la propriété des objets? N'est-il pas plus vrai que la propriété des objets résulte de lois immuables qui sont les volontés de Dieu? car le législateur est antérieur à la loi, comme le Créateur à la création. Ce n'était guère la peine d'écarter les affirmations religieuses et métaphysiques, pour arriver à des affirmations aussi contestables.

La philosophie positive est encore plus malheureuse quand elle veut créer la science sociale. Son assertion sur les trois états que traverse l'esprit humain, l'état théologique, l'état métaphysique et l'état positif [1],

---

1. « D'abord vient l'état théologique, dans lequel l'homme, transportant l'idée qu'il a de lui-même dans le monde extérieur, suppose les objets mus par des volontés analogues à la sienne; dans l'état métaphysique qui vient ensuite, l'homme substitue des entités aux conceptions concrètes du système théologique; dans l'état positif enfin, l'homme,

est en contradiction flagrante avec l'observation des faits. On vit, au commmencement de l'ère chrétienne, les philosophes quitter la métaphysique pour la théologie et devenir évêques et martyrs ; bien plus, après tant de siècles de civilisation, l'humanité en est encore à l'état théologique, et, quand on compare la grande Église catholique à la petite Église de M. Comte, on ne peut accepter quelques esprits désespérés comme les représentants de l'humanité qui ignore jusqu'à l'existence de leur doctrine. Sans doute l'auteur de la philosophie positive s'imagine que l'avenir appartient à son système, parce qu'il appartient au progrès. Mais c'est là une pétition de principe : la philosophie positive, qui ne s'élève pas même de l'effet à la cause, de l'ouvrage à l'auteur, et qui méconnaît cette induction naturelle, invincible et spontanée qui conduit l'esprit humain à l'idée de Dieu et des causes finales, nous paraît fort au-dessous du fétichisme que M. Comte place au dernier degré de l'ignorance.

Que n'y aurait-il pas à dire sur les conclusions qu'elle tire de l'étude de l'histoire? Selon elle, dans les faits, la période des pouvoirs théocratiques précède les autres formes de pouvoir ; elle est suivie par la période des gouvernements militaires ; puis, la science croissant en même temps que l'industrie, la période des gouvernements militaires expire à son tour. « Qui ne voit, dit M. Littré, la tendance des sociétés modernes vers la paix se manifester avec force au milieu des perturbations qui, dans un temps moins pacifique, auraient suscité des luttes sanglantes? Aujourd'hui, pour les populations éclairées, conquérir est un mot vide de sens. Les pouvoirs militaires ont perdu de leur prépondé-

---

connaissant sa vraie position au sein de l'ordre dont il fait partie, comprend que l'ensemble des phénomènes est déterminé par les propriétés des objets, d'où résultent des lois immuables. » (Littré.)

rance, et les pouvoirs civils ont sans cesse grandi à leurs dépens. Un examen attentif de l'évolution sociale montre qu'elle tend surtout à faire prévaloir la raison sur l'ignorance, la force intellectuelle sur la force brutale, les idées générales sur les idées particulières, les notions de justice sur l'intérêt, la raison sur les passions. »

Dans le singulier optimisme de ces lignes, écrites en 1845, on trouve la preuve que l'école positive, malgré son nom austère, n'est point à l'abri des illusions et des rêves, et qu'en jetant par-dessus le bord les titres de noblesse de l'homme elle n'a pu complétement renoncer à cette espérance des grandes et hautes destinées de l'humanité que Dieu a mise dans le cœur humain : comme d'autres écoles du même temps, qui vont bientôt nous apparaître, elle a remplacé la religion et la métaphysique par l'utopie.

La philosophie positive s'est trompée sur la science sociale parce qu'elle a mal lu ou mal compris l'histoire. Le progrès qui la charme s'est accompli sous l'empire des croyances religieuses et des hautes idées métaphysiques que la philosophie positive rejette; la société européenne, selon la belle parole de M. l'abbé Deguerry, se meut dans le cercle de lumière et de civilisation que le christianisme a produit. Si la religion et la philosophie spiritualiste disparaissaient du monde, la lumière et la civilisation ne survivraient pas longtemps au soleil dont elles sont le rayonnement. La société moderne ne marche que par les éléments chrétiens et spiritualistes qui lui restent, et qui lui donnent le sentiment du beau et du bien, le dévouement, la charité, le respect du droit, le courage du devoir, la patience, avec l'espérance des choses éternelles. Le châtiment le plus effroyable que Dieu pût envoyer aux esprits désespérés qui le méconnaissent, ce serait de les faire vivre dans une société où l'on ne croirait qu'aux mathématiques, à l'astronomie, à la physique, à la chimie et à la biologie; nous ne parlons pas de la science sociale, qu'il faudrait rayer du programme des connaissances humaines, comme n'étant pas assez positive. On verrait ce que seraient, dans une pareille société, le gouvernement, les citoyens, les pauvres, les riches, la famille, pendant le peu de jours que cette agglomération, dépourvue de lien moral et social, aurait à vivre!

VIII

LUTTE ENTRE LES ÉCOLES RATIONALISTES ET L'ÉCOLE CATHOLIQUE. SYSTÈME DE M. BUCHEZ. — RÉSUMÉ.

On comprend maintenant la grande polémique qui s'éleva entre les diverses écoles du rationalisme plus ou moins atteintes de panthéisme, et l'école catholique représentée par ses évêques, ses prédicateurs, ses orateurs, ses écrivains.

Cette polémique produisit deux sortes d'ouvrages : des traités *ex professo*, où les questions en litige furent étudiées et résolues, des lettres pastorales, des discours de tribune, des brochures, des articles de journaux où les périls des doctrines rationalistes furent plus brièvement et plus vivement dénoncés.

Les traités philosophiques de M. l'abbé Bautain, les *Études critiques sur le rationalisme moderne*, par M. l'abbé de Valroger, doivent, comme le grand et si utile travail de M. Nicolas et les écrits de M. l'abbé Maret, de M. Dupanloup, et plusieurs des conférences du P. de Ravignan et du P. Lacordaire, être rangés dans la première catégorie.

Un homme qui fit école et qui, par conséquent, ne doit pas être omis dans le résumé des efforts de la philosophie catholique de ce temps, M. Buchez, voulut faire plus. Il publia l'*Essai d'un traité complet de philosophie au point de vue du catholicisme et du progrès*. L'auteur de ce savant écrit, à la fois philosophe et physiologiste, suivait, avec l'ardeur patiente de sa nature et la hardiesse d'un esprit spéculatif, une pensée qu'il avait déjà laissé entrevoir dans son *Histoire parlementaire de la Révolution française*, celle de réconcilier la tradition avec les idées nouvelles. Il avait voulu, dans son premier livre, rendre la Révolution catholique, et il n'avait guère réussi qu'à essayer de rendre le catholicisme révolutionnaire. Cette fois, il entreprit de démontrer que l'avénement du christianisme devait amener une philosophie toute nouvelle, et, repoussant celle de Platon et celle d'Aristote, à titre de païennes, celle même de saint Augustin et celle de saint Thomas d'Aquin, comme entachées de paganisme à cause du commerce intellectuel qu'avaient eu ces deux grands esprits avec les philosophes de l'antiquité, il se présentait pour inaugurer une philosophie toute nouvelle, sortant des entrailles de l'Évangile.

M. Buchez, quoique son ouvrage offre de beaux aperçus et des observations profondes, avait trop cédé à la tendance générale de son temps, qui était de reconstruire tout à nouveau. Entreprendre de fonder une philosophie catholique toute nouvelle, dix-huit cents ans après l'avénement du catholicisme, c'était, pour un homme qui croyait si fermement au progrès, le nier pendant un passé si long, qu'on était autorisé à ne pas croire à son existence dans le présent. En outre, le docte écrivain, en voulant établir une séparation absolue entre la philosophie antérieure au christianisme et la philosophie chrétienne, oubliait deux choses : la première, c'est que l'esprit humain est un, qu'il a été créé au commencement à l'image de Dieu, et qu'il y a une lumière qui illumine tout homme venant dans ce monde ; la seconde, c'est qu'il y a eu, au berceau du monde, une révélation dont le premier homme a été dépositaire, et qui, plus ou moins altérée, s'est cependant transmise : de sorte que l'on conçoit très-bien que le christianisme ait complété, agrandi, éclairé, élevé, purifié la philosophie, sans l'avoir complétement changée.

L'écrit de M. Buchez n'en est pas moins intéressant à étudier. On aime à voir cet esprit sincère et sagace s'élever peu à peu des bas-fonds du matérialisme, où son éducation l'avait jeté, et, après avoir frayé un moment avec Saint-Simon, dont il abandonne bientôt les erreurs, réfuter l'éclectisme, discuter et réfuter le panthéisme, qui cherche à exercer sur lui son attraction, et arriver ainsi à la vérité catholique. Son erreur est de ne pas assez distinguer, parmi les promesses du catholicisme, celles qui sont réalisables dans ce monde de celles qui ne seront réalisées que dans un monde meilleur. Ses opinions politiques déteignent un peu sur sa philosophie, comme elles ont déteint sur son système historique. En voulant faire régner partout les maximes de l'Évangile, il ne se souvient pas assez qu'elles ne régneront, d'une manière absolue, que dans le ciel, et que, pour qu'elles règnent, même d'une manière relative, dans la loi politique et civile, il faut évangéliser les cœurs avant d'évangéliser les chartes et les codes.

Tandis que M. Buchez créait ainsi une petite école particulière dans la grande école catholique, celle-ci livrait ses combats décisifs contre le rationalisme panthéiste. C'est l'époque où Mgr l'évêque de Chartres écrivait : « Tout le mal vient d'Allemagne. On a fait entrer des rêveries impies, transformées en dogmes, dans les têtes françaises, dont une vive pénétration et le plus fin discernement étaient autrefois l'apanage. C'est par l'obscurité et par l'abstraction que l'on corrompt la génération présente... On sait gré aux sophistes de s'envelopper et de se rendre peu intelligibles, parce que l'impiété aisément aperçue et l'abomination comprise produiraient des doutes qu'on trouve plus commode de ne point avoir. On veut ériger en religion les doctrines nouvelles. Rien de plus effroyable dans ses conséquences qu'un scepticisme dévot. Il creuse aux passions des abîmes inconnus. Nous voyons les préludes de cet égarement mystérieux. Nos jeunes écrivains sanctifient l'abomination même. Sous leurs plumes, les crimes deviennent beaux, les plus infâmes trahisons intéressantes, les plus odieuses cruautés dignes d'admiration. Dans ce renversement horrible d'idées religieuses, que deviendront la foi, le dévouement à ses proches, à la patrie ? que deviendra l'honneur et tout ce qui ne sera pas un vil intérêt personnel[1] ? »

Les excès du rationalisme apportèrent, aux champions de la liberté religieuse et de la liberté d'enseignement, un argument puissant et nouveau, comme on peut le voir par les paroles de Mgr l'évêque de Chartres, auxquelles nous pourrions ajouter les éloquentes protestations de Mgr l'évêque de Montauban et d'un grand nombre de membres de l'épiscopat; ils s'en servirent avec véhémence. Cette véhémence excitait les plaintes d'un collègue et d'un ami de Th. Jouffroy, M. Damiron[2], qui alléguait la modération et les égards observés envers la religion par une partie des écrivains et des professeurs de l'Université.

On retrouve ici la distinction qu'on a pu établir ail-

---

1. Lettre écrite par Mgr l'évêque de Chartres, à la date du 27 février 1846.
2. Voir la préface des *Nouveaux Mélanges* de Jouffroy, pages xv et suivantes.

leurs : il y avait une droite et une gauche dans l'école philosophique contre laquelle l'école catholique engageait la lutte. La droite, c'était surtout la philosophie officielle, avait, sauf de rares exceptions, des paroles de respect pour le christianisme. Jouffroy, sur la fin de sa vie, était revenu à un langage plein de ménagement, que son éditeur et ami, M. Damiron, a fait remarquer. Il y a même tel de ses écrits où l'on voit percer, à travers les rivalités naturelles de l'Université contre le clergé dans les questions d'instruction, la conviction que l'enseignement populaire ne peut être donné utilement que par un instituteur chrétien [1]. Mais, malgré ces ménagements, on retrouvait presque toujours la pensée que le christianisme ne pouvait être que le premier degré d'initiation offert à ceux dont l'intelligence ne s'élevait point encore à la philosophie. Les plus modérés avaient cette idée; et l'on voit M. Damiron, dont l'enseignement est l'expression la plus mesurée de la philosophie universitaire de cette époque, avouer la prétention de transformer l'enseignement philosophique en un sacerdoce [2].

---

1. Rapport sur le concours relatif aux écoles normales, présenté à l'Académie des sciences morales en 1841, inséré dans les *Nouveaux Mélanges*.
2. Quelques jours après la mort de Jouffroy, M. Damiron s'exprimait ainsi, à la suite d'une de ses leçons : « Qu'est-ce qu'enseigner, dans la haute acception qu'emporte avec lui ce mot? C'est, avec la sainte obligation d'être plus près de la vérité que ceux auxquels on s'adresse et qu'il faut y conduire, avoir mieux que la volonté, avoir le talent de les y mener; c'est avoir la vertu, permettez-moi l'expression, de la faire connaître et aimer; c'est la posséder pour la donner ; c'est savoir comment la donner; c'est chercher, c'est trouver, c'est s'assimiler des âmes dignes de la recevoir et de la comprendre ; et si Dieu, en effet, n'est que la vérité elle-même, la vérité des vérités, c'est aller tour à tour de Dieu à l'homme et de l'homme à Dieu, pour rendre l'un intelligible à l'autre, et celui-ci intelligent de celui-là ; le dirai-je? c'est exercer une espèce de sacerdoce, dont paraît investi celui qui prend ainsi sur lui d'intervenir directement entre le Créateur et la créature, pour les rapprocher dans une communion toute spirituelle. » Ce discours est rapporté tout au

Cette prétention rendait la lutte de l'école rationaliste avec l'école catholique inévitable. Il faut rappeler qu'en dehors des cadres de la philosophie officielle, des esprits plus avancés, mettant tous ménagements de côté, accusaient leurs anciens amis, devenus leurs adversaires, de ne les employer que par hypocrisie, et attaquaient le catholicisme à ciel découvert, en le traitant comme un système fini. Il y eut un recueil[1] qui, fondé par cette école avancée, publia, pour introduction, l'article de Jouffroy qui avait paru, en 1825, dans le *Globe*, sous ce titre : *Comment les dogmes finissent*.

C'était donc en vain qu'un esprit, qui a mis sa marque sur les idées et les choses de son temps, avait essayé de prévenir ces luttes intellectuelles, en conviant la philosophie, le catholicisme et le protestantisme à l'union[2]. Cet esprit éminent sentait bien que ces luttes ébranlaient, jusque dans ses fondements, l'ordre de choses établi, et il parlait en homme du gouvernement; mais elles étaient inévitables. C'est en vain qu'il disait à ces trois puissances rivales, en leur recommandant de vivre en bonne harmonie : « Il le faut! » Le catholicisme, qui est la souveraineté infaillible d'un enseignement imposé à la raison individuelle, ne pouvait vivre dans une harmonie intime avec le protestantisme, qui est la souveraineté d'une parole écrite, librement interprétée par les intelligences individuelles, et avec la philosophie, non pas telle qu'elle devrait être, mais telle qu'elle était dans une époque qui la plaçait dans la souveraineté de la raison individuelle reconnue comme

---

long dans la préface des *Nouveaux Mélanges* de Jouffroy, page xxviii. On le voit, c'est la substitution complète de la philosophie à la religion, et du sacerdoce professoral au sacerdoce catholique.

1. La *Revue indépendante*.
2. *Harmonie du catholicisme, du protestantisme et de la philosophie*, par M. Guizot; écrit publié en 1838.

supérieure à toute autorité traditionnelle et à toute autorité écrite. M. Guizot insistait en vain sur la nécessité de cette harmonie, en disant que « c'était désormais leur condition légale, que c'était la Charte ». Coexister, sans entreprendre de s'ôter la liberté, voilà tout ce que pouvait exiger la Charte de 1830 du catholicisme, du protestantisme et de la philosophie. Quant à espérer que cette feuille de papier, dont les caractères, qui avaient à peine eu le temps de sécher depuis que la main d'une Assemblée les avait tracés à la suite d'une révolution, pouvaient être effacés le lendemain par une révolution nouvelle, dominerait les lois fondamentales de l'intelligence et changerait la nature de l'esprit humain, c'était demander, au nom de la raison d'État, une chose nécessaire peut-être au gouvernement, mais impossible.

Comme la nature de la vérité est l'unité, la tendance du catholicisme est l'assimilation. Si le protestantisme est vrai, le catholicisme est faux ; si la philosophie rationaliste, telle qu'on l'enseignait alors, et qui aspirait au panthéisme après avoir passé par l'éclectisme, n'est pas dans l'erreur, c'est le catholicisme qui est un mensonge. Entre lui, le protestantisme et cette philosophie, il n'y avait donc pas d'union, pas d'harmonie possibles. Le catholicisme est un puissant laboureur, chargé par la parole d'en haut d'ensemencer les âmes. Le monde lui a été donné comme héritage ; il ne saurait partager son héritage avec personne ; toujours il travaillera à le conquérir. Il put donc dire avec M. Guizot : « Paix aux hommes ! » Mais il ne cessa pas de dire : « Guerre à l'erreur ! » parce que la vérité cesserait d'être la vérité, si elle interrompait un moment ce combat, qui dure depuis le commencement et qui doit se prolonger jusqu'à la fin ; combat intellectuel, comme chacun le comprend, guerre de la pensée livrée dans les régions de la logique, sans blesser en rien la liberté des croyances et l'amour qu'on doit à ses frères égarés même en attaquant leurs erreurs.

Le combat continua donc. Il fut ardent, opiniâtre. La philosophie officielle, la philosophie d'État [1], comme on disait alors, observa les convenances, et chercha à maintenir l'exposition de ses idées dans les limites d'une certaine modération. Mais, en France aussi, il y eut une gauche hégélienne qui poussa les choses à l'extrême et démasqua toutes les batteries du panthéisme, à la fois contre l'école de la philosophie d'État et contre l'école catholique.

C'est ainsi qu'à l'occasion de la publication posthume des *Nouveaux Mélanges* de Jouffroy une ardente polémique s'éleva autour de son tombeau. En face de l'école universitaire défendant à grand'peine l'orthodoxie philosophique du professeur qui avait écrit, en 1825, le violent article intitulé : *Comment les dogmes finissent*, et qui, après 1830, annonçait que le christianisme serait la dernière des religions et discutait sérieusement les chances du saint-simonisme [2], M. Pierre Leroux descendait dans l'arène au nom de l'école panthéiste. Pour établir que Jouffroy appartenait aux idées sceptiques, il publiait, sous le titre de *Mutilation d'un écrit posthume de Jouffroy* [3], un pamphlet philosophique plein de colère contre M. Cousin, qu'il accusait d'a-

---

1. Voir dans la *Revue indépendante* les vives polémiques de M. Pierre Leroux contre ce qu'il appelle la philosophie d'État.
2. Dans sa leçon sur la *destinée humaine*, Jouffroy dit en propres termes : « Le christianisme, dont la mission est terminée, sera la dernière des religions. » Dans la même leçon, il avait dit, en parlant des saint-simoniens, qui enveloppaient d'un voile religieux leur solution : « Je reconnais tout ce que suppose de lumières et de prévoyance l'illusion même de ceux qui espèrent et entreprennent davantage. »
3. Ce pamphlet fut publié, en novembre 1842, dans la *Revue indépendante*, qui avait été créée par l'extrême gauche de l'ancienne école éclectique, pour battre en brèche la *Revue des Deux-Mondes*.

voir obligé M. Damiron, l'éditeur de cet ouvrage, à y introduire plusieurs modifications importantes, dont on put contester l'origine et la cause, mais dont on ne saurait nier l'existence. Ce pamphlet fit scandale dans le monde littéraire; une polémique ardente s'alluma autour de cette révélation inattendue, qui était en même temps un manifeste de guerre. Jamais les violences de langage n'avaient été poussées aussi loin.

Les haines, longtemps contenues dans les cadres de l'éclectisme, éclataient. La philosophie avait sa Montagne qui déclarait la guerre aux Girondins. La décadence de l'éclectisme, la dispersion de ses éléments, l'insuffisance de la philosophie écossaise, l'avénement du panthéisme, sa lutte avec le catholicisme, son impuissance, proclamée par la *Philosophie positive :* voilà toute la suite du mouvement philosophique sous le gouvernement de Juillet.

FIN DU TOME PREMIER.

TABLE DES MATIÈRES

LIVRE PREMIER.

LE MONDE INTELLECTUEL APRÈS 1830.

	Pages
Les idées et les faits	1
Force et faiblesse du pouvoir	8
Polémiques sur les principes	13
Scission dans l'école catholique et monarchique	24
Fermentation générale des esprits	34
Les hommes nouveaux comme les idées	38
Résumé	53

LIVRE DEUXIÈME.

COUP D'ŒIL SUR LES IDÉES LITTÉRAIRES.

Théories de l'art	55
Ecole romantique : M. Sainte-Beuve prosateur, poète, critique. — Ses idées. — Dernière phase de son talent; scepticisme littéraire.	59
Ecole intermédiaire : MM. Saint-Marc Girardin, Chasles, Ampère, Janin	84
Réaction contre l'excès des idées romantiques. — Gustave Planche. — Portraits littéraires	106
Ecole classique : M. Nisard	119
Critique panthéiste : M. Edgar Quinet	131
Résumé. — Dernières idées littéraires de Chateaubriand	135

LIVRE TROISIÈME.

ÉLOQUENCE PARLEMENTAIRE.

Questions ouvertes	142
Variété et multiplicité des talents oratoires : MM. Casimir Périer.	

— le comte Molé, — le duc de Broglie, — le duc de Fitz-James,
— le marquis de Dreux-Brézé, — Odilon Barrot, — Villemain, —
Cousin, — Dupin, — Lamartine, etc., etc 151
MM. Guizot, Thiers, Berryer. 167
Résumé. — Phases diverses de l'éloquence parlementaire . . . 205

LIVRE QUATRIEME.

TABLEAU DE LA PRESSE POLITIQUE.

Mouvement général dans la presse. 209
Écoles intermédiaires. — Écrivains des deux centres 213
École du pouvoir : M. de Salvandy 220
École parlementaire : M. Duvergier de Hauranne 229
Ecole républicaine : Armand Carrel, le *National*. 240
M. de Cormenin : Pamphlets de Timon. — *Le Livre des Orateurs*. —
Oui et non. — *Feu! Feu!* 260
École traditionnelle : Chateaubriand. — Ses brochures. — Ses derniers écrits. — M. de Bonald. — Ses derniers travaux. . . . 275
Journaux de l'école traditionnelle : M. de Genoude. 289
Révolution intérieure dans la presse. — Les journaux à quarante francs 304

LIVRE CINQUIÈME.

RELIGION.

Phases diverses du mouvement religieux. 311
Développement des idées de M. de La Mennais. 313
Fondation du journal l'*Avenir*. — MM. Lacordaire, Gerbet, de Montalembert, de Coux, etc. 317
MM. de La Mennais, Lacordaire et Montalembert à Rome. — Suspension et fin de l'*Avenir*. 333
Soumission, hésitation et rupture de M. de La Mennais. — *Paroles d'un croyant* 342
Affaires de Rome. — *Le Livre du Peuple*. — M. de La Mennais perdu pour l'Église. 353
Temps d'arrêt et renaissance du mouvement religieux. 368
Éloquence sacrée : le P. Lacordaire, le P. de Ravignan 372
Littérature sacrée : *Sainte Élisabeth de Hongrie*. — L'art chrétien :

TABLE DES MATIÈRES.

M. Rio. — Enseignement catholique : le cardinal Gousset. —
M. Dupanloup. — M. Bautain. — MM. Ozanam, Lenormant, etc. 384
Questions religieuses dans l'ordre politique. — Liberté de l'ensei-
gnement. — Liberté de l'Église. — Mgr Parisis et ses écrits polé-
miques. 394
Les idées catholiques à la tribune : M. de Montalembert. . . . 407
Le journal l'*Univers*. — M. Louis Veuillot. 426
Résumé 445

LIVRE SIXIÈME.

PHILOSOPHIE.

Accord possible de la religion et de la philosophie. 450
Philosophie officielle. — Théodore Jouffroy. 453
Histoire d'une intelligence sortie du catholicisme pour entrer dans
le rationalisme 458
Insuffisance de la philosophie écossaise proclamée par les maîtres
de la science et par Jouffroy lui-même. 478
Le panthéisme dans l'enseignement officiel. — M. Lerminier. . . 486
Origine et destinées du panthéisme. 497
Introduction du panthéisme en France. — Son influence latente
dans la plupart des écoles philosophiques. 507
Système de M. Pierre Leroux 508
Examen des principes et des conséquences du panthéisme. . . 516
Philosophie positive : M. Comte. 523
Luttes du rationalisme et du catholicisme. 536
Résumé 539

FIN DE LA TABLE DU TOME PREMIER.

Sceaux. — Imprimerie M. et P.-E. Charaire

www.ingramcontent.com/pod-product-compliance
Lightning Source LLC
Chambersburg PA
CBHW070840230426
43667CB00011B/1875